江苏省高等教育自学考试
人力资源管理专业课程辅导丛书

《薪酬管理》考试综合辅导

章小波　主编

苏州大学出版社

图书在版编目(CIP)数据

《薪酬管理》考试综合辅导 / 章小波主编. —苏州：苏州大学出版社，2014.8(2024.8重印)
(江苏省高等教育自学考试人力资源管理专业课程辅导丛书)
ISBN 978-7-5672-1010-3

Ⅰ.①薪⋯ Ⅱ.①章⋯ Ⅲ.①企业管理-工资管理-高等教育-自学考试-自学参考资料 Ⅳ.①F272.92

中国版本图书馆 CIP 数据核字(2014)第 171948 号

《薪酬管理》考试综合辅导
章小波　主编
责任编辑　周建国

苏 州 大 学 出 版 社 出 版 发 行
(地址：苏州市十梓街1号　邮编：215006)
广东虎彩云印刷有限公司印装
(地址：东莞市虎门镇黄村社区厚虎路20号C幢一楼　邮编：523898)

开本 700×1000　1/16　印张 21.25　字数 393 千
2014 年 8 月第 1 版　2024 年 8 月第 3 次印刷
ISBN 978-7-5672-1010-3　定价：48.00 元

苏州大学版图书若有印装错误，本社负责调换
苏州大学出版社营销部　电话：0512-67481020
苏州大学出版社网址 http://www.sudapress.com

《〈薪酬管理〉考试综合辅导》编委会

主 编 章小波

编 委 章小波 刘 超 吴 帅

王玉瑶 朱培培

目 录

第一篇　考生自学与应试指导　/ 1
第二篇　各章自学要求、考核内容与练习　/ 7
　第一章　薪酬与薪酬管理概述　/ 9
　　第一节　薪酬概述　/ 9
　　第二节　薪酬管理概述　/ 13
　第二章　薪酬战略　/ 28
　　第一节　薪酬战略及其作用　/ 28
　　第二节　薪酬战略模式的选择　/ 31
　　第三节　战略性薪酬管理　/ 34
　第三章　薪酬理论　/ 50
　　第一节　薪酬设计理论　/ 50
　　第二节　薪酬激励理论　/ 56
　第四章　岗位分析与评价　/ 73
　　第一节　岗位分析　/ 73
　　第二节　岗位评价　/ 77
　第五章　薪酬调查　/ 96
　　第一节　薪酬调查概述　/ 96
　　第二节　薪酬调查的种类和内容　/ 98
　　第三节　薪酬调查的步骤　/ 102
　　第四节　薪酬调查报告　/ 103
　第六章　薪酬水平与薪酬定位　/ 115
　　第一节　薪酬水平概述　/ 115
　　第二节　薪酬水平的外部竞争性　/ 117
　　第三节　薪酬水平定位策略　/ 118
　第七章　薪酬结构设计　/ 136
　　第一节　薪酬结构概述　/ 136

第二节　薪酬结构设计 / 140
　　第三节　宽带薪酬结构 / 142

第八章　基本薪酬体系设计 / 154
　　第一节　薪酬体系概述 / 154
　　第二节　基于职位的薪酬体系设计 / 156
　　第三节　基于技能的薪酬体系设计 / 157
　　第四节　基本能力的薪酬体系设计 / 159

第九章　基于绩效的薪酬体系设计 / 172
　　第一节　绩效薪酬概述 / 172
　　第二节　业绩薪酬体系 / 174
　　第三节　激励薪酬体系 / 176

第十章　不同类型员工的薪酬设计 / 191
　　第一节　高级经营管理人员的薪酬设计与实施 / 191
　　第二节　专业技术人员薪酬设计及管理 / 197
　　第三节　企业营销人员薪酬设计及管理 / 198
　　第四节　生产一线员工的薪酬设计 / 201

第十一章　员工福利设计与管理 / 216
　　第一节　员工福利概述 / 216
　　第二节　员工福利的种类 / 219
　　第三节　员工福利规划和管理 / 225

第十二章　薪酬体系的运行管理 / 240
　　第一节　薪酬预算管理 / 240
　　第二节　薪酬控制 / 243
　　第三节　薪酬调整 / 245
　　第四节　薪酬沟通 / 249

第三篇　模拟试卷 / 265
　　模拟试卷一 / 267
　　模拟试卷二 / 273
　　模拟试卷三 / 279
　　模拟试卷四 / 285
　　模拟试卷五 / 292
　　模拟试卷六 / 299

附录一：2013年10月江苏省高等教育自学考试卷 / 305
附录二：江苏省高等教育自学考试大纲 / 309

第一篇

考生自学与应试指导

一、课程介绍

《薪酬管理》是江苏省自学考试人力资源管理专业的核心专业课程之一。在企业的人力资源管理运作中,薪酬管理的有效实施不仅对企业人力资源管理的成效产生直接的影响,而且也决定着企业能否基业长青。因为薪酬管理一方面解决的是企业内部劳动成果的分配问题,能否公正公平地让企业内所有员工获得自己的劳动所得,是决定企业员工工作效率高低的关键因素;另一方面,薪酬是企业成本的组成部分,如何控制成本,降低企业的成本负担,也是企业在市场获得竞争优势的关键所在。如何有效平衡企业用工成本的支出与薪酬对发挥调动企业员工工作积极性作用之间的矛盾,就要看企业薪酬管理的艺术。

本课程从薪酬管理的基本理论入手,从宏观角度阐述了企业薪酬战略制定的重要性,从微观角度详细分析了企业薪酬体系设计的流程,包括如何进行岗位分析与评价,如何实施薪酬调查、如何确立薪酬水平、如何进行薪酬结构的设计,以及不同类型员工的薪酬设计、员工福利设计和薪酬体系的运行管理,让自学者能够清晰地了解企业的薪酬管理制度的制定和运行。自学者可以较为全面、系统、完整地了解薪酬管理的理论和实务。

本课程的目标旨在要求自学者系统而全面了解有关薪酬战略、薪酬管理的理论,掌握岗位分析与评价、薪酬调查、薪酬水平与薪酬定位、薪酬结构设计、基本薪酬体系设计和基于绩效的薪酬体系设计、员工福利设计与管理以及薪酬体系的运行管理等相关内容,并能将其应用于企业薪酬管理的实践。具体而言包括:1.理解薪酬管理在企业经营中的重要性;2.了解和掌握薪酬管理的基本概念、基本原理和基本方法;3.学会运用薪酬管理的原理和方法分析解决人力资源管理中的实际问题。

二、自学方法

对于每一个自考生来说,参加高等自学考试的学习,或是为了获取一张证明自己学历的证书;或是为了日后能进入该专业所属的行业就业;或是为了获取能力而充电学习。总之,不管怀揣着怎样的目的,大家共同的目标是通过专业内每一门课程的考试,最终获得相应的学历证书,从而证明自己具备了从事该专业的相关理论知识和实践能力。

从为了顺利通过考试的角度来看,考生应该认真通读教材。自学考试命题范围一般不会超出指定教材的知识点范围。第一步,通读一遍教材,按自己的理解去判断教材讲了些什么内容,最好自己先画出教材的纲目和重点。第二步,通读考试大纲,将课程考试大纲的重点与自己所列的教材纲目,进行比较,看看自己主观判断与考试大纲的差异之处,为什么我认为的重点却不是考试大纲的重点,或者我忽略的内容却是考试大纲的重点?思考的过程实际上是对教材再一次熟悉的过程,这将加深对教材内容和各章节关联性的认知。第三步,根据考试大纲修正自己头脑中的思维导图,梳理出教材中的知识点,并一个一个地进行消化,直到对每个知识点都能深入理解、系统掌握。第四步,对教材中的各个知识点进行记忆。对于专业知识和理论必须进行背诵和记忆,否则难以从容应对考试。当然,不是完全依靠死记硬背,而是在对教材知识点理解认知的基础上进行记忆,这是十分必要的。第五步,进行相关习题练习,习题练习一方面检验自己对《薪酬管理》相关知识掌握的程度,另一方面也是对《薪酬管理》相关的知识点进行系统梳理,在大脑中建立知识与考试的连接点,为正式考试提供心理准备。如果能按照上述五步骤去做,自学的成效必然事半功倍!同时,在时间上要做出合理安排,根据考试时间,给自己制订一个学习、复习的计划,执行中,不要被借口和懒惰干扰,将自己制订的计划不折不扣地付诸实施,那么你在自学的路上就已经成功了一半!

参加自学考试不仅仅在于一张学历证明,更在于自身专业能力的提升。从提升自身专业能力的角度看,学好这门课程,必须注重在实践中去学习。薪酬管理是一门理论联系实际、应用性较强的课程。如果考生在工作中就是从事人力资源管理的,那么就需要将所学理论放到实际工作中去加以运用;如果不是从事这一行的或还没工作经验,也可以通过收集网上相关企业的资料或案例,分析其中存在的问题,并相应地给出解决思路和方案。

三、应试技巧

要清楚薪酬管理的考核范围和重点。《薪酬管理》自学考试大纲是进行学习和考核的依据,薪酬管理的考试大纲详细说明了各章节考核的知识点、自学要求和考核要求,给考生指明了考核的重点,明确了复习内容上的核心要素与一般要素,考生要仔细研读。

1. 了解考试标准

了解考试标准就是要清楚薪酬管理的考核范围和重点。《薪酬管理》自学考试大纲是进行学习和考核的依据,薪酬管理的考试大纲详细说明了各章节考核的知识点、自学要求和考核要求,给考生指明了考核的重点,明确了复习内容上的核心要素与一般要素,考生要仔细研读。

在《薪酬管理》自学考试大纲中还明确规定了该课程学习者要达到的四个能力层次:识记、领会、简单应用和综合应用。

(1) 识记。

要求考生能够识别和记忆本课程中有关薪酬管理的相关名词、概念、知识的含义,并能够根据考核的不同要求,进行正确的表述、选择,这是低层次的要求。本书中此类知识点用"☆"表示。

(2)领会。

在识记的基础上,能全面把握薪酬管理课程中的基本概念、基本原理、基本方法,能掌握有关概念、原理、方法的区别与联系,并能根据考核的不同要求对员工的薪酬管理做出正确的解释和说明,这是中等层次的要求。本书中此类知识点用"☆☆"表示。

(3)简单应用。

在理解的基础上,能运用薪酬管理课程中的基本概念、基本原理、基本方法中的某个知识点分析和解决实际问题,是较高层次的要求。本书中此类知识点用"☆☆☆"表示。

(4)综合应用。

在理解的基础上,能运用薪酬管理课程中的基本概念、基本原理、基本方法中的多个知识点分析和解决有关的理论问题和实际问题,是最高层次的要求。本书中此类知识点用"☆☆☆☆"表示。

2. 明晰命题原则

考试大纲中各章所规定的基本要求、知识点及知识点下的知识细目,都属于考核的内容。薪酬管理课程考核的命题依据是其考试大纲。

命题着重考核的是自学者对基本概念、基本知识和基本理论是否了解或掌握,对基本方法是否会用或熟练。

本课程在试卷中对不同能力层次要求的分数比例大致为:识记占20%,领会占30%,简单应用占30%,综合应用占20%。

试题的难度可分为:易、较易、较难和难四个等级。每份试卷中不同难度试题的分数比例一般为:2:3:3:2。

本课程考试命题的主要题型一般有单项选择题、多项选择题、填空题、名词解释题、简答题、论述题等题型。

3. 掌握考试技巧

卷面整洁非常重要。书写工整,段落与间距合理,卷面赏心悦目有助于教师评分,教师只能为他能看懂的内容打分。考生要回答所问的问题,而不是回答你自己乐意回答的问题!避免超过问题的范围。

正确处理对失败的惧怕,要正面思考。如果可能,请教已经通过该科目考试的人,向他们请教一些问题。做深呼吸以保持放松,这有助于使头脑清醒,缓解紧张情绪。考试前合理膳食,保持旺盛精力,保持冷静。

心理障碍是大多数考生在考试过程中遇到的一个普遍问题。如果你在考试中出现这种情况,试试下列方法:使用"线索"纸条。进入考场之前,将记忆"线索"记在纸条上,但你不能将纸条带进考场,因此当你阅读考卷时,一旦有了思路就快速记下。按自己的步调进行答卷。为每个考题或考核部分合理分配时间,并按此时间安排进行答题。

第二篇

各章自学要求、考核内容与练习

第一章 薪酬与薪酬管理概述

第一节 薪酬概述

一、自学要求和考核内容

1. 自学要求

通过本节的学习,要求考生识记薪酬的相关概念,理解和领会薪酬的形式、功能、结构和影响因素,为进一步深入了解和掌握本课的后续内容奠定理论基础。

2. 考核内容

本节要求考生识记的内容主要包括:(1)薪酬的内涵;(2)报酬、工资和薪金的概念;(3)基本薪酬和可变薪酬的概念。

本节要求考生领会的内容主要包括:(1)薪酬的形式;(2)薪酬对员工的功能;(3)薪酬对企业的功能;(4)影响薪酬的企业因素;(5)影响薪酬的社会因素;(6)影响薪酬的个人因素。

二、重要知识点

☆**考点1:薪酬的内涵**

薪酬是员工为所在单位提供劳动或劳务而获得的各种形式的回报或酬劳,体现的是一种公平的交易或交换的关系,也反映了一定的劳动力价格水平。

(1)宽口径的界定,即将薪酬等同于报酬,即员工由于完成了自己的工作而获得的各种内在报酬和外在报酬。

(2)中等口径的界定,即员工因为雇佣关系的存在而从雇主那里获得的各种形式的经济收入以及有形服务和福利。这一概念包括薪酬(直接经济报酬)和福利(间接经济报酬)。

(3)窄口径的界定,即薪酬仅仅包括货币性薪酬(基本薪酬和可变薪酬或浮动薪酬之和),而不包括福利。

一般来说,通常把薪酬和福利两部分之和称为总薪酬,并且将薪酬称为直接薪酬,而将福利称为间接薪酬,同时把直接薪酬划分为基本薪酬和可变薪酬。

薪酬在本质上是雇主或企业为获取员工所提供的劳动而提供的一种回报或报酬。

☆**考点2：报酬、工资和薪金的概念**

报酬：通常情况下,将一位员工为某个组织工作而获得的各种他认为有价值的东西统称为报酬。

工资：工资是劳动者付出劳动以后,以货币形式得到的劳动报酬。

薪金：薪金又称薪俸、薪给、薪水。一般而言,劳心者的收入为薪金,劳力者的收入为工资。

【历年真题】 (201204)单项选择题：

狭义的工资主要是指付给体力劳动者的(　　)形式报酬。

A. 物质　　　　B. 经济　　　　C. 货币　　　　D. 有形

【参考答案】 C

☆☆**考点3：薪酬的形式**

(1) 经济性报酬和非经济性报酬。经济性报酬和非经济性报酬之间的界限是,某种报酬是不是以金钱形式提供的,或者能否以货币为单位来加以衡量。经济报酬通常包括各种形式的薪酬和福利。非经济性报酬包括成长和发展的机会、从事富有挑战性工作的机会、参与决策的机会、特定的个人办公环境、工作地点的交通便利性等。

(2) 物质薪酬和非物质薪酬。物质薪酬即劳动者向组织或雇主出卖劳动力获得的现金等实物形式的薪酬;非物质薪酬则是指现金之外获得晋升、荣誉等方面的报酬。

(3) 外在薪酬和内在薪酬。内在薪酬与外在薪酬之间的区别在于,某种报酬对劳动者所产生的激励是一种外部刺激,还是一种发自内心的心理激励。外在薪酬又可以分为基本工资、奖金、分红、津贴等直接货币收入,也包括福利及福利设施、教育培训、社会保障等间接货币收入。内在薪酬则包括通过工作产生的成就、荣誉感等来自工作本身的薪酬,也包含工作环境等方面的福利。

(4) 全面薪酬。包括企业向员工提供的外在的经济性薪酬,以及为员工创造良好的工作环境及工作本身的内在特征、组织特征等所带来的非经济性的心理效应。

【历年真题】 (201010)单项选择题：

员工从工作本身所获得的心理收入,即对工作的责任感、成就感、胜任感、富有价值的贡献和影响力等属于(　　)。

A. 绩效酬薪　B. 间接酬薪　C. 非货币性外在酬薪　D. 内在酬薪

【参考答案】 D

☆☆**考点4：薪酬对员工的功能**

（1）经济保障功能。薪酬对于员工的保障并不仅仅体现在它要满足员工在吃、穿、用、住、行等方面的基本生存需要，而且还体现在它满足员工在娱乐、教育、自我开发等方面的发展需要。

（2）激励功能。薪酬是个人与组织之间的一种心理契约，这种契约通过员工对于薪酬状况的感知而影响员工的工作行为、工作态度和工作绩效，产生激励作用。

（3）社会信号功能。员工所获得的薪酬水平的高低实际上还在向其他人传递着一种信号，人们可以根据这种信号来判断特定员工的家庭、朋友、职业、受教育程度、生活状况，甚至宗教信仰、政治取向等。在一个组织内部，员工的相对薪酬水平的高低往往也代表了员工在组织内部的地位和层次，从而成为识别员工的个人价值和成功的一种信号。

☆☆**考点5：薪酬对企业的功能**

（1）改善经营绩效。薪酬是企业向员工传递的一种信号，可以让员工了解什么样的行为、工作态度和业绩是受到鼓励的，是对企业有贡献的，从而引导员工的工作行为和工作态度以及最终的绩效朝着企业期望的方向发展。

（2）控制经营成本。在控制经营成本方面，企业为了获得和保留自身经营过程中不可或缺的人力资源，不得不付出一定的代价；与此同时，企业处于产品或服务市场上得竞争压力又不能不注意控制薪酬成本。通常情况下，薪酬总额在大多数企业的总成本中要占到40%～90%的比重。

（3）塑造企业文化。薪酬会对员工的工作行为和态度发挥很强的引导作用，因此合理的和富有激励性的薪酬制度会有助于企业塑造良好的企业文化，或者对已经存在的企业文化起到积极的强化作用。

（4）支持企业变革。薪酬可以通过作用于员工个人、工作团队和企业整体来创造出与变革相适应的内部及外部氛围，从而有效地推动企业变革。

☆**考点6：基本薪酬和可变薪酬的概念**

基本薪酬，是指一个组织根据员工所承担或完成的工作本身或者员工所具备的完成工作的技能或能力而向员工支付的相对稳定的经济性报酬。

可变薪酬，是薪酬体系中与绩效直接挂钩的经济性报酬，有时也被称为浮动薪酬或奖金。

【**历年真题**】 （201310）单项选择题：

薪酬构成模块中，具有高差异性和高刚性的是（　　）。

A．基本薪酬　　　B．奖金　　　C．保险　　　D．福利

【**参考答案**】 A

☆ **考点 7：间接薪酬或福利与服务的概念**

员工福利和服务不是以员工为企业工作的时间为计算单位的。它一般包括非工作时间付薪、向员工个人及其家庭提供的服务、健康及医疗保健、人寿保险以及法定和企业补充养老金等。

☆☆ **考点 8：影响薪酬的企业因素**

（1）企业的负担能力。如果企业负担能力强，则员工的薪酬水平高且稳定；如果薪酬负担超过了企业的承受能力，那么就会造成企业严重亏损、停业或破产。

（2）企业的经营状况。经营好的企业，其薪资水平相对比较稳定且有较大的增幅，而那些经营业绩较差的企业，其薪资水平相对较低且没有保障。

（3）企业的发展阶段。企业处于行业的不同时期，其盈利水平和盈利能力及企业远景是不同的，这些差别都会导致薪资水平的不同。

（4）实行的薪酬政策。薪酬政策直接影响着企业利润积累和薪酬分配的关系。

（5）企业文化。企业文化的不同，必然会导致观念和制度的不同，这些不同决定了企业薪酬模型、分配机制的不同，这些因素间接地影响着企业的薪资水平。

【历年真题】（201204）多项选择题：

确定企业的整体薪酬水平，需要对企业的（　　）进行评估。

A．盈利能力　　　　B．支付能力
C．发展速度　　　　D．行业地位　　　　E．企业规模

【参考答案】　ABCDE

☆☆ **考点 9：影响薪酬的社会因素**

（1）国家的政策和法律。在不同时期，国家的经济政策会有所不同，有时刺激消费，有时为抑制通货膨胀，甚至下令冻结工资。国家的政策和法律是影响薪酬的大环境和制度背景。

（2）全社会的劳动生产率水平。劳动生产率水平及其变化是决定一个国家或地区的企业薪酬水平的首要因素。薪酬水平应该随劳动生产率的增长而增长，其增长幅度应该低于劳动生产率的增长幅度，但又不能大大低于劳动生产率的增长幅度。

（3）物价水平与居民生活费用。职工的正常收入至少应能支付家庭的基本生活费用，而这个费用又与居民消费习惯及当地物价水平有关。

（4）劳动力市场的供求状况。一般情况下，企业总是在财力允许的条件下，将薪酬水平制定在不低于同行业的平均水平，从而使企业的薪酬具有一定的竞争力。

(5) 同一行业的平均收入水平和工会的力量。人们总是在做各种横向比较,尤其是与当地就业者的收入水平做比较,同一行业在不同企业的收入不能相差太多,否则收入低的企业就不稳定。此外,某一地区某一行业的工资水平,往往是商会与工会谈判的结果。

☆☆**考点 10：影响薪酬的个人因素**

(1) 现实的工作量差别是导致薪酬水平高低差别的基本原因。

(2) 从个人的工作表现来说,员工的薪酬很大程度上是由个人工作表现决定的。同等条件下,高薪来自于个人工作的高绩效。

(3) 个人的资历和年龄在薪酬中起着很大作用。

(4) 从个人的工作技能来看,如今的企业之争便是人才之争,掌握关键技能的人,已成为企业竞争的利器。企业愿意付高薪给两种人：第一种是掌握关键技术的专才,第二种是阅历丰富的通才。

(5) 岗位和职务的差别也在很大程度上影响着薪酬。通常情况下,职务高的人权力大,责任也较重,因此其薪资水平相对也较高。

第二节　薪酬管理概述

一、自学要求和考核内容

1. 自学要求

通过本节的学习,要求考生明晰薪酬管理的概念,了解薪酬管理的目标、原则和内容,理解薪酬管理的地位和作用,熟知薪酬管理与其他人力资源管理职能之间的关系,掌握薪酬管理体系的设计模式和步骤。

2. 考核内容

本节要求考生识记的内容主要包括：薪酬管理的概念。

本节要求考生领会的内容主要包括：(1)薪酬管理的目标；(2)薪酬管理的原则；(3)薪酬管理的内容；(4)薪酬管理的地位与作用；(5)薪酬管理体系的设计模式。

本节要求考生能将相关理论简单应用的内容包括：(1)薪酬管理与其他人力资源管理职能之间的关系；(2)薪酬管理体系的设计步骤。

二、重要知识点

☆**考点 11：薪酬管理的概念**

所谓的薪酬管理,是指企业针对所有员工提供的服务来确定他们应当得到的报酬总额、报酬结构以及报酬形式所做出决策并不断进行调整的管理过程。

☆☆考点12：薪酬管理的目标

任何一个组织的薪酬管理都必须实现四个目标：① 薪酬的外部公平性或者外部竞争性。员工会将本人的薪酬与外部劳动力市场或其他企业中从事同样工作的员工所获得的薪酬进行比较。一般情况下，企业会注意借助市场薪酬调查来避免员工产生强烈的外部不公平感。② 薪酬的内部公平性或者内部一致性。即关注企业内部不同职位之间的薪酬对比问题。在实践中，企业往往通过职业评价来强化员工对薪酬内部的公平性的认可。③ 绩效报酬的公平性。员工通常还会将自己的薪酬与那些和自己在同一家企业中从事相同或类似工作的其他人的薪酬进行比较。因此，企业通常用绩效加薪以及其他绩效奖金等方式来体现业绩水平不同的员工对企业的贡献大小。④ 薪酬管理过程的公平性。薪酬管理过程和薪酬政策的实施方式也会影响员工对企业薪酬制度公平性的看法。

【历年真题】 （201210）单项选择题：

管理者在制定薪酬政策时、在企业内部依照员工所从事工作的相对价值来支付报酬属于公平中的( )。

A. 个人公平　　B. 外部公平　　C. 内部公平　　D. 相对公平

【参考答案】 B

☆☆考点13：薪酬管理的原则

（1）公平性原则。是指企业薪酬管理系统以及管理过程的公平性和公正性。这种公平性包括两方面的内容：一是内部公平性，指企业内部不同职务之间的薪酬公平。二是外部公平性，指与同行业内其他企业特别是带有竞争性质的企业相比，企业所提供的薪酬水平是否具有竞争力。

（2）有效性原则。是指薪酬管理系统在多大程度上能够帮助企业实现预定的经营目标。

（3）合法性原则。是指企业的薪酬管理体系和管理过程是否符合国家的相关法律规定。

【历年真题】 （201107）单项选择题：

薪酬管理必须把握的最基本的原则是( )。

A. 按劳分配原则　B. 公平原则　C. 经济有效原则　D. 合法合规原则

【参考答案】 B

☆☆考点14：薪酬管理的内容

薪酬管理的内容主要包括薪酬体系、薪酬水平、薪酬结构、薪酬形式、薪酬管理政策和薪酬系统的运行管理。

（1）薪酬体系。薪酬体系决策的主要任务是确定企业的基本薪酬以什么为基础。国际上通行的薪酬体系有三种，即职位薪酬体系、技能薪酬体系以及能力薪酬体系,其中职位薪酬体系的运用最为广泛。

(2)薪酬水平。指企业中各职位、各部门以及整个企业的平均薪酬水平,薪酬水平决定了企业薪酬的外部竞争性。

(3)薪酬结构。是指同一组织内部的不同职位所得到的薪酬之间的相互关系,它涉及的是薪酬内部公平性的问题。企业内部的薪酬结构反映了企业对于职位重要性以及职位价值的看法。

(4)薪酬形式。是指员工所得的总薪酬的组成成分以及各部分的比例关系。通常情况下,分为直接薪酬和间接薪酬。前者主要是指直接以货币形式支付给员工并且与员工所提供的工作时间有关的薪酬,而后者则包括福利、有形服务等一些具有经济价值但是以非货币形式提供给员工的报酬。

(5)薪酬管理政策。主要涉及企业的薪酬成本与预算控制方式以及企业的薪酬制度、薪酬水平是否保密的问题。薪酬管理政策必须确保员工对薪酬体系的公平性看法,以及薪酬系统有助于企业以及员工个人目标的实现。

(6)薪酬系统的运行管理。在其运行过程中涉及对其运行过程中出现问题的管理,包括薪酬的预算、成本控制、薪酬诊断和薪酬调整等问题。

【历年真题】(200804)单项选择题:
以下不属于薪酬管理决策内容的是(   )。
A.薪酬技术　　B.薪酬水平　　C.薪酬构成　　D.薪酬体系
【参考答案】 A

☆☆考点15:**薪酬管理的地位与作用**

薪酬管理的作用不仅体现在人力资源管理内部,对于企业整体管理也具有重要意义,尤其体现在薪酬水平上。

(1)薪酬管理是管理者人本管理思想的重要体现。所谓以人为本的管理思想就是要尊重人力资本所有者的需要,解除其后顾之忧。管理者不仅要保证其员工基本生活,更要适应社会和个人的全方位发展,提供更全面的生活保障,建立起适应国民经济发展水平的薪酬制度。

(2)薪酬管理战略是企业的基本战略之一。薪酬管理战略是人才战略的最重要组成部分,也是企业的基本战略之一。一个优秀的薪酬管理战略对企业起到四个作用:一是吸引优秀的人才加盟;二是保留核心骨干员工;三是突出企业的重点业务与重点岗位;四是保证企业总体战略的实现。

(3)薪酬管理影响着企业的盈利能力。保持先进的劳动生产率,有效地控制人工成本,发挥既定薪酬的最大效用,对于增加企业利润,增强企业盈利能力进而提高竞争力无疑具有直接的作用。

☆☆☆考点16:**薪酬管理与其他人力资源管理职能之间的关系**

(1)薪酬管理与职位设计。企业经营环境不确定性的增加以及对员工工作灵活性要求的逐渐提高,将导致企业中的职位特征发生很大变化。在这种情况下,企业的薪酬体系就必须做出相应的变革,以适应和支持这种新的发展趋势,并对员工的工作行为加以引导。另一方面,职位本身的设计不合理也会给薪酬管理带来一些麻烦。比如职位划分过细本身就会导致企业的薪酬等级划分过细,结果导致员工在不同职位之间的轮换变得很困难。同时,员工会紧盯着职位的等级而不是个人的绩效和能力。

(2)薪酬管理与员工招募、甄选。①企业的薪酬设计会对企业的招募和甄选工作的速度、所获得的员工的数量以及能力素质产生影响。②企业所要招募的员工的类型,又会直接影响到企业的薪酬水平和薪酬结构。

(3)薪酬管理与培训开发。薪酬管理对于企业的培训开发活动能够起到很好的支持和引导作用。薪酬体系的合理设计有助于引导员工主动接受培训、努力进行自我技能开发、不断巩固和提高自身的业务素质,从而增强员工适应工作的能力,帮助组织获得更大的灵活性。

(4)薪酬管理与绩效管理。从绩效管理本身来说,过去那种一维、静态的绩效评价方法正在逐渐被全方位的、动态的绩效评价方法所取代。在以能力模型为中心的人力资源管理系统中,企业的薪酬管理也已经从过去主要对绩效和薪酬之间的关系考虑,发展到不仅关心员工的业绩目标实现,而且关心员工的整体素质,所掌握的技能以及未来的潜力提升等。

☆考点17:薪酬体系的构成

(1)外在薪酬。外在薪酬一般是指物质回报,即员工通过为企业做出贡献而获得的直接或间接的货币收入,包括基本工资、奖金、津贴、保险以及其他福利等。

(2)内在薪酬。内在薪酬一般是指非物质回报,如员工通过努力工作而获得晋升、受到表扬或重视等,进而产生的安全感、成就感、满足感、公平感、自我实现感、尊重感等。

☆☆考点18:薪酬管理体系的设计模式

薪酬管理体系设计的模式包括领导决定模式、集体洽谈模式、专家咨询模式、个别洽谈模式和综合设计模式。

(1)领导决定模式。是指企业领导者凭借自己的行政权威和管理经验,依据市场行情,规定企业员工在一定时期内的薪酬,从而界定该企业的薪酬体系。这种情况一般发生在企业初创时期或者人数不多、规模较小的企业。

(2)集体洽谈模式。是指企业通过与员工的协商确定员工在一定时期内的薪酬,从而确定企业的薪酬体系。

(3)专家咨询模式。是指企业委托外部咨询设计专家参与企业薪酬体系的制定工作。这种薪酬体系一般能较好地体现市场动态,有利于协调劳资双方的关系。

（4）个别洽谈模式。是指在企业总体原则初定的情况下，企业和特定员工就薪酬问题进行个别洽谈，一次确定这些员工的薪酬。参与洽谈的员工一般为市场上较为稀缺的人才。

（5）综合设计模式。是指企业在薪酬设计过程中综合运用上述几种模式。利用综合模式设计出来的薪酬方案能较好地协调员工需求与企业利益，也是一种常用的薪酬设计模式。

【历年真题】（201310）单项选择题：

在薪酬管理体系设计的模式中，企业领导者凭借自己的行政权威和管理经验，依据市场行情，规定员工在一定时期内的薪酬，从而界定该企业的薪酬体系的设计模式称为（　　）

A．领导决定模式　B．专家咨询模式　C．集体洽谈模式　D．个别洽谈模式

【参考答案】　A

☆☆☆考点19：**薪酬管理体系的设计步骤**

一套好的薪酬体系应该对内具有激励性，对外具有竞争性。设计一套科学、合理的薪酬体系，一般有八个核心步骤，分别是：确定薪酬策略、进行岗位分析、实施岗位评价、开展薪酬调查、进行薪酬定位、确定薪酬结构、明确薪酬水平、实施薪酬体系。

（1）确定薪酬战略。企业的发展战略决定了其薪酬战略。发展战略不同，其薪酬政策、薪酬水平、薪酬结构和薪酬制度也会有所不同。

（2）进行岗位分析。岗位分析为岗位评价及其薪酬水平的制定提供了客观的依据。

（3）实施岗位评价。岗位评价是保证薪酬体系内部公平性的重要手段之一。它不仅有助于比较企业内部各个岗位之间的相对价值，还为薪酬市场调查建立了统一的岗位评价标准。

（4）开展薪酬调查。薪酬市场调查主要是为了解决企业薪酬外部均衡性的问题，外部均衡是指企业员工的薪酬水平应与企业所在地、同行业的薪酬水平保持基本一致，二者之间不能偏差太大。

（5）进行薪酬定位。是薪酬体系设计的关键环节，明确了企业薪酬水平在市场上的相对位置，直接决定了企业薪酬水平竞争能力的强弱程度。

（6）确定薪酬结构。薪酬结构是指员工薪酬的构成项目及各自所占的比例。

（7）明确薪酬水平。薪酬水平是指从某个角度按某种标志考察的某一领域内员工薪酬的高低程度，它决定了企业薪酬的外部竞争力。

（8）实施薪酬体系。在实施之前，企业需要和员工进行沟通，必要时还要

辅以培训,同时还要考虑薪酬体系是否符合企业的经济实力、价值取向等。

三、同步练习题

(一) 单项选择题

1. 员工向其所在单位提供劳动而得到的各种货币与实物报酬的总和是
   ( )
   A. 薪酬　　　　B. 报酬　　　　C. 工资　　　　D. 奖金
2. 以法定货币形式支付的,不得以实物及有价证券替代货币支付的是
   ( )
   A. 福利　　　　B. 保险　　　　C. 报酬　　　　D. 工资
3. 下列项目中属于非经济性报酬的是　　　　　　　　　　　　( )
   A. 工资　　　　　　　　　　B. 工作地点的交通便利性
   C. 津贴和补贴　　　　　　　D. 发明创造奖
4. 下列项目中属于内在薪酬的是　　　　　　　　　　　　　　( )
   A. 高温补偿　　　　　　　　B. 野外工作补助
   C. 提高科学技术水平的鼓励　D. 工作的荣誉感
5. 薪酬的作用就在于通过市场将劳动力尤其是具有一定知识、技能和经验的稀缺人力资源配置到各种不同的用途上去,这属于薪酬的　　( )
   A. 维持功能　　　　　　　　B. 激励功能
   C. 经济保障功能　　　　　　D. 社会信号功能
6. 在薪酬管理体系设计时,首先要进行的工作是　　　　　　　( )
   A. 进行岗位分析　　　　　　B. 开展薪酬调查
   C. 确定薪酬战略　　　　　　D. 了解企业的财力状况
7. 企业薪酬管理的最终目的是为了实现　　　　　　　　　　　( )
   A. 企业利润　　B. 占有市场　　C. 企业目标　　D. 完成任务
8. 下列不属于企业员工基本薪酬确定依据的是　　　　　　　　( )
   A. 工作的重要性　　　　　　B. 工作难度
   C. 工作对企业的价值　　　　D. 工作的绩效
9. 企业文化中关于人才价值观的不同,会直接导致　　　　　　( )
   A. 薪酬水平的不同　　　　　B. 薪酬结构的不同
   C. 薪酬制度的不同　　　　　D. 薪酬管理的不同
10. 薪酬管理的原则不包括下列哪条原则　　　　　　　　　　( )
    A. 有效性原则　B. 公平性原则　C. 合法性原则　D. 弹性原则
11. 从心理学角度来讲,薪酬是个人与组织之间的一种心理契约,这种契约

通过员工对薪酬状况的感知而对员工产生 ( )
　　A. 保障功能　　B. 社会信号功能　C. 激励功能　　D. 改善绩效功能
12. 根据组织制定的不同工作的价值等级支付对应的薪酬,体现了薪酬管理目标的 ( )
　　A. 外部公平　　B. 内部公平　　C. 个人公平　　D. 等级公平
13. 员工之间各种薪酬比例及其构成是指 ( )
　　A. 薪酬政策　　B. 薪酬计划　　C. 薪酬结构　　D. 薪酬水平
14. 薪酬管理系统在多大程度上能够帮助企业实现预定的经营目标体现了下列哪条原则 ( )
　　A. 对外具有竞争力　　　　B. 对内具有公正性
　　C. 有效性原则　　　　　　D. 合法性原则
15. 从国际通行情况来看,与薪酬管理有关的法律不包括下列哪一种 ( )
　　A. 最低工资立法　　　　　B. 同工同酬立法
　　C. 反歧视立法　　　　　　D. 劳动合同立法
16. 支付等于或高于劳动力市场水平的薪酬,确保企业的薪酬水平与类似行业的薪酬水平一致,体现了下列哪条原则 ( )
　　A. 外部公平性　B. 内部公平性　C. 个人公平性　D. 绩效公平
17. 国际上运用最为广泛的薪酬体系是 ( )
　　A. 职位薪酬体系　　　　　B. 技能薪酬体系
　　C. 能力薪酬体系　　　　　D. 绩效薪酬体系
18. 能激励员工不断学习、不断提高自身能力的薪酬体系是 ( )
　　A. 职位薪酬体系　　　　　B. 团队薪酬体系
　　C. 能力薪酬体系　　　　　D. 绩效薪酬体系
19. 下面的各个因素中,不属于福利的是 ( )
　　A. 儿童看护　　　　　　　B. 家庭理财咨询
　　C. 独生子女费用　　　　　D. 人寿保险
20. 关于薪酬管理的目标,表述错误的是 ( )
　　A. 尽量满足员工的需求　　B. 支付相当于员工工作价值的薪酬
　　C. 适当拉开各等级之间的薪酬差距
　　D. 支付要考虑劳动力市场的一般薪酬水平
21. 员工薪酬是指员工因向其所在的单位提供劳动或劳务而获得的各种形式的酬劳或回报,其实质是 ( )
　　A. 一种文明的交易或交换关系　　B. 一种公平的交易或交换关系
　　C. 一种平等的交易或交换关系　　D. 一种优质的交易或交换关系

22. 以货币形式和以可间接转化为货币的其他形式为支付方式的劳动报酬是指 （　　）
   A. 员工工资　　　　　　　　B. 员工福利
   C. 非经济性报酬　　　　　　D. 经济性报酬

23. 不仅包括企业向员工提供的外在的经济性薪酬,还包括为员工创造良好的工作环境及工作本身的内在特征,组织特征等所带来的非经济性的心理效应的是指 （　　）
   A. 工资总额　　B. 人力资源价格　　C. 全面薪酬　　D. 福利总额

24. 对企业而言,薪酬的功能有 （　　）
   A. 支持企业变革　　　　　　B. 经济保障功能
   C. 满足安全需求　　　　　　D. 心理激励功能

25. 薪酬确定的影响因素中,企业外部影响因素包括 （　　）
   A. 企业经济效益　　　　　　B. 企业薪酬政策
   C. 企业生命周期　　　　　　D. 民族文化和风俗习惯

26. 不以员工为企业工作的时间为计算单位的一种间接经济报酬是指 （　　）
   A. 基本薪酬　　B. 绩效薪酬　　C. 间接薪酬　　D. 附加薪酬

27. 薪酬能够引导员工的工作行为、工作态度以及最终绩效向着企业所期望的方向发展,体现的是薪酬的 （　　）
   A. 增值功能　　　　　　　　B. 控制企业成本
   C. 改善经营业绩　　　　　　D. 支持企业变革

28. 以下属于间接薪酬的是 （　　）
   A. 津贴　　　B. 奖金　　　C. 福利　　　D. 可变薪酬

29. 在以下主要的薪酬构成模块中,具有高差异性和高刚性的是 （　　）
   A. 基本薪酬　　B. 奖金　　　C. 保险　　　D. 福利

30. 企业通过与员工的协商确定员工在一定时期内的薪酬,从而确定企业的薪酬体系是指 （　　）
   A. 领导决定模式　　　　　　B. 集体洽谈模式
   C. 专家咨询模式　　　　　　D. 个别洽谈模式

31. 工作期间的餐饮服务属于下列哪一种薪酬 （　　）
   A. 基本薪酬　　B. 津贴　　　C. 可变薪酬　　D. 间接薪酬

32. 绩效加薪是指 （　　）
   A. 基本薪酬的一种增长方式　　B. 是一种长期奖金
   C. 是津贴　　　　　　　　　　D. 是一种可变薪酬

33. 在以下主要的薪酬构成模块中,具有低差异性和低刚性的是 （　　）

A. 基本薪酬　　B. 奖金　　C. 附加薪酬　　D. 福利

34. 在企业面临困难时,有可能会对企业的资金流量和运营成本构成威胁的是　　　　　　　　　　　　　　　　　　　　　　　　　　（　　）
    A. 绩效加薪　　　　　　　B. 浮动薪酬
    C. 特殊绩效认可计划　　　D. 一次性奖金

35. 在以下薪酬结构模块中,具有低差异性和高刚性的是　　（　　）
    A. 基本薪酬　　B. 奖金　　C. 附加薪酬　　D. 福利

36. 特定员工的薪酬较之本企业其他员工的公平性属于　　（　　）
    A. 外部竞争　　B. 内部公平　　C. 职位公平　　D. 绩效公平

37. 在以下主要的薪酬构成模块中,侧重对员工职位价值或能力的评价的是　　　　　　　　　　　　　　　　　　　　　　　　　　（　　）
    A. 基本薪酬　　B. 可变薪酬　　C. 保险　　D. 福利

38. 设计成本较高,一般适用于特定岗位或对企业生存和发展都极为重要的员工的薪酬管理体系设计的模式是　　　　　　　　　（　　）
    A. 领导决定模式　　　　　B. 集体洽谈模式
    C. 专家咨询模式　　　　　D. 个别洽谈模式

39. 就企业整体而言,绩效加薪的幅度主要取决于　　　　　（　　）
    A. 加薪幅度　　B. 企业薪酬水平与市场薪酬水平的对比关系
    C. 企业的制度　　D. 企业当年的经营业绩和员工的绩效

40. 同样是100万元可以分配给员工,如果企业希望强化员工个人、群体和公司全体员工的优秀绩效,则下列哪项薪酬形式的比重可以大一些（　　）
    A. 基本薪酬　　B. 奖金　　C. 津贴　　D. 福利

41. 如果希望招募到的员工是有远见、富有冒险精神、勇于创新的人,企业通常在薪酬中设计较大份额的是　　　　　　　　　　　　（　　）
    A. 激励薪酬　　B. 绩效奖励　　C. 基本薪酬　　D. 间接薪酬

42. 能对企业经营环境不确定性的增加引起企业职位发生变化,做出良好适应的薪酬体系是　　　　　　　　　　　　　　　　　（　　）
    A. 技能薪酬体系　　　　　B. 职位薪酬体系
    C. 宽带薪酬体系　　　　　D. 团队薪酬体系

43. 组织为员工提供医疗保险服务,这属于哪种薪酬类型　　（　　）
    A. 直接薪酬　　B. 间接薪酬　　C. 激励薪酬　　D. 内部回报

44. 薪酬对员工所具有的功能不包括　　　　　　　　　　　（　　）
    A. 个人价值体现　　　　　B. 支持企业变革
    C. 经济激励功能　　　　　D. 满足生活需要

45. 薪酬体系中与绩效直接挂钩的经济性报酬是　　　　　　（　　）

A. 基本薪酬　　B. 可变薪酬　　C. 福利和服务　　D. 间接薪酬

46. 下列各项中,属于外部回报的奖励方式是　　　　　　　　　　(　　)
   A. 奖金　　　　　　　　　　　B. 欣赏和认可
   C. 发展机会　　　　　　　　　D. 具有挑战性的工作

47. 以"明确企业确定员工基本薪酬的基础是什么"为其主要任务的是
   　　　　　　　　　　　　　　　　　　　　　　　　　　　(　　)
   A. 薪酬水平决策　　　　　　　B. 薪酬结构决策
   C. 薪酬体系决策　　　　　　　D. 薪酬管理决策

48. 主要承担劳动力市场外部竞争力功能的是　　　　　　　　　(　　)
   A. 基本薪酬　　B. 浮动薪酬　　C. 绩效加薪　　D. 可变薪酬

49. 支付相当于员工岗位价值的薪酬,体现了　　　　　　　　　(　　)
   A. 对外具有竞争力　　　　　　B. 对内具有公平性
   C. 对员工具有激励　　　　　　D. 薪酬成本的控制

50. 下列不属于间接薪酬形式的是　　　　　　　　　　　　　　(　　)
   A. 岗位津贴　　B. 其他补贴　　C. 社会保险　　D. 员工福利

(二) 多项选择题

1. 从窄口径界定薪酬的角度看,货币性薪酬主要包括　　　　　(　　)
   A. 基本薪酬　　　　B. 可变薪酬　　　　C. 浮动薪酬
   D. 福利　　　　　　E. 企业年金

2. 薪酬的计算和发放如果以小组或团队为单位,则会　　　　　(　　)
   A. 在组织内部起到强化个人主义的作用
   B. 强化员工的合作精神　　　　C. 使得整个组织更具凝聚力
   D. 使员工崇尚独立　　　　　　E. 使员工注重相互间的竞争

3. 薪酬管理的主要内容包括　　　　　　　　　　　　　　　　(　　)
   A. 薪酬体系决策　　　　　　　B. 薪酬系统的运行管理
   C. 薪酬管理政策　　D. 薪酬水平控制　　E. 薪酬人员培训

4. 基本薪酬变动的依据主要有　　　　　　　　　　　　　　　(　　)
   A. 总体生活费用的变化　　B. 通货膨胀的程度　　C. 工资总额
   D. 市场上同质劳动力的基本薪酬　　E. 员工本人知识、经验、技能等的变化

5. 影响薪酬的企业因素主要有　　　　　　　　　　　　　　　(　　)
   A. 企业的负担能力　　　　　　B. 企业的经营状况
   C. 企业的发展阶段　　D. 企业薪酬政策　　E. 企业文化

6. 薪酬系统的运行管理涉及　　　　　　　　　　　　　　　　(　　)
   A. 薪酬调查　　　　B. 薪酬的预算　　　　C. 成本控制

D. 薪酬诊断   E. 薪酬调整
7. 薪酬管理政策主要涉及 (　　)
   A. 企业的薪酬成本与预算的控制方式   B. 薪酬的调整
   C. 薪酬诊断   D. 薪酬制度和薪酬水平的保密   E. 薪酬结构的设计
8. 影响薪酬水平的个人因素有 (　　)
   A. 个人的工作表现   B. 年龄与工龄   C. 性别
   D. 职务   E. 岗位
9. 薪酬管理的目标，就是要在能够吸引优秀人才、不断激励员工的基础上，通过薪酬机制，实现 (　　)
   A. 薪酬管理的外部公平性或者外部竞争性
   B. 薪酬的内部公平性或者内部一致性   C. 绩效报酬的公平性
   D. 薪酬管理过程的公平性   E. 将企业短、中、长期利益相结合
10. 全面薪酬包括 (　　)
    A. 基本工资   B. 股票期权   C. 教育培训
    D. 福利   E. 工作本身的内在特征
11. 按照某种报酬对劳动者产生的激励是一种外部刺激还是发自内心的心理激励，可以将薪酬分为 (　　)
    A. 经济性报酬   B. 非物质性薪酬   C. 外在薪酬
    D. 全面薪酬   E. 内在薪酬
12. 企业员工薪酬管理的基本原则包括 (　　)
    A. 对外具有竞争力原则   B. 对内具有公正性原则   C. 有效性原则
    D. 合法性原则   E. 对企业文化具有指导性原则
13. 薪酬一般具有的基本功能有 (　　)
    A. 经济保障功能   B. 激励功能   C. 调节功能
    D. 社会信号功能   E. 战略功能
14. 影响薪酬的企业外部因素包括 (　　)
    A. 物价变化与生活水平   B. 国家政策和法律
    C. 经济发展状况与劳动生产率   D. 行业薪酬水平的变化
    E. 劳动力市场的供求状况
15. 以下项目中属于员工福利的是 (　　)
    A. 家庭理财咨询   B. 儿童看护   C. 人寿保险
    D. 工作期间的餐饮服务   E. 企业补充养老金
16. 企业在确定某一具体岗位的薪酬水平时，可以通过岗位分析和岗位评价等工作事先确定不同职级、职位等的 (　　)
    A. 薪酬水平   B. 薪酬结构   C. 薪酬幅度

D. 薪酬形式　　　　E. 薪酬级差

17. 员工在薪酬方面受到不公正的对待,就会采取以下哪些方法来恢复公平或者找到心理平衡　　　　　　　　　　　　　　　　　（　　）
    A. 减少个人投入　　　　　　B. 增加个人投入
    C. 以不正当的手段增加个人收益　D. 减少他人的收益
    E. 从心理到身体远离产生不公平的地方

18. 以人为基础的薪酬体系是指　　　　　　　　　　　（　　）
    A. 职位薪酬体系　　B. 技能薪酬体系　　C. 混合薪酬体系
    D. 全面薪酬体系　　E. 能力薪酬体系

19. 具有薪酬稳定性的薪酬类型有　　　　　　　　　　（　　）
    A. 短期奖金　　　　B. 红利　　　　　　C. 间接薪酬
    D. 基本薪酬　　　　E. 可变薪酬

20. 一个优秀的薪酬管理战略应对企业起到作用是　　　（　　）
    A. 吸引优秀人才加盟　　　　B. 保留核心骨干员工
    C. 保证企业总体战略的实现　D. 控制人工成本
    E. 突出企业的重点业务与重点岗位

（三）填空题

1. 企业在运用相关概念的时候,通常把薪酬和福利两部分之和称为＿＿＿＿＿＿,并且将薪酬称为＿＿＿＿＿＿,福利称为＿＿＿＿＿＿。

2. 通常把直接薪酬划分为＿＿＿＿＿＿和＿＿＿＿＿＿。

3. 基本薪酬是指一个组织根据员工所承担或完成的工作本身或者员工所具备的完成工作的技能或能力而向员工支付的相对稳定的＿＿＿＿＿＿。

4. 在员工基本薪酬的变化中,根据员工的实际工作绩效确定的基本薪酬增长被称为＿＿＿＿＿＿。

5. 可变薪酬有时也被称为＿＿＿＿＿＿或＿＿＿＿＿＿。

6. 许多企业的高层管理人员和一些核心的专业技术人员所获得的与企业长期目标的实现挂钩的红利等,都属于＿＿＿＿＿＿的范畴。

7. 与基本薪酬和可变薪酬不同的是,员工福利与服务不是以员工为企业工作的＿＿＿＿＿＿为计算单位的。

8. 合理的薪酬水平一定要处理好薪酬水平与劳动生产率之间的关系,薪酬增长与劳动生产率的比例一般保持在＿＿＿＿＿＿之间为宜。

9. 在影响员工的薪酬的社会因素中,当劳动力＿＿＿＿＿＿时,员工就会接受较低的薪酬水平;当劳动力＿＿＿＿＿＿时,企业一般就会提高员工的薪酬水平。

10. 所谓薪酬管理,是指企业针对所有的员工提供的服务来确定他们应当得到的_____、_____以及_____做出决策并不断进行调整的管理过程。

11. 薪酬管理目标中的_____目标所关注的是企业内部不同职位之间的薪酬对比问题。

12. 薪酬管理的原则中的_____原则是指薪酬管理系统在多大程度上能够帮助企业实现预定的经营目标。

13. 目前,国际上通行的薪酬体系有三种,即_____、_____以及_____。

14. 薪酬水平是指企业中各职位、各部门以及整个企业的_____,薪酬水平决定了企业薪酬的_____。

15. 所谓薪酬形式是指员工所得的总薪酬的组成成分以及各部分的_____。

16. _____是人才战略的最重要组成部分,也是企业的基本战略之一。

17. 薪酬管理是整个人力资源管理的子系统,它必须与_____、甄选、_____、_____和开发等人力资源管理职能紧密配合。

18. 薪酬体系主要由_____和_____两部分组成。

19. 薪酬管理体系设计的模式包括领导决定模式、_____、_____、个别洽谈模式以及综合设计模式。

20. 薪酬管理体系设计的模式中_____模式一般发生在企业初创时期或者人数不多、规模较小的企业。

21. 薪酬管理体系设计的模式中_____模式的成本较高,一般使用于特定的岗位或对企业生存和发展都极为重要的员工。

22. 一套好的薪酬体系应该对内具有_____,对外具有_____。

23. 岗位评价的方法主要有_____、评分法、要素比较法和_____。

24. 在岗位评价的方法中,适用于希望引入岗位评价体系的企业的是_____。

25. 在岗位评价的方法中,适用于企业中实行的"岗位技能工资"的计算的是_____。

26. 薪酬市场调查主要是为了解决企业薪酬_____的问题。

27. 薪酬调查的方式中_____是指通过设计问卷调查表并将其发放给某些特定人员填写,从而收集相关信息的一种方法。

28. 在薪酬调查的结果分析中,一般而言,有三个数据是值得企业研究和注意的,分别是_____、_____、_____。

29. _____是薪酬体系设计的关键环节,它明确了企业薪酬水平在市场的相对位置,直接决定了企业薪酬水平竞争能力的强弱程度。

30. 在确定薪酬结构时,薪酬的不同组成部分起着不同的激励作用:_____和_____主要承担适应劳动力市场外部竞争力的功能;_____主要根据员工的工作业绩确定,这部分有很大的弹性。

（四）名词解释

1. 薪酬 2. 报酬 3. 工资 4. 基本薪酬 5. 可变薪酬 6. 薪酬管理

（五）简答题

1. 薪酬对于组织和员工的意义何在?
2. 企业薪酬水平的影响因素有哪些?
3. 薪酬管理应达到哪些目标? 为达到这些目标,应遵循哪些相关原则?
4. 薪酬管理的难点是什么? 哪些是薪酬管理中最重要的管理决策?

（六）论述题

1. 试述薪酬体系的设计步骤。
2. 试述薪酬管理与其他人力资源管理职能之间的关系。

【本章参考答案】

（一）单项选择题

1-5 ADBDC 6-10 CCDAD 11-15 CBCCD 16-20 ABCCA
21-25 BDCAD 26-30 CCCAB 31-35 BADBC 36-40 BBBCB
41-45 CCBBB 46-50 ACABA（对应的知识点在教材中的页码分别为:1、2、3、4、4、24、16、8、12、16、5、16、27、17、17、16、17、22、10、15、1、3、4、4、12、10、6、10、11、23、10、8、11、10、11、16、8、24、9、9、21、20、10、7、9、23、17、27、16、10)

（二）多项选择题

1. BD 2. CDE 3. ABCD 4. ABC 5. ABDE 6. ABCDE 7. AB
8. ABDE 9. ABDE 10. ABCD 11. BC 12. ABCD 13. ABCDE
14. ABCDE 15. BD 16. ABCDE 17. DE 18. DE 19. ABC 20. AB
（对应的知识点在教材中的页码分别是:1、7、18、8、12、19、18、14、15、7、3、16、4-7、12-13、10、28、17、18、11、19)

（三）填空题

1. 总薪酬、直接薪酬、间接薪酬 2. 基本薪酬、可变薪酬 3. 经济性报酬
4. 绩效加薪 5. 浮动薪酬、奖金 6. 长期可变薪酬 7. 时间 8. 1:(0.5～0.7)

9. 供过于求、供不应求 10. 报酬总额、报酬结构、报酬形式 11. 内部公平性或一致性 12. 有效性 13. 职位薪酬体系、技能薪酬体系、能力薪酬体系 14. 平均薪酬水平 外部竞争性 15. 比例关系 16. 薪酬管理战略 17. 招聘 绩效管理、培训 18. 外在薪酬、内在薪酬 19. 集体洽谈模式、专家咨询模式 20. 领导决定 21. 个别洽谈模式 22. 激励性、竞争性 23. 岗位排序法、要素计点法 24. 要素比较法 25. 评分法 26. 外部均衡性 27. 问卷调查 28. 25P、50P、75P 29. 薪酬定位 30. 基本薪酬、福利、可变薪酬(对应的知识点在教材中的页码分别是:2、2、8、8、9、9、10、13、13、15、16、17、17、18、18、19、20、23、23-24、23、24、24、25、26、26、26、27、27、27、7-10)

（四）名词解释

参见本章考点1、2、6、11。

（五）简答题

1. 参见本章考点4、5。

2. (1)企业因素:企业负担能力;企业的经营状况;企业的发展阶段;企业的薪酬政策;企业文化。(2)社会因素:国家的政策和法律;全社会的劳动生产率水平;物价水平和居民生活费用;劳动力市场的供求状况;同一行业的平均收入水平和工会的力量。(3)个人因素:工作量差别;个人工作表现;个人的资历和年龄;个人的工作技能;岗位和职务的差别。

3. 参见本章考点1、2、13。

4. 难点:薪酬的内部公平性和外部竞争性;薪酬的内部公平性或者内部一致性;绩效报酬的公平性;薪酬管理过程的公平性。

决策:薪酬体系决策;薪酬水平决策;薪酬结构决策;薪酬管理政策决策。

（六）论述题

1. 参见本章考点19。

2. 参见本章考点16。

第二章 薪酬战略

第一节 薪酬战略及其作用

一、自学要求和考核内容

1. 自学要求

通过本节的学习,要求考生能够了解薪酬战略的概念和战略性薪酬决策的概念以及薪酬战略的构成要素,理解并掌握薪酬战略的特征和作用。

2. 考核内容

本节要求考生识记的内容主要包括:(1)薪酬战略的概念;(2)战略性薪酬决策的概念;(3)薪酬战略的构成要素。

本节要求考生领会的内容主要包括:(1)薪酬战略的特征;(2)薪酬战略的作用。

二、重要知识点

☆**考点1:薪酬战略的概念**

薪酬战略是关于组织对于整合组织资源,决定资源的投资方向与投资项目,达到引导组织期望行为与强化组织价值的决策框架。

☆**考点2:战略性薪酬决策的概念**

战略性薪酬决策是指在事后期望与强制的约束下,集中确保薪酬计划的设计、实施和调控直接与组织的绩效目标相关的决策。

薪酬战略与薪酬决策的联系:凡是具有战略性的薪酬决策都属于薪酬战略。

薪酬战略与薪酬决策的区别:(1)薪酬战略不仅指薪酬决策,也包括薪酬管理;(2)并非所有的薪酬决策都是薪酬战略,薪酬技术与业务管理方面的决策不属于薪酬战略,只有对组织绩效与发展具有重大影响的战略性薪酬决策才属于薪酬战略。

☆☆**考点 3：薪酬战略的特征**

（1）薪酬战略是与组织总体发展相匹配的薪酬决策。薪酬战略作为组织总体战略系统的一个子战略，它必须与组织总体发展战略有着相一致的方向和目标，是组织发展模式与趋势的体现，贯穿并凝聚组织文化和经营理念，反映和体现组织发展不同阶段的特征。

（2）薪酬战略是一种具有总体性、长期性的薪酬决策与薪酬管理。总体性是指薪酬战略是对整个组织的薪酬从总体上构建一个系统性的决策管理模式，而不是仅对某个部门、某些人员的薪酬决策与管理。长期性是指这种薪酬决策与管理模式的构建不能仅考虑组织目前的状态，还要考虑组织长远发展的趋势，适应组织长期发展的需要。所以，一个组织的薪酬战略要特别重视两个原则：一是系统性原则，二是动态发展原则。

（3）薪酬战略对组织绩效与组织变革具有关键性作用。主要表现为强化对员工的激励，激发员工的积极性和创造力，增强组织的外部竞争力，强化组织的团队精神与凝聚力，提高薪酬成本的有效性。

☆**考点 4：薪酬战略的构成要素（即薪酬战略的内容）**

薪酬战略的内容包括两个方面：薪酬战略要素和薪酬政策。

最核心的薪酬战略要素有五个方面：薪酬基础、薪酬水平、薪酬结构、薪酬文化及薪酬管理。

薪酬政策是组织在进行薪酬决策时所要遵循的基本规则和原则。

☆**考点 5：薪酬战略的要素与薪酬政策的匹配**

（1）薪酬基础与政策。薪酬基础指确定薪酬的依据与条件，即员工的薪酬由什么来确定。在此主要考虑两方面问题：一是薪酬的确定主要依据哪些要素？二是年资、技能、职务、绩效等各种要素在整个薪酬构成中的地位与作用程度如何？

（2）薪酬水平与政策。薪酬水平指组织对自身总体战略薪酬量的定位。这里主要考虑三个要素：一是市场薪酬水平与竞争对手的薪酬水平如何？二是组织自身的绩效与财务状况如何？三是组织自身处于一个怎样的发展阶段？

（3）薪酬结构与政策。薪酬结构是指薪酬的具体形式及构成。研究薪酬结构与政策中重要的是分析各种薪酬的特征与功能，选择能充分体现各类员工贡献并有利于激励员工和组织发展的薪酬形式。

（4）薪酬文化与政策。薪酬文化是指组织的薪酬战略所贯穿的思想理念。薪酬文化与政策所讨论的问题主要有：把薪酬看成是"人力成本"还是"人力资本"？薪酬模式的设计是以人为基础还是以岗位为基础？薪酬理念是"物质报酬"还是"全面报酬"？薪酬的目标倾向是成本控制还是重在激励？薪酬决策是侧重公平还是效率，强调外部竞争性还是内部竞争性？

（5）薪酬管理与政策。薪酬管理可以分为战略性薪酬管理与技术性的业务管理，战略性薪酬管理研究的是整个组织薪酬管理的总体模式、核心制度与主体方式。在此主要讨论三个方面内容：一是薪酬信息的公开透明程度，是实行保密薪酬制度还是公开薪酬制度？二是薪酬管理权限的划分，即薪酬的管理是集权式还是分权式？三是员工参与薪酬决策的状况，即薪酬的决策模式是集权型还是民主型？

☆☆考点6：薪酬战略的基本框架

薪酬体系的基本框架的三个基本要素是基本工资与福利、可变工资、绩效管理。

（1）基本工资与福利：为员工提供一定的基本经济保障。

（2）可变工资：这是在基本工资和福利基础上的补偿收入，通常是一次性支付的。

（3）绩效管理：是组织发放可变工资的基本依据。

☆☆考点7：薪酬战略的作用

薪酬战略对企业竞争力的提升作用主要体现在四个方面：

（1）有利于培养和增强企业的核心竞争力。企业根据自身战略和发展需要，确定企业的核心竞争力和核心人力资源。企业可以通过有市场竞争力的薪酬体系设计，在薪酬分配上对企业的关键岗位给予倾斜，帮助企业吸引和保留核心人才，保持竞争对手难以模仿的核心能力的差异化优势。

（2）可以帮助企业很好地控制劳动力成本，保持成本优势。有效的薪酬战略及其管理体系不仅可以吸引和留住人才，而且可以避免岗位臃肿、效率低下，使劳动力和生产资料结合创造出良好的经济效益，对企业具有增值功能。

（3）有利于企业合理配置和协调资源，使各项活动与企业战略相匹配。企业可以将薪酬战略与其他管理手段结合，合理配置和协调企业内部人力资源和其他资源，为企业战略目标的实现提供有力的保障。

（4）帮助员工实现自我价值的功能。通过有效的薪酬战略及其实践，薪酬不再仅仅是一定数目的金钱，它还反映员工在企业中的能力、品行和发展前景等，从而充分发挥员工的潜能和能力，实现其自身价值。

第二节　薪酬战略模式的选择

一、自学要求与考核内容

1. 自学要求

通过本节的学习,要求考生了解成本领先战略、差异化战略、专一化战略、稳定发展战略、快速发展战略以及收缩战略的概念,理解并掌握影响薪酬战略设计的基本因素。

2. 考核内容

本节要求考生识记的内容主要包括:(1)成本领先战略的概念;(2)差异化战略的概念;(3)专一化战略的概念;(4)稳定发展战略的概念;(5)快速发展战略的概念;(6)收缩战略的概念。

本节要求考生能将相关理论综合应用的内容包括:影响薪酬战略设计的基本因素。

二、重要知识点

☆☆☆☆**考点8：影响薪酬战略设计的基本因素**

1. 宏观环境对薪酬战略设计的影响：

(1)通货膨胀水平。通货膨胀是指一般价格水平的持续和显著上涨。薪酬水平与通货膨胀水平之间有很强的关联性。

(2)劳动力供求关系。在劳动力市场中,薪酬水平是劳动力供求均衡的结果,但薪酬与劳动供求之间存在着互动的关系。

(3)宏观经济政策。宏观经济政策主要指货币政策、财政政策和收入政策。

(4)经济系统的开放性。经济系统的开放程度的高低影响着一个国家和地区内的企业在制定战略薪酬过程中参照系的选择。

2. 产业环境对薪酬战略设计的影响：

(1)行业寿命周期。在不同的寿命周期阶段,企业的发展目标和管理重点有很多差异,需要不同的薪酬制度与之相匹配。

(2)行业竞争。主要指行业竞争的激烈程度、行业竞争的类型和行业竞争的策略等方面。

(3)行业的性质。不同行业技术含量、熟练工人的比例、人均资本占有量、产业集群程度等因素不一样,薪酬制度与薪酬水平就有较大的差异。

（4）行业工会的谈判力。受工资索求水平、工会密度、产品市场竞争程度和工资合同的时间安排等因素的影响。

3. 企业内部环境对薪酬战略设计的影响：

（1）职能能力。职能能力包括：制造、工程、人力资源和市场。要求薪酬战略的制定者根据组织的职能能力来进行决策。

（2）人力资源能力。先进工艺水平的研究设备、制造系统或高效的市场销售体系如果离开知识丰富和生产效率高的雇员，就不能给公司提供竞争优势。作为人力资源战略的一部分的薪酬战略在此就能发挥很关键的作用。

（3）财务状况。良好的财务状况使公司能够达到经营要求和资本要求。财务状况意味着公司的竞争力，它是公司高层管理者和人力资源管理专业人员需要考虑的关键问题。

（4）企业经营价值观。企业价值观的发展经历了最大产值价值观、最大利润价值观、工作生活质量价值观等几个阶段。在同一时期内的不同企业也持有不同的价值观。

（5）企业的经营规模。是影响雇员薪酬水平的重要因素。企业规模对经理人员的薪酬水平有较大的影响。一般来说，高级经理的薪金会伴随着企业规模的扩大而增加。

（6）企业组织结构的类型。不同的组织结构类型有不同的目标取向，需要不同的薪酬制度与之相匹配。职能制组织更倾向于推行基于职务和技能的等级薪酬制度；事业部制组织往往先在各个事业部之间建立以经营绩效为基础的分配制度，各个事业部再建立效益薪酬制度或等级薪酬制度；矩阵制组织更适合于采用团队薪酬制度；模拟分散组织中由于每一个部门的可分配收入是随着内部交易收入和部门经营成本的变化而变化的，整个企业的薪酬制度就演变为一种动态薪酬制度和自主薪酬制度。

☆**考点9：成本领先战略的概念**

成本领先战略实际上就是低成本战略，即在产品本身的质量大体相同的情况下，企业可以以低于竞争对手的价格向客户提供产品。

【历年真题】（201007）单项选择题：

以下关于薪酬管理的描述中，与成本领袖战略相联系的是（   ）

A．以顾客满意为基础的激励工资

B．奖励对产品的创新和生产过程的改革

C．薪酬以市场为基础

D．提高可变工资的比率

【参考答案】 D

☆考点10：差异化战略的概念

差异化战略是企业通过采用特定的技术和方法，使本企业的产品或服务在质量、设计、服务以及其他方面都与众不同。它是指企业使自己的产品或服务区别于竞争对手的产品或服务，创造与众不同的东西。

【历年真题】（201101）单项选择题：

企业通过采用特定的技术与方法，使本企业的产品或服务在质量、设计、服务及其他方面都与众不同。这种企业经营战略称为（　　）

A．低成本战略　　B．差异化战略　　C．专一化战略　　D．集中化战略

【参考答案】　B

☆考点11：专一化战略的概念

专一化战略是指企业生产经营单一产品或服务，或者将产品或服务指向特定的地理区域、特定的顾客群。

☆考点12：创新型战略的概念

创新型战略是以产品的创新以及产品生命周期的缩短为导向的一种竞争战略，有利于激发创新行为的薪酬设计。

【历年真题】（201310）单项选择题：

以产品的创新以及产品生命周期的缩短为导向的企业竞争战略类型是（　　）

A．低成本战略　　B．差异化战略　　C．专一化战略　　D．创新型战略

【参考答案】　D

☆考点13：稳定发展战略的概念

稳定发展战略是指企业保持现有的产品和市场，在防御外来环境威胁的同时保持均匀的、小幅度的增长速度。

【历年真题】（201204）单项选择题：

从薪酬的构成上来看，采取_____的企业往往不强调企业与员工之间的风险分担，因而较为稳定的基本薪酬和福利的成分比较大（　　）

A．成长战略　　B．精简战略　　C．收缩战略　　D．稳定战略

【参考答案】　D

☆考点14：快速发展战略的概念

快速发展战略是一种关注市场开发、产品开发、创新以及合并等内容的战略。快速发展战略可以分为内部成长战略和外部成长战略。

☆考点15：收缩战略的概念

收缩战略是指企业面临衰退的市场或失去竞争优势时，主动放弃某些产品或市场，以维持其生存能力的战略。

【历年真题】（201010）单项选择题：

企业面对衰退的市场或失去竞争优势时,主动放弃某些产品或市场,以维持其生存能力的战略称为(　　)

A. 收缩战略　　　　　　B. 稳定发展战略
C. 集中发展战略　　　　D. 快速发展战略

【参考答案】　A

第三节　战略性薪酬管理

一、自学要求和考核内容

1. 自学要求

通过本节的学习,要求考生了解战略性薪酬管理的概念,理解战略性薪酬管理提出的背景、战略性薪酬管理对企业人力资源管理角色转变的要求,以及在薪酬战略与员工配置战略的整合过程中需注意的问题,重点掌握战略性薪酬管理的作用和企业不同发展阶段的薪酬战略。

2. 考核内容

本节要求考生识记的内容主要包括:战略性薪酬管理的概念。

本节要求考生领会的内容主要包括:(1)战略性薪酬管理提出的背景;(2)战略性薪酬管理对企业人力资源管理角色转变的要求;(3)在薪酬战略与员工配置战略的整合过程中需注意的问题。

本节要求考生能将相关理论简单应用的内容是:战略性薪酬管理的作用。

本节要求考生能将相关理论综合应用的内容是:企业不同发展阶段的薪酬战略。

二、重要知识点

☆☆**考点 16:战略性薪酬管理提出的背景**

战略性薪酬管理提出的背景体现在四个方面:
(1) 人力资源战略性地位的提升。
(2) 薪酬管理环境的不确定性。
(3) 薪酬管理权限和权能的扩大。
(4) 转变"唯技术论"的薪酬管理。

☆**考点 17:战略性薪酬管理的概念**

战略性薪酬管理是指以企业的发展战略为依据,根据企业某一阶段的内部、外部总体情况,正确选择薪酬策略、系统设计并实施动态管理,使之促进企业战略目标实现的管理活动。

☆☆☆**考点18：战略性薪酬管理的作用**

1. 战略性薪酬管理对提升企业绩效的作用：

（1）降低人工成本。人工成本一般要占企业整体运作成本的20%~50%，服务行业人工成本的比重更大，甚至可以高达60%~70%。因此，降低人工成本是增加企业竞争优势的重要途径。

（2）吸引和留住人才。一方面，薪酬管理具有吸引和筛选人才的作用；另一方面，薪酬问题一直是员工流失的主要原因。

（3）引导员工行为。一个设计和实施优良的薪酬体系可以传达这样的信息：什么样的员工是企业需要和关注的？什么样的行为是企业认可并给予奖励的？企业可以根据对员工管理的需要，设计符合战略需求的薪酬体系。

（4）促进劳资和谐。薪酬管理是一把双刃剑，不科学或不公平的薪酬管理往往是劳动争议的焦点，但战略性薪酬管理是建立在合法的劳资关系基础之上的，它不仅有利于缓解劳资冲突，而且可以保证企业的持续发展。

2. 战略性薪酬管理对增强企业竞争优势的作用：

（1）价值性。即薪酬管理能否对控制人工成本、吸引和维系人才以及影响员工的态度和行为等有直接而较强的影响。

（2）难以模仿性。为了使薪酬战略具有难以模仿性，必须使得薪酬管理具有企业的专属特征——它根植于企业内部，内化为员工行为，最终与企业文化融为一体。

（3）有效执行性。战略性薪酬管理的关键不仅在于它的制定是否科学，更重要的是它能否得到贯彻和执行。唯有如此，才能为企业带来竞争优势。

3. 战略性薪酬管理对促进企业可持续发展的作用：

（1）实施战略性薪酬管理是应对企业外部环境变化的需要。市场需求的变化、竞争对手的变化、资源供应的变化、相关宏观政策的调整，都将引起企业生产经营管理的变化，都将对企业薪酬管理策略和整体薪酬管理带来重大影响。需要及时调整薪酬管理策略以适应外部环境变化。

（2）实施战略性薪酬管理是适应深化企业改革的需要。企业改革已经进入攻坚阶段，改革是深层次的、根本性的。改革主要强调资源、资产、债务、股权、业务、机构、人员、利益关系八方面的重新整合，其中，利益关系的重组要与前七个重新组合相匹配。

（3）实施战略性薪酬管理是加强科学管理的需要。企业使命和企业愿景决定了企业的发展战略，其中，制度建设对企业发展战略起到了巨大的支撑作用。

☆☆**考点19：战略性薪酬管理对企业人力资源管理角色转变的要求**

在实行战略性薪酬管理体系的企业中，人力资源管理部门以及薪酬管理人

员的角色也要发生相应的转变,应当达到四个方面的要求:

(1) 保持与组织的战略目标紧密联系。当薪酬战略与企业战略相适应时,它就能有效地实现对员工的激励,增强他们对组织目标的承诺,促使他们帮助组织成功地实现这种经营战略。

(2) 减少事务性活动。从薪酬管理的活动内容及其性质来看,薪酬管理活动可以划分为常规管理活动、服务与沟通活动以及战略规划活动三种类型。在战略性薪酬管理体系的思路下,薪酬管理人员用于常规管理活动所占比重下降,而在服务与沟通以及战略规划方面所花费的时间则有所上升。

(3) 实现日常薪酬管理活动的自动化。常规性薪酬管理活动的自动化和系统化,是确保人力资源管理部门以及人力资源专业人员减少在日常管理中的时间耗费的一个主要途径。

(4) 积极承担新角色。在战略性薪酬管理体系这一全新管理理念之下,企业让薪酬管理者能够及时和准确地获知组织中所发生的所有变化,同时把他们从繁杂的管理事务中解脱出来,使他们转变为真正可以提供建议和支持的、具有全局眼光的专家。

☆☆☆☆考点20:企业不同发展阶段的薪酬战略

1. 初创期:薪酬竞争性强,薪酬刚性小,薪酬构成中基本工资低、绩效奖金较高、福利低、长期薪酬高。

(1) 薪酬具有很强的外部竞争性。由于企业初创,对人才的竞争力从总体上看还很弱,因而只能靠较高的薪酬水平来吸引优秀的人才。

(2) 淡化内部公平性。企业初创时期,主导员工的往往是热情,而不是名誉和正式的地位。因此企业薪酬设计的重点应该放在薪酬的外部竞争性上,而淡化薪酬的内部公平性。

(3) 薪酬构成。企业流动资金较为紧张,为了减轻企业的财务负担,本阶段的总体薪酬刚性应当小一些,即基本工资和福利所占的比重要小,而绩效奖金所占的比重要大。

2. 快速成长期:薪酬竞争较强,薪酬刚性较大,薪酬构成中基本工资较高、绩效奖金高、福利较高、长期薪酬较高。

(1) 重视内部公平性。企业逐渐进入规范化管理阶段。因此,建立以职位为基础的薪酬体系在客观上成为可能。

(2) 强调薪酬的外部竞争性。在此阶段,一方面新的职位不断出现,另一方面企业对高素质人才的依赖更加明显。为了获取优秀人才,特别是高级优秀人才,薪酬的外部竞争性显得格外重要。

(3) 薪酬构成。企业现金存量较为宽裕时,一方面开始适当提高基本工资和增加福利;另一方面,由于企业正处于积极扩张状态,鼓励个人贡献,并按个人绩效计发的绩效奖金占很大的比重。

3. **成熟稳定期**：薪酬竞争性一般，薪酬刚性大，薪酬构成中基本工资高、绩效奖金较高、福利高、长期薪酬高。

（1）更加重视薪酬的内部公平性。由于本阶段企业内部管理更加规范，建立以职位为基础的薪酬体系更为容易，并且员工对薪酬的内部公平性也显得更为关注，这一时期的企业必须特别重视薪酬的内部公平性。

（2）不再特别强调薪酬的外部竞争性。该阶段的薪酬本身已经具有较强的外部竞争性，并且企业的品牌和影响力也有助于巩固企业对人力资源的竞争能力。更为重要的是，该阶段企业对优秀人才的获取开始从外部劳动力市场转向企业的内部劳动力市场。

（3）薪酬构成。产品的市场占有率和资本收益率较为稳定，现金存量多，这时企业支付给员工的基本工资很高，福利也最多，绩效奖金则相对较少，还特别重视体现团队贡献的团队薪酬。

4. **衰退期**：薪酬竞争性较强，薪酬刚性小，薪酬构成中基本工资较低、绩效奖金较高、福利低、长期薪酬较高。

（1）强调薪酬的外部竞争性。本阶段，裁员往往是万不得已的选择，同时企业也可能为了开拓新的业务领域而招聘合适的人才；另一方面，企业内部原有的优秀员工的离职意向在本阶段可能显得特别强烈，因此薪酬必须具有较强的市场竞争性。

（2）薪酬构成。在本阶段，企业通常采取收缩战略，因此强调个人的绩效奖金和长期薪酬意义不大，较高的基本工资和较高的福利将是明智的选择。

☆**考点21：公司战略与薪酬战略**

公司战略决策涉及两个方面：一是在哪些行业展开竞争的决策；二是组织的不同生命周期的影响。具体包括：① 进入行业的决策与薪酬战略。② 组织的生命周期与薪酬战略。

☆☆**考点22：在薪酬战略与员工配置战略的整合过程中需注意的问题**

（1）组织薪酬战略的制定首先是在分析组织战略发展所需员工类型的基础上制定出来的。组织为了在人力资源市场上吸引和稳定自己的核心员工，就必须围绕业务的、相关的报酬来设计他们的薪酬体系，这一观点被称为总薪酬战略。总薪酬战略的不同组成部分对具有不同人口特征的人力资源有不同的吸引力。

（2）控制成本的经营战略决定了组织员工配置战略出现两种相互影响的战略。一是吸引、留住并激励核心员工的战略；二是针对组织需要确定雇用的员工群体——雇用临时性工人的战略。针对组织中出现的这两种战略，薪酬的战略决策显然会产生巨大的差异——组织资源会更多地倾向于核心员工。

(3) 知识型员工的价值不断提高。对知识型员工的需求不断增长以及知识型员工跨越组织边界流动的能力不断增强,对薪酬战略的制定者产生了更为严峻的挑战:如何将薪酬决策与雇员配置战略、保持战略整合起来。

三、同步练习题

(一) 单项选择题

1. 以下属于战略的特点是 (　　)
  A. 全局性和一致性　　　　　　B. 目标性和长远性
  C. 全局性和长远性　　　　　　D. 纲领性和一致性
2. 帮助组织整合资源,决定资源的投资方向与投资项目,达到引导组织期望行为与强化组织价值的薪酬管理决策是指 (　　)
  A. 战略性薪酬　B. 薪酬战略　C. 绩效工资　D. 激励薪酬
3. 对组织绩效与发展具有重大影响的战略性薪酬决策是指 (　　)
  A. 薪酬管理　　B. 薪酬政策　　C. 薪酬激励　　D. 薪酬战略
4. 一个组织的薪酬战略要特别重视两个原则:一是系统性原则;二是 (　　)
  A. 动态发展原则　B. 专业性原则　C. 参与性原则　D. 长期性原则
5. 下列不属于薪酬战略内容的是 (　　)
  A. 薪酬技术层次的具体计量　　　B. 薪酬政策
  C. 薪酬管理是集权式还是分权式　D. 薪酬战略要素
6. 企业发放的报酬高于市场平均工资水平是指薪酬水平的哪种定位策略 (　　)
  A. 领先策略　　B. 跟随策略　　C. 匹配策略　　D. 滞后策略
7. 企业发放的报酬等于市场平均工资水平是指薪酬水平的哪种定位策略 (　　)
  A. 领先策略　　B. 跟随策略　　C. 随机策略　　D. 滞后策略
8. 薪酬管理可以分为战略性薪酬管理与 (　　)
  A. 技术性的业务管理　　　　　B. 薪酬政策管理
  C. 薪酬文化管理　　　　　　　D. 薪酬战略理念
9. 组织可以利用薪酬吸引更多所需的人才,因为基本工资、福利和可变工资具有 (　　)
  A. 分选效应　　B. 激励效应　　C. 成本效应　　D. 成长效应
10. 在行业处于寿命周期的成熟期时,企业一般采用的薪酬制度是 (　　)
  A. 股权激励制度　　　　　　　B. 股票期权制度

C. 利润分享制度　　　　　　D. 员工持股制度

11. 企业通过采用特定的技术与方法,使本企业的产品或服务在质量、设计、服务及其他方面都与众不同。这种企业经营战略称为　　　　（　　）
   A. 低成本战略　B. 差异化战略　C. 专一化战略　D. 集中化战略

12. 基本薪酬通常会以劳动力市场的通行水平为基准且会高于市场水平,其薪酬系统非常重视对产品的创新和技术创新给予足够的报酬与奖励（　　）
   A. 成本领先薪酬战略　　　　B. 差异化薪酬战略
   C. 创新型薪酬战略　　　　　D. 集中化薪酬战略

13. 下列对战略性薪酬内涵表述错误的一项是　　　　　　　　（　　）
   A. 战略性薪酬管理是以企业发展战略为依据
   B. 战略性薪酬管理就是要正确选择薪酬策略,系统设计薪酬体系
   C. 战略性薪酬管理是实施动态性管理过程
   D. 战略性薪酬管理不适合于扁平化组织结构

14. 许多企业在薪酬方面花费了大量人力、财力,但对企业的经营目标的实现却并没有太大帮助,究其根本原因是　　　　　　　　　　（　　）
   A. 企业在薪酬管理的技术层面比较匮乏
   B. 企业没有设计出公平、合理的薪酬管理制度
   C. 企业薪酬管理制度缺乏激励性和科学性
   D. 企业的薪酬管理未从企业总体经营战略和人力资源战略为出发点

15. 在实行战略性薪酬管理的组织中,日常管理活动、服务与沟通活动以及战略规划活动三者之间所花费的时间比重大约分别是　　　（　　）
   A. 70%、20%、10%　　　　　B. 60%、20%、20%
   C. 20%、50%、30%　　　　　D. 30%、20%、50%

16. 在实行战略性薪酬管理的企业中,人力资源管理部门以及薪酬管理人员的角色也要发生相应的转变,下列描述中不符合要求的是　　（　　）
   A. 实施战略性薪酬必须与组织战略目标紧密联系
   B. 战略性薪酬要求增加事务性活动在薪酬管理中的比重
   C. 战略性薪酬要求实现日常薪酬管理活动的自动化
   D. 战略性薪酬要求薪酬管理者承担新的人力资源管理角色

17. 对于追求快速成长战略的企业来说,所采取的薪酬战略往往是（　　）
   A. 企业与员工共担风险,同时与员工分享成功收益
   B. 企业与员工不强调风险分担,采取稳定的薪酬策略
   C. 企业一般追求高于市场的薪酬水平
   D. 企业一般采用提高稳定薪酬在整个薪酬中的比例

18. 对于成本领先战略型企业所采取的薪酬战略描述错误的一项是
(　　)
   A. 薪酬水平既不高于竞争对手也不低于竞争对手
   B. 提高浮动薪酬或奖金在薪酬构成中的比重
   C. 加大固定薪酬在薪酬构成中的比重
   D. 激励员工降低成本,提高生产率

19. 企业的发展阶段不同,经营战略不同,因此薪酬战略也会不同,薪酬战略应与企业战略相适应,下列关于薪酬战略与企业发展阶段不相符的一项是
(　　)
   A. 在企业初创阶段,企业薪酬设计的重点应放在薪酬的外部竞争性上
   B. 在企业快速成长阶段,企业薪酬设计要重视内部公平和外部竞争性
   C. 在企业成熟阶段,企业薪酬设计要重视外部竞争性
   D. 在企业衰退阶段,企业薪酬设计要强调外部竞争性

20. 某公司采取的薪酬策略是力图使本组织的薪酬成本既不低于竞争对手,也不高于竞争对手,在尽可能的范围内控制薪酬成本支出,此薪酬策略属于
(　　)
   A. 市场跟随薪酬战略　　　　B. 成本领先薪酬战略
   C. 专一化薪酬战略　　　　　D. 差异化薪酬战略

21. 一些企业在短期内支付给员工的基本薪酬可能会低于市场水平,但是员工却可以获得企业的股票或者是股票期权,从而使员工在长远上获得比较可观的回报,此类薪酬战略属于
(　　)
   A. 成本领先薪酬战略　　　　B. 专一化薪酬战略
   C. 快速发展薪酬战略　　　　D. 收缩薪酬战略

22. 对于追求成长战略的企业来说,其薪酬管理的指导思想是　　(　　)
   A. 追求效率最大化、成本最小化
   B. 要稳定现有的掌握相关工作技能的员工
   C. 将企业的经营业绩与员工收入挂钩
   D. 企业与员工共担风险,共享收益

23. 战略性薪酬管理中,薪酬的确定基础主要是员工从事的职位本身,在薪酬结构上基本薪酬和福利所占的比重较大,这种战略称为
(　　)
   A. 稳定战略　　B. 收缩战略　　C. 成长战略　　D. 创新战略

24. 一个采取稳定薪酬战略的企业在薪酬方案的制定上,不宜采用(　　)
   A. 薪酬结构上基本薪酬和福利所占的比重较大
   B. 薪酬水平一般采取市场跟随或略高于市场水平的薪酬
   C. 在薪酬结构上基本薪酬所占的比例相对较低

D. 薪酬决战的集中度比较高

25. 在企业战略中,以提高客户服务质量、服务效率、服务速度等来赢得竞争优势的战略是 ( )
   A. 创新型薪酬战略　　　　　　B. 成本领先薪酬战略
   C. 差异化薪酬战略　　　　　　D. 专一化薪酬战略

26. 倡导谋求资本收益和劳动者报酬之间平衡的企业价值观是 ( )
   A. 最大产值价值观　　　　　　B. 工作生活质量价值观
   C. 最大利润价值观　　　　　　D. 最大绩效价值观

27. 强调雇员的劳动生产率,常采取旨在激励劳动投入的计件工资制度的企业价值观是 ( )
   A. 工作生活质量价值观　　　　B. 最大产值价值观
   C. 最大利润价值观　　　　　　D. 最大绩效价值观

28. 对于采取稳定薪酬战略的企业而言,其一般所采取的薪酬战略是 ( )
   A. 企业强调与员工共担风险,同时与员工分享成功收益
   B. 企业与员工不强调风险分担,采取稳定的薪酬战略
   C. 企业一般追求低于市场的薪酬水平
   D. 企业注重实行奖金或股票期权的长期激励措施

29. 处于开创阶段的企业一般采用的薪酬战略是 ( )
   A. 高基本工资,高奖金,低福利　　B. 低基本工资,较高奖金,低福利
   C. 高基本工资,高奖金,高福利　　D. 低基本工资,高奖金,高福利

30. 薪酬受通货膨胀水平的影响和制约,关于薪酬水平与通货膨胀水平说法正确的是 ( )
   A. 通货膨胀水平提高,薪酬水平增长
   B. 通货膨胀水平降低,薪酬水平增长
   C. 通货膨胀水平降低,薪酬增长的速度随之提高
   D. 通货膨胀水平提高,薪酬增长的速度随之降低

31. 在基于战略的薪酬系统设计中,技术薪酬战略的影响主要体现在 ( )
   A. 是薪酬战略设计运用的方法　　B. 是薪酬战略设计的出发点
   C. 在薪酬的决定标准上,日渐重视技术标准
   D. 制度设计的出发点

32. 以下哪个方面不体现战略对于薪酬的影响 ( )
   A. 战略影响薪酬水平的高低　　　B. 战略影响薪酬的发放时间
   C. 战略影响浮动薪酬在薪酬构成中的比重

D. 战略影响福利水平的高低

33. 采用大规模生产方式,通过降低产品的平均生产成本来获取利润的企业通常采用 （　　）
   A. 市场追随薪酬战略　　　　　　B. 成本领先薪酬战略
   C. 差异化薪酬战略　　　　　　　D. 专一化薪酬战略

34. 与基于职务和技能的等级薪酬制度相匹配的组织结构是 （　　）
   A. 职能制组织结构　　　　　　　B. 事业部制组织结构
   C. 矩阵制组织结构　　　　　　　D. 模拟分散组织结构

35. 强调技术人员对企业的忠诚度的组织一般倾向选择的薪酬战略是 （　　）
   A. 创新型薪酬战略　　　　　　　B. 专一化薪酬战略
   C. 成本领先薪酬战略　　　　　　D. 市场追随战略

36. 从战略设计的角度看,企业在进行薪酬水平定位时不需要去考虑的因素是 （　　）
   A. 市场薪酬水平与竞争对手的薪酬水平如何
   B. 薪酬的目标倾向是成本控制还是重在激励
   C. 组织自身的绩效与财务状况如何
   D. 组织自身处于一个怎样的发展阶段

37. 在实务界基于战略的需要而被否定的薪酬战略模式是 （　　）
   A. 职位薪酬模式　　　　　　　　B. 能力薪酬模式
   C. 绩效薪酬模式　　　　　　　　D. 资历薪酬模式

38. 从薪酬战略与企业发展阶段关系来看,处于初创阶段的企业所采取的薪酬战略是 （　　）
   A. 长期激励　　B. 集体激励　　C. 个人—集体激励　　D. 团队激励

39. 从薪酬战略与企业发展阶段关系来看,处于初创阶段的企业的人力资源管理的重点是 （　　）
   A. 吸引关键人才　　　　　　　　B. 招聘培训
   C. 保持一致性,奖励管理技巧　　D. 减员管理成本控制

40. 在产品本身的质量大体相同的情况下,企业可以以低于竞争对手的价格向客户提供产品的企业战略是 （　　）
   A. 专一化战略　　　　　　　　　B. 创新型战略
   C. 低成本战略　　　　　　　　　D. 差异化战略

41. 成熟平稳阶段的薪酬战略是 （　　）
   A. 个人激励,高保障　　　　　　B. 高工资、高福利
   C. 低保障、高工资　　　　　　　D. 奖励成本控制,保障为主

42. 在多样化程度较低或经营单元间的合作程度要求较高时,薪酬与下列哪项因素关联度更强 （　）
   A. 公司的盈利水平　　　　　　B. 经营单元的绩效
   C. 公司整体的绩效　　　　　　D. 公司的经营成本

43. 企业强调分散决策以促进创新、增加弹性,并对保持变化的条件做出快速反应的企业战略是 （　）
   A. 前瞻者战略和差异化战略　　B. 集中化战略和差异化战略
   C. 成本领先战略和防御者战略　D. 分析者战略和前瞻者战略

44. 控制成本的经营战略决定了组织员工配置战略出现两种相互影响的战略,而企业的薪酬战略会更多地倾向于 （　）
   A. 临时员工　　B. 核心员工　　C. 知识员工　　D. 营销人员

45. 总薪酬战略的不同组成部分对具有不同人口特征的人力资源具有不同吸引力。长期雇员更看重 （　）
   A. 工资　　　　B. 福利　　　　C. 弹性工作时间　D. 激励工资

46. 企业薪酬刚性最强的发展时期是 （　）
   A. 初创期　　　B. 快速成长期　C. 成熟稳定期　D. 衰退期

47. 采用差异化薪酬战略的企业通常具有的特征是 （　）
   A. 较低的薪酬—雇员替代规模　B. 有限的奖金
   C. 团队薪酬制度　　　　　　　D. 建立基于成本的薪酬决定制度

48. 在现代组织背景下,员工看中和依赖的重要报酬形式是 （　）
   A. 福利　　　　B. 股票期权　　C. 培训开发　　D. 职务晋升

49. 绩效管理战略与薪酬管理战略一致的核心是 （　）
   A. 提高组织效率　　　　　　　B. 提高员工的工作满意度
   C. 促进部门的业绩提升　　　　D. 改善员工的工作生活质量

50. 战略性薪酬管理工作的重点在于是 （　）
   A. 基础薪酬与福利　　　　　　B. 基础薪酬与激励工资
   C. 激励工资与福利　　　　　　D. 基础薪酬与绩效工资

(二) 多项选择题

1. 企业在做出薪酬水平外部竞争性决策时一般处于哪些发展阶段 （　）
   A. 初创阶段　　　B. 快速成长期　　C. 成熟稳定期
   D. 衰退期　　　　E. 转型期

2. 实行成本领先型薪酬战略的企业通常有以下特征 （　）
   A. 大规模生产方式　　　　　　B. 投资回报率较高

C. 管理费用最低化　　　　　D. 以民营企业为主
E. 薪酬成本占总成本的比例较高。
3. 最核心的薪酬战略要素包括　　　　　　　　　　　　　（　　）
   A. 薪酬基础　　　B. 薪酬水平　　　C. 薪酬结构
   D. 薪酬文化　　　E. 薪酬管理
4. 一个实行成本领先战略的企业,在制定薪酬方案时,应　　（　　）
   A. 提高浮动薪酬在薪酬构成中的比重
   B. 实施高于市场水平的基本薪酬
   C. 在薪酬水平方面与竞争对手的薪酬相比既不高也不低
   D. 追求效率最大化、成本最小化
   E. 对于创新给予足够的报酬和奖励
5. 战略性薪酬管理研究的是整个组织薪酬管理的　　　　　（　　）
   A. 技术　　　　　B. 总体模式　　　C. 主体方式
   D. 核心制度　　　E. 企业规划
6. 薪酬管理及政策要讨论的三项内容是　　　　　　　　（　　）
   A. 薪酬信息的公开透明程度　　B. 薪酬管理权限的划分
   C. 员工参与薪酬决策的状况　　D. 组织自身的绩效与财务状况
   E. 薪酬是一种人力资本
7. 迈克尔·波特将组织经营战略划分为三种类型　　　　（　　）
   A. 成本领先战略　B. 差异化战略　　C. 集中化战略
   D. 创新型战略　　E. 收缩战略
8. 企业内部环境对薪酬战略设计的影响主要体现在　　　（　　）
   A. 职能能力　　　B. 人力资源能力　C. 财务状况
   D. 企业经营价值观　E. 企业的经营规模
9. 战略性薪酬管理对增强企业竞争优势的作用体现在　　（　　）
   A. 价值性　　　　B. 难以模仿性　　C. 有效执行性
   D. 科学性　　　　E. 系统性
10. 战略性薪酬管理对提升企业绩效的作用表现为　　　　（　　）
    A. 降低人工成本　B. 吸引和留住人才　C. 引导员工行为
    D. 促进劳资和谐　E. 深化企业改革
11. 事业部制组织适合建立的薪酬制度是　　　　　　　　（　　）
    A. 绩效薪酬制度　B. 效益薪酬制度　　C. 职务等级薪酬制度
    D. 团队薪酬制度　E. 动态薪酬制度
12. 在收缩期,企业要考虑的一个重要因素是反敌意收购,因此要设计有利于接管防御的薪酬策略,如:　　　　　　　　　　　　　　（　　）

A. 管理层收购　　　B. 员工持股计划　　　C. 锡降落伞
D. 金降落伞　　　　E. 股票期权

13. 战略性薪酬管理提出的背景是　　　　　　　　　　（　　）
A. 人力资源战略性地位的提升　　B. 薪酬管理环境的不确定性
C. 薪酬管理权限和权能的扩大　　D. 转变"唯技术论"的薪酬管理
E. 承担直线管理者承担的事务性工作

14. 处于初创期的企业的薪酬设计应满足以下要求　　　（　　）
A. 薪酬具有很强的外部竞争性　　B. 淡化内部公平性
C. 总体薪酬刚性大　　　　　　　D. 基本工资和福利所占比重小
E. 绩效奖金所占比重大

15. 在战略性薪酬管理体系下,企业薪酬管理人员角色转变的要求有
　　　　　　　　　　　　　　　　　　　　　　　　（　　）
A. 保持与组织的战略目标紧密联系　　B. 减少事务性活动
C. 实现日常薪酬管理活动的自动化　　D. 积极承担新角色
E. 严格控制经营成本

16. 在战略性薪酬管理的视角中,薪酬决策必须考虑薪酬战略与下列哪些职能战略的整合程度　　　　　　　　　　　　　　　（　　）
A. 雇员配置战略　　B. 绩效管理战略　　C. 培训战略
D. 员工关系战　　　E. 企业文化战略

17. 米尔斯和斯诺提出的经营战略的分类有　　　　　　（　　）
A. 前瞻者战略　　　B. 防御者战略　　　C. 分析者战略
D. 差异化战略　　　E. 集中化战略

18. 战略薪酬的视角要求薪酬战略注重相应的转变　　　（　　）
A. 战略基准转变　　B. 管理方式转变　　C. 薪酬管理目标转变
D. 薪酬管理文化转变　E. 薪酬工作重点转变

19. 下列关于战略性薪酬管理的表述中正确的是　　　　（　　）
A. 凡是对组织绩效产生重大影响的薪酬决策就是具有战略性的
B. 战略性薪酬管理不等于战略性薪酬决策
C. 战略性薪酬管理的核心是薪酬战略
D. 薪酬技术与业务管理方面的决策不属于战略性薪酬管理
E. 战略性薪酬管理是在1988年提出的

20. 对于采取创新型薪酬战略的企业来说,它的薪酬系统强调　（　　）
A. 对产品创新给予报酬　　　　　　B. 成本控制
C. 基本薪酬以劳动力市场上的通行水平为基准且会高于市场水平
D. 对新的生产方法和技术的创新给予足够的奖励

E. 企业的发展方向

（三）填空题

1. 一个组织的薪酬战略要特别重视两个原则：一是_____，二是_____。

2. 薪酬战略的内容包括两个方面：_____和_____。

3. 最核心的薪酬战略要素有五个方面：_____、_____、薪酬结构、薪酬文化及_____。

4. 市场薪酬水平与竞争对手的薪酬水平如何？相应地有三种类型的薪酬政策与薪酬水平匹配，分别为_____、_____、_____。

5. _____的作用主要体现在员工的劳动贡献与绩效，而_____更有利于组织的团队精神与凝聚力。

6. 在薪酬战略的基本框架下，组织的资源应考虑三个方面的投资：基本工资与福利、_____、_____。

7. 如果人均可支配收入高，社会福利好，整个社会的经济运作环境很好，则企业盈利机会较多，在薪酬的支付结构中可以给予较高比例的_____和_____。

8. 持有最大产值价值观的企业强调雇员的劳动生产率，更容易采取旨在激励劳动投入的_____制度。

9. 企业经营战略表现为_____、_____、专一化战略和创新型战略。不同的战略类型需要不同的薪酬制度与之匹配。

10. 采取差异化薪酬战略的企业所关注的是如何取悦客户，_____是这类企业最为关心的一个绩效指标。

11. 采用专一化薪酬战略的企业通常采用基于_____的薪酬决定制度，并广泛采用_____和_____等长期薪酬激励计划。

12. 采用快速发展薪酬战略的企业在薪酬制度设计中同时突出_____制度和_____制度的作用。

13. 采用收缩薪酬战略的企业除了在薪酬中降低_____部分所占的比重之外，还力图实行_____以鼓励员工与企业共担风险。

14. 战略性薪酬管理的核心是_____。

15. 战略性薪酬管理对增强企业竞争优势的作用表现在价值性、_____性和_____性。

16. 在企业的初创期，企业流动资金较为紧张，_____和_____所占的比重要小，而_____所占的比重要大。

17. 企业在_____阶段不再特别强调薪酬的外部竞争性。

18. 在衰退期,企业通常采取_____战略,因此强调个人的绩效奖金和长期薪酬意义不大,较高的基本工资和较高的福利将是明智的选择。

19. 采用_____战略的组织可能采用规则性工资战略,采用前瞻性战略的组织更适合采用_____战略。

20. 企业战略通常涉及三个层面的战略:_____、_____和_____。

21. 在前瞻者战略和防御者战略两种极端战略之间的战略是_____战略。

22. 相对于采用_____工资战略的企业,实施_____工资战略的企业可能有较低的基本工资和较低的福利。

23. 薪酬战略和组织战略的整合是一个_____的过程。

24. 在薪酬战略与职能战略的关系上,还应当注意薪酬战略与_____之间的横向结合。

25. 组织为了在人力资源市场上吸引和稳定自己的核心员工,就必须围绕业务的、相关的报酬来设计他们的薪酬体系,这一观点被称为_____。

26. 控制成本的经营战略决定了组织员工配置战略出现两种相互影响的战略:一是吸引、留住并激励_____的战略,另一种是针对组织需要确定雇用的_____的战略。

27. 现代组织逐渐将目光由过去的单纯以_____为基础作为报酬确立的主要依据的薪酬体系,转向了与_____密切挂钩的激励薪酬系统。

28. 绩效管理战略的核心是_____,这与薪酬战略是一致的。

29. 在隐含式的雇佣关系中,组织为员工提供的报酬可以分为两种形式:_____和_____,由此形成不同的雇佣关系。

30. 战略薪酬将薪酬管理的重点由_____移向_____及_____等,强调按照员工的最终工作结果,对为组织所做的实际贡献支付报酬的基本原则。

(四) 简答题

1. 什么是薪酬战略?薪酬战略包括哪些主要内容?
2. 薪酬战略对企业竞争力的提升作用主要体现在哪几个方面?
3. 在稳定薪酬战略、快速发展薪酬战略和收缩薪酬战略等不同的公司战略下,薪酬管理方面有何相应的特点?

(五) 论述题

1. 影响薪酬战略设计的基本因素有哪些?
2. 战略性薪酬管理对企业的发展有哪些积极意义?

3. 企业不同发展时期的薪酬战略的特点和薪酬构成是什么?

【本章参考答案】

(一)单项选择题

1-5　CBDAA　6-10　ABAAC　11-15　BCDDC　16-20　BACCB
21-25　CDACC　26-30　BBBBA　31-35　CBBAB　36-40　BDAAC
41-45　BCABB　46-50　CCCAC(各题所对应的知识点在教材中的页码分别是:34、34、34、35、35、36、36、36、38、43、48、48、51、67、56、56、50、47、58-60、47、50、50、49、49、48、45、45、49、60、41、41、47、47、46、48、36、40、58、58、47、60、61、63、65、65、60、48、65、66、68)

(二)多项选择题

1. ABD　2. AC　3. ABCDE　4. AC　5. BCD　6. ABC　7. ABC
8. ABCDE　9. ABC　10. ABCD　11. AB　12. CD　13. ABCD
14. ABDE　15. ABCD　16. ABCD　17. ABC　18. ABCE　19. ABCDE
20. ACD(各题所对应的知识点在教材中的页码分别是:58-60、47、35、47、36、37、62、44-45、54-55、54、46、50、52、58、55、64、62、67、53、48)

(三)填空题

1. 系统性原则、动态发展原则　2. 薪酬战略要素、薪酬政策　3. 薪酬基础、薪酬水平、薪酬管理　4. 领先型、跟随型、滞后型　5. 工资、福利　6. 可变工资、绩效管理　7. 固定薪酬、短期薪酬　8. 计件工资　9. 成本领先薪酬战略、差异化薪酬战略　10. 客户满意度　11. 技术等级、股权激励、期权激励　12. 绩效薪酬、可变薪酬　13. 稳定薪酬、员工持股计划　14. 薪酬战略　15. 难以模仿、有效执行　16. 基本工资、福利、绩效奖金　17. 成熟稳定　18. 收缩　19. 防御者、经验性　20. 公司、经营、职能　21. 分析者　22. 规则性、经验性　23. 双向互动　24. 人力资源管理战略　25. 总薪酬战略　26. 核心员工、雇用临时性工人　27. 职位、组织效率　28. 提高组织效率　29. 交易收益、关联收益　30. 基础薪酬、激励工资、福利的开发(各题所对应的知识点在教材中的页码分别是:34、35、35、36、36、38、41、45、47、48、48、49、50、53、54-55、58、59、60、63、62、63、64、64、65、65、66、66、67、68)

(四)简答题

1. 参见本章考点1、4。
2. 参见本章考点7。
3. (1)稳定薪酬战略:在薪酬管理方面,薪酬决战的集中度较高,确定的基础主要是员工所从事的工作本身;从薪酬的构成上来看,企业往往不强调企业与员工之间的风险分担,而较为稳定的基本薪酬和福利的成分较大;从薪酬水平来说,这种企业一般追求与市场持平或略高于市场水平的薪酬。(2)快速发展薪酬战略:企业与员工共同分担风险,同时分享企业未来的成功来帮助企业达成自己的目标,同时使员工有机会在将来获得更高的收入。薪酬方案应该是在短期内提供水平相对稳定的固定薪酬,但同时实行奖金或股票选择权等计划,从而使员工在长远上能获得比较可观的回报。(3)收缩战略:对于将员工收入与企业的经营业绩挂起钩来的愿望非常强烈,除了在薪酬中降低稳定薪酬部分所占的比重之外,许多企业还力图实行员工持股计划以鼓励员工与企业共担风险。

(五)论述题

1. 参见本章考点8。

2. 战略性薪酬管理对提升企业绩效的作用:降低人工成本、吸引和留住人才、引导员工行为、促进劳资和谐。

战略性薪酬管理对增强企业竞争优势的作用:价值性、难以模仿性、有效执行性。

战略性薪酬管理对促进企业可持续发展的作用:实施战略性薪酬管理是应对企业外部环境变化的需要;实施战略性薪酬管理是适应深化企业改革的需要;实施战略性薪酬管理是加强科学管理的需要。

3.

	薪酬战略的特点	薪酬构成
初创期	薪酬具有很强的外部竞争性;淡化内部公平性。	薪酬刚性小,基本工资低,绩效奖金较高,福利低,长期薪酬高。
快速或长期	重视内部公平性;强调薪酬的外部竞争性。	薪酬刚性较大,基本工资较高,绩效奖金较高,福利较高,长期薪酬较高。
成熟稳定期	更加重视薪酬的内部公平性;不再特别强调薪酬的外部竞争性。	薪酬刚性大,基本工资高,绩效奖金较高,福利高,长期薪酬高。
衰退期	强调薪酬的外部竞争性。	薪酬刚性小,基本工资较低,绩效奖金较高,福利低,长期薪酬较高。

第三章 薪酬理论

第一节 薪酬设计理论

一、自学要求和考核内容

1. 自学要求

通过本节的学习,要求考生能够了解薪酬设计的主要理论,理解这些理论所包含的基本内容,重点掌握效率工资理论的具体应用。

2. 考核内容

本节要求考生识记的内容主要包括:(1)生存工资理论的形成、发展、基本内容;(2)最低工资制度的产生和发展;(3)工资基金理论的形成和发展;(4)边际生产力工资理论的主要概念。

本节要求考生领会的内容主要包括:(1)工资基金理论的基本内容;(2)效率工资理论的主要内容;(3)消除心理不平衡的主要方法;(4)集体谈判工资理论的主要内容;(5)按劳分配的特征;(6)按劳分配原则确立的条件;(7)按劳分配理论的主要内容;(8)分享工资理论的主要内容。

本节要求考生能将相关理论简单应用的内容包括:效率工资理论的运用。

二、重要知识点

☆**考点1:生存工资理论的形成、发展、基本内容**

1. 生存工资理论的形成与发展:

(1)英国古典政治经济学的创始人威廉·配第提出工资是维持工人生活所必需的生活资料的价值,这是生存工资理论的最早开端;

(2)法国古典经济学家、重农学派的代表人物杜尔阁是生存工资理论的奠基人,他已正确认识到资本主义社会,工人与工人之间的竞争,其结果必然使工人的工资只限于维持其生活所必需的生活资料的水平;

(3)英国古典经济学家大卫·李嘉图在其生存工资理论中也提出了工资决定于维持工人及其家属的生计所需的生活资料的价值。

2. 生存工资理论的基本内容：

从长远看，在工业化社会中工人的工资等于他的最低生活费用。也就是说，工人的工资只能保持在使其勉强糊口的水平上。

【历年真题】　（201101）单项选择题：

被认为是现代工资理论基础的是（　　）

A. 边际生产力理论　B. 工资基金理论　C. 工资决定理论　D. 最低工资理论

【参考答案】　C

☆**考点2：最低工资制度的产生和发展**

最低工资制度最早产生于19世纪末的新西兰和澳大利亚，其后，英国、法国、美国等国家也结合本国的实际，建立了各自的最低工资制度。

最低工资的产生是由于在工人的斗争下，政府不得不采用法律措施，规定工人的工资不得低于某一限度。随着20世纪工人运动的高涨和社会经济的发展，资本主义国家很快普遍实行了最低工资制度。第二次世界大战以后，不少发展中国家也实行了最低工资制度。苏联和东欧各国，从20世纪五六十年代以来，也先后规定了本国的最低工资收入标准或工资浮动下限。

我国在1993年11月24日由劳动部颁布了《企业最低工资规定》，还制定了《关于实施最低工资保障制度的通知》和《工资支付规定》等配套法规。1994年7月5日第八届全国人民代表大会常务委员会第八次会议通过的《中华人民共和国劳动法》第四十八条明确规定："国家实行最低工资保障制度。"

☆**考点3：工资基金理论的形成和发展**

（1）可以追本溯源到古典经济学家，亚当·斯密和李嘉图等经常把社会资本视作一个有固定作用的固定量，李嘉图更是常把全部流动资本认为垫支在工资上。他们的后继者断言工资基金是一个固定的量，是全部工人工资的总和。

（2）詹姆斯·穆勒说，工资决定于人口与资本的比例。工资基金表现为一个固定量，一个常数。工资的高低取决于工人人数的多寡。

（3）西尼尔在他的《政治经济学大纲》一书中表述了与詹姆斯·穆勒大体相同的观点。就是说，决定工人工资率的依然是劳动基金与劳动人口的比率。

（4）约翰·斯图亚特·穆勒在其《政治经济学原理》一书中追随其父詹姆斯·穆勒，认为工人的工资决定于劳动的供给与需求，工资基金代表对劳动的需求，工资的高低取决于劳动供给的多少，即取决于劳动人口与资本的比例。

☆☆☆**考点4：工资基金理论的基本内容**

（1）工资不是由生存资料决定的，而是由资本决定的。工资的高低首先取决于工资基金的高低。

（2）在工资基金确定后，工人的工资水平就取决于工人人数的多少。工资实际上取决于工人和资本的比例。

工资基金论强调，一个国家在一定时期内的资本总额是一个固定的量。其中，用来支付工资的部分也是一个固定的量，而工资是资本的函数。

该理论揭示了这样一种思想，就是工人所能得到的工资总量是固定不变的，这个不变量构成了工资基金。这种情况意味着，工人为提高工资所做的任何努力都是没有意义的。

☆☆考点5：效率工资理论的主要内容

效率工资理论所需要探究的是工资水平跟生产效率之间的关系，这就是主流宏观理论为了解释工资刚性而提出的理论。

效率工资指的是企业支付给员工比市场保留工资高得多的工资，促使员工努力工作的一种激励与薪酬制度。效率工资在企业吸引人才、提高员工工作积极性、增强员工对企业的忠诚度等方面均有重要意义。

（1）效率工资有利于减少劳动力的流动。企业通过支付高工资减少了离职的频率，从而减少了雇用和培训新工人的时间和费用。

（2）效率工资有利于企业吸引优秀人才。劳动力的平均素质取决于企业向雇员所支付的工资。

（3）效率工资有利于提高工人的努力程度。企业可以通过高工资降低工人的道德风险，提高工人的努力程度，进而提高工作效率。

【历年真题】（201310）单项选择题：

探究工资水平与生产效率之间关系的薪酬理论是（　　）

A．效率工资理论　B．按劳分配理论　C．工资基金理论　D．分享工资理论

【参考答案】　A

☆☆☆考点6：效率工资理论的运用

在实践中，企业运用效率工资理论，要想取得良好的激励效果需要注意五个方面的问题：

（1）要明确效率工资的基本出发点。是为了解决对雇员的激励与监督问题，消除员工的偷懒、欺骗行为，这是实施效率工资的首要目的。

（2）实行效率工资是有条件的。只有在工人希望与企业保持长期的雇佣关系时才是有效的；只有在存在结构性的内部劳动力市场的情况下，效率工资才有可能出现。从宏观经济环境来讲，国民经济或产业经济应处于经济增长或繁荣时期，从微观经济环境讲，企业产品处在产品寿命的成长阶段。

（3）要考虑企业和员工是否共同遵守互惠原则。从根本上看，效率工资之所以有效，是因为它在信息不完全和不对称的情况下，提供了一个可靠信号，帮助企业或员工做出甄别与选择。而这一信号的可靠性在于企业与员工之间仍有基本的信任，双方都会相信对方是重视声誉的。

（4）实施效率工资，应该根据企业的实际情况，结合效率工资实施的条件，

注意与其他激励手段相互配合,设计出与企业相适用的激励组合。要"双管齐下"乃至"多管齐下"。

(5)要主动促进劳动力市场的健康发展。要提高效率工资的激励效用,重要的是要积极促进外部劳动力市场的健康发展。虽然政府对劳动力市场的完善有不可推卸的责任,但每一个企业作为劳动力市场的主体之一,遵守市场规则和尊重社会交换准则是完善市场秩序的重要内容,也是提高自身效率工资等激励工具效用的手段之一。

☆☆**考点 7:消除心理不平衡的主要方法**

(1)员工通过增加或者减少投入谋求公平。

(2)员工可以通过改变其产出以恢复公平感。

(3)员工可以对其投入与产出进行心理曲解,与实际改变投入和产出不同,员工可以通过在意识上对其进行曲解从而达到心理平衡。

(4)员工可以通过离职或者要求调到其他部门工作,以求恢复心理平衡。

(5)员工可以另换一个报酬与贡献比值较低者作为自己的比较对象,以减弱不公平感。

(6)员工可以对他人的投入与产出进行心理曲解。

总之,可以采取以下五种方式:谋求增加自己的报酬;谋求降低他人的报酬;设法降低自己的贡献;设法增加他人的贡献;另换一个报酬与贡献比值较低者作为比较对象。

☆**考点 8:边际生产力工资理论的主要概念**

19 世纪 70 年代西方经济学中开始出现边际主义思潮。边际分析方法也逐渐进入工资理论的研究之中,克拉克的《财富的分配》一书的出版标志着边际生产力工资理论的最终确立。

(1)边际效用价值。按照边际效用价值论的观点,价值并不是商品的内在客观属性,而只是反映着人的欲望和物品满足这种欲望的能力之间的关系。

边际效用价值论认为,效用是价值的源泉,是形成价值的必要条件,但还不是充分条件。形成价值还要有一个前提,就是物品的稀缺。效用加稀缺,才构成价值。

边际效用指的是最后增加的那一个单位的物品所具有的效用,而衡量价值的尺度就是边际效用。如果某种物品可以无限供给,人对其的欲望就可以递减到零,于是,该物品的边际效用价值也就会递减至完全消失,这就是边际效用递减规律。

(2)边际生产力。按照克拉克的解释,最后追加的生产要素单位的生产率称为边际生产力。如果使用两种生产要素生产出一定的产品,那么一种生产要素的数量不变,而继续追加另一种生产要素,每一追加的生产要素单位的生产率将会递减,这被称为边际生产力递减规律。

(3)边际收益递减。在充分竞争的静态环境里,生产中的两个决定性要素——劳动和资本,将根据自己对生产的实际贡献来公正地获得自己的收入。而每一个要素的实际贡献按照其投入量的多少不断变动着,并且表现出边际收益递减的规律性趋势。

(4)边际生产力工资。克拉克认为,各个要素的边际生产力,决定各个要素的收入,即资本的边际生产力决定利润率、劳动的边际生产力和工资率,克拉克称之为"分配的自然规律"。根据边际生产力概念,工资取决于劳动边际生产力。就是说,雇主雇用的最后那个人所增加的产量等于付给该工人的工资。

☆☆**考点9:集体谈判工资理论的主要内容**

集体谈判工资理论的核心是,在一个短时期内,工资至少在一定程度上取决于劳动市场上雇主和劳动者之间的集体交涉。

(1)强制性比较。指工人们通过参照其他可比较的工人的工资来判断自己的工资是否公平。

(2)未确定范围。英国著名经济学家庇古认为,当工资率通过集体交涉决定,而不是通过劳动力市场的自由竞争决定时,工资率不再是由供求决定的单一点,而存在一个"未确定范围"。"未确定范围"的长度与雇主对劳工的需求弹性以及劳工对工作的需求弹性均成相反方向运动。

(3)谈判的焦点。美国著名经济学家萨缪尔森在其《经济学》中列举了八个集体交涉的论点和考虑因素:生活费用观点,支付工资的能力,工资应随生产力的变化而变动,支付比较的工资率,高工资促进经济繁荣,全国性的"关键性的集体协议"的影响,习惯于以货币工资的增长改善生活,政府可以规定工资和价格指标。

(4)提高工资的方法。限制劳动供给,提高标准工资率,改善对劳动的需求,消除买方垄断。

【历年真题】 (201310)多项选择题:
在集体谈判工资理论中,工会提高工资的方法主要有( )
A.限制劳动供给　　　　　　B.提高标准工资率
C.改善对劳动的需求　D.消除买方垄断　E.消除卖方垄断
【参考答案】 ABCD

☆☆**考点10:马克思确立的按劳分配的特征**

(1)实施范围的全社会统一性;(2)按劳分配的社会直接性;(3)分配形式的实物性;(4)劳动时间作为消费品分配依据的唯一性;(5)等量劳动领取等量报酬(个人消费资料)的绝对性。

☆☆☆**考点 11：按劳分配原则确立的条件**

（1）全部生产资料归社会共同占有，社会成员在生产资料占有关系上处于完全平等的地位。

（2）商品经济已消亡，整个社会生产都直接按计划有组织地进行，每个人的劳动都直接构成社会总劳动的一部分。

（3）旧的社会分工和劳动的本质差别依然存在，劳动还仅仅是个人的谋生的手段。

（4）不仅同一部门的劳动生产率的高低取决于本部门劳动者地劳动强度和熟练程度，而且不同部门不同的复杂劳动较容易地转化为简单劳动并能用劳动时间简单计量。

（5）按劳分配的对象是进行了必要扣除之后的社会总产品。

☆☆**考点 12：按劳分配理论的主要内容**

（1）社会主义工资仍以按劳分配为原则，但要借助于商品、货币、价值、市场等范畴来施行。

（2）企业是独立的经济实体，所以工资分配应以企业为单位，企业有决定与分配的自主权。

（3）决定劳动者工资水平的因素不再是单纯的个人劳动量，劳动者工资水平是由企业的有效劳动量与个人的劳动贡献双重因素决定。

（4）工资水平决定于劳动力市场的供求状况与经济效益。

（5）建立工资谈判机制，工资水平及其增长以及工资构成等由劳动力市场主体（劳动关系主体）双方谈判决定。

随着社会主义市场经济的深入发展，按劳分配的社会主义工资制度不断得到完善和发展。具体表现在：

（1）把保护按劳分配制度、鼓励将按劳所得投入再生产同保护公有产权收益、对非劳动收入全面征税结合起来。

（2）将绩效优先和兼顾公平结合起来。

（3）政府和社会要加大对基础教育、公共劳动培训和再培训方面的投资。

（4）按劳分配要同加快劳动力市场建设、降低劳动者地就业岗位成本和地区转移成本齐头并进。

☆☆**考点 13：分享工资理论的主要内容**

分享经济理论是美国麻省理工学院经济学教授马丁·魏茨曼在 1984 年提出的，分享经济理论的核心观点是，传统的资本主义经济根本弊病不在于生产，而在于分配，特别是在雇员报酬制度上。他将报酬制度分为工资制度和分享制度两种模式。

第二节　薪酬激励理论

一、自学要求和考核内容

1. 自学要求

要求考生能够了解薪酬激励的主要理论,理解这些理论所包含的基本内容,重点掌握双因素理论的具体应用。

2. 考核内容

本节要求考生识记的内容主要包括:(1)马斯洛需求层次理论五个层次;(2)激励因素和保健因素;(3)期望理论的基本内容;(4)激励过程综合理论的三种理论。

本节要求考生领会的内容主要包括:(1)需要层次理论的主要内容;(2)需要层次理论的基本观点;(3)双因素理论的根据;(4)"经济人"假设的基本要点;(5)"社会人"假设的基本要点;(6)"复杂人"假设的基本要点。

本节要求考生能将相关理论简单应用的内容包括:双因素理论的具体应用。

二、重要知识点

☆☆**考点 14:马斯洛需求层次理论五个层次**

马斯洛认为人的各种需要可归纳为五大类,按照其重要性和发生的先后次序可排列成一个需要层次,人的行为过程就是需要由低层次到高层次逐步满足的过程,当低层次的需要得到满足时,高一层次的需要才会出现。马斯洛的需要层次理论把需求分成生理需要、安全需要、社交与爱的需要、尊重需要和自我实现需要五类,依次由较低层次到较高层次排列。

【历年真题】(201101)单项选择题:

在马斯洛的需求层次理论中,最高层次的需求是( )

A. 生理需求　　B. 安全需求　　C. 尊重需求　　D. 自我实现需求

【参考答案】 D

☆☆**考点 15:需要层次理论的主要内容**

马斯洛的需要层次理论把需求分成生理需要、安全需要、社交与爱的需要、尊重需要和自我实现需要五类,依次由较低层次到较高层次排列。

(1)生理需要。这是人类维护自身生存所必需的、最基本的、非习得性的原始需要,包括衣食住行等方面的需要。在报酬结构中,基本工资、符合要求的工作条件等都是为了满足员工的这类需要设计的。

（2）安全需要。这是人类保障自身安全、避免失业和财产丧失的需要。劳动合同、终身雇佣制、养老保险等均属于满足此类需要的报酬形式。

（3）社交与爱的需要。又称归属需要。这是人类对从属于某个群体或组织、与人交往、获得情感的需要。在实践工作中，非正式群体的建立、工余活动、各种社团的组建都是满足员工社交和爱的需要的基本措施。

（4）自尊与受人尊重的需要。这类需要组织可以通过工作职位的设计、荣誉的赋予、奖励以及绩效认可计划来满足。

（5）自我实现的需要。这是最高层级的需要，它是指人类对于最大限度发挥自己的潜能，达成自己追求的目标，获得成就感的一种需要，这种需要是最难满足的。组织通常通过提供发挥才能的机会、参与决策、提案制度等方式去满足员工的这类需要。

☆☆**考点16：需要层次理论的基本观点**

（1）五种需要像阶梯一样从低到高，按层次逐级递升，但这样的次序不是完全固定的，可以变化，也有种种例外的情况。

（2）有两个基本出发点：一是人人都有需要，某个层次需要获得满足后，另一层次的需要才出现；二是在多种需要未获满足前，首先满足迫切需要，该需要满足后，后面的需要才显示出其激励作用。

（3）一般来说，某一层次的需要相对满足了，就会向高一层次发展，追求更高一层次的需要就成为驱使行为的动力。

（4）五种需要可以分为两级，其中生理上的需要、安全上的需要和感情上的需要都属于低一级的需要，这些需要通过外部条件就可以满足；而尊重的需要和自我实现的需要是高级的需要，他们是通过内部因素才能满足的，而且一个人对尊重和自我实现的需要是无止境的。

（5）一个国家多数人的需要层次结构，是同这个国家的经济发展水平、科技发展水平、文化和人民受教育的程度直接相关的。

☆**考点17：激励因素和保健因素**

双因素理论又称"激励—保健理论"，是美国心理学家弗雷德里克·赫茨伯格在对美国匹兹堡地区的200多位工程师、会计师进行深入访问调查的基础上提出的。使员工感到满意的都是与工作性质和内容有关的因素，而使人们感到不满意的因素都是与工作环境有关的因素。赫兹伯格把前者称为激励因素，后者称为保健因素。

在激励因素与保健因素的基础上，赫兹伯格提出了双因素理论——一个与传统观点有所不同的理论框架。赫兹伯格认为，与满意相对的应该是没有满意，在这个维度中表现出来的是激励因素；与不满意相对的应该是没有不满意，在这个维度中表现出来的是保健因素。

（1）激励因素。是指能促使员工产生满意的一类因素。这些因素主要有：工作中的成就感、工作中得到认可和赞美、工作本身的挑战性和趣味性、工作职务的责任感以及个人晋升与发展的机会等内在因素，这些因素主要来自于工作本身。激励因素的改善而使员工感到满意的结果，能够极大地激发员工工作的热情，提高劳动生产率；但激励因素即使管理层不给予其满足，往往也不会因此使员工感到不满意，所以，就激励因素来说，"满意"的对立面应该是"没有满意"。

（2）保健因素。主要是指可能促使员工产生不满意的影响因素。这些因素主要有：监督、工作条件、人际关系、薪酬、工作安全感、组织政策等外在因素，这些因素主要来自于工作环境。保健因素不能得到满足，则易使员工产生不满情绪、消极怠工，甚至引起罢工等对抗行为；但在保健因素得到一定程度改善以后，无论再如何进行改善的努力往往也很难使员工感到满意，因此也就难以再由此激发员工的工作积极性，所以就保健因素来说，"不满意"的对立面应该是"没有不满意"。

【历年真题】 （201310）单项选择题：
薪酬激励理论的双因素理论中属于激励因素的是（　　）
A．工作条件　　　　　　B．工作中的成就感
C．组织政策　　　　　　D．人际关系
【参考答案】 B

☆☆考点18：双因素理论的依据

（1）不是所有的需要得到满足就能激励起人们的积极性，只有那些被称为激励因素的需要得到满足才能调动人们的积极性。

（2）不具备保健因素时将引起强烈的不满，但具备时并不一定会调动强烈的积极性。

（3）激励因素是以工作为核心的，主要是在职工进行工作时发生的。

☆☆☆考点19：双因素理论的具体应用

根据赫茨伯格的理论，在调动员工积极性方面，可以分别采用以下两种基本做法：

（1）直接满足。又称工作任务以内的满足。它是一个人通过工作所获得的满足，这种满足是通过工作本身和工作过程中人与人的关系得到的。它能使员工学习到新的知识和技能，产生兴趣和热情，使员工具有光荣感、责任心和成就感，因而可以使员工受到内在激励，产生极大的工作积极性。对于这种激励方法，管理层应该予以充分重视。

（2）间接满足。又称工作任务以外的满足。这种满足不是从工作本身获得的，而是在工作以后获得的。间接满足虽然也与员工所承担的工作有一定的

联系,但它毕竟不是直接的,因而在调动员工积极性上往往有一定的局限性。这种满足虽然也能够显著地提高工作效率,但不容易持久,有时处理不好还会发生副作用。

在实际工作中,借鉴这种理论来调动员工的积极性,不仅要充分注意保健因素,使员工不至于产生不满情绪;更要注意利用激励因素去激发员工的工作热情,使其努力工作。

双因素理论还可以指导我们的奖金发放。当前,我国正使用奖金作为一种激励因素,但是必须指出,在使用这种激励因素时,必须与企业的效益或部门及个人的工作成绩挂起钩来。否则,久而久之,奖金就会变成保健因素,再多也起不了激励作用。

双因素理论的科学价值,不仅对搞好奖励工作具有一定的指导意义,而且对如何做好人的思想政治工作提供了有益的启示。在管理中,就应特别注意处理好物质鼓励与精神鼓励的关系,充分发挥精神鼓励的作用。

☆☆**考点20:"经济人"假设的基本要点**

(1) 人都是追求经济利益最大化的趋利人,管理者应利用经济诱因激发人的工作动机,提高工作效率。

(2) 人仅仅是一个经济动物,不需要关心其交往和其他社会需要,否则会影响工作效率的提高。

(3) 员工的经济动因必须在组织的操纵、激发和控制下才能起到积极作用。

该假设把人的本性看作是懒惰的、不愿负责任的,工作只是为了满足基本需要,获得经济报酬。在这种假设下,人的行为基本上被看作是被动的,是需要用经济刺激来激发的。

☆☆**考点21:"社会人"假设的基本要点**

这是人际关系学派的代表人物梅奥等人在霍桑实验的基础上提出来的。基本要点是:

(1) 工资、作业条件与劳动生产率之间没有直接的相关性,生产率的提高主要取决于员工的士气,而士气主要取决于员工在工作内外的人际关系是否协调。

(2) 员工的行为不仅受到正式组织职权及其规范的影响,更受到非正式组织人际关系及其规范的影响。

(3) 为了激发员工的积极性,应改变领导方式,善于倾听员工意见,满足员工社会心理需求。

(4) 要改变传统的以工作为中心的管理,转向以人为中心的管理。

(5) 应建立员工参与管理和密切上下级关系的一系列制度。

☆ **考点22："自我实现人"假设**

"自我实现人"假设认为，人的需要由低级向高级依次发展，工作的目的不仅是为了满足生存的需要，也是为了满足自我实现的需要。人们力求在工作上有所成就，并能够自我激励和自我控制，个人的自我实现与组织目标的实现并不冲突，适当调节，能够使二者达到一致。

☆☆ **考点23："复杂人"假设的基本要点**

埃德加·沙因在1965年提出了"复杂人"假设。基本要点如下：

（1）每个人都有不同的需要和不同的能力，工作不但是复杂的，而且变动性很大。

（2）一个人在组织中会产生新的需求和动机，因此一个人在组织中表现出的动机模式是他原来的动机模式与组织经验交互性作用的结果。

（3）人在不同的组织和不同的部门中可能有不同的动机模式，在正式组织中与别人不能合群，可能在非正式组织中能满足其社会需要和自我实现需要。

（4）一个人是否感到心满意足，肯为组织出力，决定于他本身的动机构建和他同组织之间的相互关系、工作的性质、本人的工作能力、技术水平、动机的强弱以及与同事间的相处状况。

（5）人可以依自己的动机、能力及工作性质对不同的管理方式做出不同的反应。

☆ **考点24："文化人"假设**

威廉·大内认为，每种不同文化都赋予其人民不同的特殊环境，从而形成不同的行为模式。组织文化是社会文化的亚文化，它对组织成员具有一定的激励作用。因此，组织发展的关键是创造出一种组织环境或气氛，使得具有高生产率的团体得以产生和发展。

彼得斯与沃特曼认为企业文化在管理要素结构中处于核心地位，它关系到企业的兴衰成败。他们所强调的企业文化是他们在美国成功企业和日本的成功企业中发现的相同之处，处于这种企业中的人可称为"文化人"。

☆ **考点25：期望理论的基本内容**

期望理论又称"效价—手段—期望理论"，是由美国著名心理学家和行为科学家维克托·弗鲁姆于1964年在《工作与激励》一书中提出的激励理论。它是以三个因素反映需要与目标之间的关系的，要激励员工，就必须让员工明确：

（1）工作能提供给他们真正需要的东西；

（2）他们欲求的东西是和绩效联系在一起的；

（3）只要努力工作就能提高他们的绩效。这种需要与目标之间的关系用公式表示即：激励力（M）= 效价（V）× 期望值（E）。

激励力的高低，是指动机的强度，即调动一个人积极性、激发其内在潜力的强度,它表明人们为达到设置的目标而努力的程度。

效价是指个人对他所从事的工作或所要达到的目标的估计,也可以理解为个人对可能达到目标的重视程度($-1 \leq V \leq 1$)。

期望值是指个人对某项目标能够实现的概率的统计,也可以说,是个人对目标能够实现的可能性大小的估计。期望值也叫期望概率,在现实生活中,个人往往根据过去的经验来判断一定行为能够导致某种结果或满足某种需要的概率。在一般情况下,期望值介于 0～1 之间。

这个公式表明,激发力量的大小与效价、期望值有密切的关系,效价越高、期望值越大,激发力量也越大。如果其中一个变量为零,激发力量也就等于零。

☆**考点 26：激励过程综合理论的三种理论**

1. 勒温的早期综合激励理论：

用函数关系将激励表示为：$B = f(P \cdot E)$。

B 为个人行为的方向和向量,P 为个人的内部动力,E 为环境刺激。

这一公式表明,个人行为的向量取决于个人内部动力和环境刺激的乘积。

这一理论说明,外部刺激是否能成为激励因素,还要看内部动力的强度,二者的乘积才能决定个人的行为方向。

2. 波特和劳勒的综合激励理论：

综合激励理论模式有努力、绩效、能力、环境、认识、奖励、公平感和满足等多个变量,可以帮助管理者了解员工在工作激励中主要考虑的环节和他们的心理发展过程。此模式的重点是努力,它指一个人在工作中所用力量的程度。这一模式表明：先有激励,激励导致努力,努力产生绩效,绩效导致满足。

波特和劳勒的综合激励理论提出了现代企业管理包括员工薪酬管理的有价值的建议：

（1）管理者要善于发现员工对奖赏和绩效的不同反映,因为每个员工对奖赏的理解和要求都是不同的,并且是变化的;同时,员工也需要了解管理者需要他们做什么,知道绩效的内涵。

（2）通过激励模型向管理者表明：激励不仅仅取决于期望,还取决于关联性,即管理者制定的绩效水平必须在员工认为可达到的范围和水平之内,经过努力可以达到的,或者必须达到的;否则,绩效与努力之间的差距过大,员工也就失去了信心,起不到激励作用。

（3）把员工希望的成果与管理者希望的绩效联系起来。

3. 豪斯的综合激励模式：

豪斯试图把内外激励因素都归纳进去,以综合和完善期望理论。其激励公式表示为：激励力量 = 内在激励 + 完成激励 + 结果激励。

某项工作任务的激励力量等于该项任务所提供的内在报酬效价、完成任务内在的期望值和内在效价、任务完成而获得外在薪酬的期望值和外在薪酬的效价三部分之和。

在上述公式的三个组成部分中,第一部分纯属内部激励;第二部分以内部激励为主,着眼于任务本身的效价及完成任务的重要意义;第三部分则以完成任务为前提,是任务完成后导致的可能性和效价,主要是外在薪酬带来的激励力。

三、同步练习题

(一) 单项选择题

1. 在早期的经济学著作中,或多或少都有论述过薪酬的概念、造成薪酬差别的原因以及 ( )
   A. 薪酬增长的决定因素　　　　B. 薪酬设计体系
   C. 薪酬理论　　　　　　　　　D. 薪酬的类别
2. 劳动者大体上能够生活下去并不增不减地延续其后裔所需生活资料的价格是 ( )
   A. 自然价格　　B. 市场价格　　C. 流动资本　　D. 劳动价格
3. 目前,我国的社会主义工资理论认为工资分配的单位是 ( )
   A. 企业　　　　B. 全社会　　　C. 职位等级　　D. 行业
4. 维持生存理论的提出者是 ( )
   A. 亚当·斯密　B. 穆勒　　　　C. 马歇尔　　　D. 威廉·配第
5. 认为薪酬水平取决于劳动边际生产力的理论是 ( )
   A. 工资决定理论　　　　　　　B. 维持生存薪酬理论
   C. 边际生产力劳动理论　　　　D. 劳动力市场均衡理论
6. 从系统角度解释人的行为激励过程的理论类型是 ( )
   A. 内容型激励理论　　　　　　B. 需要层次理论
   C. 激励过程综合理论　　　　　D. 公平理论
7. "激励效应等于目标效价与期望值的乘积"属于的理论是 ( )
   A. 双因素理论　B. 期望理论　　C. 强化理论　　D. 公平理论
8. 目标效价有吸引力和期望值高能够直接引起的结果是 ( )
   A. 员工努力工作　　　　　　　B. 努力工作带来业绩提升
   C. 业绩提升带来组织奖励　　　D. 组织奖励带来员工满意
9. 薪酬基金论的奠基人是 ( )
   A. 亚当·斯密　B. 李嘉图　　　C. 穆勒　　　　D. 马克思
10. 以下有关薪酬理论的说明中,不正确的是 ( )

A. 边际生产理论主要从劳动力的供给角度来分析,认为工资取决于劳动的边际生产力

B. 效率工资理论探究的是工资率水平与生产效率之间的关系

C. 集体谈判理论的本质是工会起作用的工资理论

D. 工资基金理论认为工资不是由生产资料决定的,而是由资本决定的。

11. 在凯恩斯主义遇到了挑战,反滞胀成为整个西方世界的首要任务的背景下出现的影响最大的薪酬理论是 （ ）

   A. 最低工资理论　　　　　　B. 分享工资理论

   C. 工资基金理论　　　　　　D. 集体谈判工资理论

12. 期望理论的提出者是 （ ）

   A. 马歇尔　　B. 弗鲁姆　　C. 魏茨曼　　D. 舒尔茨

13. 社会主义薪酬分配的基本原则是 （ ）

   A. 按劳分配　　　　　　　　B. 按生产要素分配

   C. 按需分配　　　　　　　　D. 按劳分配和按需分配相结合

14. 提出公平理论的学者是 （ ）

   A. 斯塔亚·亚当斯　　　　　　B. 戴维·麦克利兰

   C. 道格拉斯·麦格雷格　　　　D. 赫兹伯格

15. 最早出现的薪酬理论是 （ ）

   A. 生存工资理论　　　　　　B. 差别工资理论

   C. 工资基金理论　　　　　　D. 集体谈判工资理论

16. 双因素理论又称为"激励—保健理论",它的提出者是 （ ）

   A. 斯塔亚·亚当斯　　　　　　B. 赫兹伯格

   C. 道格拉斯·麦格雷格　　　　D. 戴维·麦克利兰

17. 在豪斯的综合激励模式中,外在薪酬带来的激励力指的是 （ ）

   A. 结果激励　　B. 差别激励　　C. 完成激励　　D. 内在激励

18. 在马斯洛的需求层次理论中,最高层次的需求是 （ ）

   A. 生理需求　　B. 安全需求　　C. 尊重需求　　D. 自我实现需求

19. 薪酬分类中一类是保健性薪酬,另一类是激励性薪酬。保健性薪酬达不到员工期望,会使员工缺乏安全感;激励性薪酬达不到,会造成人员流失问题,下列薪酬中属于保健性薪酬的是 （ ）

   A. 基本工资　　B. 工作成就　　C. 个人晋升　　D. 企业培训

20. 基于"社会人"假设的管理方式是 （ ）

   A. 采取"胡萝卜加大棒"政策　　B. 管理要有权变思想

   C. 管理的重点在于提高效率、完成任务

   D. 让员工更多地参与企业的管理

21. 在企业薪酬分配理论中,分享经济理论是谁提出的 （   ）
   A. 亚当·斯密   B. 马丁·魏茨曼   C. 大卫·李嘉图   D. 威廉·配第
22. 有利于管理者从总体上把握员工工作动机以及员工行为产生和变化的原因的相关理论是 （   ）
   A. 波特和劳勒的综合激励理论   B. 勒温的早期综合激励理论
   C. 豪斯的综合激励模型   D. 弗鲁姆的期望理论
23. 被称为"工资铁律"的是 （   ）
   A. 职位工资理论   B. 资历工资理论   C. 知识工资理论   D. 最低工资理论
24. 提出薪酬取决于劳动边际生产力的人是 （   ）
   A. 克拉克   B. 西奥多·舒尔茨
   C. 马歇尔   D. 亚当·斯密
25. 赫茨伯格提出的理论是 （   ）
   A. 需求理论   B. 双因素理论   C. 期望理论   D. 强化理论
26. 分享利润制认为,工人与雇主在劳动力市场上达成的是 （   ）
   A. 劳动工资合同   B. 劳动价格合同
   C. 在企业收入中的分享比率的协议   D. 固定薪酬协议
27. 决定员工对薪酬认可的往往不是绝对薪酬,而是相对薪酬以及本人对薪酬的主观意识。持上述观点的理论是 （   ）
   A. 按劳分配理论   B. 公平理论   C. 期望理论   D. 分享经济理论
28. "劳动力的平均素质取决于它向雇员所支付的工资",这一观点依据的理论是 （   ）
   A. 人力资本理论   B. 边际生产力理论
   C. 效率工资理论   D. 工资差别理论
29. 当个体没有偏好时,效价的值是 （   ）
   A. 正值   B. 负值   C. 0   D. 非负值
30. 马斯洛的需要层次理论认为,五种需要可以分为两级,第一级的需要 （   ）
   A. 通过外部条件满足   B. 通过内部条件满足
   C. 通过社会需要满足   D. 通过个人意识满足
31. 公平理论认为,员工的激励程度来自于自己和参照对象的报酬和（   ）作为基本结果。
   A. 工作的主观比较感觉   B. 环境的主观比较感觉
   C. 人际关系的主观比较感觉   D. 投入的比例的主观比较感觉
32. 公平理论的表现形式中,属于针对本组织薪酬相对于组织外其他组织中具有相似或相同岗位薪酬比较而言的是 （   ）

A. 社会公平　　B. 横向公平　　C. 员工个人公平　　D. 上述都是

33. 公平理论的表现形式中,属于员工同那些在企业内部与他们干同样工作的其他人进行工资的内部公平性的比较的是　　　　　　　　(　　)

A. 社会公平　　B. 员工个人公平　C. 横向公平　　D. 上述都是

34. 效率工资的出发点是　　　　　　　　　　　　　　　　(　　)

A. 企业与员工是否共同遵守互惠原则

B. 员工与企业保持长期的雇佣关系　　　C. 社会经济环境的影响

D. 为了解决对雇员的激励与监督问题

35. 公平理论认为,公平与否和个人所持的公平标准有关。如有人认为按经济困难程度分配才适当,其所持的公平标准采用了　　　　(　　)

A. 需要律　　B. 平均律　　C. 贡献律　　D. 公正律

36. 为将员工的利益与企业的发展紧密联系在一起,应将效率工资与下列哪种激励机制配合使用　　　　　　　　　　　　(　　)

A. 奖金激励　　B. 工作晋升激励　C. 公平激励　　D. 股票期权激励

37. 劳动合同、终身雇佣制、养老保险属于马斯洛需要层次理论中的哪种报酬形式　　　　　　　　　　　　　　　　　　(　　)

A. 生理需要　　B. 安全需要　　C. 尊重需要　　D. 自我实现需要

38. 以生产要素理论、边际效用理论、生产力递减规律三大理论为基石的薪酬设计理论是　　　　　　　　　　　　　　　　(　　)

A. 工资决定理论　　　　　　B. 边际生产力工资理论

C. 效率工资理论　　　　　　D. 公平理论

39. "在一个短时期内,工资至少在一定程度上取决于劳动市场上雇主与劳动者之间的集体交涉"是下列哪个理论的核心思想?　　(　　)

A. 效率工资理论　　　　　　B. 公平理论

C. 集体谈判工资理论　　　　D. 分享工资理论

40. 下列哪一项不属于按劳分配原则的特征　　　　　　　　(　　)

A. 实施范围的全社会统一性　　B. 按劳分配的社会间接性

C. 分配形式的实物性　　　　　D. 等量劳动领取等量报酬的绝对性

41. 作为社会主义个人消费品的分配原则,倡导"既反对剥削,也反对平均主义"的理论是　　　　　　　　　　　　　　　　(　　)

A. 按劳分配理论　B. 效率工资理论　C. 公平理论　　D. 分享工资理论

42. 马斯洛需要层次理论中需要通过提供发挥才能的机会、参与决策、提案制度等方式才能满足的需要是　　　　　　　　(　　)

A. 生理需要　　　　　　　　B. 安全需要

C. 社交与爱的需要　　　　　D. 自我实现需要

43. 梅奥等人在霍桑试验的基础上提出来的人性假设理论是　　　（　　）
   A. 经济人假设　　　　　　　　B. 社会人假设
   C. 复杂人假设　　　　　　　　D. 自我实现人假设

44. 提出个人行为的向量取决于个人内部动力和环境刺激的乘积的激励过程综合理论的是　　　（　　）
   A. 魏茨曼　　　B. 勒温　　　C. 波特和劳勒　　　D. 豪斯

45. 持有传统的资本主义经济的根本弊病不在于生产,而在于分配,特别是在雇员报酬制度上观点的是　　　（　　）
   A. 集体谈判工资理论　　　　　B. 效率工资理论
   C. 分享工资理论　　　　　　　D. 公平理论

46. 下列不属于集体谈判关注的焦点是　　　（　　）
   A. 生活费用观点　　　　　　　B. 支付工资的能力
   C. 高工资促进经济繁荣　　　　D. 最低生活费用

47. 认为人都是追求经济利益最大化的趋利人的人性假设理论是　（　　）
   A. "经济人"假设　　　　　　　B. "社会人"假设
   C. "复杂人"假设　　　　　　　D. "自我实现人"假设

48. 如果奖金不与部门及个人的工作成绩相联系,采取"平均分配",那么（　　）
   A. 奖金就会变成保健因素　　　B. 奖金就会变成激励因素
   C. 奖金同样能使员工满意　　　D. 奖金同样能使员工感到公正

49. 任何一种管理模式的成功运用离不开一个国家的社会文化环境的支持和约束,此管理理念来自于　　　（　　）
   A. "经济人"假设　　　　　　　B. "社会人"假设
   C. "复杂人"假设　　　　　　　D. "文化人"假设

50. 工资基金理论的思想可以追本溯源到古典经济学家　　　（　　）
   A. 约翰·克拉克的观点　　　　B. 威廉·配第的观点
   C. 费雷德·马歇尔的观点　　　D. 亚当·斯密的观点

(二) 多项选择题

1. 在工资集体协商时,工会提高工资的办法有　　　（　　）
   A. 限制劳动供给　　　　　　　B. 提高标准工资率
   C. 改善对劳动的需求　　　　　D. 消除买方垄断
   E. 帮助企业改善经营管理方法

2. 根据双因素理论,以下属于激励因子的有　　　（　　）
   A. 工作成就感　　　B. 薪酬水平　　　C. 工作责任

D. 企业政策　　　　E. 工作安全感

3. 按双因素理论,下列属于保健因素的是　　　　　　　　　　（　　）
A. 奖金　　　　B. 工资　　　　C. 津贴补贴
D. 工作本身的挑战　　E. 工作条件

4. 企业运用效率工资理论时,要取得良好的激励效果需要注意的问题是
　　　　　　　　　　　　　　　　　　　　　　　　　　（　　）
A. 明确效率工资的基本出发点　　B. 实行效率工资是有条件的
C. 要遵守互惠原则　　　　　　　D. 要保障员工的最基本生存
E. 不仅要关注报酬的绝对值,还要关注报酬的相对值

5. 边际生产力工资理论提出了下列哪三者的关系　　　　　　（　　）
A. 工资　　　　B. 生产率　　　　C. 就业
D. 物价　　　　E. 效用

6. 下列理论中属于激励过程综合理论的是　　　　　　　　　（　　）
A. 需要层次理论　　B. 双因素理论　　C. 豪斯的综合激励理论
D. 波特和劳勒的综合激励理论　　E. 勒温的早期综合激励理论

7. 波特和劳勒的综合激励理论认为下列哪些因素会直接影响员工的满足感?　　　　　　　　　　　　　　　　　　　　　　　　　（　　）
A. 期望值高　　B. 组织信用　　C. 与绩效相联系的奖惩
D. 激励有效　　E. 感觉到奖惩的公平合理

8. 在当员工觉得自己对本人所获报酬与投入比小于他人所获得报酬与投入比时,下列情形会出现的是　　　　　　　　　　　　　　（　　）
A. 感到满意　　　　　　B. 谋求增加自己的报酬
C. 降低自己的贡献　　D. 降低他人投入　　E. 增加他人的报酬

9. 激励概念的内涵涉及的三个要素是　　　　　　　　　　　（　　）
A. 企业生产率　　B. 特定目标　　C. 特定动机
D. 奖励　　　　E. 环境

10. 激励的功能有　　　　　　　　　　　　　　　　　　　　（　　）
A. 发掘人的潜力　　B. 提高工作效率　　C. 提高人力资源质量
D. 弥补物质资源的不足　　E. 以上都有

11. 豪斯的综合激励模式中强调的三种激励因素是　　　　　　（　　）
A. 内在激励　　B. 完成激励　　C. 负激励
D. 结果激励　　E. 物质激励

12. 期望理论是以三个因素反映需要与目标之间的关系的,要激励员工,就必须让员工明确　　　　　　　　　　　　　　　　　　　　　（　　）
A. 工作能提供给他们真正需要的东西

B. 他们欲求的东西是和绩效联系在一起的

C. 精神激励与物质激励必须并举

D. 只要努力工作就能提高他们的绩效　　E. 激励的公正性不容忽视

13. 边际生产力工资理论中的四个核心概念是　　　　　　　　　　（　　）

A. 边际效用价值　　　B. 边际效应　　　　C. 边际生产力

D. 边际收益递减　　　E. 边际生产力工资

14. 社会主义工资理论按劳分配的主要内容包括　　　　　　　　　（　　）

A. 社会主义工资仍以按劳分配为原则　　　B. 建立工资谈判机制

C. 工资分配应以企业为单位，企业有决定于分配的自主权

D. 劳动者工资水平是由企业的有效劳动量与个人的劳动贡献决定

E. 工资水平决定于劳动力市场的供求状况与经济效益

15. 激励理论的类型包括　　　　　　　　　　　　　　　　　　　（　　）

A. 马斯洛需要层次理论　　　　　B. 赫兹伯格的双因素理论

C. 效率工资理论　　　D. 分享工资理论　　　E. 弗洛姆的期望理论

16. 在公平理论中属于向有关方面施加压力的谋求公平的行为方式是

（　　）

A. 谋求增加自己的报酬　　　　　B. 谋求降低他人的报酬

C. 另换一个报酬与贡献比值较低者作为比较对象

D. 设法降低自己的贡献内　　　　E. 设法增加他人的贡献

17. 人性假设理论包括下列哪些假设　　　　　　　　　　　　　　（　　）

A. "经济人"假设　　　　　　　　B. "社会人"假设

C. "自我实现人"假设　　　D. "复杂人"假设　　　E. "文化人"假设

18. 实行最低工资制度的价值在于　　　　　　　　　　　　　　　（　　）

A. 保障员工的劳动权益和合法利益　　　B. 有利于减少劳动力的流动

C. 有利于防止和减少克扣工人工资现象的发生

D. 有利于提高工人的努力程度　　　E. 有利于发挥政府宏观调控

19. 生存工资理论是古典经济学关于工资理论的重要部分，其主要代表有

（　　）

A. 配第的最低生活维持费用理论　　　B. 魁奈的最低限度工资理论

C. 马尔萨斯的"人口规律"理论　　　D. 李嘉图的生存工资理论

E. 舒尔茨的人力资本理论

20. 下列关于效率工资理论的观点中正确的是　　　　　　　　　　（　　）

A. 企业通过支付高工资减少了离职的频率

B. 效率工资使留在企业里的是那些没有其他机会的低素质员工

C. 效率工资有利于提高工人的努力程度

D. 采用效率工资制度有助于解决企业的监控困难
E. 效率工资会增加雇佣与培训新员工的时间和费用

（三）填空题

1. 生存工资理论是古典经济学关于工资理论的重要组成部分，其主要代表是威廉·配第的_____理论，魁奈与杜而阁的_____理论，马尔萨斯的_____论和李嘉图的_____理论。

2. 生存工资理论的要点在于从长远看，在工业化社会中工人的工资等于他的_____。

3. 工资基金理论认为工资不是由_____决定的，而是由_____决定的。工资实际上取决于_____和_____的比例。

4. _____理论促使经济学更多地与社会学，心理学等直接研究人的学科相结合，从而把行为科学引入经济研究的范围。

5. 公平理论中的公平指的是员工对自己在工作中的_____与自己从工作中得到的_____二者之间的平衡。

6. 公平理论简单地用公式可以表示为_____。

7. 最后增加的那一个单位的物品所具有的效用被称为_____。

8. 克拉克创立的边际生产力工资理论认为，在_____的静态环境里，生产中的两个决定性要素——_____和_____，将依据自己对生产的实际贡献来公正地获得自己的收入。

9. 边际生产力工资理论的理论内核——_____对于建设我们的工资理论和实践仍然具有十分重要的参考意义。

10. 集体谈判工资理论的核心是，在一个短时期内，工资至少在一定程度上取决于劳动力市场上_____和_____之间的_____。

11. 工会提高工资的办法通常有_____、提高标准工资率、改善对劳动的需求和_____。

12. 社会主义工资理论以_____为分配单位，按照_____领取_____的原则，由社会制定统一的按劳分配制度，多劳多得，少劳少得。

13. 在按劳分配过程中既反对_____，也反对_____。

14. 分享经济理论的核心观点在于传统的资本主义经济的根本弊病不在于_____，而在于_____，特别是在_____制度上。

15. 分享制度打破了当时的西方发达国家企业主对工人比较冷漠的状况，因为分享理论是一种强烈的_____经济，对工人有强烈的需求。

16. 薪酬激励理论主要包括_____、_____、人性假设理论、_____和激励过程综合理论。

17．马斯洛的需要层次理论有五个等级，分别为_____需要、_____需要、_____需要、_____需要和_____需要。

18．在双因素理论中，赫兹伯格把使员工感到满意的与工作性质和内容有关的因素称为_____，而使人们感到不满意的与工作环境有关的因素称为_____。

19．在传统观点中，满意的对立面是不满意。而在赫兹伯格的观点中，满意的对立面是_____。

20．在人性假设理论中，亚当·斯密提出了_____假设，梅奥提出了_____假设，麦格雷戈等人的理论类似于_____假设，埃德加·沙因提出了_____假设，威廉·大内等提出了_____假设。

21．在经济人假设下，人的行为基本上被看作是被动的，是需要用_____来激发的。

22．社会人假设认为，要改变传统的以_____为中心的管理，转向以_____为中心的管理。

23．沙因之后，莫尔斯和洛西在"复杂人"假设的基础上提出了他们具有权变思想的人性假设——_____。

24．期望理论可以简单地用公式表示为_____。

25．某人对某种结果越是向往，此结果对该人而言其效价就越接近_____；如果这一结果对他来说无足轻重，那么此结果的效价就接近于_____；如果他害怕这一结果的出现，那么效价就是_____。

26．勒温的早期综合激励理论用函数关系将激励表示为_____。

27．波特和劳勒的综合激励模式表明，先有_____，再导致_____，再产生_____，最后导致_____。

28．豪斯的综合激励模式的激励公式表示为_____。

29．魏茨曼将报酬制度分为_____和_____两种模式。

30．如果使用两种生产要素生产出一定的产品，那么一种生产要素的数量不变，而继续追加另一种生产要素，每一追加的生产要素单位的生产率将会递减，这被称为_____。

（四）简答题

1．公平理论对于薪酬设计有何启示？
2．什么是劳动的边际生产力递减规律？它的基本假设是什么？
3．根据集体谈判工资理论，在提高工资方面，工会可以采取哪四种办法？
4．对马斯洛的需要层次理论进行简要的评价。
5．生存工资理论的基本观点是什么？

(五)论述题

1. 双因素在调动员积极性等方面有何具体应用?
2. 效率工资理论对企业薪酬管理可提供什么借鉴思路?

【本章参考答案】

(一)单项选择题

1-5　AAADC　6-10　CBACA　11-15　BBAAA　16-20　BADAD
21-25　BADAB　26-30　CBCCB　31-35　DBCDA　36-40　DBBCB
41-45　DBBC　46-50　DAADD(各题知识点在教材中的页码分别为:73、74、91、73、85、108、106、106-107、77-78、84、93、105、91、81、73、98、110、96、100、103、93、109、73、85、98、93、81、79、106、97、81、82、82、80、83、80、97、86、87、91、92、97、102、108、93、89、102、101、105、77)

(二)多项选择题

1. ADE　2. AC　3. ABCE　4. ABC　5. ABC　6. CDE　7. CE　8. BC
9. ABC　10. ABCDE　11. ABD　12. ABD　13. ACDE　14. ABCDE
15. ABE　16. ABDE　17. ABCDE　18. ACE　19. ABCD　20. ACD(各题知识点在教材中的页码分别为:89-90、99-100、100、80、86、108、109、82、95、95-101、110、106、84-85、91、96、82、102-105、76、73、79)

(三)填空题

1. 最低生活维持费用、最低限度工资、人口规律、生存工资　2. 最低生活费用　3. 生产资料、资本、工人、资本　4. 效率工资理论　5. 投入、收益　6. Op/Ip = Oo/Io　7. 边际效用　8. 充分竞争、劳动、资本　9. 工资等于边际劳动生产率　10. 雇主、劳动者、集体交涉　11. 限制劳动供给、消除买方垄断　12. 全社会、等量劳动、等量报酬　13. 剥削、平均主义　14. 生产、分配、雇员报酬　15. 劳动短缺型　16. 需要层次理论、双因素理论、期望理论　17. 生理、安全、社交与爱、尊重、自我实现　18. 激励因素、保健因素　19. 没有满意　20. 经济人、社会人、自我实现人、复杂人、文化人　21. 经济刺激　22. 以工作为中心、以人为中心　23. 超Y理论　24. 激励力(M) = 效价(V) × 期望值(E)　25. 1、0、负值　26. $B = f(P \cdot E)$　27. 激励、努力、绩效、满足　28. 激励力量 = 内在激励 + 完成激励 + 结果激励　29. 工资制度、分享制度　30. 边际生产力递减规律(各题知识点在教材中的页码分别为:73、74、77、79、81、81、84、85、86、87、89、91、92、93、95、96、96、98、99、102、102、103、104、106、106、108、109、110、93、85)

(四) 简答题

1. 公平理论对我们有着重要的启示:首先,影响激励效果的不仅有报酬的绝对值,还有报酬的相对值。其次,激励时应力求公平,使等式在客观上成立,尽管有主观判断的误差,也不致造成严重的不公平感。再次,在激励过程中应注意对被激励者公平心理的引导,使其树立正确的公平观。

2. 边际效用指的是最后增加的那一个单位的物品所具有的效用,而衡量价值的尺度就是边际效用。如果某种物品可以无限供给,人对其的欲望就可以递减到零,于是,该物品的边际效用价值也就会递减至完全消失,这就是边际效用递减规律。

3. 提高工资的方法:限制劳动供给;提高标准工资率;改善对劳动的需求;消除买方垄断。

4. 启示在于,组织在构建薪酬体系时,应该是基于员工需要分析的基础上设计的。设计时应关注薪酬只是满足员工需要的一种有效因素,其余的还需要通过其他报酬因素加以满足。

需要层次理论对企业管理者如何有效地调动人的积极性具有重要的启发作用。

尽管学术界对这一理论颇有争议,但需要层次理论由于对人的需要进行系统的研究,为以后各种激励理论的提出奠定了基础,因而得到了广泛的流传,在西方管理领域中有相当的影响。

5. 生存工资理论的基本内容:从长远看,在工业化社会中工人的工资等于其最低生活费用。也就是说,工人的工资只能保持在使其勉强糊口的水平上。从长远看,只要人们通过某种努力或由于某种原因,使工资上升到高于生存需要的水平,潜在的劳动力人数就会由于工人获得生活资料的增加而增加。而劳动力数量增加的结果是在市场力量的作用下使工资不断下降,使工资又回到仅仅维持生存的水平上,回到劳动的自然价格上去。反之,只要工资低于工人的生存需要,就必然导致劳动力供给直接或间接减少,会导致劳动力市场上工资的上升。所以,不论影响工资水平的因素怎样变动,最终工资都将保持在维持工人生存的水平上。

(五) 论述题

1. 参见本章考点19。
2. 参见本章考点6。

第四章 岗位分析与评价

第一节 岗位分析

一、自学要求和考核内容

1. 自学要求

要求考生能够掌握与岗位分析有关的概念,理解岗位分析的流程,理解工作描述和工作规范的内容,工作说明书的作用和工作说明书的编制准则,重点掌握岗位分析的主要方法和工作说明书编制的步骤。

2. 考核内容

本节要求考生识记的内容主要包括:(1)岗位分析的概念;(2)工作描述的概念;(3)工作规范的概念;(4)工作规范的形成方法;(5)工作说明书的概念。

本节要求考生领会的内容主要包括:(1)岗位分析的流程;(2)工作描述的内容;(3)工作规范的内容;(4)工作说明书的作用;(5)工作说明书的编制准则。

本节要求考生能将相关理论简单应用的内容包括:(1)岗位分析的主要方法;(2)工作说明书编制的步骤。

二、重要知识点

☆考点1:岗位分析的概念

岗位分析是指对企业各类岗位的设置目的、性质、任务、职责、权力、隶属关系、劳动条件和环境,以及任职人员的知识、技能等承担本岗位任务应具备的资格条件进行系统调查、分析与研究,并由此制定岗位规范、工作说明书等人力资源管理文件的过程。

【历年真题】 (201010)单项选择题:

对组织中各项工作职务的特征、规范、要求、流程以及完成此工作员工的素质、知识、技能要求进行描述的过程,其结果是产生岗位工作描述和任职说明书。这一过程称为( )

A. 岗位评价　　B. 岗位设置　　C. 工作分析　　D. 工作评价

【参考答案】 C

【历年真题】 （201310）名词解释：

岗位分析

【参考答案】 参见本章考点1。

☆☆考点2：岗位分析的流程

岗位分析一般有如下流程：

（1）岗位分析的准备阶段。包括明确岗位分析的目的、选择和培训岗位分析人员、岗位分析的方法和工具、与组织成员沟通岗位分析的目的和意义及所需要的相关配合等工作。

（2）岗位分析的执行阶段。包括选择岗位分析信息的来源、收集工作的有关信息、制定岗位分析文件、与相关人员确认信息的准确性等。

（3）岗位信息的分析、整理阶段。岗位分析工作不仅仅是对工作岗位信息的简单收集，而是需要对所收集的信息进行总结、归纳、综合、整理、分析，通过对工作岗位信息的整理和分析，根据岗位分析目的的要求分析岗位工作任务的合理性、岗位任务的饱和度、岗位工作任务的难易程度、对任职者资格的要求等，形成按分析目的的要求产生的分析结果。

（4）岗位分析结果的运用和修订阶段。本阶段是将工作分析的结果形成正式的工作说明书。

☆☆☆考点3：岗位分析的主要方法

（1）观察法。观察法是指由岗位分析者通过对任职者现场工作直接或间接的观察、记录，了解任职者工作内容，收集有关工作信息的方法。

（2）问卷调查法。问卷调查法是通过让任职者或相关人员填写问卷收集岗位分析所需信息的方法。

（3）访谈法。指岗位分析人员就某一个职务或岗位，通过对任职者、主管及专家的访谈，去了解他们对该岗位工作的意见和看法，从而获取所需信息。访谈法的种类有：个人访谈、群体访谈和主管访谈。

（4）工作日志法。要求任职者以工作日志的方式在一段时间内实时记录自己每天的工作活动，按时间顺序记录下自己工作的实际内容，通过归纳、分析，形成某一工作岗位一段时间以来发生的工作活动的全景描述，使工作分析人员能根据工作日志的内容对工作进行分析。

（5）关键事件法。是分析人员、管理人员、任职者，将工作过程中的关键事件详细地加以记录，在大量搜集信息后，对该岗位的特征性质等进行分析研究的岗位分析方法。

（6）管理岗位描述问卷法。管理岗位描述问卷分析法是一种以工作为中心的岗位分析方法,它将工作科学合理分解为多个基本领域并提供了一种可以量化评价的分数顺序或顺序轮廓。

【历年真题】(201010)单项选择题:
在工作分析中,工作分析人员、管理人员、任职者,将工作过程中的关键事件详细地加以记录,在大量搜集信息后,对职位的特征和要求进行分析研究的工作分析方法称为( )
A. 关键事件法　B. 工作体验法　C. 工作日志法　D. 问卷调查法
【参考答案】 A

【历年真题】(201101)单项选择题:
应用最为广泛的工作分析方法是( )
A. 访谈法　　B. 问卷调查法　C. 观察法　　D. 关键事件法
【参考答案】 B

【历年真题】(201310)单项选择题:
通过让任职者或相关人员填写问卷收集岗位分析所需信息的岗位分析方法是( )
A. 观察法　　B. 访谈法　　C. 问卷调查法　D. 工作日志法
【参考答案】 C

☆考点4:工作描述的概念
工作描述是指对工作本身的内涵和外延加以规范的描述性文件,是对有关工作职责、工作活动、工作条件等工作特性方面的信息所进行的书面描述。

☆☆考点5:工作描述的内容
工作描述的内容一般包括工作标志、概要、职责、范围、权限、业绩标准、工作关系、工作的环境条件及负荷等。

(1) 工作标志与工作概要。工作标志的作用是用来区别特定工作与组织中其他工作。工作的基本信息包括:工作名称、工作代码、所在部门、直接上级、任职者姓名、岗位薪点等;工作分析基本信息包括工作分析的时间、工作说明书的有效期和工作分析人员姓名或代码。工作概要是对工作性质、内容、责任等的简要概括,因而可只用简单的语句勾画出工作的主要职责,不必细分工作职责的任务和活动。

(2) 工作职责。工作职责是指任职者所从事的工作在组织中承担的责任,所需要完成的工作内容及其要求,它具有成果导向性、完备性、稳定性、独立性、系统性的特点。对工作职责的分析和判定主要有两种方法:一种是基于战略的职责分解;另一种是基于流程的职责分析。

(3) 工作权限。工作权限是指组织根据某岗位的工作目标与工作职责,而赋予该岗位的决策范围、层级与控制力度,该项目主要应用于管理人员的工作描述与岗位评价,以确定岗位"对组织的影响大小"和"过失损害程度"。

(4) 工作范围。工作范围是指岗位任职者所掌控的资源的数量和质量,以及该岗位的活动范围,它代表了该岗位能够在多大程度上对组织产生影响,在多大程度上能够给组织带来损失。工作范围的信息主要包括人力资源、财务资源和活动范围三个部分,往往用于管理岗位和以岗位评价为目标的工作描述中。

(5) 工作关系。工作关系(或工作联系)表明该岗位的任职者与组织内外相关岗位因工作所发生的联系。

(6) 业绩标准。业绩标准又称业绩变量,是在明确工作职责的基础上,对如何衡量每项职责完成情况的规定,包括衡量要素和衡量标准两方面。

(7) 工作环境。工作环境是指工作的物理环境和心理环境。

☆**考点6:工作规范的概念**

工作规范又称岗位规范或任职资格,是指要胜任某项工作对任职者在教育程度、工作经验、知识、技能、体能和个性特征等方面的总体要求,是工作说明的重要组成部分。

☆☆**考点7:工作规范的内容**

工作规范主要包括对工作人员的一般要求和特殊要求。

(1) 一般要求即生理性要求,就是对完成某项工作所必需的体力、视力等方面的要求。

(2) 特殊要求:特殊要求是指工作对任职者除生理要求以外的心理、兴趣、培训等方面的要求。具体包括:教育程度、工作经验、工作技能、职业道德、能力要求、生理与心理素质。

☆**考点8:工作规范的形成方法**

一般情况下,工作规范是依据管理人员的经验判断而编写的,也可以使用比较精确的统计方法来完成。主要有两种方法:经验判断法和统计分析法。

(1) 经验判断法。就是根据主管人员和人力资源管理人员这样一些有经验的人员的判断来编写工作规范的方法。

(2) 统计分析法。就是通过统计分析的方法显示人员特点的一些预测指标,并且得到表示工作绩效的一些表现指标或标准,从而以此为据编写工作规范的方法。

☆**考点9:工作说明书的概念**

工作说明书也称为岗位说明书,是描述工作者做什么、如何做以及在何种条件下做(包括工作的物理环境和组织环境)的正式的书面文件。

☆☆**考点10:工作说明书的作用**

工作说明书在人力资源管理中有着重要的作用,它是人力资源管理活动的基本依据。在招聘中,工作说明书向应聘者传达工作相关的基本信息;同时,工作说明书为招聘工作的选拔测试过程提供了客观依据。

☆☆**考点11:工作说明书的编制准则**

工作说明书是从"工作(事)"和"人"两方面来考虑人力资源管理工作的,因此工作说明书的编制必须遵循以下准则:①逻辑性,以符合逻辑的顺序来组织工作职责。②准确性,清楚地说明岗位的工作情况,描述要准确,语言要精练。③实用性,任务明确好上岗,职责明确易考核,资格明确好培训,层次清楚能评价。④完整性,在编写工作说明的程序上要保证其全面性。⑤统一性,文件格式统一。

☆☆☆**考点12:工作说明书编制的步骤**

工作说明书的编制一般有如下步骤:

(1) 工作信息的获取。①分析企业现有的资料;②实施工作调查。

(2) 综合处理工作信息。①对根据各种岗位分析方法得到的信息进行分类整理,得到每一岗位所需要的信息;②针对每一岗位,根据岗位分析所要搜集的各方面的信息,进行分类整理,得到所需要的各种信息;③工作分析者在遇到问题时,要及时与岗位相关人员进行沟通。

(3) 工作说明书的撰写。①召集工作分析所涉及全体人员,进行讨论;②根据讨论结果,最后确定一份详细的、准确的工作说明书;③最终形成清晰、具体、简短扼要的工作说明书。

第二节　岗位评价

一、自学要求和考核内容

1. 自学要求

要求考生了解岗位评价以及各种岗位评价方法的概念,理解岗位评价的特点、原则、作用和岗位评价指标确定的原则,重点掌握岗位评价的步骤、岗位分类法的评价过程、要素比较法的评价过程、要素计点法的优缺点以及要素计点法的设计步骤。

2. 考核内容:

本节需要考生识记的内容主要包括:①岗位评价的概念;②岗位评价的指标体系的五个要素;③岗位排序法的概念;④岗位分类法的概念;⑤要素比较法的概念;⑥要素计点法的概念及组成要素;⑦海氏评价系统的评价要素。

本节需要考生领会的内容主要包括:①岗位评价的特点;②岗位评价的原则;③岗位评价的作用;④岗位评价指标确定的原则。

本节需要考生简单应用的内容主要包括：①岗位评价的步骤；②岗位分类法的评价过程；③要素比较法的评价过程。④要素计点法的优缺点。

本节需要考生综合应用的内容是：要素计点法的设计步骤。

二、重要知识点

☆考点13：岗位评价的概念

岗位评价是指在岗位分析的基础上，采用一定的方法对企业中各种岗位的相对价值做出评定，并以此作为薪酬分配的重要依据，用于解决薪酬公平性问题的一项人力资源管理技术。

【历年真题】（201101）单项选择题：

组织基于职位分析的结果，系统地确定职位之间的相对价值从而为组织建立一个职位结构的过程称为（   ）

A. 工作分析　　　B. 职位设置　　　C. 员工定位　　　D. 职位评价

【参考答案】　D

☆考点14：岗位评价的目的

岗位评价的目的是发现和确认组织的岗位结构，从而为改进管理和合理确定薪酬提供依据。科学的岗位评价体系是通过综合评价各方面因素得薪酬级别，而不是简单与职务挂钩，这有助于建立合理的薪酬支付结构，解决管理人员与普通员工的薪酬等级差异。

☆☆☆☆考点15：岗位评价的特点

（1）岗位评价的对象是客观存在的"事"和"物"而不是"人"；

（2）岗位评价是对组织各岗位的相对价值进行衡量的过程；

（3）岗位评价是对同类不同层级岗位的相对价值衡量评比的过程。

☆☆☆☆考点16：岗位评价的原则

在岗位评价实施的过程中，必须注意以下原则：

（1）评价因素统一原则：所有岗位必须通过同一套评价因素进行评价。

（2）评价因素无重叠原则：岗位评价因素定义与分级表上的各项因素，是彼此独立的，同时各项因素的评价范围没有重叠。

（3）针对性原则：评分因素应该尽可能结合企业实际。

（4）共识原则：岗位评价需要大家达成两点共识，一是专家小组对各因素的理解达成共识，二是项目组要和专家达成共识。

（5）独立原则：参加对岗位进行评价的专家小组的成员必须独立地对各个岗位进行评价，绝不允许互相串联、协商打分。

（6）反馈原则：对各个岗位打分的结果要及时反馈，从而及时纠正其中的偏差。

（7）并行原则：进行数据处理的小组要设计好工作流程与专家组一起运作，提高效率。

（8）保密原则：由于薪酬设计的敏感性，岗位评价的工作程序及评价结果要在一定时间内处于保密状态。

☆☆**考点17：岗位评价的作用**

具体而言，岗位评价主要具有以下几方面的作用：

（1）表现岗位的量值特征。岗位评价能够对岗位工作在定性分析的基础上进行定量测评，从而以量值表现工作的特征。

（2）确定岗位级别排列。岗位级别常常被企业作为划分岗位级别、福利标准、出差待遇、行政权限等各方面的依据，甚至被作为内部股权分配的依据，而岗位评价则是确定岗位等级的最佳手段。

（3）确定薪酬分配基础。在组织的薪酬体系中，基本薪酬是最基础的部分，也是大部分员工所获得薪酬中国最主要的部分。岗位评价是保障薪酬制度内部公平性的关键。

（4）确定员工职业发展和晋升途径的参照系。岗位评价使组织内部建立一系列连续的等级体系，便于员工理解组织的价值标准，从而使员工明确自己的职业发展和晋升途径并产生相应的激励作用。

（5）为其他人力资源管理活动提供了决策依据。岗位评价提供的信息可以为组织确定人力资源招聘条件、培训技术标准等各种人力资源管理活动提供依据。

☆**考点18：岗位评价工作中应注意的问题**

在发挥岗位评价工作作用的同时，还必须注意以下问题：①岗位评价必须坚持客观公正的原则；②岗位评价要把握重点；③岗位评价强调员工的参与，还要提高工作的透明度，岗位评价过程中要发动和依靠员工积极参与；④岗位评价应注意运用集中评价与分散评价相结合的方式。

☆**考点19：岗位评价指标的概念**

岗位评价指标是根据岗位评价的要求，将影响工作的各因素指标化后的结果。指标是指标名称和指标数值的统一。指标名称概括了事物的性质，指标数值反映了事物的数量特征。

☆☆**考点20：岗位评价指标确定的原则**

岗位评价指标确定的原则如下：

（1）实用性。确定岗位评价指标时，必须从实际出发，提高岗位劳动的特点，以提高岗位劳动评价的应用价值。

（2）普遍性。所选择的评价指标应该具有普遍的适用性和代表性，而不能仅仅适用或反映个别的特殊劳动。

(3) 可评价性。只有评价指标具有可评价性,评价结果才具有科学性,才能体现岗位劳动的差别。

(4) 价值性。所确定的岗位评价指标应能为企业的劳动管理和劳动保护等工作提供科学依据。

(5) 全面性。指评价因素能全面反映生产岗位劳动者的劳动状况和劳动量,体现不同岗位的差别劳动,反映出岗位劳动对企业劳动成果的贡献。

☆ **考点21：岗位评价的指标体系的五个要素**

岗位评价可以通过劳动责任、劳动技能、劳动强度、劳动心理和劳动环境这五个因素进行评价。

劳动责任:劳动责任就是生产岗位在劳动中对经济(产量、质量)、生产(设备、消耗)、安全和管理方面承担的责任,主要反映了岗位劳动者智力的付出和心理状态。

劳动技能:劳动技能是指岗位在生产过程中对劳动者素质方面的要求,主要反映岗位对劳动者职能要求的程度。

劳动强度:劳动强度是劳动的繁重、紧张或密集程度,决定于劳动者劳动能量消耗量的大小。

劳动心理:劳动心理是指劳动者在社会中所处地位和人与人之间的关系对劳动者在心理上的影响程度。

劳动环境:劳动环境指的是劳动者所在的劳动场所的外部环境条件,主要是指对劳动者身心健康产生影响的各种有害因素。

【历年真题】 (201010)论述题:
目前国际上比较流行的岗位评估指标。
【参考答案】 参见本章考点21。

☆☆ **考点22：岗位评价的步骤**

岗位评价的一般步骤如下:①岗位分类;②收集相关岗位信息;③成立岗位评价小组;④确定岗位评价方法;⑤确定岗位评价要素;⑥确定岗位评价标准;⑦试点;⑧全面落实岗位评价计划;⑨撰写岗位评价报告;⑩总结工作。

☆☆ **考点23：岗位评价的方法**

岗位评价的方法常用的有:

(1) 岗位排序法。岗位排序法是最原始、最简单的岗位评价方法。

(2) 岗位分类法。岗位分类法是将待评价岗位确定到各种等级中去,再根据等级评价的方法。

(3) 要素比较法。要素比较法是一种量化的岗位评价方法。

(4) 要素计点法。要素计点法又称点数加权法、点数法,是目前最常用的一种量化职位评价技术。

【历年真题】 (201101)单项选择题:
在岗位评估的方法中,最简单、最快捷、最容易被员工理解和解释的方法是( )
A. 因素比较法　　B. 岗位分类法　　C. 岗位排序法　　D. 评分法
【参考答案】 C

☆考点24:岗位排序法的概念
岗位排序法是由岗位评价人员,根据其对企业各项工作的经验认识和主观判断,对各岗位的相对价值大小进行整体比较,并由高到低进行排序。岗位排序法分为交替排序法和配对比较法。

☆考点25:岗位排序法的特点及适用范围
岗位排序法的优点是不必依赖专家即可自行操作,且操作简单,统计方便,岗位评价成本较低。
岗位排序法的缺点,一是操作缺乏定量比较,显得主观性偏多;二是只能按照相对价值大小排序,无法指出各级间差距的具体大小,因此不能直接转化为各岗位的具体薪酬数额。
岗位排序法适用于岗位数量不太多的情况,以及组织中包含差别较大的不同子组织的情况。对于某一类岗位序列人员也比较适用。

【历年真题】 (201204)简答题:
简述岗位排序法的特点及适用范围。
【参考答案】 参见本章考点25。

☆考点26:岗位分类法的概念
岗位分类法是事先建立工作等级标准,并给出明确定义,然后将各岗位工作与这一设定的标准进行比较,从而将待评岗位确定到各种等级中去。

【历年真题】 (201310)单项选择题:
事先建立工作等级标准,并给出明确定义,然后将各岗位工作与这一设定的标准进行比较,从而将待评岗位确定到各种等级中去的岗位评价方法是( )
A. 岗位分类法　　B. 岗位排序法　　C. 要素比较法　　D. 要素计点法
【参考答案】 A

☆☆☆考点27:岗位分类法的评价过程
岗位分类法的评价过程一般如下:
(1) 通过工作分析,得到岗位描述和岗位规范信息;
(2) 建立岗位等级体系,确定岗位等级数量(等级数量没有固定规定,应根据需要设定,同时坚持有效区分、便于操作的原则);
(3) 对各岗位等级进行定义和描述(等级描述应根据一定要素如技能要

求、经验要求！领导责任等方面的说明来进行）；
（4）建立评估小组，小组成员应对各岗位的工作比较熟悉；
（5）将待评岗位工作与确定的标准进行对比，从而将其定位在合适工作类别的合适级别上；
（6）数据统计计算，得出岗位分类结果。

☆☆**考点28：岗位分类法的特点及适用范围**

分类法是一种简单、易操作的岗位评价方法，对各岗位等级进行了定义和描述，分类法岗位评价不是凭主观简单排序，但仍有较多主观成分。

分类法不能指出各级之间岗位差距的大小，不能精确量度岗位价值大小，因此不能直接转化为每个岗位的具体薪酬数额。

分类法岗位评价适用于小型、结构简单的企业。

☆**考点29：要素比较法的概念**

要素比较法是一种量化的岗位评价方法，是在确定标杆岗位和付酬要素的基础上，运用标杆岗位和付酬要素制成的要素比较尺度表，将待评岗位付酬要素与标杆岗位进行比较，从而确定待评岗位的付酬标准。

☆☆**考点30：要素比较法的评价过程**

要素比较法的评价过程一般如下：

（1）确定评价的主要要素。一般情况下，评价要素包括智力要素、体力要素、职能要素、责任要素和工作环境要素。

（2）选择标杆岗位。确定标杆岗位作为比较的基础。

（3）编制要素比较尺度表。将标杆岗位五个要素进行比较，得到各要素价值最大的岗位，根据公司薪酬水平，将五个要素赋予不同的工资标准；其次，选出各要素价值最小的岗位，根据情况，将这五个要素赋予不同的工资标准。

☆☆**考点31：要素比较法的评价特点**

要素比较法是一种较为系统和完善的岗位评价方法，可靠性较高，并且根据评价结果可以直接得到工资数额；每个要素无上下限的限制，比较灵活。

由于各要素相对价值在总价值中所占的比例具确定是完全根据主观判断，因此应用起来难度较大，开发初期成本高，员工容易怀疑其准确性和公平性。

☆**考点32：要素计点法的概念及组成要素**

要素计点法又称点数加权法、点数法，是先选定若干关键性评价要素，并确定各要素的权数，对每个要素分成若干不同的等级；然后给各个要素的各等级赋予一定的分值，这个分值又称为点数，最后按照要素对岗位进行评价，算出每个岗位的加权总点数，便可得到岗位相对价值。

它通常包括三个组成要素：报酬要素、数量化的报酬要素衡量尺度、反映每种报酬要素的相对重要程度的权重。

【历年真题】 (201010)单项选择题:
把岗位的构成因素进行分解,然后按照事先设计出来的结构化量表对每种岗位报酬要素进行估值的岗位评估方法称为( )
A. 岗位排序法　　B. 岗位分类法　　C. 因素比较法　　D. 评分法
【参考答案】 D

☆☆☆考点33:要素计点法的优缺点
优点:①主观随意性较小,可靠性强;②相对客观的标准使评价结果易为人们接受;③比较通俗,容易推广。
缺点:①设计时,需要投入大量的人力和财力;②评价要素定义和权重的确定有一定的技术难度,而且要素的选择、等级的定义和要素权重的确定都不可避免地带有主观色彩。

☆☆☆☆考点34:要素计点法的设计步骤
要素计点法的设计步骤是:①确定要评价的岗位系列;②收集岗位信息;③选择薪酬要素;④界定薪酬要素;⑤确定要素等级;⑥确定要素的相对价值;⑦确定各要素及各要素等级的点值;⑧形成书面文件。

☆考点35:海氏评价系统的评价要素
海氏评价体系的三个评价要素分别是:知识技能、解决问题的能力、岗位责任。
知识技能包括三个子要素:技术知识、管理诀窍、人际技能;
解决问题的能力包括两个子要素:思考的环境、思考的挑战;
岗位责任包括三个子要素:行动的自由度、影响的性质、影响的范围。

三、同步练习题

(一) 单项选择题(50题)

1. 企业对各类岗位应具备的资格条件所进行的系统调查、分析与研究,并由此制定岗位规范、工作说明书等人力资源管理文件的过程是指　　( )
A. 岗位分析　　B. 岗位评价　　C. 岗位调查　　D. 职位分析
2. 岗位分析的侧重点是确认组织中的岗位体系,为每个岗位建立清晰的岗位职责、权限和组织中的工作关系,说明该岗位分析的目的是　　( )
A. 为新成立的组织建立岗位体系　　B. 为空缺的岗位招聘员工
C. 为了确定绩效考核的标准　　D. 为了确定薪酬体系
3. 以下不属于岗位分析信息来源的是　　( )
A. 书面资料　　B. 任职者的报告
C. 第三方机构的报告　　D. 同事的报告

4. 岗位分析的流程是 （   ）
①明确岗位分析的目的 ②选择岗位分析信息的来源 ③对所收集的信息进行分析 ④将工作分析的结果形成正式的工作说明书
   A. ①②③④   B. ④①③②   C. ①④②③   D. ①④③②

5. 以下不属于岗位分析的主要方法的是 （   ）
   A. 观察法   B. 问卷调查法   C. 访谈法   D. 统计分析法

6. 应用最为广泛的岗位分析方法是 （   ）
   A. 观察法   B. 访谈法   C. 调查问卷法   D. 参与法

7. 适用于大量标准化的、周期较短的以体力活动为主的岗位分析方法是 （   ）
   A. 访谈法   B. 观察法   C. 调查问卷法   D. 专家分析法

8. 既可以进行定性分析又可以进行定量分析的岗位分析方法是 （   ）
   A. 调查问卷法   B. 访谈法   C. 观察法   D. 关键事件法

9. 对于有周期性变化的组织类型,在进行岗位分析的时候不能使用的岗位分析方法是 （   ）
   A. 观察法   B. 访谈法   C. 关键事件法   D. 工作日志法

10. 在工作分析中,工作分析人员、管理人员、任职者,将工作过程中的关键事件详细地加以记录,在大量搜集信息后,对职位的特征和要求进行分析研究的工作分析方法称为 （   ）
   A. 关键事件法   B. 工作体验法   C. 工作日志法   D. 问卷调查法

11. 主要用于定量化测试的岗位分析方法是 （   ）
   A. 专家分析法   B. 管理岗位问卷分析法
   C. 关键事件法   D. 工作日志法

12. 对工作本身的内涵和外延加以规范的描述性文件是指 （   ）
   A. 岗位分析   B. 岗位评价   C. 工作说明书   D. 工作描述

13. 工作描述中区别特定工作与组织中其他工作的是 （   ）
   A. 工作概要   B. 工作权限   C. 工作标志   D. 工作职责

14. 工作描述中具有成果导向性、完备性、稳定性等特点的是 （   ）
   A. 工作权限   B. 工作职责   C. 工作标志   D. 工作概要

15. 工作描述中赋予岗位决策范围、层级与控制范围的是 （   ）
   A. 工作范围   B. 工作职责   C. 工作标志   D. 工作权限

16. 在工作描述中被列为工作评价中可作为一项补偿性因素的内容是 （   ）
   A. 工作标志   B. 工作职责   C. 工作范围   D. 工作环境

17. 人力资源一般属于工作描述内容中的 （   ）

A．工作关系　　B．工作环境　　C．工作范围　　D．工作权限
　18．工作规范的内容一般包括一般要求和特殊要求两部分，以下属于一般要求的是　　　　　　　　　　　　　　　　　　　　　　　　　　　　（　　）
　　A．心理素质　　B．身高　　　　C．兴趣　　　　D．培训
　19．工作规范的内容一般包括一般要求和特殊要求两部分，以下属于特殊要求的是　　　　　　　　　　　　　　　　　　　　　　　　　　　　（　　）
　　A．年龄　　　　B．身高　　　　C．心理素质　　D．性别
　20．描述工作者做什么、如何做以及在何种条件下做（包括工作的物理环境和组织环境）的正式的书面文件是指　　　　　　　　　　　　　　（　　）
　　A．工作描述　　B．工作说明书　C．工作手册　　D．调查报告
　21．以下不属于工作说明书编制准则的是　　　　　　　　　　　　（　　）
　　A．逻辑性　　　B．准确性　　　C．实用性　　　D．客观性
　22．工作说明书编制的步骤是　　　　　　　　　　　　　　　　　（　　）
　①分析企业现有的资料②分类整理得到每一岗位所需要的信息③与岗位相关人员进行沟通④形成工作说明书
　　A．①②③④　　B．②①③④　　C．①③②④　　D．①②③④
　23．岗位评价的前提是　　　　　　　　　　　　　　　　　　　　（　　）
　　A．岗位设计　　B．岗位分析　　C．薪酬调查　　D．职位调查
　24．岗位评价的各因素定义与分级表上的各项因素，是彼此独立的。这说明了岗位评价过程中必须坚持　　　　　　　　　　　　　　　　　　（　　）
　　A．独立原则　　　　　　　　　　B．针对性原则
　　C．反馈原则　　　　　　　　　　D．评价因素无重叠原则
　25．以下不属于岗位评价指标确定的原则的是　　　　　　　　　　（　　）
　　A．实用性　　　B．客观性　　　C．价值性　　　D．全面性
　26．以下不属于岗位评价作用的是　　　　　　　　　　　　　　　（　　）
　　A．人力资源管理活动的基本依据　B．确定岗位级别排列
　　C．确定薪酬分配基础　　　　　　D．表现岗位的量值特征
　27．岗位评价可以通过多个因素进行评价，反映了岗位劳动者智力的付出和心理状态的因素是　　　　　　　　　　　　　　　　　　　　　　（　　）
　　A．劳动技能　　B．劳动强度　　C．劳动责任　　D．劳动心理
　28．岗位评价可以通过多个因素进行评价，主要反映岗位对劳动者智能要求的程度的因素是　　　　　　　　　　　　　　　　　　　　　　　（　　）
　　A．劳动技能　　B．劳动强度　　C．劳动责任　　D．劳动心理
　29．对于岗位设置比较稳定、小型的、结构简单的企业，比较适用的岗位评价方法是　　　　　　　　　　　　　　　　　　　　　　　　　　（　　）

A. 排序法　　　B. 分类法　　　C. 要素比较法　　D. 计点法
30. 最终得到岗位相对价值的职位评价方法是　　　　　　　　（　　）
A. 排序法　　　B. 分类法　　　C. 要素比较法　　D. 计点法
31. 需要专家型的岗位分析人员来进行的岗位分析方法是　　（　　）
A. 关键事件法　B. 访谈法　　　C. 观察法　　　　D. 工作日志法
32. 指一个岗位所要求的需要去完成的工作内容或其应当承担的责任范围，所需完成的工作内容及其要求　　　　　　　　　　　　　　（　　）
A. 职责　　　　B. 职位　　　　C. 工作　　　　　D. 职业
33. 工作规范的形成方法主要有统计分析法和　　　　　　　　（　　）
A. 问卷调查法　B. 实践总结法　C. 实地考察法　　D. 经验判断法
34. 岗位评价的实质是将工作岗位的劳动价值、岗位承担者的贡献与工资报酬结合起来，通过对岗位劳动价值的量化比较，确定　　（　　）
A. 确定企业工资等级结构　　　　B. 确定企业工资体系
C. 确定企业工资水平　　　　　　D. 确定企业工资的组合形式
35. 最原始、最简单的职位评价方法是　　　　　　　　　　　（　　）
A. 排序法　　　B. 分类法　　　C. 因素比较法　　D. 计点法
36. 岗位评价的核心流程是　　　　　　　　　　　　　　　　（　　）
①设立岗位评价小组 ②确定岗位评价要素和标准 ③确定岗位评价方法 ④落实岗位评价计划 ⑤撰写岗位评价报告
A. ①③②④⑤　B. ①④③②⑤　C. ①④②⑤③　D. ①④②③⑤
37. 直接用岗位的付酬要素进行评价的岗位评价方法是　　　（　　）
A. 排序法　　　B. 分类法　　　C. 因素比较法　　D. 计点法
38. 通过岗位评价来实现的公平是指　　　　　　　　　　　（　　）
A. 历史公平性　B. 社会公平性　C. 内部公平性　　D. 外部公平性
39. 下列岗位评价指标中属于测定指标的是　　　　　　　　（　　）
A. 劳动技能　　B. 劳动强度　　C. 劳动心理　　　D. 劳动责任
40. 薪酬体系设计的基础是　　　　　　　　　　　　　　　（　　）
A. 工作计划　　B. 人员配备　　C. 岗位评价　　　D. 业绩
41. 在职位评价的各种方法中，属于量化评价，并采用职位与职位比较的方法是　　　　　　　　　　　　　　　　　　　　　　　　　（　　）
A. 要素比较法　B. 分类法　　　C. 要素计点法　　D. 排序法
42. 下列因素中，属于海氏岗位评价系统中的岗位责任要素是　（　　）
A. 技术知识　　B. 行动的自由度　C. 人际技能　　D. 管理诀窍
43. 要素比较法中选择的标杆岗位一般为　　　　　　　　　（　　）
A. 5个　　　　　B. 15个　　　　C. 20个　　　　　D. 10个

44. 职位评价时,在选定典型职位和报酬要素的基础上,将典型职位按报酬要素制成等级基准表,以此表为尺度确定其他职位的等级的方法是 （   ）
   A. 排序法   B. 分类法   C. 要素计点法   D. 要素比较法
45. 几种主要的职位评价方法中,缺点是在开发初期难度很大,需要投入大量的人力和财力的是 （   ）
   A. 排序法   B. 分类法   C. 要素计点法   D. 要素比较法
46. 几种主要的职位评价方法中,精确性最差的是 （   ）
   A. 排序法   B. 分类法   C. 要素计点法   D. 要素比较法
47. 几种主要的职位评价方法中,优点在于快速、简单、费用比较低的是 （   ）
   A. 排序法   B. 分类法   C. 要素计点法   D. 要素比较法
48. 最常见的岗位分析结果是岗位规范和 （   ）
   A. 任职者的工作表现   B. 岗位操作手册
   C. 工作说明书   D. 任职者的资格
49. 在工作描述时不易直接得出工作的绩效标准的岗位是 （   ）
   A. 生产类岗位   B. 操作类岗位   C. 销售类岗位   D. 文员类岗位
50. 生产岗位突发事故的频率反映的是 （   ）
   A. 劳动责任指标 B. 劳动技能指标 C. 劳动强度指标 D. 劳动环境指标

(二) 多项选择题(20题)

1. 通常情况下,岗位分析的信息来源有 （   ）
   A. 书面资料   B. 任职者的报告   C. 同事的报告
   D. 直接的观察   E. 工作日志
2. 一般而言,岗位分析的流程包括 （   ）
   A. 准备阶段   B. 信息搜集阶段   C. 执行阶段
   D. 分析和整理阶段   E. 信息反馈
3. 在岗位分析过程中常用的岗位分析方法是 （   ）
   A. 观察法   B. 问卷调查法   C. 统计法
   D. 访谈法   E. 工作日志法
4. 在岗位分析结果中,工作描述的内容有 （   ）
   A. 工作职责   B. 工作权限   C. 工作职能
   D. 工作范围   E. 工作要求
5. 工作规范的内容有 （   ）
   A. 一般要求   B. 工作规范的形成方法
   C. 特殊要求   D. 工作规范的范例   E. 工作技能

6. 在编制工作说明书的需要遵循的准则 （   ）
   A. 逻辑性　　　　　B. 准确性　　　　　C. 实用性
   D. 真实性　　　　　E. 客观性
7. 工作说明书编制一般步骤有 （   ）
   A. 工作信息的记录　　　　B. 综合处理工作信息
   C. 工作说明书的撰写　　　D. 工作说明书的公布　　　E. 实施工作调查
8. 常见的工作说明书中，一般包括下列部分 （   ）
   A. 工作名称　　　　B. 工资等级　　　　C. 工作职责
   D. 职员姓名　　　　E. 工作概要
9. 在制定工作规范内容时的特殊要求一般包括 （   ）
   A. 性别　　　　　　B. 教育程度　　　　C. 工作技能
   D. 身高　　　　　　E. 工作经验
10. 工作规范的形成方法中，统计分析法与经验判断法相比具有的优势有
    （   ）
    A. 提供非歧视的法律依据　　　B. 预测人员特点与绩效的关系
    C. 不需要人员经验　　　　　　D. 更具有说服力　　　E. 比较方便
11. 以下属于岗位评价原则的是 （   ）
    A. 针对性原则　　　B. 共识原则　　　　C. 独立原则
    D. 反馈原则　　　　E. 准确原则
12. 以下属于岗位评价作用的是 （   ）
    A. 表现岗位的量值特征　　　　B. 确定岗位的级别排列
    C. 确定薪酬分配的基础　　　　D. 确定岗位的工作内容
    E. 确定员工晋升途径的参照物
13. 在岗位评价中需要注意的方面包括 （   ）
    A. 必须坚持客观公正　　　　　B. 提高工作的透明度
    C. 必须把握重点　　　D. 不能让员工参与　　　E. 必须面面俱到
14. 岗位评价指标确定的原则有 （   ）
    A. 实用性　　　　　B. 全面性　　　　　C. 特殊性
    D. 价值性　　　　　E. 准确性
15. 评价生产岗位的五个因素包括 （   ）
    A. 劳动责任　　　　B. 劳动地位　　　　C. 劳动技能
    D. 劳动体制　　　　E. 劳动强度
16. 岗位评价包括岗位分类等十个一般步骤，以下属于一般步骤的是
    （   ）
    A. 确定岗位评价方法　　　　　B. 确定岗位评价价值

C. 成立岗位评价小组　　D. 总结工作　　E. 收集相关岗位信息

17. 岗位评价的方法有　　　　　　　　　　　　　　　　　（　　）
   A. 岗位排序法　　B. 岗位分类法　　C. 岗位分析法
   D. 要素比较法　　E. 要素分析法

18. 海氏岗位评价系统中，知识技能包括的子要素有　　　　（　　）
   A. 技术知识　　B. 行动执行　　C. 管理诀窍
   D. 人际技能　　E. 岗位职责

19. 以下属于岗位排序法不足之处的是　　　　　　　　　　（　　）
   A. 操作缺乏定量比较　　　B. 不能指明岗位价值差距
   C. 操作太复杂　　D. 主观性偏多　　E. 统计成本高

20. 在运用岗位排序法进行岗位评价时，主要的方法有　　（　　）
   A. 点数加权法　　B. 交替排序法　　C. 配对比较法
   D. 分类评价法　　E. 评分法

（三）填空题：（30题）

1. 岗位分析过程中，应该注意的首要问题是＿＿＿＿＿＿＿＿＿＿＿＿。

2. 岗位分析的流程可分为＿＿＿＿＿＿＿＿＿＿，岗位分析的执行阶段，岗位信息的分析、整理阶段，岗位分析结果的运用和修订阶段。

3. 岗位分析的信息主要来源有＿＿＿＿＿＿＿，＿＿＿＿＿＿＿，同事的报告，直接的观察。

4. 岗位分析的方法有＿＿＿＿＿＿、＿＿＿＿＿＿＿＿、＿＿＿＿＿＿、工作日志法、关键事件法、管理岗位描述问卷法。

5. 运用访谈法进行岗位分析时，通常将访谈法分为＿＿＿＿＿＿＿＿，＿＿＿＿＿＿＿＿，主管访谈。

6. ＿＿＿＿＿＿＿＿是指对工作本身的内涵和外延加以规范的描述性文件，是对有关工作职责、工作活动、工作条件等工作特性方面的信息所进行的书面描述。

7. 工作描述的内容如下：(1)＿＿＿＿＿＿＿＿＿＿＿＿；(2)工作职责；(3)工作权限；(4)工作范围；(5)工作关系；(6)业绩标准；(7)工作环境。

8. 工作规范又称＿＿＿＿＿＿＿＿＿＿＿＿＿＿＿＿，是指要胜任某项工作对任职者在教育程度等方面的总体要求，是工作说明的重要组成部分。

9. 工作规范内容中，关于工作人员的特殊要求包括教育程度、＿＿＿＿＿＿、＿＿＿＿＿＿＿等。

10. 工作规范的形成方法主要有＿＿＿＿＿＿＿＿＿和＿＿＿＿＿＿＿。

11. ＿＿＿＿＿＿＿＿＿也称为岗位说明书，是描述工作者做什么、如何做以及在何种条件下做(包括工作的物理环境和组织环境)的正式的书面文件。

12. 工作说明书的编制准则必须遵循的原则有逻辑性、准确性、_____、完整性、统一性。

13. 工作说明书编制的一般步骤有：(1)工作信息的获取；(2)综合处理工作信息；(3)_____。

14. _____是制定薪酬的基础。任何一个薪酬制度都要注意保持内部公平性和外部竞争性问题。

15. 岗位评价的目的是_____，从而为改进管理和合理确定薪酬提供依据。

16. 岗位评价的原则有：(1)评价因素统一原则；(2)评价因素无重叠原则；(3)针对性原则；(4)_____；(5)独立原则；(6)反馈原则；(7)并行原则；(8)保密原则。

17. _____是根据岗位评价的要求，将影响工作的各因素指标化后的结果。指标是指标名称和指标数值的统一。指标名称概括了事物的性质，指标数值反映了事物的数量特征。

18. 岗位评价指标确定的原则有实用性、_____、可评价性、价值性、全面性。

19. 岗位评价指标体系的五个因素分别是劳动责任、劳动技能、劳动强度、劳动心理、_____。

20. 劳动责任主要包括有质量责任、产量责任、管理责任、_____、消耗责任和看管责任。

21. 劳动强度主要包括的指标有体力劳动强度、工时利用率、劳动姿势、_____、工作班制。

22. 劳动心理主要包括的指标有择业心理、择岗心理、_____。

23. 岗位评价的一般步骤有：(1)岗位分类；(2)搜集相关岗位信息；(3)成立岗位评价小组；(4)_____；(5)确定岗位评价要素；(6)确定评价标准；(7)试点；(8)全面落实岗位评价计划；(9)撰写岗位评价报告；(10)总结工作。

24. 岗位评价的方法有：岗位排序法、_____、要素比较法、要素计点法。

25. 岗位排序法一般由两种方法交替排序法和_____。

26. 岗位排序法具有操作简单、_____等优点。

27. _____是一种量化的岗位评价方法，是在确定标杆岗位和付酬要素的基础上确定待评岗位付酬标准的方法。

28. 海氏岗位评价系统主要包括三种评价的要素，它们分别是知识技能、解决问题的能力、_____。

29. _____是一种较为系统和完善的岗位评价方法,可靠性较高,且根据评价结果可直接得到工资数额;每个要素无上下限的限制,比较灵活。

30. _____是事先建立工作等级标准,并给出明确定义,然后将各岗位工作与这一设定的标准作比较,从而将待评岗位确定到各种等级中去。

（四）名词解释

1. 岗位分析 2. 观察法 3. 问卷调查法 4. 访谈法 5. 工作日志法 6. 关键事件法 7. 管理岗位描述问卷法 8. 工作描述 9. 工作规范 10. 工作说明书 11. 岗位评价 12. 岗位评价指标 13. 岗位排序法 14. 岗位分类法 15. 要素比较法 16. 要素计点法

（五）简答题（11题）

1. 什么是岗位分析？岗位分析的主要方法有哪些？
2. 简述工作描述的定义及内容。
3. 工作规范的定义,工作规范的形成方法有哪些？
4. 工作规范的对工作人员的特殊要求有哪些？
5. 什么是工作说明书？工作说明书编制过程中一般遵循什么原则？
6. 简述企业编写工作说明书的作用。
7. 岗位评价的定义是什么？岗位评价指标体系的要素有哪些？
8. 简述岗位评价的目的、特点和原则。
9. 简述岗位评价指标的定义以及确定原则。
10. 现在常用的岗位评估指标有哪些要素？
11. 岗位评价方法有哪些？

（六）论述题（12题）

1. 根据岗位分析的不同的目的,论述不同目的所决定的其实施过程中不同的侧重点。
2. 论述岗位分析的操作流程,以及进行岗位分析的主要方法。
3. 论述工作规范的内容及其形成方法。
4. 论述工作说明书的编制步骤,并说明编制准则。
5. 论述岗位评价的原则。
6. 论述岗位评价特点
7. 论述企业进行岗位评价的作用。
8. 论述岗位评价指标确定的原则以及岗位评价指标的五个要素。
9. 岗位评价的一般操作步骤是哪些？操作中常用的方法有哪些？
10. 比较岗位排序法和岗位分类法的优缺点。

11. 分别论述岗位分类法与要素比较法的操作步骤,并说明要素比较法相比之下的评价特点。

12. 论述要素计点法的操作步骤及优缺点。

【本章参考答案】

(一) 单项选择题(50题)

1-5　AABAD　6-10　BCADA　11-15　BDCBB　16-20　DCBCB　21-25　DABDB　26-30　ACABD　31-35　AADAA　36-40　ACCBC　41-45　CBDDC　46-50　AACDB(题中知识点在教材中的页码分别为:116、116、117、118、119、120、119、119、123、123、123、124、125、125、126、127、126、127、128、130、131、132、135、136、140、137、141、141、148、150、123、125、128、135、144、143、145、137、140、134、150、154、148、148、154、144、146、118、127、142)

(二) 多项选择题(20题)

1. ABCD　2. ABCD　3. ABDE　4. ABD　5. ACE　6. ABC　7. ABCE　8. ABCE　9. BCE　10. AD　11. ABCD　12. ABCE　13. ABC　14. ABD　15. ACE　16. ACDE　17. ABD　18. ACD　19. AD　20. BC(题中知识点在教材中的页码分别为:117、118、119、124、127、132、132、133、128、129、136、137、138、140、141、143、144、154、146、144)

(三) 填空题:(30题)

1. 明确岗位分析的目的　2. 岗位分析的准备阶段　3. 书面资料、任职者报告　4. 观察法、问卷调查法、访谈法　5. 个人访谈、群体访谈　6. 工作描述　7. 工作标志与工作概要　8. 岗位规范或任职资格　9. 工作经验、工作技能　10. 经验判断法、统计分析法　11. 工作说明书　12. 实用性　13. 工作说明书的撰写　14. 岗位评价　15. 发现和确认组织的岗位结构　16. 共识原则　17. 岗位评价指标　18. 普遍性　19. 劳动环境　20. 安全责任　21. 劳动紧张度　22. 岗位心理　23. 确定岗位评价方法　24. 岗位分类法　25. 配对比较法　26. 统计方便　27. 要素比较法　28. 岗位责任　29. 要素比较法　30. 岗位分类法(题中知识点在教材中的页码分别为:116、117、116、119-124、120、124、124、127、128、128、130、131、132、134、135、136、139、140、141-142、141、142、142、143、144、144-150、144、148、154、150、146、144)

(四) 名词解释

1. 岗位分析是指企业对各类岗位应具备的资格条件所进行的系统调查、分析与研究,并由此制定岗位规范、工作说明书等人力资源管理文件的过程。

2. 观察法是指由岗位分析者通过对任职者现场工作直接或间接的观察、记录,了解任职者工作内容,收集有关工作信息的方法。

3. 问卷调查法是通过让任职者或相关人员填写问卷收集岗位分析所需信息的方法。

4. 指工作分析人员就某项具体工作与从事该项工作的个人、团队、其上级主管或过去的在岗人员就工作内容与要求进行交流讨论。访谈法的种类有:个人访谈、群体访谈和主管访谈。

5. 让员工以工作日志的方式记录每天的工作活动,作为工作分析的资料。

6. 是分析人员、管理人员、任职者,将工作过程中的关键事件详细地加以记录,在大量搜集信息后,对职位的特征和要求进行分析研究的方法。

7. 管理岗位描述问卷法是一种以工作为中心的岗位分析方法,它将工作科学合理分解为多个基本领域并提供了一种可以量化评价的分数顺序或顺序轮廓。

8. 工作描述是指对工作本身的内涵和外延加以规范的描述性文件,是对有关工作职责、工作活动、工作条件等工作特性方面的信息所进行的书面描述。

9. 工作规范又称岗位规范或任职资格,是指要胜任某项工作对任职者在教育程度等方面的总体要求,是工作说明的重要组成部分。

10. 工作说明书也称为岗位说明书,是描述工作者做什么、如何做以及在何种条件下做(包括工作的物理环境和组织环境)的正式的书面文件。

11. 岗位评价是指在岗位分析的基础上,采用一定的方法对企业中各种岗位的相对价值做出评定,并以此作为薪酬分配的重要依据,用于解决薪酬公平性问题的一项人力资源管理技术。

12. 岗位评价指标是根据岗位评价的要求,将影响工作的各因素指标化后的结果。指标是指标名称和指标数值的统一。指标名称概括了事物的性质,指标数值反映了事物的数量特征。

13. 岗位排序法是由岗位评价人员,根据其对企业各项工作的经验人士和主观判断,对各岗位的相对价值大小进行整体比较,并由高到低进行排序。岗位排序法分为交替排序法和配对比较法。

14. 岗位分类法是事先建立工作等级标准,并给出明确定义,然后将各岗位工作与这一设定的标准进行比较,从而将待评岗位确定到各种等级中去。

15. 要素比较法是一种量化的岗位评价方法,是在确定标杆岗位和付酬要素的基础上,运用标杆岗位和付酬要素制成的要素比较尺度表,将待评岗位付酬要素与标杆岗位进行比较,从而确定待评岗位的付酬标准。

16. 要素计点法又称点数加权法、点数法,是先选定若干关键性评价要素,并确定各要素的权数,对每个要素分成若干不同的等级;然后给各个要素的各等级赋予一定的分值,这个分值又称为点数,最后按照要素对岗位进行评价,算出每个岗位的加权总点数,便可得到岗位相对价值。

（五）简答题

1. 参见本章考点1、3。

2. 参见本章考点4、5。

3. 参见本章考点6、8。

4. 工作规范的特殊要求有:①教育程度;②工作经验;③工作技能;④职业道德;⑤能力要求;⑥生理和心理素质。

5. 参见本章考点9、11。

6. 参见本章考点10。

7. 参见本章考点13、21。

8. 参见本章考点14、15、16。

9. 参见本章考点19、20。

10. 参见本章考点21。

11. 参见本章考点23。

（六）论述题

1. 岗位分析的不同目的决定了其实施过程中不同的侧重点。①为一个新成立组织建立岗位体系,岗位分析侧重确立组织中的岗位体系,为每个岗位建立清晰的岗位职责、权限和在组织中的工作关系;②为空缺的岗位招聘员工,岗位分析侧重该岗位的工作职责以及对任职者的要求;③为了确定绩效考核的标准,岗位分析侧重衡量每一项工作任务的标准,澄清任职者完成每一项工作任务的时间、质量、数量等方面的标准;④为了确定薪酬体系,岗位分析侧重通过编写工作说明书确定每一岗位的工作职责,继而采用一些量化方法对岗位进行价值评估,确定每一岗位在企业中的相对价值;⑤为了培训和开发,岗位分析侧重衡量每一项工作的职责以及履行这一职责的员工所需的专业知识和素质能力。

2. 参见本章考点2、3。

3. 工作规范主要包括对工作人员的一般要求和特殊要求。其中特殊要求的内容如下:①教育程度。根据本岗位工作的知识含量,确定本岗位的最低学历要求,教育程度。②工作经验。工作经验包括从事本职工作和其他相关工作的年限和经验。③工作技能。包括专业技能和其他技能。④职业道德。从职人员除了必须遵循法鲁和具有一般公德外,还应具有职业所需要的职业品德。⑤能力要求。如理解判断力、组织协调能力、开拓能力、业务实施能力等。⑥生理和心理素质。包括视觉听觉等各种感觉、知觉能力等。

工作规范的形成方法参见本章考点 8。

4. 参见本章考点 12、11。
5. 参见本章考点 16。
6. 参见本章考点 15。
7. 参见本章考点 17。
8. 参见本章考点 20、21。
9. 参见本章考点 22、23。
10. 参见本章考点 25、28。
11. 参见本章考点 27、30、31。
12. 参见本章考点 33、34。

第五章 薪酬调查

第一节 薪酬调查概述

一、自学要求和考核内容

1. 自学要求

通过本节学习,要求考生能够掌握薪酬调查的含义、目的和意义。

2. 考核内容

本节要求考生识记的内容主要包括:(1)薪酬调查的概念;(2)薪酬调查的主体、客体和对象。

本节要求考生领会的内容是:薪酬调查的目的和意义。

二、重要知识点

☆**考点1:薪酬调查的概念**

薪酬调查就是应用各种合法手段采集、分析竞争对手所支付的薪酬水平,并在此基础上,结合企业自身的战略目标和经营绩效,确定企业薪酬水平的市场定位。简单来说,就是通过正当途径,获取企业外部组织或个人相关薪酬信息的过程。

【历年真题】 (201010)名词解释:薪酬调查

【参考答案】 薪酬调查就是通过正当途径,获取企业外部组织或个人相关薪酬信息的过程。

☆**考点2:薪酬调查的主体、客体和对象**

1. 薪酬调查的主体:

(1)国家行业主管部门。如美国劳工统计局,每年都要进行全国薪酬调查,主要包括三大调查项目:就业成本指数(ECI)调查、员工福利调查和岗位薪酬调查。行业主管部门进行薪酬调查的目的是为社会提供薪酬成本指数和有关薪酬的其他数据,发挥行业宏观指导功能。

(2)社会专业咨询调查机构。如目前国外的专业咨询机构主要有美国商会、华信惠悦、德勤事务所、美世顾问、翰威特等。

（3）企业自身开展或者聘请专业的咨询调查机构帮助其开展调查,以了解行业和竞争对手薪酬水平,为本企业制定薪酬方案提供参考。

2. 薪酬调查的客体：

薪酬调查的客体是薪酬。薪酬的主要特征是秘密性,它对于企业而言是机密,对于个人而言是隐私,这就加大了薪酬调查的复杂性和难度。

3. 薪酬调查的对象：

（1）区域上的相关环境。区域上的相关环境是指同一地区。

（2）业务上的相关环境。业务上的相关环境是指同一行业。

（3）目标市场的相关环境。目标市场的相关环境是指竞争对手。

（4）针对不同层次岗位设定不同的相关环境。对于普通岗位,人才的竞争可能在本地区本行业展开;高级岗位或者关键性人才可能要在全国或国际环境展开。

☆☆**考点3：薪酬调查的目的和意义**

一般来说,企业薪酬调查的目的和意义体现在以下几个方面：

（1）为调整薪酬水平提供依据。在市场竞争条件下,大多数企业都会定期调整自己的薪酬水平,而调整依据就需要由薪酬调查来提供。

（2）为优化薪酬结构奠定基础。薪酬结构主要指不同岗位、不同技能之间薪酬水平的对比关系。

（3）整合薪酬要素。以往的薪酬调查大多集中于基本薪酬,但随着全面薪酬战略的应用,薪酬调查更加关注与全面薪酬相关的调查。

（4）充分了解薪酬趋势。企业借助薪酬调查了解其他企业某些新型的薪酬管理实践的应用情况,最新发展及变化趋势,从而及时调整自身薪酬策略。

（5）控制劳动力成本。维护企业形象,通过薪酬市场调查确定本企业劳动力成本与它的竞争对手之间的区别,从而寻求降低人工成本的途径。

【历年真题】 （201101）简答题：

简述企业进行薪酬调查的主要目的。

【参考答案】 （1）为调整薪酬水平提供依据;（2）为优化薪酬结构奠定基础;（3）整合薪酬要素;（4）充分了解薪酬趋势;（5）控制劳动力成本。

第二节　薪酬调查的种类和内容

一、自学要求和考核内容

1. 自学要求

通过本节的学习，要求考生了解薪酬调查的种类，薪酬满意和薪酬满意度的概念，理解影响薪酬满意度的因素、薪酬满意度调查的功能、薪酬满意度调查的要点以及薪酬调查的原则，要求考生重点掌握薪酬满意度调查的主要步骤、提高薪酬满意度的方法以及薪酬调查的内容。

2. 考核内容

本节要求考生识记的内容主要包括：(1)薪酬调查的种类；(2)薪酬满意和薪酬满意度的概念。

本节要求考生领会的内容主要包括：(1)影响薪酬满意度的因素；(2)薪酬满意度调查的功能；(3)薪酬调查的要点；(4)薪酬调查的原则。

本节要求考生简单应用的内容包括：(1)薪酬满意度调查的主要步骤；(2)提高薪酬满意度的方法；(3)薪酬调查的内容。

二、重要知识点

☆**考点 4：薪酬调查的种类**

薪酬调查按照不同的分类依据可以有不同的分类：

(1) 薪酬调查按照方式的不同。一般可分为正式薪酬调查和非正式薪酬调查。正式薪酬调查，主体一般为专业调查机构，收集相关资料采用调查问卷和实地访谈等方式；而非正式薪酬调查主要是通过企业电话问询、报纸招聘信息等非正式手段获取。

(2) 按照主体的不同。可以分为政府部门的薪酬调查、专业薪酬调查公司的薪酬调查、人才服务机构的薪酬调查和企业薪酬调查。

政府部门的薪酬调查是出于宏观经济管理的考虑，由国家有关部门各级地方劳动保障部门和统计部门进行调查，在此基础上制定相关政策。

专业薪酬公司调查手段较为先进，调查的透明度低，收费高昂。

人才服务机构调查随意性较强，取样不科学，对数据真实性无法保证。

企业薪酬调查设计合适的问卷非常关键，符合企业自身的情况。

(3) 按照内容不同。可以分为薪酬市场调查和薪酬满意度调查等。

☆**考点 5：薪酬满意和薪酬满意度的概念**

（1）薪酬满意是指一个员工获得组织回报的经济性报酬和非经济性报酬与他的期望值相比较所形成的感觉状态。

（2）薪酬满意度即员工获得企业经济性报酬和非经济性报酬的实际感受与期望值比较的程度。薪酬满意度＝获得经济性报酬和非经济性报酬的实际感受／期望值。

【历年真题】（201310）名词解释：
薪酬满意度
【参考答案】 薪酬满意度即员工获得企业经济性报酬和非经济性报酬的实际感受与期望值比较的程度。

☆☆**考点 6：影响薪酬满意度的因素**

员工薪酬满意度的影响因素主要是怎样处理好三个公平即外部公平、内部公平和个人公平的问题。

（1）外部公平，外部公平是指企业员工所获得的劳动报酬与劳动力市场价格水平相比较或者与同等行业、同等岗位的薪酬相比是否感到公平。

（2）内部公平，内部公平是指企业内部依照员工所从事工作的相对价值来支付报酬。

（3）个人公平，个人公平是指员工个人对自己的资历、能力和对企业所做贡献的评价。

【历年真题】（201310）单项选择题：
企业员工所获得的劳动报酬要与劳动力市场价格水平相当。这属于公平中的（　　）
A. 外部公平　　B. 内部公平　　C. 个人公平　　D. 相对公平
【参考答案】 A

【历年真题】（201210）单项选择题：
管理者在制定薪酬政策时，在企业内部依照员工所从事工作的相对价值来支付报酬属于公平中的（　　）
A. 个人公平　　B. 外部公平　　C. 内部公平　　D. 相对公平
【参考答案】 B

☆☆**考点 7：薪酬满意度调查的功能**

（1）了解员工对于薪酬的期望。了解员工对于薪酬水平、薪酬结构、薪酬的决定因素、薪酬的调整及发放的看法和意见，了解员工对企业薪酬管理的评价及期望，了解员工最关注什么。

（2）诊断企业潜在的问题。如果企业通过对员工薪酬满意度调查，发现员工对薪酬满意度下降的趋势，就应及时找出原因并采取措施。

(3) 找出本阶段出现的主要问题及其原因。通过薪酬满意度调查,确定企业本阶段出现问题的原因是否与薪酬有关,从而及时调整策略。

(4) 评估组织变化和企业政策对员工影响。薪酬满意度调查能够有效评价组织薪酬调整前后带来的变化,从而确定调整效果。

(5) 促进公司与员工之间的沟通和交流。薪酬满意度调查给予员工沟通自主权,起到信息上下沟通的作用。

(6) 增强企业凝聚力。薪酬满意度调查有利于员工在民主管理的基础上树立群体意识,培养员工对企业的认同感、归属感,增强员工对组织和集体的向心力和凝聚力。

☆☆☆**考点8:薪酬满意度调查的主要步骤**

企业如何实施薪酬满意度调查?其主要步骤如下:

(1) 确定如何进行薪酬满意度调查。确定是由企业人力资源部门完成还是由其他部门完成。

(2) 确定调查任务。确定调查的主要内容、技术手段和测量目标。

(3) 制定调查方案。设计调查提纲,确定调查指标,列出调查问题,确定调整范围,选取调查对象,提出调查方法,决定是进行普查还是抽样调查。

(4) 实施调查及收集调查资料。实施调查过程,完成问卷回收并且确保调查问卷的数量和质量。

(5) 处理调查结果。整理调查资料、检验、归类、统计,形成调查报告。

(6) 分析调查信息。就发现的问题提出改革、纠正的具体措施。

(7) 对措施的实施进行跟踪调查。

☆☆☆**考点9:提高薪酬满意度的方法**

提高员工薪酬满意度最终要解决的就是公平问题。主要有以下方法:

(1) 提高管理者的认识。管理者要对员工薪酬满意度加以重视,通过薪酬满意度调查了解员工的实际需要,为企业制定人力资源管理政策提供依据。

(2) 进行岗位评价,了解岗位相对价值。利用岗位评价,评估出各岗位的相对价值,并根据岗位相对价值和对企业的贡献度,划分出职位等级,确定各岗位之间的相对工资率和工资等级。

(3) 建立有效的沟通机制。员工薪酬满意度是员工的主观感受,要解决这一问题,可以通过加强管理者和员工沟通交流的方式,增强员工与管理者之间的相互信任。

(4) 通过薪酬市场调查,确定企业合理的薪酬水平。薪酬市场调查是解决薪酬外部不公平的有效手段。

(5) 设计合理的薪酬体系。企业提高薪酬满意度必须设计合理的薪酬体系和相应的配套制度。

【历年真题】(201310)单项选择题:
提高员工的薪酬满意度,最重要解决的问题是( )
A. 效率　　B. 公平　　C. 公平与效率　　D. 竞争力
【参考答案】 B

☆☆**考点10:薪酬调查的内容**
薪酬调查的内容应该包括两个方面:一是外部信息。这是指相同地区和行业,相似性质、规模的企业的薪酬水平、薪酬结构、薪酬价值取向等。外部信息主要是通过薪酬调查获得的,它能够使企业在制定和调整薪酬方案时,有可以参考的资料。二是内部信息。这是指员工满意度调查和员工合理化建议。

满意度调查的重点不在于了解有多少员工对薪酬是满意的,而是在于了解员工对薪酬管理的不满和建议究竟在哪些方面。

☆☆**考点11:薪酬调查的要点**
(1)薪酬调查的可比性。对于薪酬调查来说,重要的是岗位的可比性,即针对岗位的调查是否具有统一的标准,是否是不同企业中工作性质和难度相同的类似岗位。

(2)薪酬调查的完备性。薪酬调查不能仅仅停留在薪酬水平调查层面上,还要对薪酬比例乃至整个薪酬体系,包括培训、福利等多个方面做全面调研分析。

(3)薪酬调查的同步性。薪酬市场调查的对象对于企业而言永远都是滞后的,因此高质量的薪酬调查会对调查得出的薪酬状况做整体分析,确定未来薪酬市场的发展趋势,从而保证同步性。

☆☆**考点12:薪酬调查的原则**
(1)被调查者认可原则。在进行薪酬调查时应该本着双方相互交流的精神,协商调查事宜,在被调查企业自愿的情况下取得薪酬数据。

(2)准确性原则。由于很多企业对自身的薪酬情况都守口如瓶,因此获得的薪酬信息准确性可能较差,要进行筛选,选择对自己有用的信息,保证准确性。

(3)更新原则。企业薪酬水平会随着企业的效益和市场中人力资源的供求状况而变化,所以薪酬调查的资料要注意随时更新,不能一直沿用。

【历年真题】(201310)多项选择题:
薪酬调查的原则有( )
A. 被调查者认可的原则　　B. 保密性原则　　C. 准确性原则
D. 更新原则　　E. 连续性原则
【参考答案】 ACD

第三节　薪酬调查的步骤

一、自学要求和考核内容

1. 自学要求

通过本节的学习,要求考生重点掌握薪酬调查的步骤

2. 考核内容

本节要求考生领会的内容主要包括:(1)确定薪酬调查的范围;(2)薪酬调查的方式;(3)薪酬调查应注意的事项。

本节要求考生综合应用的内容是:薪酬调查的步骤。

二、重要知识点

☆☆**考点13:确定薪酬调查的范围**

(1)确定调查的企业。在选择要调查的企业时,应本着与本企业薪酬管理有可比性的原则,选择其雇佣劳动力与本企业具有可比性的企业。

(2)确定调查的岗位。选择工作责权、重要程度、复杂程度与本企业需要调查的岗位具有可比性的岗位。

(3)确定调查的数据。薪酬调查的数据要全面,要调查薪酬结构的所有项目。

(4)确定调查的时间段。主要明确收集薪酬数据的开始和截止时间。

☆☆**考点14:薪酬调查的方式**

(1)企业之间相互调查。企业之间相互调查是指通过不同企业及其员工之间的联系进行薪酬调查。

(2)委托调查。委托调查是指委托商业性、专业性的咨询公司进行调查。

(3)收集社会公开信息。公开的信息是指政府公布的信息,有关的行业协会、专业学会或学术团体提供的数据以及报纸、杂质、网络上的统计数据等。

(4)问卷调查。

(5)访谈法。包括当面访谈法、电话访谈法。

☆**考点15:薪酬调查数据在处理时的注意点**

(1)统计口径一致;(2)确保数据真实性;(3)去掉重复数据;(4)去掉年龄明显不合理数据;(5)去掉偏离市场主体薪酬福利数值较远的数据;(6)利用计算机对数据进行处理。

☆**考点16:薪酬调查数据统计分析的方法**

薪酬数据的统计分析方法一般包括:频度分析、频率分析、中心趋势分析、

离散程度分析以及回归分析。

【历年真题】（201310）单项选择题：
在薪酬数据的统计分析方法中，最简单也是最直观的分析方法是（　　）
A. 回归分析　　　B. 频率分析　　　C. 离散程度分析　D. 频度分析
【参考答案】 D

☆☆**考点17：薪酬调查应注意的事项**
（1）企业何时需要进行薪酬调查；（2）对岗位的描述是否清楚；（3）岗位层次是否清晰；（4）调查数据是否最新；（5）哪些企业参与了薪酬调查；（6）是否报告了数据处理方式；（7）每年参加调查的对象是否一致。

☆☆☆**考点18：薪酬调查的步骤**
（1）确定调查目的；（2）确定调查范围和对象；（3）选择调查方式；（4）薪酬调查数据的统计分析；（5）提交薪酬调查分析报告。结合教材要点展开论述。

第四节　薪酬调查报告

一、自学要求和考核内容

1. 自学要求
通过本节学习，要求考生能够撰写薪酬调查报告和使用薪酬调查报告。

2. 考核内容
本节要求考生识记的内容是：薪酬调查报告的概念。
本节要求考生领会的内容包括：（1）薪酬调查报告的内容；（2）薪酬调查报告的使用（用途）。

二、重要知识点

☆**考点19：薪酬调查报告的概念**
薪酬调查报告是薪酬调查机构根据薪酬调查的目的，采用各种方法收集相关数据资料，并对其进行有针对性的分析得出结果后，最终形成的文件。

☆☆**考点20：薪酬调查报告的内容**
薪酬调查报告的内容一般分为两个部分：
（1）资料概述。包括调查的背景、调查对象的资料、调查开展大体过程、调查岗位评述等。
（2）薪酬统计资料。包括一些数据表格、结构图、趋势图，主要通过最低薪酬额、最高薪酬额、频率、中位数、均数、众数等数据表现出来。

☆☆**考点21：薪酬调查报告的使用（用途）**

薪酬调查报告的使用一般有如下几个方面的用途：

（1）薪酬战略的制定。薪酬调查报告能够比较直观地显示出企业所处的内外部环境，以及企业与其竞争对手，甚至与整个劳动力市场的薪酬水平、薪酬结构之间的差异等，为企业的薪酬战略制定提供了依据。

（2）薪酬结构的调整。通过比较薪酬调查报告内容所反映的薪酬结构，企业可以确定和调整薪酬等级、极差，调整薪酬结构的类型，贯彻内部公平性原则，实现实物薪酬和精神薪酬、固定薪酬和浮动薪酬、短期薪酬和长期薪酬的结合。

（3）计算薪酬总额标准。企业在确定薪酬总额标准时，可以参照薪酬调查报告中当前本地区同类型、同行业企业的有关指标，从而确定出一个合理而明智的薪酬总额标准。

（4）制定薪酬政策。薪酬调查报告可以清楚地显示本地区不同性质的企业，不同行业的企业所执行的薪酬政策，为企业薪酬政策的制定提供参考依据。

（5）年度工资调整。适当的薪酬调查能够为企业的年度工资调整提供依据。

三、同步练习题

（一）单项选择题

1. 薪酬调查中实施难度大、成本高，数据可靠性会受到调查者水平的影响的方法是　　　　　　　　　　　　　　　　　　　　　　　　（　　）

　　A. 文案调查法　　B. 访谈法　　C. 问卷调查法　　D. 德尔菲法

2. 薪酬结构设计的基础是　　　　　　　　　　　　　　　　　（　　）

　　A. 岗位分析　　B. 岗位描述　　C. 岗位评价　　D. 岗位总结

3. 美国劳工局的薪酬调查所指的工资是指直接的工作收入，不包括（　　）

　　A. 计件工资　　B. 加班工资　　C. 计时工资　　D. 风险收入

4. 20%~25%的企业收集薪酬调查数据是通过　　　　　　　　（　　）

　　A. 问卷调查　　B. 电话访谈　　C. 实地访谈　　D. 委托调查

5. 在通常情况下，薪酬调查所涉及的内部信息包括　　　　　　（　　）

　　A. 相同规模企业的薪酬水平　　B. 相似性质企业的薪酬结构
　　C. 员工合理化建议　　　　　　D. 相同行业企业的薪酬价值取向

6. 以下机构不属于薪酬调查主体的是　　　　　　　　　　　　（　　）

　　A. 美国劳动统计局　　　　　　B. 美国商会

C. 企业自身人力资源部门　　　D. 个人调查

7. 在美国就业成本指数调查（ECI）中，作为该薪酬调查主体属于　　（　　）
   A. 国家行业主管部门　　　B. 社会专业咨询调查机构
   C. 企业自身开展　　　　　D. 委托调查

8. 美国商会属于薪酬调查主体中的哪类　　　　　　　　　　　　（　　）
   A. 国家行业主管部门　　　B. 社会专业咨询调查机构
   C. 企业自身开展　　　　　D. 委托调查

9. 薪酬是薪酬调查的　　　　　　　　　　　　　　　　　　　　（　　）
   A. 主体　　B. 客体　　C. 对象　　D. 条件

10. 企业的相关环境是薪酬调查的　　　　　　　　　　　　　　　（　　）
    A. 主体　　B. 客体　　C. 对象　　D. 条件

11. 对企业岗位评价的合理性和有效性进行再次评估的一个有力手段是
    　　　　　　　　　　　　　　　　　　　　　　　　　　　　（　　）
    A. 薪酬调查　　B. 岗位分析　　C. 薪酬优化　　D. 薪酬整合

12. 区域上的相关环境是指　　　　　　　　　　　　　　　　　　（　　）
    A. 同一地区　　B. 同一行业　　C. 竞争对手　　D. 同一岗位

13. 业务上的相关环境是指　　　　　　　　　　　　　　　　　　（　　）
    A. 同一地区　　B. 同一行业　　C. 竞争对手　　D. 同一岗位

14. 目标市场的相关环境是指　　　　　　　　　　　　　　　　　（　　）
    A. 同一地区　　B. 同一行业　　C. 竞争对手　　D. 同一岗位

15. 以下不属于薪酬调查目的的是　　　　　　　　　　　　　　　（　　）
    A. 为调整薪酬水平提供依据　　　B. 充分了解薪酬趋势
    C. 控制劳动力成本　　　　　　　D. 增加员工福利

16. 按照调查方式的不同可以将薪酬调查分为　　　　　　　　　　（　　）
    A. 正式和非正式调查　　　B. 政府和非政府调查
    C. 市场和满意度调查　　　D. 直接和间接调查

17. 以下不属于薪酬调查分类依据的是　　　　　　　　　　　　　（　　）
    A. 按照方式不同　　　B. 按照主体不同
    C. 按照内容不同　　　D. 按照客体不同

18. 企业员工所获劳动报酬与劳动力市场价格水平相比是否公平属于
    　　　　　　　　　　　　　　　　　　　　　　　　　　　　（　　）
    A. 外部公平　　B. 内部公平　　C. 个人公平　　D. 职位公平

19. 企业内部依照员工所从事工作的相对价值来支付报酬属于　　　（　　）
    A. 外部公平　　B. 内部公平　　C. 个人公平　　D. 职位公平

20. 员工个人对自己的资历、能力和对企业所做贡献的评价属于　　（　　）

A．外部公平　　　B．内部公平　　　C．个人公平　　　D．职位公平

21．以下不属于影响薪酬满意度因素的是　　　　　　　　　　　　（　　）

A．外部公平　　　B．内部公平　　　C．个人公平　　　D．职位公平

22．不属于薪酬满意度调查的步骤的是　　　　　　　　　　　　　（　　）

A．确定调查任务　B．制定调查方案　C．分析调查信息　D．书写调查报告

23．确定薪酬满意度的主要内容、技术手段和测量目标属于薪酬满意度调查步骤中的　　　　　　　　　　　　　　　　　　　　　　　　　　　　（　　）

A．确定调查任务　B．制定调查方案　C．分析调查信息　D．处理调查结果

24．以下不属于薪酬调查要点的是　　　　　　　　　　　　　　　（　　）

A．可比性　　　　B．完备性　　　　C．特殊性　　　　D．同步性

25．高质量的市场调查，必须要从地域、行业、岗位等多方面去分析劳动力市场，因此薪酬调查需要具备　　　　　　　　　　　　　　　　　　（　　）

A．可比性　　　　B．完备性　　　　C．特殊性　　　　D．同步性

26．一套良好的薪酬管理体系不能仅仅停留在薪酬水平调查的层面上，而必须对薪酬比例甚至整个薪酬体系进行分析，因此薪酬调查需要具备（　　）

A．可比性　　　　B．完备性　　　　C．特殊性　　　　D．同步性

27．薪酬市场与产品市场、消费市场一样是时刻变化的，因此薪酬调查需要具备　　　　　　　　　　　　　　　　　　　　　　　　　　　　（　　）

A．可比性　　　　B．完备性　　　　C．特殊性　　　　D．同步性

28．以下不属于薪酬调查原则的是　　　　　　　　　　　　　　　（　　）

A．被调查者认可原则　　　　　　B．准确性原则
C．更新原则　　　　　　　　　　D．客观原则

29．由于薪酬数据在很多企业属于商业机密，不愿意让其他企业了解，所以薪酬调查需要遵循　　　　　　　　　　　　　　　　　　　　　　（　　）

A．被调查者认可原则　　　　　　B．准确性原则
C．更新原则　　　　　　　　　　D．客观原则

30．由于许多企业对自身的薪酬情况都守口如瓶，所以有些薪酬信息不全面，因此在进行薪酬调查需要遵循　　　　　　　　　　　　　　　　（　　）

A．被调查者认可原则　　　　　　B．准确性原则
C．更新原则　　　　　　　　　　D．客观原则

31．随着市场经济的发展和人力资源市场的完善，企业薪酬水平会不断变化，因此在进行薪酬调查需要遵循　　　　　　　　　　　　　　　　（　　）

A．被调查者认可原则　　　　　　B．准确性原则
C．更新原则　　　　　　　　　　D．客观原则

32．对行业状况的分析属于　　　　　　　　　　　　　　　　　　（　　）

A. 外部环境分析　B. 内部环境分析　C. 市场环境分析　D. 人力资源分析
33. 对竞争状态的分析属于　　　　　　　　　　　　　　　（　　）
A. 内部环境分析　B. 外部环境分析　C. 市场环境分析　D. 人力资源分析
34. 对产品市场需求的分析属于　　　　　　　　　　　　　（　　）
A. 市场环境分析　B. 人力资源分析　C. 内部环境分析　D. 外部环境分析
35. 对劳动力状况的分析属于　　　　　　　　　　　　　　（　　）
A. 市场环境分析　B. 人力资源分析　C. 外部环境分析　D. 内部环境分析
36. 对核心职能的分析属于　　　　　　　　　　　　　　　（　　）
A. 外部环境分析　B. 内部环境分析　C. 市场环境分析　D. 人力资源分析
37. 对经济承受能力的分析属于　　　　　　　　　　　　　（　　）
A. 内部环境分析　B. 外部环境分析　C. 市场环境分析　D. 人力资源分析
38. 对成本结构的分析属于　　　　　　　　　　　　　　　（　　）
A. 市场环境分析　B. 人力资源分析　C. 内部环境分析　D. 外部环境分析
39. 对现有薪酬的分析属于　　　　　　　　　　　　　　　（　　）
A. 市场环境分析　B. 人力资源分析　C. 外部环境分析　D. 内部环境分析
40. 快(时间短)、准(质量高)、全(数据全面)的薪酬调查方式是　（　　）
A. 问卷调查　　　　　　　　B. 委托调查
C. 访谈法　　　　　　　　　D. 收集社会公开信息
41. 侧重于对宏观信息的把握和参考所用的薪酬调查方式是　（　　）
A. 问卷调查　　　　　　　　B. 委托调查
C. 访谈法　　　　　　　　　D. 收集社会公开信息
42. 可以短时间内获得大量并且保密性较强的薪酬调查方式是（　　）
A. 问卷调查　　　　　　　　B. 委托调查
C. 当面访谈法　　　　　　　D. 收集社会公开信息
43. 生产发展正常、经济效益增长的企业适用的工资增长建议是（　　）
A. 工资增长上限　　　　　　B. 工资负增长
C. 工资增长基准线　　　　　D. 工资增长预警线
44. 最简单最直观的数据分析方法是　　　　　　　　　　　（　　）
A. 频率分析　B. 频度分析　C. 离散程度分析　D. 回归分析
45. 在被调查企业没有给出准确的薪酬水平数据时一般采用的数据分析方法是　　　　　　　　　　　　　　　　　　　　　　　（　　）
A. 频率分析　B. 频度分析　C. 离散程度分析　D. 回归分析
46. 对薪酬水平的发展趋势进行预测时采用的数据分析方法是（　　）
A. 频率分析　B. 频度分析　C. 离散程度分析　D. 回归分析
47. 只需要显示当前市场平均薪酬水平大致情况时,一般采用的数据分析

方法是 （ ）
A. 频率分析　　B. 频度分析　　C. 中心趋势分析　D. 回归分析

48. 以下属于薪酬调查报告中资料概述部分的是 （ ）
A. 调查的背景　B. 数据表格　　C. 结构图　　　D. 趋势图

49. 以下属于薪酬调查报告中薪酬统计资料部分的是 （ ）
A. 调查的背景　　　　　　　B. 调查对象的资料
C. 结构图　　　　　　　　　D. 调查岗位评述

50. 薪酬满意度是员工获得企业经济性报酬和非经济性报酬的实际感受
 （ ）
A. 与其工作价值比较的结果　B. 与其期望值比较的程度
C. 与其劳动付出比较的结果　D. 与其效价比较的程度

(二) 多项选择题

1. 在通常情况下，薪酬调查所涉及的薪酬信息包括 （ ）
A. 基本薪酬　　　B. 长期激励　　　C. 休假和各种福利
D. 员工流动率　　E. 薪酬计划等方面的信息

2. 下列关于薪酬满意度正确的说法是 （ ）
A. 薪酬满意度是员工对其劳动所得的所有报酬的一种态度
B. 薪酬满意度是人力资源价格给员工造成的心理态度
C. 薪酬满意度是企业对人力资源要素的回报是否符合员工心理的期望值
D. 企业薪酬激励的目的在于提高员工的薪酬满意度
E. 薪酬满意度是为了确保企业在劳动力市场上的竞争优势

3. 薪酬调查数据的统计分析方法一般包括以下哪几种 （ ）
A. 频度分析　　　B. 趋中趋势分析　　C. 离散分析
D. 相关分析　　　E. 回归分析

4. 以下属于薪酬调查的主体的是 （ ）
A. 国家行业主管部门　　　　B. 社会专业咨询调查机构
C. 企业自身开展　　D. 被委托机构　　E. 个人调查

5. 薪酬调查的对象是企业相关环境，相关环境包括 （ ）
A. 区域上的相关环境　　　　B. 岗位的相关环境
C. 目标市场的相关环境　D. 业务上的相关环境　E. 工作的相关环境

6. 薪酬调查的目的是 （ ）
A. 为调整薪酬水平提供依据　B. 充分了解薪酬趋势
C. 控制劳动力成本　　D. 维护企业形象　　E. 增加成本

7. 影响薪酬满意度的因素是 （ ）

A. 职位公平　　　　B. 内部公平　　　　C. 个人公平
D. 外部公平　　　　E. 外部竞争性

8. 按照薪酬调查主体的不同可以分为　　　　　　　　　　（　　）
A. 政府部门的薪酬调查　　B. 人才服务机构的薪酬调查
C. 个人的薪酬调查　　　　D. 企业薪酬调查　　E. 薪酬市场调查

9. 以下属于薪酬调查的外部信息是　　　　　　　　　　（　　）
A. 相同地区企业的薪酬构架　　B. 相同地区企业的薪酬结构
C. 员工合理化建议　　　　　　D. 员工满意度
E. 相同规模企业的薪酬策略

10. 薪酬的市场调查要弄清楚如下问题　　　　　　　　　（　　）
A. 了解竞争对手给其员工的薪酬是多少
B. 针对竞争对手的薪酬水平来设计本企业的薪酬标准
C. 了解员工的合理化建议　　　D. 清楚员工的薪酬满意度
E. 调查相同规模企业薪酬策略

11. 薪酬调查主要确定的范围有　　　　　　　　　　　　（　　）
A. 确定调查的企业　　　　B. 确定调查的人员
C. 确定调查的数据　　　　D. 确定调查的岗位
E. 确定调查的时间段

12. 薪酬调查时,收集社会公开信息的渠道有　　　　　　（　　）
A. 政府公布的信息　　　　B. 有关的行业协会提供的数据
C. 学术团体提供的数据　　D. 问卷调查收集的数据
E. 报纸、杂志

13. 以下属于访谈法缺点的是　　　　　　　　　　　　　（　　）
A. 实施难度大　　　B. 数据可靠性差　　　C. 成本高
D. 回应率低　　　　E. 数据可靠

14. 以下薪酬调查方法对于大量的、复杂的岗位不可行的有　（　　）
A. 企业之间相互调查　B. 收集社会公开信息　C. 问卷调查
D. 访谈法　　　　　　E. 委托调查

15. 以下数据分析方法属于中心趋势分析的是　　　　　　（　　）
A. 算数平均数　　　B. 标准差分析　　　C. 百分位分析
D. 中值法　　　　　E. 百分位分析

16. 企业计算薪酬总额的主要依据是　　　　　　　　　　（　　）
A. 本企业的支付能力　　　　B. 员工的基本生活需要
C. 现行的市场行情　　　　　D. 企业的盈利能力
E. 企业的生产经营状况

17. 以下属于数据统计分析方法的是 （   ）
    A. 频度分析　　　　　B. 频率分析　　　　　C. 回归分析
    D. 制图分析　　　　　E. 中心趋势分析
18. 以下属于薪酬调查报告中资料概述部分的是 （   ）
    A. 调查对象的资料　　B. 调查趋势图　　　　C. 调查岗位评述
    D. 最高最低薪酬额　　E. 调查开展过程
19. 以下属于薪酬调查报告中薪酬统计资料部分的是 （   ）
    A. 调查对象的资料　　B. 调查趋势图　　　　C. 调查岗位评述
    D. 最高最低薪酬额　　E. 调查开展过程
20. 以下属于薪酬调查报告用途的是 （   ）
    A. 薪酬战略的制定　　B. 薪酬结构的调整　　C. 制定薪酬政策
    D. 年度工资调整　　　E. 计算薪酬总额标准

（三）填空题

1. _____，就是指应用各种合法手段采集．分析竞争对手所支付的薪酬水平，并在此基础上结合企业自身情况，确定企业薪酬水平的市场定位。

2. 一般情况下，进行薪酬调查的主体有三类，第一类是国家行业主管部门；第二类是社会专业咨询调查机构；第三类是_____。

3. 薪酬调查的客体是_____。薪酬的主要特征是秘密性。

4. 薪酬调查的对象是_____。

5. 薪酬调查按照方式的不同一般可分为正式薪酬调查和_____。

6. 薪酬调查按照主体的不同，可以分为_____、专业薪酬调查公司的薪酬调查、人才服务机构的薪酬调查和企业薪酬调查。

7. 一般来说，薪酬调查按照内容不同可以分为薪酬市场调查和_____。

8. _____是指一个员工获得组织回报的经济性报酬和非经济性报酬与他的期望值相比较所形成的感觉状态。

9. _____即员工获得企业经济性报酬和非经济性报酬的实际感受与期望值比较的程度。

10. 薪酬满意度的一般性公式是：_____。

11. 影响薪酬满意度的因素有：(1)外部公平；(2)内部公平；(3)_____。

12. _____是指企业员工所获得的劳动报酬与劳动力市场价格水平相比较或者与同等行业、同等岗位的薪酬相比较是否感到公平。

13. _____是指在企业内部依照员工所从事工作的相对价值来支付报酬。

14. _____是指员工个人对自己的资历、能力和对企业所做出贡献的评价。

15. 薪酬调查的要点在于：(1)薪酬调查的可比性；(2)薪酬调查的完备性；(3)_____。

16. 薪酬调查遵循的原则有：(1)_____；(2)准确性原则；(3)更新原则。

17. 薪酬调查的范围包括：(1)确定调查的企业；(2)_____；(3)确定调查的数据；(4)确定调查的时间段。

18. 薪酬调查的方式有：(1)企业之间相互调查；(2)委托调查；(3)_____；(4)问卷调查；(5)访谈法。

19. _____是薪酬调查机构根据薪酬调查目的，采用各种方法收集相关数据资料，并对其进行有针对性的分析得出结果后，所形成的文件。

20. _____是指通过不同企业及员工之间的联系进行薪酬调查。

21. _____是指委托商业性、专业性的咨询公司调查。

22. 访谈法是收集数据较好的方法，一般包括：当面访谈法和_____。

23. 薪酬调查报告主要包括两部分：资料概述和_____。

24. 薪酬调查报告一般分为_____和_____。

25. _____是收集数据较好的方法，相比其他调查方法而言获得数据更可靠。

26. _____的方法主要有：标准差分析和四分位、百分位分析。

27. 正式调查的主体一般是_____，收集相关资料主要采取问卷调查和实地访谈等方式。

28. _____主要通过企业电话询问、报纸招聘信息、非正式交流等手段获取信息。

29. 在薪酬满意度调查的设计中，一般将整理调查资料、检验、归类、统计，形成调查结果图表、文字总体评价，提供综合调查报告的步骤称为：_____。

30. _____是解决薪酬外部不公平的有效手段。

（四）名词解释

1. 薪酬调查　2. 薪酬满意　3. 薪酬满意度　4. 外部公平　5. 内部公平

6. 个人公平　7. 薪酬调查报告

(五) 简答题

1. 什么叫薪酬调查? 薪酬调查的目的及意义何在?
2. 薪酬调查的主体、客体和对象分别是什么?
3. 薪酬调查如何分类? 具体的分类依据是什么?
4. 影响薪酬满意度的因素是什么?
5. 薪酬满意度调查如何进行? 企业又为何要进行薪酬满意度调查?
6. 简述企业提高薪酬满意度的方法有哪些。
7. 薪酬调查的数据分析方法有哪些?
8. 薪酬调查的要点和内容是什么? 薪酬调查的原则是什么?
9. 薪酬调查的范围一般包括哪些?
10. 薪酬调查一般采取的调查方式有哪些?
11. 如何完成薪酬调查? 需要注意哪些事项?
12. 什么是薪酬调查报告? 有哪些内容?
13. 企业对薪酬调查报告如何使用?
14. 企业如何进行薪酬调查?
15. 薪酬调查应遵循的原则有哪些?

(六) 论述题

1. 论述薪酬满意度调查的主要步骤。
2. 试述提高薪酬满意度的方法。
3. 试述薪酬调查的内容。
4. 论述薪酬调查的步骤。
5. 薪酬调查报告对企业有哪些作用?

【本章参考答案】

(一) 单项选择题(50题)

1-5　BCBAC　6-10　DABBC　11-15　AABCD　16-20　ADABC　21-25　DDACA　26-30　BDDAB　31-35　CABDC　36-40　BACDB　41-45　DACBA　46-50　DCACB(各题知识点在教材中的页码为:191、160、158、189、180、158、158、158、159、160、159、159、159、160、162、162、167、167、167、167、168、169、182、182、182、183、183、183、183、183、185、185、185、185、186、186、186、186、189、189、189、163、193、193、195、194、199、199、166)

(二) 多项选择题(20题)

1. ABC　2. ABCD　3. ABCE　4. ABCD　5. ACD　6. ACDE　7. ABCE

8. ABE 9. ABCE 10. AD 11. BC 12. ABCD 13. ACE 14. ABDE 15. AD 16. BC 17. ABCD 18. ACE 19. BD 20. ABCDE（各题知识点在教材中的页码为：160、166、194、158、159、160、167、162、180、165、186、189、191、188、194、201、195、199、199、200）

（三）填空题：(30题)

1．薪酬调查 2．企业自身开展或者聘请专业机构调查 3．薪酬 4．企业的相关环境 5．非正式薪酬调查 6．政府部门的薪酬调查 7．薪酬满意度调查 8．薪酬满意 9．薪酬满意度 10．薪酬满意度＝获得经济性报酬和非经济性报酬的实际感受/期望值 11．个人公平 12．外部公平 13．内部公平 14．个人公平 15．薪酬调查的同步性 16．被调查者认可原则 17．确定调查的岗位 18．收集社会公开信息 19．薪酬调查报告 20．企业之间相互调查 21．委托调查 22．电话访谈法 23．薪酬统计资料 24．综合性分析报告、专项分析报告 25．访谈法 26．离散程度分析 27．专业调查机构 28．非正式调查 29．处理调查结果 30．薪酬市场调查（各题知识点在教材中的页码为：158、158、158、159、162、162、162、166、166、166、167、167、167、167、182、183、186、188、188、188、188、191、199、199、191、195、162、164、169、165）

（四）名词解释

1．就是通过正当途径，获取企业外部组织或个人相关薪酬信息的过程。

2．是指一个员工获得组织回报的经济性报酬和非经济性报酬与他的期望值相比较所形成的感觉状态。

3．即员工获得企业经济性报酬和非经济性报酬的实际感受与期望值比较的程度。薪酬满意度＝获得经济性报酬和非经济性报酬的实际感受／期望值。

4．外部公平是指企业员工所获得的劳动报酬与劳动力市场价格水平相比较或者与同等行业、同等岗位的薪酬相比是否感到公平。

5．内部公平是指企业内部依照员工所从事工作的相对价值来支付报酬。

6．个人公平是指员工个人对自己的资历、能力和对企业所做贡献的评价。

7．薪酬调查报告是薪酬调查机构根据薪酬调查的目的，采用各种方法收集相关数据资料，并对其进行有针对性的分析得出结果后，最终形成的文件。

（五）简答题

1．参见本章考点1、3。

2．参见本章考点2。

3．参见本章考点4。

4．参见本章考点6。

5．参见本章考点7、8。

6. 参见本章考点9。

7. 参见本章考点16。

8. 参见本章考点11、10。

9. 参见本章考点13。

10. 参见本章考点14。

11. 参见本章考点18、17。

12. 参见本章考点19、20。

13. 参见本章考点21。

14. 薪酬调查就是通过搜集信息来判断企业所支付的总薪酬状况这样一个系统的过程,实施过程分为三个阶段:

(1)准备阶段:根据需要审查已有薪酬调查数据,确定调查的必要性及其实施方式,选择调查职位及其层次,界定劳动力市场范围,明确作为调查对象的目标企业及其数量,选择所要搜集的薪酬信息内容。(2)实施阶段:设计问卷调查。(3)结果分析阶段:核查数据,分析数据。整理分析结果数据,并编写调查报告。

15. 薪酬调查遵循的原则有:(1)被调查者认可原则,在进行薪酬调查时应该要本着双方相互交流的精神,写上调查事宜,在被调查者企业自愿的情况下取得薪酬数据。(2)准确性原则,由于很多企业对自身的薪酬情况都守口如瓶,因此获得的薪酬信息准确性可能较差,要进行筛选,选择对自己有用的信息,保证准确性。(3)更新原则,企业薪酬水平会随着企业的效益和市场中人力资源的供求状况而变化,所以薪酬调查的资料要注意随时更新,不能一直沿用。

(六)论述题

1. 参见本章考点8。

2. 参见本章考点9。

3. 参见本章考点10。

4. 参见本章考点18。

第六章 薪酬水平与薪酬定位

第一节 薪酬水平概述

一、自学要求和考核内容

1. 自学要求

通过本章学习,要求考生能够了解薪酬水平的概念与内涵,理解薪酬水平的影响因素以及薪酬水平的衡量方法。

2. 考核内容

本节要求考生识记的内容主要包括:(1)薪酬水平的概念;(2)薪酬水平的分类及测量方法;(3)薪酬水平的衡量;(4)薪酬水平的衡量方法。

本节要求考生领会的内容是:影响薪酬水平的因素。

二、重要知识点

☆**考点1:薪酬水平的概念**

薪酬水平是企业支付给内部不同职位和人员平均薪酬的高低状况,它反映了企业薪酬相对于当地市场薪酬行情和竞争对手薪酬绝对值的高低,对吸引、保留、激励员工和企业的薪酬竞争力有着直接的影响,其数学公式为:薪酬水平=薪酬总额÷在业的企业员工数。

☆**考点2:薪酬水平的分类及测量方法**

1. 薪酬水平分类:

(1)宏观薪酬水平。宏观薪酬水平指一个国家、地区或者行业的平均薪酬高低状况。

(2)微观薪酬水平。微观薪酬水平主要是指以组织、企业为单位计算的员工的平均薪酬水平,包括某一时点的平均水平或某个时期的评价水平。

(3)个人薪酬水平。个人薪酬水平主要是企业已确定的与资历、职位、知识技能、绩效等因素相关的员工个人薪酬高低程度。

2. 薪酬水平的测量方法:

（1）企业支付给不同职位的评价薪酬，是一种绝对量指标；

（2）企业薪酬水平在相对劳动力市场中的位置，是一种相对量指标。

【历年真题】 （201310）填空题：

薪酬水平按照不同的层次可以分为宏观薪酬水平、微观薪酬水平和_____。

【参考答案】 个人薪酬水平

☆☆**考点3：影响薪酬水平的因素**

（1）劳动力市场因素。劳动力市场状况是对企业的薪酬水平和薪酬的外部竞争性产生影响的一个非常重要的因素，薪酬水平的高低是由劳动力市场供求关系决定的。

（2）产品市场、要素市场因素。产品和要素市场在很大程度上决定了企业薪酬的支付能力，薪酬水平的高低是由产品市场上的竞争程度和企业产品的市场需求水平决定的。它包括两个方面：产品市场的产品需求影响支付能力和产品市场的竞争程度影响支付能力。

（3）企业特征因素。企业特征从本质上决定了企业薪酬的支付能力。影响薪酬水平的企业特征因素一般包括企业业务性质、规模、企业经营状况、企业远景、薪酬政策、企业文化、人才价值观等。

（4）企业经营战略因素。企业战略意图决定企业对不同职位薪酬水平的支付意愿，尤其是竞争战略对企业薪酬水平的影响最为直接，它反映了企业经营业务对环境的反应。

☆**考点4：薪酬水平衡量的概念**

所谓薪酬水平衡量，就是通过一些具体的指标，对企业的薪酬水平进行测量并做出判断和分析，根据一些重要指标的改变，弄清薪酬变化的原因，准确地把握企业薪酬水平的现状和未来发展趋势，从而有利于实施薪酬控制。

☆**考点5：企业薪酬水平的衡量方法**

薪酬水平衡量主要通过对薪酬的主体——工资水平进行测度来揭示薪酬水平，分为内部衡量和外部衡量两种。

1. 内部衡量：

企业薪酬水平的内部衡量是指本企业内部按时间序列根据数据指示来判断自身薪酬发展水平，可以采用薪酬平均率、增薪幅度和平均增薪率三个指标来衡量一个企业的薪酬水平的现状和发展趋势。

（1）薪酬平均率。薪酬平均率是企业提供的实际平均薪酬与薪酬幅度中间数的比值，计算公式为：薪酬平均率＝实际平均薪酬÷薪酬幅度的中间数。

（2）增薪幅度。增薪幅度是指组织的全体成员的年平均薪酬水平增长的数值。增薪幅度的计算公式为：增薪幅度＝本年度的平均薪酬－上年度的平均薪酬。

（3）平均增薪率。平均增薪率是指薪酬水平递增速率，它的计算公式为：平均增薪率＝增薪幅度÷上一年平均薪酬水平。

2. 外部衡量：

企业薪酬水平的外部衡量即企业薪酬水平在市场中的地位的衡量和选择，这是企业薪酬水平决策的主要内容之一。

【历年真题】 （201310）单项选择题：

薪酬平均率是企业提供的实际平均薪酬与薪酬幅度中间数的比值，当薪酬平均率的数值越接近1时，说明（　　）

A. 实际平均薪酬越接近于薪酬幅度的中间值，薪酬水平越理想

B. 大部分职位的薪酬水平在薪酬幅度的中间值以下

C. 企业支付的薪酬总额过高，企业的人工成本过高

D. 用人单位所支付的薪酬总额符合平均趋势

【参考答案】　A

第二节　薪酬水平的外部竞争性

一、自学要求和考核内容

1. 自学要求

通过本节的学习，要求考生能够了解薪酬水平外部竞争性的含义，理解薪酬水平外部竞争性的重要意义。

2. 考核内容

本节要求考生识记的内容是：薪酬水平的外部竞争性的概念。

本节要求考生领会的内容是：薪酬水平外部竞争性的重要意义。

二、重要知识点

☆考点6：薪酬水平外部竞争性的概念

所谓薪酬水平外部竞争性，是指企业某一职位的薪酬水平同劳动力市场上类似职位的薪酬水平相比较时的相对位置高低，以及由此产生的企业在劳动力市场上人才竞争能力的强弱。要理解薪酬水平外部竞争这个概念，必须注意两点：

（1）薪酬的外部竞争性更加关注不同组织中的类似职位或者类似职位族之间薪酬水平的比较，而非组织间对全体员工平均薪酬水平进行的比较。

（2）薪酬外部竞争性要求与内部一致性要求之间有时候会产生矛盾。

☆☆**考点 7：薪酬水平外部竞争性的重要意义**

（1）吸引、保留以及激励优秀员工，提升企业的竞争力。薪酬水平往往是求职者选择工作首要考虑因素，薪酬水平高的企业相对而言更具有竞争力。

（2）控制劳动力成本，提高经济效益。薪酬构成了劳动力成本，与其他条件不变的情况下，薪酬水平与劳动力成正比。企业必须时时了解市场薪酬水平和劳动力成本信息，将薪酬水平控制在一定范围内。

（3）塑造企业形象。企业的薪酬水平体现了企业的付酬能力，影响了消费者对企业所提供的产品或服务的信息和忠诚度。

【历年真题】　（201210）多项选择题：
薪酬定位的目标主要体现在（　　）
A. 确定合理的薪酬水平　　B. 确定企业的薪酬模式
C. 吸引、保留和激励员工　D. 控制劳动力成本　　E. 塑造组织形象
【参考答案】　CDE

第三节　薪酬水平定位策略

一、自学要求和考核内容

1. 自学要求

通过本节的学习，要求考生了解薪酬水平定位的概念，理解薪酬定位的基本过程和各种定位策略。

2. 考核内容

本节要求考生识记的内容主要包括：(1)薪酬水平定位的概念；(2)薪酬战略的概念；(3)领先型薪酬策略、跟随型薪酬策略、滞后性薪酬策略和混合型薪酬策略的概念。

本节要求考生领会的内容主要包括：(1)薪酬定位的模式；(2)薪酬水平定位的制约因素；(3)薪酬定位的基本过程。

本节要求考生简单应用的内容是：提高薪酬水平外部竞争性的定位策略。

本节要求考生综合应用的内容是：企业生命周期各阶段薪酬水平定位策略。

二、重要知识点

☆**考点 8：薪酬水平定位的概念**

薪酬水平定位是指在薪酬体系设计过程中，确认企业的薪酬水平在劳动力市场中相对位置的决策过程，它直接决定了薪酬水平在劳动力市场上竞争能力

的强弱程度。薪酬水平定位是薪酬管理的关键环节,是确定薪酬体系中的薪酬政策线、等级标准和等级范围的基础。

薪酬水平定位明确了企业的薪酬水平在市场上的相对位置,决定了企业在劳动力市场上的竞争地位,是企业薪酬外部竞争性的直接体现,是衡量企业薪酬体系有效性的重要特征之一。

【历年真题】(201010)填空题:

在薪酬体系设计过程中,确定企业的薪酬水平在劳动力市场中相对位置的决策过程称为_____。

【参考答案】 薪酬定位

【历年真题】(201101)名词解释:

薪酬定位

【参考答案】 参见本章考点8。

☆☆考点9:薪酬定位的模式

(1)基于职位的薪酬定位。即根据职位的不同而进行职位评估,确定职位的重要度,然后依据市场行情来确定"有竞争力"的薪酬,此种定位将导致出现四种情形:职位的重要度很高,员工的素质也很高;职位的重要度很高,但员工的素质较低;职位的重要度较低,但员工的素质很高;职位的重要度较低,员工的素质也较低。这种定位的总原则是,只有当"重要的岗位由完全胜任的人才来担任"时,才真正做到了"人职匹配",否则,其余任何一种情形的搭配均非最佳状态,甚至是错误的。

(2)基于技能的薪酬定位。即根据员工的技能与职位的要求吻合度来确定薪酬。这是一种颇为合理的薪酬定位方式,但是,这种薪酬定位的假设条件是"所有的员工是均质"的,即每一位员工都能自觉地发挥其主观能动性,也就是按经典管理理论来说属于"Y理论"的范畴。

(3)基于绩效的薪酬定位。即根据员工的绩效表现来支付薪酬。

【历年真题】(201210)单项选择题:

在企业的薪酬制度中,以员工担任的工作(职务、岗位)所要求的劳动责任、劳动强度、劳动条件等评价要素所确定的岗位(职位)系数为支付工资报酬的依据。工资多少以岗位(职位)为转移,岗位(职位)成为发放工资的唯一或主要标准的一种工资支付制度是( )

A. 基于人的薪酬制度　　　　B. 基于工作的薪酬制度
C. 基于绩效的薪酬制度　　　　D. 基于能力的薪酬制度

【参考答案】 B

☆考点10:薪酬战略的概念

薪酬战略是指特定组织关于未来存续和发展的相关薪酬分配活动目标、策略、方针等的全局性、根本性谋划。

☆☆**考点 11：薪酬水平定位的制约因素**
①薪酬战略和薪酬理念。②人力资源规划。③企业战略规划。

【历年真题】（201310）单项选择题：
影响薪酬水平定位的因素很多,从企业的内部环境来说,最直接的因素有（　　）
A. 人力资源规划　B. 企业战略规划　C. 薪酬政策　D. 薪酬战略
【参考答案】　D

☆☆**考点 12：薪酬定位的基本过程**
(1) 内部环境审视。对企业的薪酬理念、薪酬战略、人力资源规划、战略规划、财务支付能力等内部制约因素进行分析。
(2) 外部环境审视。对目标劳动力市场的竞争程度、产品市场的差异化程度、相关的法律环境等外部制约因素进行分析。
(3) 对薪酬定位进行灵敏性分析。充分考虑薪酬定位对现有的人力资源管理体系、企业文化、核心竞争力以及企业战略实现进程等相关领域的影响程度。
(4) 确定薪酬定位。通过对以上因素的通盘考虑,最后确定企业的薪酬定位。

☆**考点 13：领先型薪酬策略、跟随型薪酬策略、滞后性薪酬策略和混合型薪酬策略的概念**
(1) 领先型薪酬策略。是指组织采用一个它愿意支付的高于市场平均薪酬水平的战略,常常用高于市场平均薪酬水平的 25 个百分点来界定。
(2) 跟随型薪酬策略。也称市场追随策略,是使本企业的薪酬水平与市场平均水平相当的薪酬策略。
(3) 滞后型薪酬策略。是使本企业薪酬平均水平落后于市场平均水平,它常常以市场平均薪酬水平的 75% 来界定本企业的平均薪酬。
(4) 混合型薪酬策略。是指企业在确定薪酬水平,按照部门、职位或者员工的类型来分别制定不同的薪酬水平,而非对所有职位和员工采用单一薪酬策略,此外,要根据宏观的企业战略、环境、文化、发展时期等因素对照薪酬水平适时地进行灵活调整。

【历年真题】（201310）多项选择题：
企业可选择的薪酬水平定位策略主要由（　　）
A. 领先型薪酬策略　　B. 滞后型薪酬策略　　C. 竞争型薪酬策略
D. 跟随型薪酬策略　　E. 混合型形成策略
【参考答案】　ABDE

☆☆☆**考点14：提高薪酬水平外部竞争性的定位策略**

1. 领先型薪酬策略：

领先型薪酬策略适合于实行差异化竞争战略的公司，高成长企业、垄断性企业和高利润企业一般采取这种策略。其优点有：

（1）有利于吸引并保留高素质员工，激励员工高效工作，从高成本支出中获得相应的收益。

（2）提高员工忠诚度，降低员工流失率，保持企业人员的稳定性，减少企业在员工甄选方面支出的费用。

（3）由于优秀员工的加入增强了内部竞争，有助于激励员工努力提高工作绩效，降低企业的监督管理费用。

（4）企业不必根据市场水平频繁地进行薪酬调查或是经常性为员工加薪加酬，而是设立较高水平的薪酬，节省薪酬管理成本。

（5）能够减少因薪酬问题而引起的薪酬纠纷，提高公司的形象和知名度。

领先型薪酬策略也有缺陷，高薪意味着高额劳动力成本，这会给企业带来较大的成本压力，若没有使人才得到合理配置，高薪会成为沉重的负担。

2. 跟随型薪酬策略：

优点：薪酬水平适中，风险小，薪酬成本适当，通过适当的成本节约可以为其高额运营费和后续发展筹集资金。

缺点：招聘优秀员工的难度较大，必须精挑细选。此外，在提升员工满意度方面没有太多的优势。

3. 滞后型薪酬策略：

采取滞后型薪酬策略的企业使本企业的薪酬水平落后与市场平均水平，它常常以市场平均薪酬水平的75%来界定本企业的平均薪酬，适合于实行低成本竞争战略的公司。实施这种策略的企业可以通过其他优势来弥补低薪资给员工带来的不满。

4. 混合型薪酬策略：

对不同职位使用不同的薪酬策略；在薪酬的不同构成部分间实行不同的市场定位。

混合型薪酬策略具有灵活性、针对性和权变性，企业既能吸引和保留优秀人才，也有利于组织对人工成本的控制，还有利于传达企业文化，达成自己的经营目标。缺陷是它设计比较复杂，薪酬管理难度较大。

☆☆☆☆**考点15：企业生命周期各阶段薪酬水平定位策略**

企业生命周期各阶段薪酬水平定位策略有：(1) 创业初期薪酬水平定位策略；(2) 高速增长阶段企业薪酬水平定位策略；(3) 成熟平稳阶段薪酬水平定位策略；(4) 衰退阶段薪酬水平定位策略；(5) 企业再造阶段薪酬水平定位

策略。

具体情况如下表：

企业所处阶段	企业生命周期各阶段薪酬水平定位策略				
	创业阶段	高速增长阶段	成熟平稳阶段	衰退阶段	企业再造阶段
经营战略	创新、以投资促发展	投资促发展并促进市场占有率提高	保持利润与市场	收回投资、减少损失	战略转移
人力资源管理重点	创新、吸引人才	招聘、培训	保持一致性、奖励技术、管理技巧	减员管理、成本控制	整合人力资源；激励老员工、吸引新员工
薪酬策略	低保障、高激励	个人-团体激励、保障与激励并重	个人-团体激励、高保障	奖励成本控制、保障为主	高激励、高福利
基本薪酬	低于市场水平	与市场水平相当	低于或等于市场水平	低于或相当于市场水平	与市场水平持平
短期激励	股票	现金奖励	利润分享、现金奖励	不可能	现金奖励
长期激励	股票（全员参与）	股票期权（有限参与）	股票购买	不可能	股票激励、股票期权及分红
福利	低于市场水平	低于市场水平	等于或高于市场水平	等于或低于市场水平	高于市场水平
激励重点	创新人才、研发部门人员	创新人才、市场开拓人员	生产经营管理与销售部门人员	成本控制人员	从企业外部吸引企业再造阶段所急需的人才

【历年真题】 (201010) 单项选择题：
在行业处于寿命周期的衰退期时，企业一般采用的薪酬制度是（　　）
A. 股权激励制度　　　　　　B. 股票期权制度
C. 管理者收购和员工持股制度　D. 利润分享制度
【参考答案】 C

【历年真题】 (201010) 单项选择题：
企业面对衰退的市场或失去竞争优势时，主动放弃某些产品或市场，以维持其生存能力的战略成为（　　）
A. 收缩战略　B. 稳定发展战略　C. 集中发展战略　D. 快速发展战略
【参考答案】 A

【历年真题】 (201101) 单项选择题：
在行业处于寿命周期的成熟期时，企业一般采用的薪酬制度是（　　）
A. 股权激励制度　B. 股票期权制度　C. 利润分享制度　D. 员工持股制度

【参考答案】 C

【历年真题】 (201310)单项选择题：
企业生命周期中的企业再造阶段,企业的薪酬水平定位策略是( )
A. 个人-团体激励、高保障　　　B. 低保障、高激励
C. 高激励、高福利　　　　　　D. 奖励成本控制,保障为主

【参考答案】 C

三、同步练习题

(一)单项选择题(50题)

1. 一个国家、地区或行业的平均薪酬高低状况的薪酬水平分类是 ( )
A. 宏观薪酬水平　B. 微观薪酬水平　C. 企业薪酬水平　D. 个人薪酬水平

2. 薪酬水平可以分为多个层次,以下不属于薪酬水平分类的是 ( )
A. 宏观薪酬水平　B. 微观薪酬水平　C. 企业薪酬水平　D. 个人薪酬水平

3. 反映企业薪酬相当于当地市场薪酬行情和竞争对手薪酬绝对值高低的是 ( )
A. 薪酬等级　　B. 薪酬水平　　C. 薪酬结构　　D. 薪酬差距

4. 个人薪酬水平指的是 ( )
A. 一个国家、地区或者行业的平均薪酬高低状况的薪酬水平分类
B. 以企业、组织为单位计算的员工的平均薪酬水平
C. 组织间的薪酬关系,是相对于其竞争对手的组织整体的薪酬支付实力
D. 企业已确定的与资历、职位、知识技能、绩效等因素相关的员工个人薪酬高低程度。

5. 从本质上决定了企业薪酬支付能力的因素是 ( )
A. 劳动力市场因素　　　　　B. 产品市场、要素市场因素
C. 企业特征因素　　　　　　D. 企业经营战略因素

6. 以下属于对企业的薪酬水平和薪酬水平的外部竞争性产生影响的一个重要因素是 ( )
A. 劳动力市场因素　　　　　B. 产品市场、要素市场因素
C. 企业特征因素　　　　　　D. 企业经营战略因素

7. 在其他条件不变的情况下,当市场上对企业产品和服务需求增加时,企业的工资水平会 ( )
A. 下降　　　B. 保持不变　　C. 无法确定　　D. 提高

8. 有能力支付较高薪酬的企业是 ( )
A. 劳动密集型企业　　　　　B. 技术密集型企业

C. 生产密集型企业　　　　　D. 资本密集型企业

9. 下列不属于衡量一个企业的薪酬水平的状况和发展趋势指标的是（　）
   A. 薪酬幅度的中间数　　　　B. 薪酬平均率
   C. 增薪幅度　　　　　　　　D. 平均增薪率

10. 用人单位所支付的薪酬总额符合平均趋势,说明其薪酬平均率（　）
    A. 大于1　　B. 等于1　　C. 小于1　　D. 接近于1

11. 对于规模较大的企业比规模较小的企业薪酬水平高的原因分析时,持高素质员工会产生较高生产率,因此对其收入产生了积极影响的观点是（　）
    A. 人力资本投资理论　　　　B. 效率工资理论
    C. 分享经济理论　　　　　　D. 劳动力市场歧视理论

12. 对企业的工资水平进行测度体现了（　）
    A. 对薪酬成本的衡量　　　　B. 对薪酬水平的衡量
    C. 对薪酬差距的衡量　　　　D. 对薪酬战略的衡量

13. 正确的薪酬水平增长幅度管理是（　）
    A. 企业的增薪幅度越小越好　B. 企业的增薪幅度越大越好
    C. 将企业的增薪幅度控制在合理的范围内
    D. 将企业的增薪幅度控制在10%以下

14. 体现组织的全体成员的年度平均薪酬水平增长的数值一般用的指标是（　）
    A. 薪酬中值　　B. 薪酬平均率　　C. 增薪幅度　　D. 平均增薪率

15. 企业的平均薪酬率较大,表明（　）
    A. 企业薪酬水平稳定　　　　B. 企业发展态势不够乐观
    C. 会限制企业扩大再生产　　D. 企业人工成本过高

16. 薪酬的外部竞争性更加关注（　）
    A. 不同组织中类似职位之间薪酬水平的比较
    B. 组织间对全体员工平均薪酬水平的比较
    C. 不同组织中类似职位之间薪酬差距的比较
    D. 组织间对全体员工平均薪酬差距的比较

17. 按员工的技能和职位的要求吻合度要求来进行薪酬定位的是（　）
    A. 基于职位的薪酬定位　　　B. 基于技能薪酬定位的
    C. 基于绩效的薪酬定位　　　D. 基于市场的薪酬定位

18. 基于绩效的薪酬定位难以克服的问题是（　）
    A. 绩效指标如何定量化的问题
    B. 老员工如何将绩效与技能相挂钩的问题

C. 新员工如何按绩效定薪的问题　　D. 谁来实施绩效考核的问题

19. 制约薪酬水平的定位的因素很多,指特定组织关于未来存续与发展的相关薪酬分配活动的全局性、谋划的因素是指　　　　　　　　　　（　　）
   A. 薪酬战略　　　B. 薪酬理念　　　C. 人力资源规划　　D. 企业战略规划

20. 明确了内部分配过程中的重点倾斜对象,说明企业形成了清晰的（　　）
   A. 薪酬政策体系　B. 薪酬理念　　　C. 薪酬战略　　　　D. 薪酬沟通体系

21. 鼓励员工发展创新能力一般会倡导下列哪种薪酬理念　　　　（　　）
   A. 资历加薪　　　B. 利润分享　　　C. 卓越加薪　　　　D. 技能加薪

22. 确定薪酬体系中的薪酬政策线、等级标准和等级范围的基础是（　　）
   A. 薪酬战略定位　B. 薪酬水平衡量　C. 薪酬平均率　　　D. 薪酬水平定位

23. 薪酬定位时容易产生"溢价"现象的是　　　　　　　　　　　（　　）
   A. 新员工按绩定薪　　　　　　　B. 老员工按绩定薪
   C. 新员工按技能定薪　　　　　　D. 老员工按技能定薪

24. 下列属于内部环境审视的因素是　　　　　　　　　　　　　　（　　）
   A. 对目标劳动市场竞争程度进行分析　B. 人力资源规划
   C. 对薪酬定位进行灵敏性分析　　　　D. 相关法律环境进行分析

25. 下列属于外部环境审视的因素是　　　　　　　　　　　　　　（　　）
   A. 内部环境审视　　　　　　　　B. 对薪酬定位进行灵敏性分析
   C. 对产品市场差异化程度进行分析　D. 对企业薪酬战略进行分析

26. 试图通过降低薪酬成本,以便在竞争中取胜的企业一般注重下列哪种企业战略　　　　　　　　　　　　　　　　　　　　　　　　　　（　　）
   A. 差异化战略　　　　　　　　　B. 创新战略
   C. 工作生活质量战略　　　　　　D. 低成本战略

27. 实行差异化竞争战略的公司一般采用的薪酬战略是　　　　　（　　）
   A. 领先型薪酬策略　　　　　　　B. 跟随型薪酬策略
   C. 滞后型薪酬策略　　　　　　　D. 混合型薪酬策略

28. 市场上占大多数的企业实行的薪酬定位策略是　　　　　　　（　　）
   A. 领先型薪酬策略　　　　　　　B. 跟随型薪酬策略
   C. 滞后型薪酬策略　　　　　　　D. 混合型薪酬策略

29. 混合型薪酬策略特点是　　　　　　　　　　　　　　　　　（　　）
   A. 风险小　　　　　　　　　　　B. 灵活性和针对性
   C. 成本低　　　　　　　　　　　D. 节省薪酬的管理成本

30. 以市场平均薪酬水平的 75 个百分点来界定本企业的平均薪酬的薪酬定位战略是　　　　　　　　　　　　　　　　　　　　　　　　　（　　）
   A. 领先型薪酬策略　　　　　　　B. 跟随型薪酬策略

C. 滞后型薪酬策略　　　　D. 混合型薪酬策略

31. 下列关于混合型薪酬策略表述正确的是（　　）
   A. 总薪酬的市场价值处于稍微低一点的拖后地位
   B. 基本薪酬处于高于市场的竞争性地位
   C. 无法突显企业对绩效的重视
   D. 绩效薪酬方面处于比平均水平高很多的领先地位

32. 当企业采用创新、以投资促进发展的经营战略,说明企业处于（　　）
   A. 创业阶段　　B. 高速增长阶段　C. 成熟平稳阶段　D. 衰退阶段

33. 企业在创业阶段宜采用（　　）
   A. 付给员工与市场持平的基本工资、较低的水平的福利和较高激励工资
   B. 低于标杆企业薪酬水平的滞后策略
   C. 高于标杆企业薪酬水平的领先策略
   D. 付给员工的基本工资高、福利要多和激励工资要少

34. 在企业生命周期处于衰退阶段时,薪酬激励的重点应是（　　）
   A. 创新人才　　　　　　　B. 研发部门人员
   C. 成本控制人员　　　　　D. 生产经营管理人员

35. 在企业生命周期处于企业再造阶段时,应推行的薪酬策略是（　　）
   A. 低保障高激励　　　　　B. 个人-团体激励、保障和激励并重
   C. 奖励成本控制和保障为主　D. 高激励、高福利

36. 在企业生命周期处于高速增长阶段时,其短期激励宜采用（　　）
   A. 现金奖励　　B. 股票　　C. 利润分享　　D. 股票期权

37. 在企业生命周期处于成熟平稳发展阶段时,其福利（　　）
   A. 低于市场水平　　　　　B. 等于或高于市场水平
   C. 等于或低于市场水平　　D. 高于市场水平

38. 薪酬战略强调以奖励市场开拓和新技术开发及管理技巧,说明企业处于（　　）
   A. 创业阶段　　B. 企业再造阶段　C. 成熟平稳阶段　D. 衰退阶段

39. 企业的报酬体系注重增强员工的那些和组织成长有关的行为如风险意识、创新、团队合作等,说明此时企业正处于（　　）
   A. 创业阶段　　B. 衰退阶段　　C. 企业再造阶段　D. 高速增长阶段

40. 关于企业处于再造阶段薪酬水平定位策略的表述错误的是（　　）
   A. 强调薪酬的外部竞争性　　B. 严格控制人力资源成本
   C. 在恢复员工基本薪酬与市场水平持平的同时控制奖金激励薪酬
   D. 薪酬的支付结构上更强调薪酬的激励性

41. 在企业衰退阶段,为防止优秀员工流失,要特别注意（　　）

A. 薪酬结构的设计　　　　　　B. 福利的规划
C. 基本工资的设计　　　　　　D. 长期激励的设计

42. 在企业高速增长阶段,企业适宜于付给员工与市场持平的基本工资、较低水平的福利和较高的激励工资,这个政策的优势是　　　　　　　　　（　　）
A. 有利于提高员工的绩效意识　　B. 有利于防止优秀员工流失
C. 节省给员工的现金支出,在企业财务最佳时支付员工较高的薪酬
D. 为了激励员工和吸引所需的高素质人才

43. 在企业成熟平稳阶段,下列表述正确的是　　　　　　　　　　（　　）
A. 强调薪酬的外部竞争性　　　B. 严格控制人力资源成本
C. 处理好员工薪酬的内部公平性　D. 提供较高的长期激励报酬

44. 让员工更愿意承担风险的薪酬激励政策是　　　　　　　　　（　　）
A. 健康保险计划　　　　　　　B. 员工持股计划
C. 较高的基本薪酬　　　　　　D. 短期激励计划

45. 企业薪酬水平定位的四种策略共同的特点是　　　　　　　　（　　）
A. 参照企业的总体战略目标来定位的
B. 参照自身的支付能力来定位的　C. 参照人力资源战略来定位的
D. 参照竞争对手或外部市场的薪酬水平和做法来定位的

46. 高成长企业、垄断性企业和高利润企业适合的薪酬策略是　　（　　）
A. 领先型薪酬策略　　　　　　B. 跟随型薪酬策略
C. 滞后型薪酬策略　　　　　　D. 混合型薪酬策略

47. 在竞争性产品市场中的企业一般适合采用的薪酬策略是　　　（　　）
A. 领先型薪酬策略　　　　　　B. 跟随型薪酬策略
C. 滞后型薪酬策略　　　　　　D. 混合型薪酬策略

48. 企业创业阶段应对下列哪类员工实行股权奖励　　　　　　　（　　）
A. 生产一线员工　　　　　　　B. 销售人员
C. 创业员工尤其是关键员工　　D. 新员工

49. 企业的福利等于或高于市场水平,说明企业正处于　　　　　（　　）
A. 创业阶段　　B. 高速增长阶段　C. 成熟平稳阶段　D. 衰退阶段

50. 以下哪个生命周期阶段企业不可能给予员工短期和长期激励　（　　）
A. 创业阶段　　B. 高速增长阶段　C. 企业再造阶段　D. 衰退阶段

（二）多项选择题

1. 薪酬水平按照不同的层次可以分为以下哪几种　　　　　　　（　　）
A. 宏观薪酬水平　　B. 微观薪酬水平　　C. 个人薪酬水平
D. 团队薪酬水平　　E. 岗位薪酬水平

2. 以下属于薪酬水平衡量中内部平衡指标的是 (   )
   A. 薪酬平均率　　　B. 增薪幅度　　　　C. 绝对增薪率
   D. 平均增薪率　　　E. 平均增薪幅度
3. 以下因素是影响薪酬水平的因素有 (   )
   A. 劳动力市场因素　B. 岗位性质因素　　C. 要素市场因素
   D. 企业经营战略因素　E. 产品市场因素
4. 薪酬水平外部竞争性的重要意义有 (   )
   A. 吸引、保留以及激励优秀员工　　B. 控制劳动成本
   C. 提高经济效益　　D. 塑造企业形象　　E. 提升企业的竞争力
5. 企业在制定薪酬的过程中,常用的薪酬策略有 (   )
   A. 领先型薪酬策略　B. 跟随型薪酬策略　C. 滞后型薪酬策略
   D. 混合型薪酬策略　E. 竞争型薪酬策略
6. 实行低成本竞争战略的公司,一般不会采用的策略有 (   )
   A. 领先型薪酬策略　B. 跟随型薪酬策略　C. 滞后型薪酬策略
   D. 混合型薪酬策略　E. 竞争型薪酬策略
7. 影响薪酬水平定位的因素中属于内部环境影响因素的有 (   )
   A. 薪酬战略　　　　B. 人力市场　　　　C. 薪酬理念
   D. 相关法律　　　　E. 薪酬策略
8. 影响薪酬水平定位的因素中属于外部环境影响因素的有 (   )
   A. 薪酬战略　　　　B. 人力市场　　　　C. 薪酬理念
   D. 相关法律　　　　E. 薪酬策略
9. 领先型薪酬策略适合实行差异化竞争战略的公司,其优点是 (   )
   A. 激励员工高效工作　B. 薪酬成本适当　　C. 提高员工忠诚度
   D. 保留高素质员工　　E. 增强内部竞争
10. 领先型薪酬策略适合实行差异化竞争战略的公司,其缺点是(   )
    A. 招聘人员较难　　B. 人力成本过高　　C. 人员配置要求高
    D. 公司风险小　　　E. 公司内部缺乏竞争力
11. 企业进行长期激励时,在以下的哪些阶段会采用股票激励 (   )
    A. 创业阶段　　　　B. 高速增长阶段　　C. 成熟平稳阶段
    D. 衰退阶段　　　　E. 企业再造阶段
12. 企业进行短期激励时,在以下的哪些阶段会采用现金激励 (   )
    A. 创业阶段　　　　B. 高速增长阶段　　C. 成熟平稳阶段
    D. 衰退阶段　　　　E. 企业再造阶段
13. 企业的福利在企业生命周期中的哪些阶段会低于或等于市场水平
   (   )

A. 创业阶段　　　　　B. 高速增长阶段　　　C. 成熟平稳阶段
D. 衰退阶段　　　　　E. 企业再造阶段

14. 企业的基本薪酬在其生命周期中的哪些阶段会低于或等于市场水平
（　　）
A. 创业阶段　　　　　B. 高速增长阶段　　　C. 成熟平稳阶段
D. 衰退阶段　　　　　E. 企业再造阶段

15. 企业生命周期各阶段薪酬水平定位时在哪些阶段采用高保障策略
（　　）
A. 创业阶段　　　　　B. 高速增长阶段　　　C. 成熟平稳阶段
D. 衰退阶段　　　　　E. 企业再造阶段

16. 以下优点属于跟随型薪酬策略的是　　　　　　　　　　（　　）
A. 薪酬水平适中　　　B. 企业风险小　　　　C. 员工忠诚度高
D. 人员流失较少　　　E. 员工满意度较高

17. 以下属于混合型薪酬管理策略特点的是　　　　　　　　（　　）
A. 灵活性　　　　　　B. 针对性　　　　　　C. 全面性
D. 权变性　　　　　　E. 客观性

18. 在薪酬策略中,较容易吸引人才的薪酬水平定位策略是（　　）
A. 领先型薪酬策略　　B. 跟随型薪酬策略　　C. 滞后型薪酬策略
D. 混合型薪酬策略　　E. 竞争型薪酬策略

19. 以下符合"人职匹配"原则的薪酬定位模式是　　　　　（　　）
A. 职位的重要度很高,员工的素质也很高
B. 职位的重要度很高,但员工的素质较低
C. 职位的重要度较低,但员工的素质很高
D. 职位的重要度较低,员工的素质也较低
E. 职位重要度与员工素质无关

20. 以下属于常用的薪酬定位模式有　　　　　　　　　　（　　）
A. 基于职位的薪酬定位　　　　B. 基于技能的薪酬定位
C. 基于绩效的薪酬定位　D. 基于资历的薪酬定位　E. 基于利润的薪酬定位

（三）填空题

1. ＿＿＿＿＿＿＿＿是企业支付给内部不同职位和人员平均薪酬的高低状况,它反映了企业薪酬相对于当地市场薪酬行情和竞争对手薪酬绝对值的高低。

2. 薪酬水平的数学公式一般表示为：＿＿＿＿＿＿＿＿＿＿＿＿＿＿＿＿。

3. 薪酬水平按照不同的层次可以分为宏观薪酬水平、微观薪酬水平和＿＿＿＿＿＿＿＿＿＿＿＿。

4. 测定企业薪酬水平主要由两种方法：一是企业支付给不同职位的平均薪酬,是一种_____;二是企业薪酬水平在相关劳动力市场中的位置,是一种_____。

5. 企业提高薪酬外部竞争性、改善内部公平性的基础是_____。

6. 薪酬水平衡量主要通过对薪酬的主体——工资水平进行测度来解释薪酬水平,分为_____和_____两种。

7. 影响薪酬水平的因素有:(1)劳动力市场因素;(2)产品市场、要素市场因素;(3)_____。

8. _____是指企业某一职位的薪酬水平同劳动力市场上类似职位的薪酬水平相比较时的相对位置高低,以及由此产生的企业在劳动力市场上人才竞争能力的强弱。

9. 设计良好的薪酬体系有利于公司竞争战略的达成,薪酬水平外部竞争性对企业的意义主要体现在以下三个方面:(1)吸引、保留以及激励优秀员工,提升企业的竞争力;(2)_____;(3)塑造企业形象。

10. _____是指在薪酬体系设计过程中,确定企业的薪酬水平在劳动力市场中相对位置的决策过程,它直接决定了薪酬水平在劳动力市场上竞争能力的强弱程度。

11. _____是指特定组织关于未来存续和发展的相关薪酬分配活动目标、策略、方针等的全局性、根本性谋划。

12. _____是指组织采用一个它愿意支付的高于市场平均薪酬水平的战略,常常用高于市场平均薪酬水平的 25 个百分点来界定。

13. _____是使本企业的薪酬水平与市场平均水平相当的薪酬策略。

14. _____是使本企业薪酬平均水平滞后于市场平均水平,它常常以市场平均薪酬水平的 75% 来界定本企业的平均薪酬。

15. _____是指企业在确定薪酬水平时,按照部门、职位或者员工的类型来分别制定不同的薪酬水平,并根据不同的因素对薪酬水平适时地进行灵活调整。

16. 目前企业使用较多的薪酬模式大致有如下三种:(1)基于职位的薪酬定位;(2)基于技能的薪酬定位;(3)_____。

17. _____是根据职位的不同而进行职位评估,确定职位的重要度,然后依据市场行情来确定"有竞争力"的薪酬。

18. _____是根据员工的技能与职位的要求的吻合度来确定薪酬。

19. _____是根据员工的绩效表现来支付薪酬。

20. 薪酬水平定位及制约因素主要有：(1)薪酬战略和薪酬理念；(2)人力资源规划；(3)_____。

21. _____是指特定组织关于未来存续与发展的相关薪酬分配活动目标、策略、方针等的全局性、根本性谋划。

22. 薪酬定位的基本过程如下：(1)内部环境审视；(2)外部环境审视；(3)_____；(4)确定薪酬定位。

23. 企业可选择的薪酬水平定位策略主要有四种：(1)领先型薪酬策略；(2)跟随型薪酬策略；(3)滞后型薪酬策略；(4)_____。

24. _____是指本企业内部按照时间序列根据数据指标来判断自身薪酬发展水平。

25. _____是企业提供的实际平均薪酬与薪酬幅度中间数的比值，计算公式为_____。

26. _____是指组织的全体成员年度平均薪酬水平增长的数值。增薪幅度的计算公式为_____。

27. _____是指薪酬水平递增的速率，它的计算公式为：_____
_____。

28. _____即企业薪酬水平在市场中地位的衡量和选择，这是企业薪酬水平决策的主要内容之一。

29. _____从本质上决定了企业的薪酬的支付能力。

30. _____主要是企业已确定的与资历、职位、知识技能、绩效等因素相关的员工个人薪酬高低程度。

（四）名词解释

1. 薪酬水平　2. 宏观薪酬水平　3. 微观薪酬水平　4. 个人薪酬水平　5. 薪酬水平衡量　6. 薪酬平均率　7. 薪酬幅度　8. 平均增薪率　9. 外部竞争性　10. 薪酬水平定位　11. 领先型薪酬策略　12. 跟随型薪酬策略　13. 滞后型薪酬策略　14. 混合型形成策略　15. 薪酬战略

（五）简答题

1. 什么是薪酬水平策略？薪酬水平策略会对一个组织的员工吸引、保留和激励产生何种影响？

2. 薪酬水平的分类有哪三种类型？薪酬水平的测量方法有哪几种？

3. 影响薪酬水平的有哪些因素？

4. 企业薪酬水平的衡量方法有哪些？

5. 简要介绍薪酬水平外部竞争性的重要意义。

6. 企业常见的薪酬定位模式是哪三种类型？

7. 企业可选择的薪酬水平定位策略是哪四种类型?

8. 薪酬水平的定位会受到一些因素的制约,制约薪酬水平定位的因素有哪些?

9. 企业进行薪酬定位,需要经过怎样的基本过程?

10. 举例说明产品市场以及企业特征对企业薪酬水平决策有何影响。

11. 企业在进行薪酬水平定位的时候常常会遇到各种问题,有哪些因素制约着薪酬水平定位?

12. 实行差异化竞争战略的公司通常什么薪酬策略,这样的薪酬策略有什么优缺点?

13. 试分析企业在创业初期如何对薪酬水平进行定位。

14. 试分析企业在高速增长阶段如何对薪酬水平进行定位。

(六) 论述题

1. 试述提高薪酬外部竞争性的定位策略。
2. 试述企业生命周期各阶段薪酬水平定位策略。

【本章参考答案】

(一) 单项选择题

1-5　ACBDC　6-10　ABDAB　11-15　ABCCD　16-20　ABCAB　21-25　CDABC　26-30　DABBC　31-35　DABCD　36-40　ABCDC　41-45　ACCBD　46-50　ACCCD(各题知识点在教材中的页码分别为:207、207、207、207、209、208、208、209、211、211、209、211、212、212、212、213、216、216、217、217、217、215、216、218、218、218、219、220、221、220、221、222、223、223、222、223、223、225、224、226、225、224、225、224、222、219、220、223、223、223)

(二) 多项选择题

1. ABC　2. ABD　3. ACDE　4. ABCDE　5. ABCD　6. ABDE　7. AC　8. BD　9. ACDE　10. BC　11. ABCE　12. BC　13. ABD　14. ACDE　15. BCD　16. AB　17. ABD　18. AD　19. AD　20. ABC(各题知识点在教材中的页码分别为:207、211、208、214、219、220、218、218、219、220、223、223、223、223、223、220、221、219-220、216、216)

(三) 填空题

1. 薪酬水平　2. 薪酬水平=薪酬总额/在业的企业员工数　3. 个人薪酬水平　4. 绝对量指标、相对量指标　5. 薪酬水平衡量　6. 内部衡量、外部衡量　7. 企业特征因素　8. 薪酬水平外部竞争性　9. 控制劳动力成本,提高经济效益 10．薪酬水平定位 11．薪酬战略 12．领先型薪酬策略 13．跟随型薪酬策略 14．滞后型薪酬策略 15．混合型薪酬策略 16．基于绩效的薪酬定位 17．基于职位的薪酬定位 18．基于技能的薪酬定位 19．基于绩效的薪酬定位 20．企业战略规划 21．薪酬战略 22．对薪酬定位进行灵敏性分析 23．混合型薪酬策略 24．薪酬水平的内部平衡 25．薪酬平均率、薪酬平均率＝实际平均薪酬／薪酬幅度的中间数 26．增薪幅度、增薪幅度＝本年度的平均薪酬—上一年的平均薪酬 27．平均增薪率、平均增薪率＝增薪幅度／上一年平均薪酬水平 28．企业薪酬的外部平衡 29．企业特征 30．个人薪酬水平（各题知识点在教材中的页码分别为：207、207、207、207、211、211、208、213、214、215、215、219、220、220、221、216、216、216、216、208、217、218、219、211、211、212、212、212、209、207）

（四）名词解释

1．是指组织之间的薪酬关系，组织相对于其竞争对手的薪酬水平的高低。

2．指一个国家、地区或者行业的平均薪酬高低状况。

3．主要是指以组织、企业为单位计算的员工的平均薪酬水平，包括某一时点的平均水平或某个时期的评价水平。

4．主要是企业已确定的与资历、职位、知识技能、绩效等因素相关的员工个人薪酬高低程度。

5．就是通过一些具体的指标，对企业的薪酬水平进行测量并做出判断和分析，根据一些重要指标的改变，弄清薪酬变化的原因，准确地把握企业薪酬水平的现状和未来发展趋势，从而有利于实施薪酬控制。

6．薪酬平均率是企业提供的实际平均薪酬与薪酬幅度中间数的比值，计算公式为：薪酬平均率＝实际平均薪酬÷薪酬幅度的中间数。

7．薪酬幅度是指组织的全体成员的年平均薪酬水平增长的数值。增薪幅度的计算公式为：增薪幅度＝本年度的平均薪酬－上年度的平均薪酬。

8．平均增薪率是指薪酬水平递增速率，它的计算公式为：平均增薪率＝增薪幅度÷上一年平均薪酬水平。

9．是指企业某一职位的薪酬水平同劳动力市场上类似职位的薪酬水平相比较时的相对位置高低，以及由此产生的企业在劳动力市场上人才竞争能力的强弱。

10．是指在薪酬体系设计过程中，确认企业的薪酬水平在劳动力市场中相对位置的决策过程，它直接决定了薪酬水平在劳动力市场上竞争能力的强弱程度。

11．是指组织采用一个它愿意支付的高于市场平均薪酬水平的战略，常常用高于市场平均薪酬水平的25%来界定。

12. 也称市场追随策略,是使本企业的薪酬水平与市场平均水平相当的薪酬策略。

13. 是使本企业薪酬平均水平滞后于市场平均水平,它常常以市场平均薪酬水平的75%来界定本企业的平均薪酬。

14. 是指企业在确定薪酬水平,按照部门、职位或者员工的类型来分别制定不同的薪酬水平,而非对所有职位和员工采用单一薪酬策略,此外,要根据宏观的企业战略、环境、文化、发展时期等因素对照薪酬水平适时地进行灵活调整。

15. 薪酬战略是指特定组织关于未来存续和发展的相关薪酬分配活动目标、策略、方针等的全局性、根本性谋划。

（五）简答题

1. 薪酬水平是指组织之间的薪酬关系,组织相对于其竞争对手的薪酬水平的高低。如果企业支付的薪酬水平过低,企业在招募新人时将很难招募到合适的员工,还有可能导致企业中原有的员工忠诚度下降,另谋他就的可能性上升;如果企业的薪酬水平比较高,则一方面企业在招募人员时可以很方便地招募到自己所需要的人员,另一方面也有利于员工流动水平的下降,这对于企业保持自身在产品和服务市场上的竞争优势是十分有利的。较高的薪酬还有利于防止员工的机会主义行为,激励员工努力工作,同时降低企业的监督管理费用。

2. 参见本章考点2。

3. 参见本章考点3。

4. 参见本章考点5。

5. 参见本章考点7。

6. 参见本章考点9。

7. 参见本章考点13。

8. 参见本章考点11。

9. 参见本章考点12。

10. 结合考点3的前两点展开论述。（1）产品市场对企业薪酬水平决策影响。①产品市场上的竞争程度因素的影响:企业在产品市场处于垄断地位,能够获得超出市场平均利润水平的超额利润,利润的增加为企业在劳动力市场上提供了强有力的保障,保证企业向员工支付高出市场水平的薪酬。②企业产品的市场需求水平因素的影响:产品市场对某企业产品需求的增加,企业能够出售更多的产品或服务,企业相应提高自己的产量水平,在给定的薪酬水平下,将增加劳动力的需求量,进一步带来企业支付能力的增强和员工薪酬水平的提高。

（2）企业特征对企业薪酬水平决策影响。①行业因素的影响：劳动密集型行业比技术密集型行业薪酬水平低；规模大，人均占有资本投资比例高的行业中人均薪酬水平会比较高；②企业规模因素的影响：规模大的组织比规模小的组织薪酬水平高③经营战略与价值观因素的影响：低成本/低薪酬战略：薪酬水平较低。

11. 在本部分第8题的基础上展开答题。薪酬水平定位及制约因素主要有：(1)薪酬战略和薪酬理念，为了解决内部分配方面的矛盾和难题，企业需要设立一个明确的薪酬体系目标，而这个目标就是在一定的薪酬战略和薪酬理念的基础上产生的。(2)人力资源规划，一般企业都会在人力资源规划中明确企业未来的人力资源需求，这样的规划也会对薪酬水平定位产生影响。(3)企业战略规划，企业战略规划也是薪酬水平定位决策过程中必须要考虑的一个重要因素。

12. 参见本章考点14。

13. 在企业的创业初期，企业产品的市场占有率低，投资回报慢，资金往往处于净流出状态，企业的目标是逐渐发展壮大，在市场中占有一席之地。所以企业的薪酬水平不可能太高，宜于采用地标杆企业薪酬水平的薪酬水平滞后策略，以节省人工成本，将有限的资金用于扩大生产经营。固定薪酬（包括基本工资和福利）应以中、低水平为主，可变工资是薪酬体系的重要组成部分。由于资金和资源的全面紧张，短期激励也应该控制。因此这个时期吸引和留住员工最主要的方式是长期激励，它能使企业的薪酬成本从固定成本转化为可变成本。

14. 当企业处于高速增长阶段时，市场占有率迅速提高，企业规模迅速扩大，有了相当的利润和经济效益，这时企业已有了一定的经济实力，但仍需要巨大的灵活性来投资于研发新产品、扩张能力和市场营销来帮助企业完成组织战略。企业报酬体系应该增强员工的那些和组织成长有关的行为如风险意识、创新、团队合作等。因此，处于高速增长阶段的企业适宜于采用标杆企业跟随型薪水策略，付给员工与市场持平的基本工资、较低水平的福利和较高的激励工资，这个政策的优势是从员工身上节省现金支出，当企业财务处于最好状态时支付员工较高的薪酬。

（六）论述题

1. 参见本章考点14。

2. 参见本章考点15。

第七章 薪酬结构设计

第一节 薪酬结构概述

一、自学要求和考核内容

1. 自学要求

通过本节的学习,要求考生能够掌握与薪酬结构有关的概念,理解薪酬结构的类型、薪酬结构的构成和薪酬结构设计的影响因素,以及薪酬结构的作用。

2. 考核内容

本节要求考生识记的内容主要包括:(1)薪酬结构的概念;(2)薪酬结构的构成要素;(3)薪酬等级的概念;(4)薪酬等级宽度的概念;(5)薪酬变动比率的概念;(6)薪酬区间中值的概念;(7)薪酬区间渗透度的概念;(8)相邻薪酬等级交叉重叠的概念;(9)薪酬等级差的概念;(10)工作导向的薪酬结构、技能导向的薪酬结构、绩效导向的薪酬结构和市场导向的薪酬结构的概念。

本节要求考生领会的内容主要包括:(1)工作导向的薪酬结构的优点与缺点;(2)与组织结构相匹配的薪酬结构类型;(3)理想的薪酬结构应达到的目的。

本节要求考生能将相关理论简单应用的内容包括:(1)薪酬区间渗透度的计算;(2)薪酬结构设计的影响因素;(3)薪酬结构的作用。

二、重要知识点

☆**考点1:薪酬结构的概念**

薪酬结构是指同一组织中不同职位或不同技能之间薪酬水平的比例关系,包括不同层次工作之间报酬差异的相对比值和不同层次工作之间报酬差异的绝对水平。

狭义的薪酬结构是指在同一组织内部不同职位或不同技能之间的薪酬水平的排列形式,主要是一种纵向等级关系,包括薪酬等级的数目、薪酬级差、等级区间以及级差决定标准等。

广义的薪酬结构还包括不同薪酬形式之间的比例关系,如基本薪酬、可变薪酬与福利薪酬之间的比例关系等,人们将这种关系称为薪酬组合。

薪酬结构主要反映了职位与员工之间基本薪酬的对比关系,它强调的是一个组织内部职位或技能薪酬等级的数量、不同职位或技能等级之间的薪酬差距以及确定这种差距的标准。

☆ **考点2：薪酬结构的构成要素**

包括薪酬等级、薪酬区间、相邻两个薪酬等级之间的交叉与重叠关系。

（1）薪酬等级。它是指在同一组织中,薪酬标准由于职位或者技能等级不同而形成的一种序列关系或梯次结构形式。

（2）薪酬等级宽度。它是指同一薪酬等级中,薪酬最高值与最低值之间的差距,也称为薪酬区间、薪酬等级幅度。它是某一薪酬等级内部允许薪酬变动的最大幅度。

确定薪酬等级宽度一般有两种做法:一种是根据不同的薪酬等级确定不同的等级宽度,即将薪酬宽度差别化,不设定具体的数值;二是根据经验数据确定,但这种以经验确定的各个级差的等级宽度变化还是有一定规律性。

☆☆ **考点3：薪酬变动比率的概念**

是指同一薪酬等级内部最高值与最低值之差,与最低值的比率,也称区间变动比率。其计算公式为:薪酬变动比率＝(最高薪酬值－最低薪酬值)÷最低薪酬值×100%。它是衡量薪酬区间的指标。薪酬变动比例的大小取决于特定职位所需的技能水平、任职资格等各种综合因素。

☆ **考点4：薪酬区间中值的概念**

也称薪酬范围中值、薪酬变动范围的中值或薪酬等级中值,它是薪酬结构管理中的一个非常重要的因素,它通常代表该等级职位在外部劳动力市场上的平均薪酬水平。跟薪酬区间中值相关的一个概念叫薪酬比较比率,表示员工实际获得的基本薪资与相应薪资等级的中值或者中值与市场平均水平薪资水平之间的关系。薪酬比较比率＝(实际所的薪酬—区间最低值)/区间中值。

☆☆☆ **考点5：薪酬区间渗透度**

是指员工在某一薪酬区间的实际基本薪酬与区间最低值之差和该区间最高值与最低值之差的百分比。反映了某一特定员工在其所在的薪酬区间中所处的相对位置,也就反映了员工薪酬水平的高低。其计算公式为:薪酬区间渗透度＝(实际所的基本薪酬—区间最低值)/(区间最高值—区间最低值)。

☆ **考点6：相邻薪酬等级交叉重叠的概念**

相邻薪酬等级交叉重叠是指除了最高薪酬等级的区间最高值与最低薪酬等级的区间最低值之外,其余各相邻薪酬等级的最高值和最低值之间往往会有一段交叉和重叠的区域。

交叉重叠出现的原因在于职位晋升的有限性不利于激励努力的员工,而交叉重叠可以用薪资的增长缓解职位晋升。

交叉重叠的程度取决于:薪酬等级内部的区间变动比率;薪酬等级的区间中值之间的极差。

☆**考点7:薪酬等级差的概念**

薪酬等级差,包括中点极差和中值极差,是指相邻两个薪酬等级中值之间的差距。极差越大说明等级数量越少,反之越多。极差越大,同一薪酬区间的变动比率越小,重叠度越小。

☆**考点8:工作导向的薪酬结构**

是指员工的薪酬主要根据其所担任的职务的重要程度、任职要求的高低以及劳动环境的影响等来决定的一种薪酬结构。

特点是:完成工作所需的技能越多、工作条件越差、该工作对组织的贡献越大,薪酬越高。职务和工资直接挂钩。

☆☆**考点9:工作导向的薪酬结构的优点与缺点**

优点在于可以根据客观的职位评价,能体现薪酬管理的公正性,实现职得其人和人尽其才,还实现同工同酬;缺点在于难以激励员工进行创新,难以反映同一职位上不同的员工的贡献差别,且易于产生官僚主义。

☆**考点10:技能导向的薪酬结构**

是根据员工所掌握的技能来确定的薪酬结构。有两种表现形式:一是以知识为基础的薪酬结构;二是以多重技能为基础的薪酬结构。

☆**考点11:绩效导向的薪酬结构**

是指员工的薪酬主要依据其近期劳动绩效确定。大多数并不是纯靠绩效获取薪资,而是在基本薪资的基础上将薪资与绩效挂钩。

优点在于激励效果好,能将员工的贡献与员工的收入结合起来,激励员工多劳多得,增强薪酬的公平性、激励性和竞争性。缺点在于只重视眼前利益,不注重长期发展,不利于员工之间的交流与合作。

☆**考点12:市场导向的薪酬结构**

是指根据市场上本组织竞争对手的薪酬水平来决定本组织的内部薪酬结构。

市场导向的薪酬结构确定实际上是以外部劳动力市场上的薪酬关系来决定本组织内部的薪酬结构。

【历年真题】(2013年10月)单项选择题:

以知识为基础的薪酬结构属于( )

A. 绩效导向的薪酬结构　　　　B. 技能导向的薪酬结构

C. 市场导向的薪酬结构　　　　D. 工作导向的薪酬结构

【参考答案】 B

☆☆考点13：与组织结构相匹配的薪酬结构类型

与组织结构相匹配的薪酬结构有三种基本类型：平等式薪酬结构、等级式薪酬结构、网络式薪酬结构。

（1）平等式薪酬结构的主要特征是：薪酬等级数目较少，相邻等级之间以及最高与最低薪酬之间的差距较小。有利于提高大部分员工的满意度，促进团队合作，但是员工薪酬之间的差距过小也会削弱员工之间的竞争意识，在一定程度上阻碍了个人绩效的提高。

（2）等级式薪酬结构的主要特征是：薪酬等级数目较多，相邻等级之间以及最高于最低薪酬之间的差距较大。

（3）网络式薪酬结构的主要特征是：薪酬等级结构和薪酬等级标准多以市场变动为依据，比较关注跨组织之间人员和能力的结合。一般而言，与成熟的等级型组织结构相匹配的多是等级式薪酬结构；与不稳定的平行型组织结构相匹配的多是平等式薪酬结构；而网络型的组织结构多采纳网络式薪酬结构。

【历年真题】（2013年10月）单项选择题：

薪酬等级结构和薪酬标准多以市场变动为依据，同时比较关注跨组织之间的人员和能力的结合。具备这种特征的薪酬结构类型是（　　）

A. 平等式薪酬结构　　　　　B. 等级式薪酬结构
C. 垂直式薪酬结构　　　　　D. 网络式薪酬结构

【参考答案】 D

☆☆☆考点14：薪酬结构设计的影响因素

1. 企业特性。（1）企业的经营战略；（2）企业的生命周期。
2. 员工的特性。（1）开放程度，是指员工的个性外向与内向；（2）知识共享程度。
3. 经济社会环境的特性。（1）保障型环境；（2）激励型环境。结合教材各知识点展开论述。

【历年真题】（2010年10月）单项选择题：

薪酬系统设计的内部影响因素是（　　）

A. 行业行情和产品市场　　　B. 劳动力市场
C. 当地经济发展水平　　　　D. 工会（其他属于—外部影响因素）

【参考答案】 D

【历年真题】（2011年01月）单项选择题：

薪酬系统设计的外部影响因素是（　　）

A. 企业价值观　　B. 劳动力市场　　C. 员工素质　　D. 企业战略

【参考答案】 B

【历年真题】 (2012年10月)单项选择题：
薪酬系统设计的内部影响因素是( )
A. 当地经济发展水平　　　　B. 劳动力市场
C. 企业文化　　　　　　　　D. 宏观经济政策和经济体系
【参考答案】 C

☆☆☆考点15：薪酬结构的作用
(1) 对管理者有显著的激励效果。
(2) 是薪酬支付的客观标准。
(3) 体现组织结构与具体管理模式。
(4) 促进组织变革与发展。
(5) 具有增值作用。
结合教材P249各点展开论述。

第二节　薪酬结构设计

一、自学要求和考核内容

1. 自学要求

通过本节学习,要求考生能够掌握薪酬结构设计的目的与原则,理解岗位性质的分类,领会薪酬结构设计的准备工作和前提,学会运用薪酬结构设计的方法和薪酬结构设计的步骤。

2. 考核内容

本节要求考生识记的内容主要包括：(1)薪酬结构设计的目的；(2)岗位性质的分类。

本节要求考生领会的内容主要包括：(1)薪酬结构设计的原则；(2)薪酬结构设计准备工作。

本节要求考生能将相关理论简单应用的内容是：薪酬结构设计的方法。

本节要求考生能将相关理论综合应用的内容是：薪酬结构设计的基本步骤。

二、重要知识点

☆考点16：薪酬结构设计的目的
(1) 确保企业合理控制成本。
(2) 帮助企业有效激励员工。

☆☆考点17：薪酬结构设计的原则
战略导向原则；内部一致性原则；外部竞争性原则；经济性原则；激励性原

则;按工作流程支付原则;动态原则。

【历年真题】（2010年10月）单项选择题:
企业的薪酬系统一般要达到的目标包括( )
A. 有效性　　B. 灵活性　　C. 公平性　　D. 合法性　　E. 差别性
【参考答案】 ACD

【历年真题】（2011年01月）多项选择题:
薪酬结构设计的基本原则包括( )
A. 公平性原则　　B. 激励性原则　　C. 差别性原则　　D. 竞争性原则
E. 合法性原则
【参考答案】 ABDE

☆☆**考点18：薪酬结构设计准备工作**
（1）在分析公司战略的基础上,确定人力资源战略,制定企业的薪酬策略。
（2）完成岗位分析,并得到岗位说明书、岗位分类、岗位编制。
（3）通过外部对标、内部诊断,做好企业内外薪酬调查,并且企业薪酬水平的确定和调整标准应建立在内外公平的基础上。

☆☆☆**考点19：薪酬结构设计的方法**
（1）基准职位定价法。主要利用市场薪酬调查来获得基准职位的市场薪酬水平,进而确定薪酬结构。
（2）直接定价法。即企业内所有职位的薪酬完全由外部市场决定,根据外部市场各职位的薪酬水平直接建立企业内的薪酬结构。
（3）设定工资调整法。即企业根据经营状况自行设定基准职位的薪酬标准,然后再根据工作评价结果设计的薪酬结构。
（4）当前工资调整法。即在当前工资的基础上对原企业薪酬结构进行调整或再设计。

【历年真题】 （2013年10月）单项选择题:
在薪酬结构设计的方法中,企业根据经营状况自行设定基准职位的薪酬标准,然后再根据工作评价结果设计薪酬结构的方法是( )
A. 直接定价法　　　　　　　　B. 当前工资调整法
C. 设定工资调整法　　　　　　D. 基准职位定价法
【参考答案】 C

☆☆☆☆**考点20：薪酬结构设计的基本步骤**
（1）薪酬政策线的制定,主要作用是确定企业薪酬的总体趋势。
（2）薪酬等级的确定,包括等级数目的设计、最高与最低等级之间的薪酬差的设计等。
（3）薪酬等级范围的确定,包括区间中值的设定和区间重叠度的确定。

（4）薪酬结构的调整，纵向结构调整和横向结构调整。

第三节　宽带薪酬结构

一、自学要求和考核内容

1. 自学要求

通过本节的学习，要求考生能够掌握宽带薪酬结构的概念和类型，领会宽带薪酬结构的特征和宽带薪酬结构的实施条件，学会运用宽带薪酬结构的优势与局限性、宽带薪酬的适用性分析和宽带薪酬结构设计的步骤。

2. 考核内容

本节要求考生识记的内容主要包括：（1）宽带型薪酬和宽带薪酬结构的概念；（2）宽带薪酬结构的类型。

本节要求考生领会的内容主要包括：（1）宽带薪酬结构的特征；（2）宽带薪酬制度的实施条件。

本节要求考生能将相关理论简单应用的内容包括：（1）宽带薪酬结构的优势与局限性；（2）宽带薪酬的适用性；（3）宽带薪酬结构设计的步骤。

二、重要知识点

☆考点21：宽带型薪酬和宽带薪酬结构的概念

宽带薪酬结构是指对多个薪酬等级以及薪酬变动范围进行重新组合，从而变成只有相对较少的薪酬等级以及相应较宽的薪酬变动范围。

宽带薪酬的功能在于它激励着横向地流动，即员工长时间处于同一薪酬等级中，在原有的岗位上不断改善自己的绩效，获得更多甚至超过更高等级员工的薪酬。也使得管理者担负更大的责任。

【历年真题】　（2010年10月）单项选择题：

对多个薪酬等级以及薪酬变动范围进行重新组合，从而变成只有相对较小的薪酬等级以及相应的较宽薪酬变动范围。这一企业薪酬系统称为（　　）

A. 弹性工资体系　B. 可变薪酬体系　C. 非货币薪酬体系　D. 宽带薪酬

【参考答案】　D

☆考点22：宽带薪酬结构的类型

（1）纵向宽带。是指企业根据机构的等级由下而上建立起来的一套立式宽带系统。

（2）横向宽带。是指企业根据工作族来建立的宽带。每一个宽带所包含的职别都是属于同一职业锚，没有互相管辖的关系。

☆☆**考点23：宽带薪酬结构的特征**

（1）加大专业人员、管理人员和领导者的工资线差距，即减少公司薪酬等级。

（2）增大薪资范围和增多薪级，让每个员工都有广泛的提薪空间。

（3）职务和工资等级主要取决于本人的专业水平。

（4）压缩了级别，并将每个级别对应的薪酬范围拉大。

☆☆☆**考点24：宽带薪酬结构的优势与局限性**

1. 优势：

（1）支持扁平型组织结构。

（2）能引导员工重视个人技能的增长和能力的提高。

（3）有利于职位轮换，培育员工跨职能能力的开发与成长。

（4）能密切配合劳动力市场上的供求变化。

（5）有利于管理人员以及人力资源管理专业人员的角色转变。

（6）有利于推动良好的工作绩效。

2. 局限性：

（1）给员工心理造成不稳定感。

（2）使得晋升成为比较困难的事情。

（3）并不适用所有的组织。

（4）制度实施的入门门槛过高。

☆☆☆**考点25：宽带薪酬的适用性**

实施宽带薪酬应满足：(1)要求企业人力资源体系健全。(2)适合技术型、创新型企业。(3)比较适合技术和管理类员工。

☆☆☆**考点26：宽带薪酬结构设计的步骤**

（1）确定薪酬宽带的数量。

（2）对宽带进行定价。

（3）将员工放入薪酬宽带中的特定位置。

（4）跨级别的薪酬调整以及宽带内部的薪酬调整。

☆☆**考点27：宽带薪酬制度的实施条件**

（1）积极参与型的管理风格。

（2）以工作表现为重点的薪酬决定因素。

（3）具有良好的沟通文化。

（4）需要积极的员工发展工具与之配套。

（5）拥有一支高素质的薪酬管理人员队伍。

（6）建立科学的评估机制，做好任职资格及薪酬评级工作。

三、同步练习题

（一）单项选择题

1. 薪酬结构要解决的问题是 （   ）
   A. 薪酬外部的竞争力　　　　　B. 组织内部不同职位等的薪酬差距
   C. 薪酬的有效性　　　　　　　D. 薪酬的形式
2. 薪酬结构主要反映的是 （   ）
   A. 职位与员工之间基本薪酬的对比关系
   B. 本企业薪酬与竞争对手的薪酬的对比关系
   C. 内部一致性和外部竞争性之间的平衡
   D. 可变薪酬的等级结构
3. 与计算薪酬变动比率不相关的因素是 （   ）
   A. 最高值　　　B. 最低值　　　C. 中值　　　D. 薪酬等级数量
4. 与薪酬区间中值有关的一个重要概念是 （   ）
   A. 薪酬变动比率　　　　　　　B. 薪酬区间渗透度
   C. 薪酬比较比率　　　　　　　D. 薪酬区间叠幅
5. 考察员工薪酬水平的一个很有用的工具是 （   ）
   A. 薪酬变动比率　　　　　　　B. 薪酬区间渗透度
   C. 薪酬比较比率　　　　　　　D. 薪酬区间叠幅
6. 薪酬区间渗透度反映了一位特定员工在其所在薪酬区间中的 （   ）
   A. 相对地位　　B. 重要程度　　C. 身份地位　　D. 绝对地位
7. 薪酬等级建立的基础是 （   ）
   A. 市场薪酬线　　B. 薪酬结构　　C. 薪酬调查　　D. 岗位价值评估
8. 企业薪酬政策线是用于指导公司的薪酬设计的重要工具，其制定的主要依据是 （   ）
   A. 市场薪酬线　　B. 薪酬调查　　C. 工资范围　　D. 企业薪酬结构
9. 同一薪酬等级中，薪酬最高值与最低值之间的差距指的是 （   ）
   A. 薪酬变动比率　B. 薪酬级别　　C. 薪酬等级宽度　D. 薪酬结构
10. 薪酬设计人员用来判断公司工资水平的竞争力的是 （   ）
    A. 薪酬结构　　B. 相对比率　　C. 薪酬水平线　　D. 薪酬定位
11. 以下不属于工作导向的薪酬结构的是 （   ）
    A. 一岗一薪制　B. 岗位工资制　C. 职务工资制　D. 技术工资制
12. 1000人的企业薪酬等级一般划分 （   ）
    A. 15~16级　　B. 25级　　　　C. 9~10级　　　D. 5级

13. 中级管理类的薪酬等级宽度可为 （　　）
   A. 15%～25%　　B. 40%～60%　　C. 25%～40%　　D. 2～5倍
14. 用来分析出某一特定员工长期薪酬变化趋势的指标是 （　　）
   A. 薪酬区间中值　B. 薪酬区间渗透度　C. 薪酬变动比率　D. 薪酬等级宽度
15. 办公室文员的薪酬变动比率为 （　　）
   A. 10%～30%　　B. 40%～60%　　C. 50%～100%　　D. 25%～40%
16. 代表某等级职位在外部劳动力市场上的平均薪酬水平的指标是 （　　）
   A. 薪酬区间中值　B. 薪酬区间渗透度　C. 薪酬级差　D. 薪酬等级幅度
17. 大多数企业的薪酬区间中值一般取决于 （　　）
   A. 市场薪酬水平和公司薪酬策略　　B. 市场薪酬水平和员工的历史薪酬
   C. 员工的历史薪酬和公司的薪酬策略　D. 公司的薪酬策略和市场形势
18. 某薪酬区间中值为3000元，以最低值为基础的薪酬变动比率为50%，则据此计算的薪酬区间最低值和最高值分别为 （　　）
   A. 2000元和4000元　　　　B. 2400元和3600元
   C. 2500元和3600元　　　　D. 2400元和3750元
19. 相邻等级间薪酬区间的重叠程度取决于两个因素：一是薪酬等级间的区间中值级差；一是薪酬等级内的 （　　）
   A. 薪酬比较比率　B. 区间变动比率　C. 薪酬区间中值　D. 区间渗透度
20. 宽带型薪酬结构的作用不包括 （　　）
   A. 使薪酬等级变多　　　　B. 有利于职位轮换
   C. 引导员工重视个人技能　　D. 有利于提升企业的核心竞争优势
21. 下列有关薪酬级差的说明中，不正确的是 （　　）
   A. 薪酬级差对低一级的员工激励作用大，对高一级的员工激励作用小
   B. 薪酬级差越大，成本越高　　C. 薪酬级差越大，等级越少
   D. 高级别职位的薪酬级差要小一些，低级别职位的薪酬级差要大一些
22. 销售提成工资属于 （　　）
   A. 技能导向的薪酬结构　　B. 工作导向的薪酬结构
   C. 绩效导向的薪酬结构　　D. 组合薪酬结构
23. 有利于激励员工提高技术、能力的薪酬结构是 （　　）
   A. 以绩效为导向　B. 以技能为导向　C. 以市场为导向　D. 以工作为导向
24. 各个相邻的工资等级浮动幅度在数值上的交叉程度是指 （　　）
   A. 薪酬差距　B. 薪酬档次　C. 浮动幅度　D. 薪酬等级重叠
25. 薪酬区间渗透度是指员工在某一薪酬区间的实际基本薪酬与区间最低值之差和该区间 （　　）
   A. 最高值与最低值之差的百分比　B. 最低值和中值之比

C. 最高值与中值之比　　　　　D. 最高值与最低值之比

26. 对多个薪酬等级以及薪酬变动范围进行重新组合，从而变成只有相对较小的薪酬等级以及相应的较宽薪酬变动范围。这一企业薪酬系统称为（　　）

A. 弹性工资体系　B. 可变薪酬体系　C. 非货币薪酬体系　D. 宽带薪酬

27. 与薪酬支付标准相匹配的薪酬结构类型是（　　）

A. 平等式薪酬结构　　　　　B. 工作导向的薪酬结构

C. 等级式薪酬结构　　　　　D. 网络式薪酬结构

28. 下列哪项不是薪酬结构设计的原则（　　）

A. 目标双赢原则　B. 战略导向原则　C. 外部竞争原则　D. 经济性原则

29. 企业倾向于推行弹性比例较小，薪酬差距较小的薪酬结构，一般是在下列哪种企业战略下推行的（　　）

A. 差异化战略　B. 成本领先战略　C. 创新战略　D. 技术领先战略

30. 下列哪项不是薪酬设计的类型（　　）

A. 以绩效为导向的薪酬结构　　B. 以工龄为导向的薪酬结构

C. 以工作为导向的薪酬结构　　D. 以能力为导向的薪酬结构

31. 下列哪项是薪酬结构不能反映的（　　）

A. 一个组织内职位的数量　　　B. 一个组织内技能等级的数量

C. 不同职位之间的薪酬差距　　D. 员工的生活状况

32. 狭义的薪酬结构主要包括（　　）

A. 薪酬等级、薪酬区间和相邻两个薪酬等级之间的交叉与重叠

B. 不同薪酬等级的薪酬变动范围和基本薪酬可变薪酬等之间的比例

C. 不同薪酬形式之间的比例关系

D. 薪酬变动方向和薪酬等级数量

33. 宽带薪酬的最大特点是（　　）

A. 扩展级别　　　　　　　　B. 压缩级别

C. 金字塔的管理模式　　　　D. 促进员工团结

34. 国内外关于薪酬结构有很多的观点，薪酬结构是组成薪酬体系的各组成部分的比例关系，是属于下列哪一种观点（　　）

A. 工资率说　B. 比例关系说　C. 薪酬水平说　D. 结构功能说

35. 宽带薪酬结构有利于员工（　　）

A. 职位晋升　B. 技能增长　C. 同工同酬　D. 统一领导

36. 薪酬最高值和最低值之差被称为（　　）

A. 区间中值　B. 薪酬等级宽度　C. 薪酬等级长度　D. 区间重叠度

37. 在"无边界"组织中，以及强调低专业化程度、多职能工作的组织中常用的薪酬结构是（　　）

A. 组合薪酬结构 B. 技能薪酬结构 C. 宽带薪酬结构 D. 绩效薪酬结构

38. 宽带薪酬结构支持下列哪种组织结构 （　　）
   A. 矩阵型组织结构　　　　　B. 网络型组织结构
   C. 扁平型组织结构　　　　　D. 层级型组织结构

39. 关于以绩效为导向的薪酬结构说法错误的是 （　　）
   A. 销售提成工资属于以绩效为导向的薪酬结构
   B. 以绩效为导向的薪酬结构强调个人的绩效
   C. 计件工资属于以绩效为导向的薪酬结构
   D. 以绩效为导向的薪酬结构的基础缺乏公平性

40. 根据竞争对手的薪酬水平来决定内部薪酬的结构是 （　　）
   A. 技能导向的薪酬结构　　　B. 绩效导向的薪酬结构
   C. 工作导向的薪酬结构　　　D. 市场导向的薪酬结构

41. 与组织结构不相匹配的薪酬结构类型是 （　　）
   A. 平等式薪酬结构　　　　　B. 等级式薪酬结构
   C. 垂直式薪酬结构　　　　　D. 网络式薪酬结构

42. 在企业薪酬结构设计时应充分考虑到企业自身的收入与成本，反映的是薪酬结构设计的哪个原则 （　　）
   A. 外部竞争性原则　　　　　B. 激励性原则
   C. 战略导向性原则　　　　　D. 经济性原则

43. 企业根据经营状况自行设定基准职位，然后根据工作评价结果反映的是薪酬结构设计的哪种方法 （　　）
   A. 当前工资调整法　　　　　B. 设定工资调整法
   C. 直接定价法　　　　　　　D. 基准职位定价法

44. 下列不属于宽带薪酬优势的是 （　　）
   A. 支持扁平组织结构　　　　B. 利于职位晋升
   C. 注重技能的增长　　　　　D. 利于工作绩效提升

45. 基于工作为导向的薪酬方案的基本优点有 （　　）
   A. 有利于解决公平问题　　　B. 有利于创建高弹性的工作
   C. 有利于交叉培训　　　　　D. 有利于促进员工不断提高能力水平

46. 基于技能为导向的薪酬设计方案的设计依据有 （　　）
   A. 员工技能分析　　　　　　B. 职位薪酬因子评价
   C. 员工绩效评估　　　　　　D. 薪酬市场调研

47. 强调企业必须从企业长远发展角度进行分析反映的是薪酬结构设计的哪个原则 （　　）
   A. 外部竞争性原则　　　　　B. 激励性原则

C. 战略导向性原则 　　　　　　D. 经济性原则
48. 下列不属于宽带薪酬缺点的是　　　　　　　　　　　　　（　）
　　A. 不利于团队绩效　　　　　　B. 给员工心理造成不稳定感
　　C. 不利于职位晋升　　　　　　D. 要求较高的技术条件
49. 薪酬结构设计的主要目的是确保企业合理控制成本和　（　）
　　A. 增加收入　　B. 变革组织结构　C. 有效激励员工　D. 调整企业战略
50. 全面考虑了员工对企业的投入的薪酬结构是　　　　　　（　）
　　A. 职能薪酬制　　B. 绩效薪酬制　　C. 谈判薪酬制　　D. 组合薪酬制

(二) 多项选择题

1. 薪酬结构反映的是　　　　　　　　　　　　　　　　　　（　）
　　A. 一个组织内职位的数量　　　B. 一个组织内技能等级的数量
　　C. 不同职位之间的薪酬差距　　D. 不同技能等级之间的薪酬差距
　　E. 确定薪酬差距的标准
2. 一个完整的薪酬结构包括　　　　　　　　　　　　　　　（　）
　　A. 薪酬的等级数量　　　　　　B. 同一薪酬等级内部的薪酬变动范围
　　C. 薪酬变动范围　　　　　　　D. 薪酬变动比率
　　E. 相邻两个薪酬等级之间的交叉与重叠的关系
3. 与薪酬区间叠幅有关的因素有　　　　　　　　　　　　　（　）
　　A. 薪酬等级的区间中值之间的级差　B. 薪酬等级内部的区间变动比率
　　C. 薪酬区间渗透度　　D. 薪酬变动区间　　E. 薪酬区间中值
4. 薪酬宽带的作用有　　　　　　　　　　　　　　　　　　（　）
　　A. 弱化了既得利益　　　　　　B. 有利于员工的长期职业发展
　　C. 适用于传统的职位薪酬体系
　　D. 特别适合于技能薪酬体系和能力薪酬体系
　　E. 强调了员工的能力、绩效对组织的重要性
5. 下面关于工作导向的薪酬结构的描述不正确的是　　　　（　）
　　A. 客观性较强　　　　　　　　B. 容易实现同工同酬
　　C. 工作条件越差,薪酬越高　　D. 薪酬与工作岗位和职务直接挂钩
　　E. 薪酬与员工的实际贡献相关
6. 下列属于以绩效为导向的薪酬是　　　　　　　　　　　　（　）
　　A. 计件工资制　　B. 销售提成工资制　　　C. 谈判工资
　　D. 计时工资制　　E. 岗位技能工资制
7. 薪酬结构构成的主要包括以下要素　　　　　　　　　　　（　）
　　A. 薪酬等级　　　　　　　B. 同一薪酬等级内部的薪酬变动范围

C. 薪酬不同形式间的比例 D. 相邻两个薪酬等级之间的交叉与重叠关系
E. 薪酬区间

8. 以下属于影响薪酬结构设计的因素的是 （　　）
   A. 员工特性　　　　　　　　B. 经济社会环境特性
   C. 群体特性　　　D. 企业特性　　　E. 知识共享程度

9. 分析某一特定员工的长期薪酬变化趋势可以考察以下哪些指标
   （　　）
   A. 薪酬变动比率　　B. 薪酬区间中值　　C. 薪酬比较比率
   D. 薪酬区间渗透度　　　　　　E. 薪酬区间重叠度

10. 薪酬结构设计的基本原则包括 （　　）
    A. 战略导向原则　　　　　　B. 内部一致性原则
    C. 差别性原则　　D. 外部竞争性原则　　E. 动态原则

11. 目前，国内外关于薪酬结构有哪几种观点 （　　）
    A. 比例关系说　　B. 结构功能说　　C. 工资率说
    D. 薪酬水平说　　E. 组织代表说

12. 下列属于宽带薪酬制度实施条件的是 （　　）
    A. 积极参与型的管理风格　　B. 需要积极的员工发展工具与之配套
    C. 拥有一支高素质的薪酬管理人员队伍　　D. 具有良好的沟通文化
    E. 建立科学的评估机制，做好任职资格及薪酬评级工作

13. 和薪酬区间渗透度计算公式相关的指标是 （　　）
    A. 区间最低值　　B. 区间最高值　　C. 区间中值
    D. 预期所得基本薪酬　　　　　　E. 实际所得基本薪酬

14. 下列属于薪酬结构类型的有 （　　）
    A. 技能导向的薪酬结构　　　B. 动机导向的薪酬结构
    C. 市场导向的薪酬结构　　　D. 工龄导向的薪酬结构
    E. 集体导向的薪酬结构

15. 薪酬结构的作用有 （　　）
    A. 对管理者有显著的激励效果　　B. 体现组织结构与具体管理模式
    C. 促进组织变革与发展　　　D. 减小贫富差距
    E. 有利于缓和劳资双方的矛盾

16. 薪酬结构设计的方法有 （　　）
    A. 间接定价法　　B. 基准职位定价法　　C. 直接定价法
    D. 设定工资调整法　　E. 当前工资调整法

17. 薪酬结构纵向调整可以采用的方法有 （　　）
    A. 增大薪酬幅度　　　　　　B. 减小薪酬幅度

C. 增加薪酬等级　　　　　　D. 减少薪酬等级
E. 调整不同等级的人员规模和薪酬比例

18. 属于宽带薪酬的特征的是　　　　　　　　　　　　（　　）
A. 压缩级别　　　　B. 扩展级别　　　C. 薪酬等级多
D. 薪酬等级少　　　E. 可以用加薪取代晋升

19. 宽带薪酬的局限性有　　　　　　　　　　　　　　（　　）
A. 使员工心理不稳定　　　　B. 需要较高的人力资源管理体系的要求
C. 形成消极的管理风格　　D. 晋升更困难　　E. 具备好的沟通文化

20. 绩效导向的薪酬结构体现在　　　　　　　　　　　（　　）
A. 比较多地用于研发类企业　　B. 技能与职位也是需要考虑的因素
C. 绩效工资占比较大　　D. 适用于所有企业　　E. 促进员工团结

（三）填空题

1. 薪酬等级宽度实际上就是同一薪酬等级中,薪酬_____与最低值之间的差距。

2. 薪酬变动比率,也称_____。

3. _____是表示员工实际获得的基本薪资与相应薪资等级的中值或者是中值与市场平均水平薪资水平之间的关系。

4. _____反映了某一特定员工在其所在的薪酬区间中所处的相对位置。

5. 相邻薪酬等级交叉重叠的程度取决于:薪酬等级内部的_____;薪酬等级的区间中值之间的极差。

6. 薪酬结构的构成要素包括_____、薪酬区间、相邻两个薪酬等级之间的交叉与重叠关系。

7. 薪酬区间渗透度=(实际所的基本薪酬—_____)/(区间最高值—区间最低值)。

8. 薪酬等级差,包括中点极差和中值极差,是指相邻两个_____之间的差距。

9. 员工的薪酬主要依据其近期劳动绩效确定,是_____的薪酬结构。

10. 与组织结构相匹配的薪酬结构类型有平等式薪酬结构、_____、网络式薪酬结构。

11. 宽带薪酬制度需要_____型的管理风格。

12. 宽带薪酬结构设计的第二个步骤是_____。

13. 宽带薪酬模式比较适合技术和_____类的员工。

14. 宽带薪酬模式比较适合技术型、_____企业。

15. 宽带薪酬要求企业_____体系健全。
16. 宽带薪酬会给员工心理造成_____。
17. 宽带薪酬会使_____成为一个比较困难的事情。
18. 宽带薪酬有利于_____，培育员工跨职能能力的开发与成长。
19. 宽带薪酬结构支持_____组织结构。
20. _____是由每个薪酬等级的中值所构成的一条趋势线，主要作用是确定企业薪酬的总体趋势。
21. 宽带薪酬的最大特征是_____。
22. _____是指企业根据机构的等级由下而上建立起来的一套立式宽带系统。
23. 薪酬结构设计的目的一是确保企业合理控制成本，二是帮助企业_____。
24. 薪酬结构的作用其中对管理者有显著的_____。
25. 经济社会环境特征可以分为_____环境和激励型环境。
26. 企业的生命周期一般被分为创立期、_____、发展期和衰退期。
27. _____的薪酬结构根据市场上本组织竞争对手的薪酬水平来决定本组织的内部薪酬结构。
28. _____的薪酬结构是根据员工所掌握的技能来确定的薪酬结构。
29. _____的薪酬结构是指员工的薪酬主要根据其所担任的职务的重要程度。任职要求的高低以及劳动环境的影响等来决定的一种薪酬结构。
30. 薪酬结构主要反映职位与员工之间基本薪酬的_____关系。

（四）名词解释

1. 薪酬结构 2. 相邻薪酬等级交叉重叠 3. 纵向宽带 4. 宽带薪酬结构 5. 市场导向的薪酬结构 6. 工作导向的薪酬结构 7. 薪酬等级差 8. 技能导向的薪酬结构

（五）简答题

1. 什么是宽带薪酬？
2. 宽带型薪酬结构的特点及其作用是什么？
3. 薪酬结构由哪些要素构成？
4. 薪酬结构的类型有哪些？设计的原则是什么？
5. 实施宽带薪酬应满足的条件有哪些？
6. 宽带薪酬结构的特征是什么？

(六) 论述题

1. 影响薪酬结构设计的因素有哪些？
2. 试述薪酬结构的作用。
3. 试述薪酬结构设计的方法。
4. 论述薪酬结构设计的基本步骤。
5. 试述宽带薪酬结构的适用性。
6. 论述宽带薪酬结构设计的步骤。
7. 论述宽带薪酬结构的优势与局限性。
8. 试述薪酬区间渗透度的计算。

【本章参考答案】

(一) 单选题

1–5　BADCB　6–10　ADACB　11–15　DACBD　16–20　AABBA
21–25　DCBDA　26–30　DBABB　31–35　DABAB　36–40　BCCDD
41–45　CDBBA　46–50　ACACD（各题知识点在教材中的页码分别为：231、231、233、235、236、236、232、254、233、235、238、232、233、236、234、234、235、233、238、264、257、241、240、237、235、261、238、250、247、244、231、231–232、263、231、264、233、263、264、241、242、245、251、254、265、239、240、250、268、250、243）

(二) 多选题

1. ABCDE　2. ABE　3. AB　4. ABCDE　5. ABCD　6. AB　7. ABDE
8. ABDE　9. CD　10. ABDE　11. ACD　12. ABCDE　13. ABE
14. AC　15. ABC　16. BCDE　17. DCE　18. ADE　19. ABD　20. AC
（各题知识点在教材中的页码分别为：231、231、238、264、239、244、232、246、235、250、231、273、235、238、249、254、260、263、268、241）

(三) 填空题

1. 最高值　2. 区间变动比率　3. 薪酬比较比率　4. 薪酬区间渗透度
5. 区间变动比率　6. 薪酬等级　7. 区间最低值　8. 薪酬等级中值　9. 绩效导向　10. 等级式薪酬结构　11. 积极参与　12. 对宽带进行定价　13. 管理
14. 创新型　15. 人力资源管理　16. 不稳定感　17. 晋升　18. 职位轮换
19. 扁平型　20. 薪酬政策线　21. 压缩级别　22. 纵向宽带　23. 有效激励员工　24. 激励效果　25. 保障型　26. 成长期　27. 市场导向　28. 技能导向
29. 工作导向　30. 对比（各题知识点在教材中的页码分别为：233、233、235、235、238、232、235、238、241、245、273、272、270、270、269、268、268、265、264、254、

263、262、250、249、248、247、242、240、238、231）

（四）名词解释

1. 指同一组织中不同职位或不同技能之间薪酬水平的比例关系,包括不同层次工作之间报酬差异的绝对值和不同层次工作之间报酬差异的绝对水平。

2. 是指除了最高薪酬等级的区间最高值与最低薪酬等级的区间最低值之外,其余各相邻薪酬等级的最高值和最低值之间往往会有一段交叉和重叠的区域。

3. 是指企业根据机构的等级由下而上建立起来的一套立式宽带系统。

4. 是指对多个薪酬等级以及薪酬变动范围进行重新组合,从而变成只有相对较少的薪酬等级以及相应较宽的薪酬变动范围。

5. 是根据市场上本组织竞争对手的薪酬水平来决定本组织的内部薪酬结构。

6. 是指员工的薪酬主要根据其所担任的职务的重要程度.任职要求的高低以及劳动环境的影响等来决定的一种薪酬结构。

7. 是指相邻两个薪酬等级中值之间的差距。

8. 是指根据员工所掌握的技能来确定的薪酬结构。

（五）简答题

1. 宽带薪酬作为一种与企业组织扁平化、流程再造、团队导向、能力导向等管理战略相匹配的新型薪酬结构应运而生。

2. 参见本章考点23 和24 的优势。

3. 参见本章考点2。

4. （1）工作导向的薪酬结构;（2）技能导向的薪酬结构;（3）绩效导向的薪酬结构;（4）市场导向的薪酬结构;（5）组合薪酬结构。另参见本章考点17。

5. 参见本章考点25。

6. 参见本章考点23。

（六）论述题

1. 参见本章考点14。

2. 参见本章考点15。

3. 参见本章考点19。

4. 参见本章考点20。

5. 参见本章考点25。

6. 参见本章考点26。

7. 参见本章考点24。

8. 参见本章考点5。并结合教材 P235－236 内容阐述。

第八章 基本薪酬体系设计

第一节 薪酬体系概述

一、自学要求和考核内容

1. 自学要求

通过本节的学习,要求考生能够领会薪酬分配的基础,理解薪酬内容的构成,并掌握薪酬体系的类型。

2. 考核内容

本节要求考生识记的内容主要包括:①劳动的不同形态;②基本薪酬、绩效薪酬、成就薪酬、综合薪酬的概念;③综合薪酬的类型。

本节要求考生领会的内容主要包括:①常用的货币性薪酬工具;②薪酬体系的类型。

二、重要知识点

☆**考点1:劳动的不同形态**

(一)潜在的劳动——可能的贡献,是指蕴藏在个体身上的劳动能力。按潜在劳动计量薪酬,有利于鼓励员工进行人力资本投资。

(二)流动的劳动——现实的付出,是指人力资源个体在工作岗位上的活动,是已经付出的劳动。按流动劳动计量薪酬,适用于那些难以计算或者不必计算工作定额、不存在竞争关系而只要求按时出勤的岗位。

(三)凝固的劳动——实现的价值,是指劳动付出后的成果。按凝固劳动计量薪酬,能比较准确地表明劳动价值的大小,也便于发挥薪酬管理的激励功能。

☆**考点2:薪酬内容的构成**

薪酬内容包括基本薪酬、绩效薪酬、成就薪酬、综合薪酬和其他薪酬。

基本薪酬是雇主为已经完成的工作而支付的基本现金报酬。根据员工的熟练程度、任务的复杂程度、劳动强度、责任大小、工作环境,并考虑劳动者的学历、资历等因素,按照劳动者实际完成的劳动定额、工作时间或劳动消耗而支付。包括:基础薪酬、工龄薪酬、职务薪酬、技能薪酬、岗位薪酬以及学历薪酬等。

绩效薪酬是指将员工的薪酬与员工的工作努力程度和劳动成果直接挂钩确定的薪酬。

成就薪酬是指员工在较长时间内为组织做出重大贡献后,组织以提高基本薪酬的形式支付的薪酬。属于永久性增加薪酬,不同于绩效薪酬的暂时性。

综合薪酬主要有:(1)劳动分红,是指企业在每年年终时从所获得的利润中按比例提取分红基金,按员工的劳动贡献以红利形式分配给员工个人的劳动收入。(2)员工持股计划,具体包括股票购买和股票奖励计划两部分,是公司提供给员工普通股票的整体性奖励方法。(3)股票期权,是指企业给予员工的一种权利,员工可以凭此权利在一定时间内以一个固定的价格购买该企业一定数量的股票,到期后可以行使也可以放弃。

其他薪酬包括以附加报酬或福利形式支付给劳动者的报酬,有免费的工作餐、优惠的住房、医疗保险、带薪休假等。

薪酬内容还有非货币形式,如:赞扬与认可、工作安全感、挑战性的工作、学习的机会、和谐的同事关系。

☆☆**考点3:常用的货币性薪酬工具**
(1)股票增值权;(2)受限股票;(3)虚拟股票。

☆☆**考点4:薪酬体系的类型**
(1)职位薪酬体系。(2)技能薪酬体系。(3)能力薪酬体系。(4)绩效薪酬体系。

【历年真题】 (2011年01月)单项选择题:
目前从世界范围来看,使用最多的薪酬体系是( )
A. 基于职位的薪酬体系　　　　B. 基于能力的薪酬体系
C. 基于职务的薪酬体系　　　　D. 基于绩效的薪酬体系
【参考答案】 A

【历年真题】 (2012年01月)单项选择题:
在企业的薪酬制度中,以员工担任的工作(职务、岗位)所要求的劳动责任、劳动强度、劳动条件等评价要素所确定的岗位(职位)系数为支付工资报酬的依据。工资多少以岗位(职位)为转移,岗位(职位)成为发放工资的唯一或主要标准的一种工资支付制度是 ( )
A. 基于人的薪酬制度　　　　B. 基于工作的薪酬制度
C. 基于绩效的薪酬制度　　　　D. 基于能力的薪酬制度
【参考答案】 B

第二节　基于职位的薪酬体系设计

一、自学要求和考核内容

1. 自学要求

要求考生能够掌握职位薪酬体系的概念及特点,领会职位薪酬体系的优缺点和实施职位薪酬体系的前提,学会运用职位薪酬体系的设计步骤与流程并了解职位薪酬体系的三种形式。

2. 考核内容

本节要求考生识记的内容主要包括:①职位薪酬体系的概念及特点。

本节要求考生领会的内容主要包括:①实施职位薪酬体系的前提;②职位薪酬体系的设计步骤;③职位薪酬体系的三种形式。

本节要求考生能将相关理论简单应用的内容包括:①职位薪酬体系的优缺点;②职位薪酬体系的设计流程。

二、重要知识点

☆**考点5:职位薪酬体系的概念及特点**

职位薪酬体系是根据每个职位的相对价值来确定薪酬等级,通过市场薪酬水平调查来确定每个等级的薪酬幅度的薪资制度。

特点是其在确定基本薪酬时重点考虑职位本身的价值,很少考虑人的因素。

☆☆**考点6:实施职位薪酬体系的前提**

(1)企业的职位工作内容明确、规范和标准。

(2)企业的职位内容处于基本稳定状态。

(3)企业已经建立了按照个人能力安排职位的岗位配置机制。

(4)企业存在着相对较多的职级。

(5)企业具有足够高的薪酬水平。

☆☆**考点7:职位薪酬体系的设计步骤**

(1)收集工作性质信息进行分析。(2)编写工作说明书。(3)进行工作评价。(4)根据工作内容和相对价值对它们进行排序建立结构。

☆☆**考点8:职位薪酬体系的三种形式**

(1)一职一薪制;(2)一职数薪制;(3)复合职薪制。

【历年真题】　(2010年10月)单项选择题:

职务等级酬薪制度的特点是(　　)

A. 一职数薪　　B. 一职一薪　　C. 数职一薪　　D. 同职同薪

【参考答案】　C

【历年真题】　(2010 年 10 月)填空题:
职位薪酬的三种形式分别是一职一薪制、一职数薪制、_____。

【参考答案】　复合职薪制

☆☆☆**考点 9:职位薪酬体系的优缺点**

优点:① 能体现薪酬管理的公正性,实现同工同酬;② 操作简单,管理成本低;③ 晋升和基本薪酬增加之间的关联性增强了员工提高自身技能和能力的动力。

缺点:① 忽视了同岗位可能存在的绩效差异;② 缺乏对员工有效激励,不利于企业对多变的外部环境做出迅速反映。

☆☆☆**考点 10:职位薪酬体系的设计流程**

(1)进行职位分析,形成职位说明书。(2)职位价值评价。(3)薪酬调查。(4)确定公司薪酬政策。(5)确立薪酬结构与水平。(6)建立薪酬管理机制。(7)实施与反馈。

第三节　基于技能的薪酬体系设计

一、自学要求和考核内容

1. 自学要求

要求考生能够掌握技能薪酬体系的内涵、特点和意义,领会技能薪酬体系的优势与劣势和技能薪酬体系的实施条件,学会运用技能薪酬体系设计的关键决策和设计流程,以及技能薪酬体系实施中应注意的问题。

2. 考核内容

本节要求考生识记的内容主要包括:①技能的概念;②深度技能和广度技能、垂直技能的概念;③技能薪酬体系的概念。

本节要求考生领会的内容主要包括:①技能的三种类型;②技能薪酬体系的特点;③实行技能薪酬体系的意义;④技能薪酬体系的实施条件;⑤技能薪酬体系设计的关键决策。

本节要求考生能将相关理论简单应用的内容包括:①技能薪酬体系的优势与劣势;②技能薪酬体系的设计流程。

本节要求考生能将相关理论综合应用的内容包括:①技能薪酬体系实施中应注意的问题。

二、重要知识点

☆考点11：技能的概念
技能是指在运用知识的过程中表现出来的行为,或者通过学习获得的从事某种活动的熟练程度。

☆考点12：深度技能和广度技能、垂直技能的概念
深度技能即通过在一个范围内较为明确的具有一定专业性的技术或专业领域中不断积累而形成的专业知识、技能和经验。

广度技能要求员工在从事工作时需要运用其上游、下游或者同级职位上所要求的多种一般性技能。

垂直技能是指任职者能进行自我管理,掌握与工作有关的计划、领导、团队合作以及培训等技能。

【历年真题】（2013年10月）单项选择题：
在技能的类型中,通过在一个范围内较为明确的具有一定专业性的技术或专业领域中不断积累而形成的专业知识、技能和经验称为（　　）

A. 垂直技能　　B. 深度技能　　C. 宽度技能　　D. 广度技能要

【参考答案】　B

☆考点13：技能薪酬体系的概念
是指按照员工所达到的技术等级标准确定薪酬等级,并按照确定的薪酬等级标准支付劳动报酬的一种制度。

☆☆考点14：技能薪酬体系的特点
特点：①核心特点是以人为中心；②薪酬的支付依据员工所掌握的、经企业确认的鉴定机构认可的技能,而不是所从事的具体工作；③技能薪酬奖励的是员工做出贡献的潜能。

☆☆考点15：实行技能薪酬体系的意义
意义：①适应了组织形式变化和团队管理的需要；②弥补了岗位薪酬的缺陷；③促进了员工知识资本的积累,提高了员工的自我价值；④强化了员工的技能,促进员工技能向深度和广度发展；⑤解决了报酬与晋升激励之间的矛盾；⑥提高了企业的技术创新能力。

☆☆考点16：技能薪酬体系的实施条件
条件：①健全的技能评价体系；②扁平化的组织结构；③工作结构性较高、专业性较强；④高度的员工参与；⑤完备的培训机制；⑥建立与之相适应的企业文化。

☆☆考点17：技能薪酬体系设计的关键决策
在技能薪酬体系的设计上,一个组织必须清楚地了解以下几个方面的问

题：①技能的范围；②技能的深度和广度；③单一职位族与跨职位族；④培训体系与资格认证；⑤学习的自主性；⑥管理方面。

☆☆考点18：技能薪酬体系的优势与劣势

优势：①激励员工不断提高知识，促使生产效率提升；②有利于鼓励专业人才安心本职工作；③在员工配置方面为企业提供了更大的灵活性；④有助于高度参与型管理风格的形成；⑤满足员工的多重需要。

劣势：①忽略了工作绩效和能力的实际发挥程度等因素；②增加了企业的薪酬成本和培训成本；③技能封顶后易产生激励问题；④体系设计与管理的复杂；⑤可能会降低组织效率。

☆☆考点19：技能薪酬体系的设计流程

流程：①成立技能薪酬计划设计小组；②进行工作任务分析；③技能等级的界定与定价；④技能的分析、培训与认证。

☆☆☆考点20：技能薪酬体系实施中应注意的问题

（1）技能认证问题。企业需要建立技能评价体系，包括：①技能评价机构；②技能评价要素；③技能评价等级。

（2）技能的利用问题。有效利用员工的技能需要从三方面入手①技能评价的要素；②工作的重新设计；③业绩的考核。

（3）技能的培训问题。一是培训的形式，二是培训的费用。

（4）技能的发展问题。需要不断地更新和丰富技能评价的要素，提高技能评价的要求，定期为员工的技能等级重新评价。

第四节 基于能力的薪酬体系设计

一、自学要求和考核内容

1. 自学要求

要求考生能够掌握能力与能力薪酬体系的基本概念，理解基于能力的薪酬体系产生的原因和能力薪酬体系的优缺点，领会能力薪酬体系设计的步骤和实施能力薪酬体系面临的问题和难点。

2. 考核内容

本节要求考生识记的内容主要包括：①能力的概念；②麦克利兰的能力冰山模型的五大要素；③能力薪酬体系的概念。

本节要求考生领会的内容主要包括：①基于能力的薪酬体系产生的原因；②能力评价的方法。

本节要求考生能将相关理论简单应用的内容包括：①能力薪酬体系的优缺

点;②实施能力薪酬体系面临的问题和难点。

本节要求考生能将相关理论综合应用的内容包括:①能力薪酬体系设计的步骤。

二、重要知识点

☆考点21：能力的概念

能力是一种胜任特征,是指一系列技能、知识、行为特征以及其他个人特性的总称。

☆考点22：麦克利兰的能力冰山模型的五大要素

五大要素为知识、技能、自我认知、人格特征、动机。

知识是指一个人在某一特定领域所掌握的信息。

技能是指通过重复学习获得的在某一活动中的熟练程度。

自我认知是一个人所形成的关于自己的身份、人格以及个人价值的概念,是一种内在的自我。

人格特征是指一个人行为中的某些相对稳定的特点以及某种既定方式的总体性格倾向。

动机是指推动、指导个人行为选择的那些关于成就、归属或者权力的思想。

☆考点23：能力薪酬体系的概念

是一种依据员工的胜任能力水平而给付薪酬的制度。隐含了一项假设:员工的能力直接决定其创造的价值。

在实际操作过程中,分为三个层面:核心能力,即为了确保组织目标实现晕,员工所必须具备的技能和素质;能力模块,着眼于将核心能力转化为可观察的行为;能力指标,是指可以用来表示每一能力群中可以观察和测量的行为。

【历年真题】 (2010年10月)单项选择题:

基于胜任力的酬薪结构,大多采用的是( )

A. 宽带酬薪结构　　　　　B. 职位酬薪体系

C. 能力酬薪体系　　　　　D. 岗位工资制

【参考答案】 C

【历年真题】 (2011年01月)单项选择题:

根据员工履行职务能力的差别来规定薪酬标准的制度称为( )

A. 技能薪酬制　B. 职能薪酬制　C. 能力薪酬制　D. 岗位薪酬制

【参考答案】 C

☆☆考点24：基于能力的薪酬体系产生的原因

原因:①组织发展的需求;②员工成长的需求。

☆☆**考点25：能力薪酬体系的优缺点**

优点：①提供了更加宽广的职业发展路径；②支持扁平化的组织结构；③鼓励员工持续学习，对自身发展负责；④构建学习型组织，保持组织的竞争力。

缺点：①增加培训成本和企业管理成本；②能力难以准确衡量会挫伤员工积极性。

☆☆**考点26：实施能力薪酬体系面临的问题和难点**

问题与难点：①能力与绩效相关性问题；②如何寻找基于能力的外部市场薪酬参照系；③如何克服能力薪酬人工成本居高不下的难题；④如何避免基于能力的论资排辈问题；⑤与职位和绩效有机结合的问题。

☆☆☆☆**考点27：能力薪酬体系设计的步骤**

（一）能力提炼。即确定哪些能力是企业需要的，包括知识、技能、专业经验与成果、专业规范。

（二）能力分级。

（三）能力定价。有市场定价法和与绩效相关的方法。

（四）能力评价。为的是将能力与薪酬结合起来。具体方法有：①专业知识评价；②专业经验与成果评价；③专业技能评价；④行为评价。

（五）能力薪酬体系的确立。

三、同步练习题

（一）单项选择题（50题）

1. 在能力的冰山模型中，属于深层能力特征，隐藏在水面下的是（ ）
   A. 社会角色、自我概念、人格特质和动机
   B. 知识、技能与社会角色
   C. 社会角色、动机需要与知识技能
   D. 知识、技能、自我概念与人格特质

2. 能力薪酬体系给付薪酬的依据是（ ）
   A. 任职者的胜任能力水平　　B. 员工的基本生活需求
   C. 职位　　　　　　　　　　D. 业绩

3. 在能力薪酬体系的操作中，根据每项能力的特点来确定员工该项能力能够获得多少薪酬属于（ ）
   A. 能力界定　　B. 能力定义　　C. 能力定价　　D. 员工能力评价

4. 职位薪酬体系最明显的优点是（ ）
   A. 实现了真正意义上的同岗同薪　　B. 创建了高弹性的工作
   C. 有利于交叉培训
   D. 薪酬直接与员工的技能水平相挂钩

5. 基于技能的薪酬体系设计的依据是　　　　　　　　　　　　（　）
   A. 员工所拥有的相关技能　　　　B. 员工所在职位的价值
   C. 员工绩效水平　　　　　　　　D. 薪酬的市场调研
6. 基于胜任力的薪酬结构，大多采用的是　　　　　　　　　　（　）
   A. 宽带酬薪结构　B. 职位酬薪体系　C. 能力酬薪体系　D. 岗位工资制
7. 职位薪酬体系一般适用于　　　　　　　　　　　　　　　　（　）
   A. 中高层管理者　B. 研究开发人员　C. 操作岗位　　D. 销售人员
8. 目前从世界范围来看，使用最广泛、也是最稳定的薪酬体系是（　）
   A. 基于职位的薪酬体系　　　　　B. 基于能力的薪酬体系
   C. 基于技能的薪酬体系　　　　　D. 基于绩效的薪酬体系
9. 根据员工履行职务能力的差别来规定薪酬标准的薪酬体系称为（　）
   A. 技能薪酬体系　B. 职能薪酬体系　C. 能力薪酬体系　D. 岗位薪酬体系
10. 下列关于职位薪酬体系表述不正确的是　　　　　　　　　（　）
    A. 相对价值越高的职位对企业贡献就越大，报酬也应该越高
    B. 担任某一职位的员工恰好具有与工作要求相当的能力
    C. 有利于按照职位序列进行薪酬管理
    D. 它鼓励员工拥有跨职位的其他技能
11. 融合了技术等级薪酬制和职位薪酬制优点的是下列哪种职位薪酬体系的形式　　　　　　　　　　　　　　　　　　　　　　　　　　（　）
    A. 一职一薪制　B. 数职数薪制　C. 复合职薪制　D. 一职数薪
12. 技能薪酬制度适合在下列哪种组织类型中使用？　　　　　（　）
    A. 网络型组织　B. 团队型组织　C. 流程型组织　D. 职能型组织
13. 能有效弥补投资主体缺位所带来的监督弱化问题的是　　　（　）
    A. 劳动分红　　B. 成就薪酬　　C. 员工持股计划　D. 工作安全
14. 适用于工作程序性、规则性强，绩效容易量化的职位的薪酬体系是（　）
    A. 能力薪酬体系　B. 技能薪酬体系　C. 绩效薪酬体系　D. 职位薪酬体系
15. 以下属于职位薪酬体系的缺点的是　　　　　　　　　　　（　）
    A. 不利于企业适应多变的外部经营环境　　　B. 同工不同酬
    C. 忽视同岗位可能存在的差异　　　　　　　D. 设计和管理复杂
16. 在能力薪酬体系的操作中，确定本企业准备支付薪酬的能力到底是哪些，这被称为　　　　　　　　　　　　　　　　　　　　　　　（　）
    A. 能力提炼　　B. 能力分级　　C. 能力定价　　D. 员工能力评价
17. 以下属于职位薪酬体系的优点的是　　　　　　　　　　　（　）
    A. 体现了同工同酬　　　　　　　B. 有利于及时激励员工
    C. 有利于员工提高技能和能力的动力

D. 有利于企业适应多变的外部经营环境
18. 下列不属于职位薪酬体系的是 （   ）
 A. 一职一薪制　　B. 技术工资制　　C. 一职多薪制　　D. 复合职薪制
19. 产量与销售额属于下列哪种劳动形态 （   ）
 A. 潜在的劳动　　B. 流动的劳动　　C. 凝固的劳动　　D. 评价的劳动
20. 下列属于技能薪酬体系中垂直技能范畴的是 （   ）
 A. 一件产品从开发、设计、制造到最终推向市场
 B. 典型的大学教师的技能和职业发展
 C. 大型医院儿科、内科和外科等医生的职业发展
 D. 社区医疗机构的医疗服务人员的工作
21. 能准确表明劳动价值的大小的是下列哪种劳动形态 （   ）
 A. 潜在的劳动　　B. 流动的劳动　　C. 凝固的劳动　　D. 评价的劳动
22. 雇主为已经完成的工作而支付的基本现金报酬属于 （   ）
 A. 基本薪酬　　B. 绩效薪酬　　C. 成就薪酬　　D. 综合薪酬
23. 综合薪酬不包括下列 （   ）
 A. 劳动分红　　B. 员工持股计划　　C. 股票期权　　D. 免费工作餐
24. 基本薪酬支付的根据是工作的熟练程度以及任务的复杂程度、劳动强度、工作环境和 （   ）
 A. 健康证书　　B. 责任大小　　C. 意识强度　　D. 心理稳定
25. 美国公司常用的货币性薪酬工具有 （   ）
 A. 干股　　B. 股票分享　　C. 不受限股票　　D. 虚拟股票
26. 选出下列不是同一种类型的薪酬内容 （   ）
 A. 免费工作餐　　B. 工作安全　　C. 医疗咨询　　D. 带薪休假
27. 职位薪酬体系的优点不包括 （   ）
 A. 实现了真正意义的同工同酬　　B. 操作简单
 C. 职位晋升鼓励技能的提升　　D. 多劳多得
28. 不属于实施职位薪酬体系前提的是 （   ）
 A. 员工的技能等级明确　　B. 企业的职位处于基本稳定状态
 C. 企业已经建立了按照个人能力安排职位的岗位配置机制
 D. 企业存在着相对较多的职级
29. 一般来说,职位薪酬体系的设计有几个步骤 （   ）
 A. 两个　　B. 三个　　C. 四个　　D. 五个
30. 基于职位的薪酬体系设计主要包括几个流程 （   ）
 A. 六个　　B. 七个　　C. 八个　　D. 九个
31. 技能薪酬体系中员工的职业发展依赖于 （   ）

A. 个人职业胜任力的增强　　　　B. 组织内的职务晋升
C. 组织内的工作轮换　　　　　　D. 个人的工作绩效

32. 任职者进行自我管理，掌握与工作有关的计划、领导、团队合作以及培训等的技能是　　　　　　　　　　　　　　　　　　　　（　　）
A. 平行技能　　B. 广度技能　　C. 深度技能　　D. 垂直技能

33. 通过在一个范围内较为明确的具有一定专业性的技术或专业领域中不断积累而形成的专业知识、技能和经验属于　　　　　　　　　　（　　）
A. 平行技能　　B. 广度技能　　C. 深度技能　　D. 垂直技能

34. 关于实行技能薪酬体系的意义不正确的表述是　　　　　　　（　　）
A. 适应了组织形式变化和团队管理　B. 促进员工团结
C. 弥补了岗位薪酬的缺陷　　　　　D. 提高了企业的技术创新能力

35. 技能薪酬体系可以有效避免企业的"双重损失"指的是　　　（　　）
A. 组织战略和管理上的双重损失　B. 组织生产和技术上的双重损失
C. 组织技术与管理的双重损失　　D. 组织技术和战略上的双重损失

36. 下列哪项因素不属于技能薪酬体系的实施条件　　　　　　（　　）
A. 健全的技能评价体系　　　　B. 金字塔的组织结构
C. 高度员工参与　　　　　　　D. 完备的培训机制

37. 技能薪酬体系主要适合在下列从事哪种性质的工作中实行　（　　）
A. 网络性工作　B. 综合性工作　C. 专业性工作　D. 管理性工作

38. 与技能薪酬体系相适应的企业文化是　　　　　　　　　　（　　）
A. 自我管理的工作团队　　　　B. 决策的集中化
C. 工作场所的制度化　　　　　D. 弘扬培训的文化理念

39. 下列关于技能薪酬体系的制定者的表述正确的是　　　　　（　　）
A. 高层管理人员单方面制定　　B. 高管人员与人力资源部共同制定
C. 必须要有这种薪酬体系的影响对象参与
D. 技能薪酬计划的制定完全由指导委员会操作即可

40. 在能力薪酬体系中，为确保组织目标实现，员工必须具备的技能和素质是　　　　　　　　　　　　　　　　　　　　　　　　　　（　　）
A. 核心能力　　B. 能力模块　　C. 能力指标　　D. 概念能力

41. 下列关于能力薪酬体系的优点表述不正确的是　　　　　　（　　）
A. 员工职业发展路径有限　　　B. 构建学习型组织，保持组织竞争力
C. 支持扁平化的组织结构　　　D. 鼓励员工持续学习，谋求自身发展

42. 下列不属于能力薪酬体系设计的必经步骤是　　　　　　　（　　）
A. 能力指导　　B. 能力提炼　　C. 能力定价　　D. 能力分级

43. 目前,能力薪酬体系通常与下列哪种薪酬结合起来？　　　（　　）

A. 绩效薪酬　　B. 宽带薪酬　　C. 市场薪酬　　D. 技能薪酬

44. 技能薪酬体系在哪种类型的企业具有较强的适用性？（　　）
A. 服务型企业　B. 科技型企业　C. 贸易型企业　D. 制造型企业

45. 基本薪酬往往忽视员工之间的（　　）
A. 工作绩效　　　　　　　B. 个体差异
C. 员工间的团队合作　　　D. 工作责任

46. 薪酬体系设计时采用多种薪酬体系的企业一般具有的特征为（　　）
A. 组织结构简单　　　　　B. 规模小
C. 专业性强　　　　　　　D. 自身规模庞大，构成复杂

47. 金字塔式的组织结构适用什么类型的薪酬体系？（　　）
A. 绩效薪酬体系　B. 技能薪酬体系　C. 能力薪酬体系　D. 职位薪酬体系

48. 技能薪酬体系和能力薪酬体系都支持哪种类型的组织结构（　　）
A. 扁平化的组织结构　　　B. 事业部制的组织结构
C. 矩阵制的组织结构　　　D. 职能制的组织结构

49. 基于能力的薪酬体系产生的原因一是组织发展的需求，二是（　　）
A. 外部竞争的需求　　　　B. 自上而下的要求
C. 员工成长的需求　　　　D. 法律规范的结果

50. 能力薪酬体系的缺点不包括（　　）
A. 增加了企业培训费用　　B. 增加了企业的管理难度
C. 能力的鉴定比较困难　　D. 不利于激励基层员工

（二）多项选择题

1. 劳动具有复杂性，其表现为不同的形态（　　）
A. 显现的劳动　　B. 潜在的劳动　　C. 流动的劳动
D. 价值劳动　　　E. 凝固的劳动

2. 以下有关技能薪酬体系的优点描述中，不正确的是（　　）
A. 有利于解决公平问题　　B. 有利于保持薪酬的灵活性
C. 在员工配置方面为企业提供了更大的灵活性
D. 有利于高度参与型管理风格的形成
E. 有利于促进员工不断提高能力水平

3. 基于工作为导向的薪酬设计方案的设计依据有（　　）
A. 员工技能分析　　B. 职位价值评估　　C. 员工绩效评估
D. 薪酬市场调研　　E. 企业战略目标

4. 综合薪酬是企业与员工共同进行的"利润分享"，其包括（　　）
A. 劳动分红　　B. 员工持股　　C. 股票期权

D. 激励薪酬　　　　　E. 附加薪酬

5. 美国公司常用的货币性薪酬工具有　　　　　　　　　　　（　　）
   A. 干股　　　　　　　B. 股票增值权　　　C. 受限股票
   D. 虚拟股票　　　　　E. 流通股票

6. 薪酬体系的类型主要有　　　　　　　　　　　　　　　　（　　）
   A. 职位薪酬体系　　　B. 能力薪酬体系　　C. 工龄薪酬体系
   D. 绩效薪酬体系　　　E. 技能薪酬体系

7. 实施职位薪酬体系的前提　　　　　　　　　　　　　　　（　　）
   A. 企业的职位工作内容明确、规范和标准
   B. 企业的职位内容处于基本稳定状态
   C. 企业已经建立了按照个人能力安排职位的岗位配置机制
   D. 企业存在着相对较多的职级　　　E. 企业具有足够高的薪酬水平

8. 职位薪酬体系的形式主要有　　　　　　　　　　　　　　（　　）
   A. 数职一薪制　　　　B. 一职一薪制　　　C. 技能等级制
   D. 一职数薪制　　　　E. 复合职薪制

9. 技能薪酬体系比较适用于　　　　　　　　　　　　　　　（　　）
   A. 运用连续流程生产技术的行业　　B. 运用大规模生产技术的行业
   C. 服务行业　　D. 重工业行业　　E. 单位生产或小批量生产行业

10. 技能薪酬体系给付薪资报酬的技能有　　　　　　　　　　（　　）
    A. 深度技能　　　　　B. 平衡技能　　　　C. 广度技能
    D. 概念技能　　　　　E. 垂直技能

11. 技能薪酬体系的特点主要包括　　　　　　　　　　　　　（　　）
    A. 鼓励员工努力晋升职位　　　B. 以技能等级作为依据
    C. 核心是以"人"为中心　　　　D. 操作简单
    E. 被认可的是技能水平而不是具体工作

12. 技能薪酬体系的优点有　　　　　　　　　　　　　　　　（　　）
    A. 激励员工不断提高知识，促使生产效率提升
    B. 有助于高度参与型管理风格的形成
    C. 有利于鼓励专业人才安心本职工作　　　D. 注重绩效
    E. 在员工配置方面为企业提供了更大的灵活性

13. 技能薪酬体系有其内在的弊端，主要表现在　　　　　　　（　　）
    A. 忽略了工作绩效和能力的实际发挥程度等因素
    B. 增加了企业的薪酬成本和培训成本
    C. 技能封顶后易产生激励问题
    D. 体系设计与管理的复杂　　　E. 可能会降低组织效率

14. 技能薪酬体系的实施条件包含　　　　　　　　　　　（　　）
   A. 健全的技能评价体系　　　　B. 工作结构性较高、专业性较强
   C. 完备的培训机制　　　　　　D. 金字塔式的组织结构
   E. 高度的员工参与

15. 在技能薪酬体系的设计上,一个组织必须清楚地了解　　（　　）
   A. 技能的范围　　　　　　　　B. 技能的深度和广度
   C. 单一职位族与跨职位族　　　D. 培训体系与资格认证
   E. 学习的自主性

16. 技能薪酬体系的设计流程是　　　　　　　　　　　　　（　　）
   A. 技能的宣传　　　　　　　　B. 成立技能薪酬计划设计小组
   C. 进行工作任务分析　　　　　D. 技能等级的界定与定价
   E. 技能的分析、培训与认证

17. 能力薪酬体系的优点主要包括　　　　　　　　　　　　（　　）
   A. 促进员工的团结　　　　　　B. 支持扁平化的组织结构
   C. 提供了更加宽广的职业发展路径　D. 鼓励员工持续学习,对自身发展负责
   E. 构建学习型组织,保持组织的竞争力

18. 实施能力薪酬体系面临的难题有　　　　　　　　　　　（　　）
   A. 能力与绩效相关性问题　　　B. 与职位和绩效有机结合的问题
   C. 如何寻找基于能力的外部市场薪酬参照系
   D. 如何克服能力薪酬人工成本居高不下的难题
   E. 如何避免基于能力的论资排辈问题

19. 能力薪酬体系设计的步骤是　　　　　　　　　　　　　（　　）
   A. 能力提炼　　　B. 能力分级　　　C. 能力定价
   D. 能力评价　　　E. 能力薪酬体系的确立

20. 麦克利兰教授提出的素质冰山模型认为,一个人的胜任能力是由下列哪些因素组成的　　　　　　　　　　　　　　　　　　　　　（　　）
   A. 知识　　　　　B. 技能　　　　　C. 自我认知
   D. 人格特征　　　E. 动机

（三）填空题

1. 基本薪酬的确定的四种基本方式:基于职位的薪酬、_____、基于绩效的薪酬和基于市场价值的薪酬。

2. 基于能力的薪酬制度有_____、职能薪酬制、能力资格制三种具体形式。

3. 基于工作的薪酬制度具体形式有岗位薪酬制和_____。

4. _____是指蕴藏在个体身上的劳动能力。

5. _____是指人力资源个体在工作岗位上的活动,是已经付出的劳动。

6. _____计量薪酬,能比较准确地表明劳动价值的大小,也便于发挥薪酬管理的激励功能。

7. 薪酬内容包括基本薪酬、绩效薪酬、_____、综合薪酬和其他薪酬。

8. 基本薪酬包括基础薪酬、工龄薪酬、_____、技能薪酬、岗位薪酬等。

9. _____是指员工在较长时间内为组织贡献后而被提高基本薪酬的形式支付的薪酬。

10. _____是指企业给予员工的一种权利,员工可以凭此权利在一定时间内以一个固定的价格购买该企业一定数量的股票,到期后可以行使也可以放弃。

11. 赞扬与认可、工作安全感、和谐的同事关系等属于_____形式的薪酬内容。

12. 职位薪酬体系的三种形式:_____、一职数薪制、复合职薪制。

13. 职位薪酬体系是根据每个职位的相对价值来确定薪酬等级,通过_____来确定每个等级的薪酬幅度的薪资制度。

14. 职位薪酬体系能体现薪酬管理的公正性,实现_____。

15. 职位薪酬体系缺乏对员工有效激励,不利于企业对多变的_____做出迅速反映。

16. _____是指在运用知识的过程中表现出来的行为,或者通过学习获得的从事某种活动的熟练程度。

17. _____即通过在一个范围内较为明确的具有一定专业性的技术或专业领域中不断积累而形成的专业知识、技能和经验。

18. _____要求员工在从事工作时需要运用其上游、下游或者同级职位上所要求的多种一般性技能。

19. _____是指任职者能进行自我管理,掌握与工作有关的计划、领导、团队合作以及培训等技能。

20. 技能薪酬体系的核心特点是_____。

21. 实行技能薪酬体系提高了企业的_____能力。

22. 实行技能薪酬体系弥补了_____的缺陷。

23. 实行_____体系强化了员工的技能,促进员工技能向深度和广度发展。

24. 技能薪酬体系有助于_____型管理风格的形成。

25. 实行技能薪酬体系易产生技能封顶后的_____。

26. _____是一个人所形成的关于自己的身份。人格以及个人价值的概念,是一种内在的自我。

27. _____是指一个人行为中的某些相对稳定的特点以及某种既定方式的总体性格倾向。

28. _____是指推动、指导个人行为选择的那些关于成就、归属或者权力的思想。

29. _____是一种依据员工的胜任能力水平而给付薪酬的制度。

30. 能力薪酬体系产生的原因有_____、员工成长的需求。

(四) 名词解释

1. 成就薪酬 2. 职位薪酬体系 3. 技能 4. 技能薪酬体系的概念
5. 能力 6. 人格特征 7. 能力薪酬体系 8. 流动的劳动

(五) 简答题

1. 基于能力的薪酬体系产生的原因是什么?其评价方法有哪些?
2. 劳动的不同形态有哪几种?
3. 薪酬内容有哪些?
4. 薪酬体系的类型有哪些?
5. 技能薪酬体系实施的条件有哪些?
6. 能力薪酬体系设计的步骤有哪些?
7. 能力冰山模型的五大要素是什么?

(六) 论述题

1. 试述职位薪酬体系的优缺点。
2. 职位薪酬体系的设计流程是怎样的?
3. 论述技能薪酬体系的优缺点。
4. 技能薪酬体系的设计流程是怎样的?
5. 能力薪酬体系的优缺点是什么?
6. 试述实施能力薪酬体系面临的问题与难点。
7. 试述技能薪酬体系实施中应注意的问题。

【本章参考答案】

(一) 单选题

1-5　AACAA　6-10　CCACD　11-15　DCCCC　16-20　AABCA

21-25 CADBD 26-30 BDACB 31-35 ADCBC 36-40 BCACA 41-45 AABBB 46-50 DDACD(各题知识在教材中的页码分别是：312、313、318、287、295、313、285、283、284、286、292、295、281、285、287、316、287、291、279、294、279、280、281、280、282、283、287、288、289、290、296、294、294、296、297、300、301、302、303、313、314、316、319、284、280、285、258、315、314、315)

(二) 多选题

1. BCE 2. AB 3. BD 4. ABCDE 5. BCD 6. ABDE 7. ABCDE 8. BDE 9. ABCE 10. ACE 11. BCE 12. ABCE 13. ABCE 14. ABCE 15. ABCDE 16. BCDE 17. BCDE 18. ABCDE 19. ABCDE 20. ABCDE
(各题知识点在教材中的页码分别是：279、297、288、280、281、283、287、291、295、294、295、297、299、300、302、303、314、320、316、312)

(三) 填空题

1. 基于能力的薪酬 2. 技能薪酬制 3. 职务薪酬制 4. 潜在的劳动 5. 流动的劳动 6. 按凝固劳动 7. 成就薪酬 8. 职务薪酬 9. 成就薪酬 10. 股票期权 11. 非货币 12. 一职一薪制 13. 市场薪酬水平调查 14. 同工同酬 15. 外部环境 16. 技能 17. 深度技能 18. 广度技能 19. 垂直技能 20. 以人为中心 21. 技术创新 22. 岗位薪酬 23. 技能薪酬 24. 高度参与 25. 激励问题 26. 自我认知 27. 人格特征 28. 动机 29. 能力薪酬体系 30. 组织发展的需求(各题知识点在教材中的页码分别是：283、313、291、279、279、279、279、280、280、281、283、291、286、287、287、293、294、294、294、295、296、296、296、298、299、312、312、312、313、314)

(四) 名词解释

1. 是指员工在较长时间内为组织贡献后而被提高基本薪酬的形式支付的薪酬。

2. 是根据每个职位的相对价值来确定薪酬等级,通过市场薪酬水平调查来确定每个等级的薪酬幅度的薪资制度。

3. 是指在运用知识的过程中表现出来的行为,或者通过学习获得的从事某种活动的熟练程度。

4. 是指按照员工所达到的技术等级标准确定薪酬等级,并按照确定的薪酬等级标准支付劳动报酬的一种制度。

5. 是一种胜任特征,是指一系列技能、知识、行为特征以及其他个人特性的总称。

6. 是指一个人行为中的某些相对稳定的特点以及某种既定方式的总体性格倾向。

7. 是一种依据员工的胜任能力水平而给付薪酬的制度。

8. 是指人力资源个体在工作岗位上的活动,是已经付出的劳动。

(五) 简答题

1. 参见本章考点25、26。

2. 参见本章考点1。

3. 参见本章考点2。

4. 参见本章考点4。

5. 参见本章考点16。

6. 参见本章考点27。

7. 参见本章考点22。

(六) 论述题

1. 参见本章考点9。

2. 参见本章考点10。

3. 优点:(1)技能薪酬体系向员工传递的是关注自身发展和不断提高技能的信息,它激励员工不断开发新的知识和技能,提高员工在完成同一水平层次以及垂直层次的工作任务方面具有更大的灵活性和多功能性,从而有利于员工和组织适应市场上快速的技术革命。(2)技能薪酬体系有助于达到较高技能水平的员工实现对组织更为全面的理解。(3)技能薪酬体系在一定程度上有利于鼓励优秀专业人才安心本职工作,而不是去谋求报酬尽管很高但是却并不擅长的管理职位。(4)技能薪酬体系在员工配置方面为组织提供了更大的灵活性,这是因为员工的技能区域扩大使得他们能够在自己的同伴生病、流动或者其他原因而缺勤的情况下替代他们的工作,而不是被动等待。(5)技能薪酬体系有助于高度参与型管理风格的形成。

缺点:(1)由于企业往往要在培训以及工作重组方面进行投资,结果很有可能会出现薪酬在短期内上涨的状况。(2)技能薪酬体系要求企业在培训方面付出更多的投资,如果企业不能通过管理这种人力资本转化为实际的生产力,则企业可能会因此而无法获得必要的利润。(3)技能薪酬体系的设计的设计和管理都要比职位薪酬体系更为复杂,因此它会要求企业有一个更为复杂的管理结构,至少需要对每一位员工在技能的不同层级上所取得的进步加以记录。

4. 参见本章考点19。

5. 参见本章考点25。

6. 参见本章考点26。

7. 参见本章考点20。

第九章 基于绩效的薪酬体系设计

第一节 绩效薪酬概述

一、自学要求和考核内容

1. 自学要求

通过本节的学习,要求考生能够掌握绩效的概念与特征、绩效薪酬的概念与本质,理解绩效薪酬的基本框架和绩效薪酬的类型,领会绩效薪酬的作用及实施条件和绩效薪酬制度的缺陷。

2. 考核内容

本节要求考生识记的内容主要包括:(1)绩效的概念;(2)绩效薪酬的概念与本质;(3)绩效薪酬的类型。

本节要求考生领会的内容主要包括:(1)绩效的特征;(2)业绩薪酬与激励薪酬的区别;(3)绩效薪酬的实施的条件;(4)绩效薪酬制度的缺陷。

二、重要知识点

☆**考点1:绩效的概念**

绩效是指员工通过努力所达成的对企业有价值的结果,以及他们在工作过程中所表现出来的符合企业的文化价值和价值观,同时有利于企业战略目标实现的行为。

主要受技能、机会、激励和环境影响。

☆**考点2:绩效薪酬的概念与本质**

广义上讲,绩效薪酬就是与绩效相关的薪酬;狭义上讲,就是与绩效管理相关的薪酬形式。

绩效薪酬本质上就是对员工薪酬的控制。员工投入越多,产出越高。

【历年真题】 (2010年10月)多项选择题:

根据薪酬发生的机制,可将薪酬分为 (   )

A. 计时薪酬   B. 计件薪酬   C. 绩效薪酬

D. 外在薪酬　　　　E. 内在薪酬

【参考答案】　DE

【历年真题】　(2011年01月)单项选择题：

员工因达到某一事先制定的工作目标而受奖励的薪酬制度称为（　　）

A. 基本工资　　B. 内在薪酬　　C. 间接薪酬　　D. 绩效薪酬

【参考答案】　D

☆☆☆☆考点3：绩效薪酬的类型

根据与绩效挂钩的形式不同，绩效薪酬可以分为业绩薪酬和激励薪酬。

业绩薪酬是根据员工绩效排序法和行为比较法确定的绩效薪酬。有两种形式：①业绩加薪；②业绩奖金。

激励薪酬，又称活动工资，是根据绩效评价结果支付的旨在激励员工绩效的组合薪酬形式，具有规范性、系统性和全面性特征。可分为个人、群体和公司激励薪酬。

【历年真题】　(2010年10月)填空题：

绩效薪酬由_____、_____、_____三部分构成。

【参考答案】　业绩薪酬、激励薪酬、特别绩效薪酬

☆☆考点4：绩效的特征

特征：①是人们行为的后果，是目标的完成程度，是客观存在。②必须具有实际的效果。③是一定的主体作用于一定的客体所表现出来的效用，即它是在工作过程中产生的。④应当体现投入与产出的对比关系。⑤应当具有一定的可量度性。

☆☆考点5：业绩薪酬与激励薪酬的区别

区别：①业绩薪酬一般针对员工过去的以及完成的绩效水平进行激励；激励薪酬则针对预定的绩效目标。②业绩薪酬中的业绩加薪是基于基本薪酬的，具有累加性；激励薪酬是一次性给付，不会持续增加基本薪酬成本。③业绩薪酬一般只关注员工个人；激励薪酬则会关注个人、团队或组织的整体。④业绩薪酬一般是在绩效完成后按期评价等级，确定加薪额度；激励薪酬则往往是在订立绩效目标的同时就预先设定相关的支付额度。

☆☆考点6：绩效薪酬的实施条件

条件：①内部配合条件。②横向配合条件，须具有良好的绩效管理制度与人力资源开发制度。③纵向配合条件，需要与企业战略目标相一致。

☆☆考点7：绩效薪酬制度的缺陷

缺陷：①在绩效标准不公正的情况下，很难做到科学和准确。②过分强调个人绩效回报，对企业的团队合作精神产生不利影响。③刺激高绩效员工与实际收入相背离的现象，难以确定提高绩效所需的薪酬水平。④破坏心理契约，

诱发多种矛盾。

第二节　业绩薪酬体系

一、自学要求和考核内容

1. 自学要求

要求考生能够掌握业绩薪酬设计应遵循的原则，领会业绩加薪方案的设计与实施、业绩奖金方案的设计与实施，理解特殊业绩薪酬的设计与实施，以及业绩薪酬体系的实施要点。

2. 考核内容

本节要求考生识记的内容主要包括：①业绩加薪的概念；②业绩加薪的弊端；③业绩奖金的概念及特征；④业绩奖金的计算方法；⑤特殊业绩薪酬的概念。

本节要求考生领会的内容主要包括：①业绩薪酬设计应遵循的原则；②业绩奖金的作用；③特殊业绩薪酬的作用；④特殊业绩薪酬的基本特征；⑤业绩薪酬体系的实施要点。

本节要求考生能将相关理论简单应用的内容包括：①设计业绩加薪方案时要考虑的问题；②设计与实施业绩奖金的基本环节；③特殊业绩薪酬设计与实施的基本环节。

二、重要知识点

☆**考点 8：业绩加薪的概念**

业绩加薪是在年度绩效评价结束时，组织根据员工的绩效评价结果以及事先确定下来的加薪（绩效薪酬支付）规则，决定员工在第二年可以得到的基本薪酬（给予员工加薪或者一次性奖励的薪酬制度）。

☆**考点 9：业绩加薪的弊端**

弊端：①导致成本不断上升；②激励效果不明显；③对薪酬水平已经处于薪酬范围中最高值的员工，无法应用业绩加薪对员工进行奖励。

☆**考点 10：业绩奖金的概念及特征**

业绩奖金也称一次性奖励，不是在基本薪酬基础上的累积性增加，而是一种一次性支付的业绩加薪。其特征为：具有灵活性和及时性。

☆**考点 11：业绩奖金的计算方法**

1. 记分法，根据绩效评价得分计算得出。先计算出每个超额分的单位奖金值，然后确定每个员工的分数，单位分值乘以分数即为奖金数额。其计算公式为：

个人奖金额=（企业奖金总额/Σ个人考核得分）×个人考核得分

2. 系数法，根据岗位系数计算得出。即在岗位评价的基础上，根据岗位贡献大小确定岗位计奖系数，然后根据个人完成任务情况，按系数计算应分配的奖金数额。其计算公式为：

个人奖金额=［企业奖金总额/Σ（岗位人数×岗位系数）］×个人岗位计奖系数

☆**考点12：特殊业绩薪酬的概念**

是指为那些做出超额贡献和特殊贡献的员工提供额外货币或非货币奖励的薪酬制度。

☆☆**考点13：业绩薪酬设计应遵循的原则**

原则：①一致性原则；②相关性原则；③协调性原则；④层次性原则；⑤时间性原则。

☆☆**考点14：业绩奖金的作用**

作用：①有效解决薪酬水平已经处于薪酬范围顶端的那些员工的激励问题；②在保持绩效和薪酬挂钩的情况下减少了因基本薪酬的累加效应所引起的固定薪酬成本增加；③可以使企业每年提供更多的绩效薪酬；④保护了员工的工作积极性。

☆☆**考点15：特殊业绩薪酬的作用**

作用：①确保激励机制的完整性；②提高企业的战略柔性；③体现以人为本的管理理念；④具有成本控制的灵活性；⑤对员工行为鼓励具有针对性。

☆☆**考点16：特殊业绩薪酬的基本特征**

特征：①独立运作；②形式多样；③定制化与个性化。

☆☆**考点17：业绩薪酬体系的实施要点**

要点：①建立科学有效的业绩评价体系；②强化业绩薪酬实施的组织保证；③业绩奖励计划必须获得有效沟通战略的支持；④业绩奖励计划需要保持一定的动态性。

☆☆☆**考点18：设计业绩加薪方案时要考虑的问题**

①采用业绩加薪的两个前提：一是薪酬的增加符合员工的生产率水平；二是在员工长期维持其生产力水平后才增加其固定基础薪酬。②确定加薪的幅度。考虑两个因素：一是组织的支付能力；二是公平问题。③控制加薪总额。④确立加薪基础。两种形式：一是以员工自己的基本薪酬为基础；二是以市场薪酬水平变化为基础。⑤明确加薪时间。⑥应用业绩矩阵。

☆☆☆**考点19：设计与实施业绩奖金的基本环节**

一是支付时机的选择，往往根据企业绩效周期而定；二是选择业绩奖金的计算方法;三是业绩奖金的支付形式,可以现金也可以福利形式。

☆☆☆**考点20:特殊业绩薪酬设计与实施的基本环节**

一是明确特殊绩效目标;二是评定和认可特殊绩效;三是确定奖励方式和水平;四是保证特殊业绩薪酬实施的公平性。

第三节 激励薪酬体系

一、自学要求和考核内容

1. 自学要求

要求考生能够掌握激励薪酬概述,理解个体激励薪酬计划、群体激励薪酬计划,以及长期激励薪酬计划。

2. 考核内容

本节要求考生识记的内容主要包括:①激励薪酬的概念及类型;②个人激励薪酬的概念;③个人激励薪酬计划的激励维度与类型划分;④计件薪酬的概念;⑤直接计件薪酬、差额计件薪酬和多重计件薪酬的概念;⑥计时薪酬的概念;⑦标准计时薪酬的概念以及贝多计划、甘特计划;⑧群体薪酬激励计划的概念;⑨群体激励薪酬的基本类别与设计标准;⑩长期激励计划概念、员工持股计划的概念及类型。

本节要求考生领会的内容主要包括:①激励薪酬的优缺点;②个人激励薪酬计划特征;③计件薪酬的特征;④计件薪酬的适用范围;⑤计时薪酬的激励特征;⑥群体激励计划的基本形式;⑦群体激励计划的局限性;⑧利润分享计划的实现形式;⑨收益分享计划的概念及特点;⑩员工持股计划对企业发展的作用。

本节要求考生能将相关理论简单应用的内容包括:①个人激励薪酬计划的设计与实施;②班组奖励计划的设计与实施;③利润分享计划的优缺点及适用范围;④收益分享计划的设计与实施;⑤员工持股计划的适用情况。

本节要求考生能将相关理论简单应用的内容包括:①员工持股计划的设计与实施。

二、重要知识点

☆**考点21:激励薪酬的概念及类型**

激励薪酬,又称可变薪酬,是根据员工可以衡量的工作结果或预先设定的工作目标而给予奖励的一种替代性薪酬体系。

基本特征:一是根据员工实际的工作结果支付薪酬;二是侧重对员工未来绩效的激励。

类型：根据激励对象和不同的激励目标，分为：①个人激励薪酬；②团队激励薪酬；③全员激励薪酬。

☆考点22：个人激励薪酬的概念

又称个人奖励计划，就是针对员工个人的工作绩效对员工个体提供奖励的一种薪酬计划。

☆考点23：计件薪酬的概念

是根据员工单位时间的产量为标准计发的报酬。

☆考点24：直接计件薪酬、差额计件薪酬和多重计件薪酬的概念

直接计件薪酬制是指员工报酬随着单位时间内的产出成比例增加的一种工资形式。

差额计件薪酬制和多重计件薪酬都是以标准产量为依据，根据实际产量水平的不同确定不同的薪酬率。差额计件薪酬包含了两个薪酬率，旨在奖励超额完成任务的员工；多重计件薪酬制采用多种薪酬率，随着产量的增多报酬呈递增趋势，旨在激励员工做得越多越好。

☆考点25：计时薪酬的概念

狭义上指根据单位产量的时耗而计发的薪酬形式，广义上指按照员工工作时间支付的基本薪酬。

☆考点26：标准计时薪酬的概念以及贝多计划、甘特计划

标准计时薪酬计划是指以在特定时间内完成的工作量作为激励工资率的报酬激励计划。

贝多计划即直接计件薪酬和标准计时薪酬的一种结合形式，基本特征是将一项工作细分成简单的动作，然后按照中等技术熟练工人的标准来确定标准工时定额。

甘特计划，将完成工作的时间标准有意设置成需要工人非常努力才能达到的水平，不能在工时定额内完成任务的工人只能得到预先确定的保障薪酬。

☆考点27：群体薪酬激励计划的概念

是指主要通过物质报酬等手段来激励员工创造集体绩效，而不是激励他们的个人绩效。

☆考点28：群体激励薪酬的基本类别与设计标准

按照群体规模分为三种类型：①规模较小的，主要指团队激励计划。②规模适中的，主要指增益分享计划。③规模较大的，即企业群体激励，主要包括利润分享计划和成功分享计划等。

依据附加值原理，设计标准有：附加价值、利润和人工成本。

☆☆☆☆考点29：长期激励计划概念、员工持股计划的概念及类型

长期激励计划是指为绩效周期在一年以上的既定经营目标提供奖励的计

划。分为长期现金计划和员工持股计划。

员工持股计划是指通过让员工持有本公司股票或期权而使其获得激励的一种长期绩效奖励计划。

主要类型：①现股计划，是指通过公司奖励的形式直接赠予股票，或者参照股权的当前市场价值向员工出售股票。②股期计划，是指公司和员工约定在将来某一时期内以特定的价格购买一定数量的公司股权，股价按照现行价格。③期权计划，类似于期股计划，区别在于员工到期时可以行使或放弃这种权利。

【历年真题】（2010年10月）单项选择题：
倾向于形成个人意识较强的企业文化特征的薪酬手段是　　　　（　）
A. 利润分享　　B. 突出绩效奖金　C. 设计能力工资　D. 长期薪酬计划
【参考答案】　B

☆☆考点30：激励薪酬的优缺点

优点：①明确的目标导向。②显著的激励性。③节约成本，提高生产率；④有效反映经营管理中的问题。

缺点：①激励标准难以明确和公正。②导致员工之间的竞争，不利于企业总体利益。③可能增加管理层和员工间的摩擦。

☆☆考点31：个人激励薪酬计划特征

特征：①对员工客观的、可衡量的业绩进行激励。②以效率为基准。③具有事前的激励特征。

☆☆考点32：计件薪酬的特征

特征：①将薪酬和个人业绩直接联系在一起，能够直接和准确反映员工实际付出的劳动量以及不同员工之间劳动差别。②将个人业绩的计算和分配程序简化，透明度高，易于管理。③刺激员工从物质利益上关心自己的工作业绩，能提高工作效率和质量。

☆☆考点33：计件薪酬的适用范围

范围：①产品的数量和质量直接与员工的技能、劳动数量及努力程度联系的工作。②能够单独计算产品数量，单独检验产品质量和单独反映员工劳动成果的工作。③生产过程持续、稳定，生产大批量产品的工作。④管理完善、操作规范的工作。

☆☆考点34：计时薪酬的激励特征

特征：①在对工作时间约束的同时，增加对员工努力的奖励程度和低绩效的惩罚力度。②生产标准以单位产量的标准时间来确定，激励员工节省单位产量的劳动时间。③与计件工资相比，对员工的工作质量有一定的促进作用。

☆☆考点35：群体激励计划的基本形式

按照衡量标准，可分为四种基本形式：①附加价值分配，比较适用于一定规模的群体,并具有增益分享特征。②人工成本分配,同上。③利润分配,适用于更大规模的企业员工群体,具有利润分享的特征。④综合绩效分配,既适用于小规模群体也适用于整个企业。

☆☆**考点 36:群体激励计划的局限性**

局限性:①偷懒行为。②搭便车行为。③社会惰性。④活塞效应,即当高绩效员工认为别人在分享自己的成果时,随着时间推移,他们可能出现自动减少自身投入的行为。

☆**考点 37:利润分享计划的实现形式**

利润分享计划是指用盈利状况的变动作为整个企业业绩的衡量标准,超过目标利润的部分在整个企业的全体员工之间进行分配,使每个员工得到的利润份额相同或与基本薪酬成比例。

实现形式:①现金利润分享。②延期利润分享。③现付与递延结合制。④与利润挂钩的薪酬计划。

【历年真题】(2010 年 10 月)单项选择题:
1938 年约瑟夫·斯坎伦提出的酬薪计划是( )
A. 利润分享计划　B. 个人刺激计划　C. 团体激励计划　D. 差别计件工资制
【参考答案】　C

【历年真题】(2012 年 10 月)单项选择题:
在行业处于寿命周期的引入期时,企业一般采用的薪酬制度是 ( )
A. 股权激励制度　B. 股票期权制度　C. 利润分享制度　D. 员工持股制度
【参考答案】　C

☆☆**考点 38:收益分享计划的概念及特点**

受益分享计划是企业与员工团队分享生产率收益的一种手段,也就是将一个部门或整个企业在本期生产成本的节约或者人工成本的节约与上期的相同指标进行比较,然后按照某一事先确定的比例把节约额度在这一部门或整个企业中的全体员工之间进行分配。

优点:(1)那些从事间接服务的、个人业绩不容易观察的员工可以得到奖励。(2)使员工看到对组织整体的贡献,增进团队本身的成就感。

缺点:①引起小组之间的恶性竞争。②让部分员工产生搭便车心理。

【历年真题】(2010 年 10 月)单项选择题:
所有或者某些特定群体的员工按照一个事先设计好的公式,来分享公司所创造的某一比例的利润,员工根据公司整体业绩获得年终奖或者股票,或者是以现金的形式或延期支付的形式得到红利。这属于组织的整体奖励计划中的 ( )
A. 收益分享计划　B. 成功分享计划　C. 股票分享计划　D. 利润分享计划
【参考答案】　D

☆☆**考点39：员工持股计划对企业发展的作用**

作用：①奠定企业民主管理的基础。②扩大资金来源，增加员工收入。③留住人才，为员工提供安全保障。④调整企业受益权，转变企业约束机制。

【历年真题】（2010年10月）单项选择题：

在行业处于寿命周期的衰退期时，企业一般采用的薪酬制度是　　（　）

A. 股权激励制度　　　　　　　B. 股票期权制度

C. 管理者收购和员工持股制度　D. 利润分享制度

【参考答案】 C

☆☆☆**考点40：个人激励薪酬计划的设计与实施**

设计：①建立生产标准。首先确定测定对象，其次进行时间动作探究。②建立薪酬标准。③计划执行和监控。

实施要点：（1）理解、信任与沟通。（2）员工参与和自主管理。

☆☆☆**考点41：班组奖励计划的设计与实施**

班组内发放奖金的三种分配形式：①组员平均分配奖金。②组员根据其对小组绩效的贡献大小得到不同金额的奖金。③根据每个组员的基本薪酬占小组所有成员基本薪酬总数的比例确定其奖金比例。

【历年真题】（2013年10月）单项选择题：

在群体激励薪酬中最简单的也是最接近个人奖励计划的是　　（　）

A. 班组奖励计划　B. 收益分享计划　C. 利润分享计划　D. 股票期权计划

【参考答案】 A

☆☆☆**考点42：利润分享计划的优缺点及适用范围**

优点：①利润分享所支付的报酬不进入个人的基本工资和固定成本支出。②有助于密切员工报酬与企业效益之间的联系。③有助于降低企业成本。④有助于改善企业的劳资关系。⑤有利于形成开阔的企业愿景与文化。

缺点：在直接推动绩效改善和改变员工或团队行为方面起的作用不大。

更适用于小型组织或者大型组织中的小型经营单位。

☆☆☆**考点43：收益分享计划的设计与实施**

有三种常见的收益分享计划：①斯坎伦计划，规定如果工厂的劳动力成本占产品销售额的比率低于某一特定的标准，雇员将获得货币奖励。强调员工的参与。②鲁克计划，或称产量份额计划，是建立在小时员工的总收入与员工所创造的产品价值之间的关系基础上的个人激励计划。也强调员工的参与。③效率增进分享计划，从实物方面衡量生产效率的提高，目的是使用更少的劳动时间生产更多的产品。偏重于为雇员提供制造产品的刺激奖励。

☆☆☆**考点44：员工持股计划的适用情况**

适用情况：①雇主鉴于各种情况，愿意出售股份，由员工贷款收购。②公司一些原有的出资者不愿意继续经营,自愿将股份出售。③总公司将下属子公司出售给员工。④为防止恶意收购,公司将部分股权出售给员工。⑤公司濒临倒闭,由员工收购。⑥家族企业无继承人继续经营,将股权出售给员工。

【历年真题】(2010年10月)单项选择题:

公司管理层或全体员工利用杠杆融资购买本公司的股份,成为公司股东,与其他股东风险共担。利益共享,从而改变公司的股权结构。控制权结构和资产结构,实现持股经营股权激励方式称为 (　　)

A. 股票期权　　B. 管理层收购　　C. 股票增值权　　D. 虚拟股票

【参考答案】C

【历年真题】(2011年01月)单项选择题:

在行业处于寿命周期的成熟期时,企业一般采用的薪酬制度是 (　　)

A. 股权激励制度　B. 股票期权制度　C. 利润分享制度　D. 员工持股制度

【参考答案】B

☆☆☆☆☆**考点45：员工持股计划的设计与实施**

(1) 设立员工持股会,统一管理员工股东的出资。

(2) 界定员工持股会的职权,规范员工持股会的组织和行为。

(3) 员工持股计划的设计。①受益人的范围和数量,主要是确定持股员工的资格。②员工持股的总量控制和员工股票的分配。③员工股票的托管。④员工股票的出售。

三、同步练习题

(一) 单项选择题

1. 收益分享计划中最早的形式是 (　　)

A. 斯坎伦计划　　B. 泰罗计划　　C. 利润计划　　D. 甘特计划

2. 基本薪酬增加会在员工以后的职业生涯(在同一个企业中连续服务的年限)中得到累积的是 (　　)

A. 业绩加薪　　　　　　　B. 月/季浮动薪酬

C. 一次性奖金　　　　　　D. 特殊绩效认可计划

3. 以下长期激励薪酬形式中属于长期现金计划的是 (　　)

A. 现股计划　B. 绩效重叠计划　C. 期权计划　D. 期股计划

4. 下列属于计时工资特点的是 (　　)

A. 与计件工资相比,对员工的工作质量有促进作用

B. 鼓励员工更注意提升产品数量　C. 对劳动成果的计算分配程序简化、透明

D. 将劳动报酬和劳动成果直接联系在一起

5. 产量在定额以内部分,按照一种计件单价计算工资,超额部分则按照一种或几种递增的计件单价计算工资,此方法属于计件薪酬制中的　　(　　)
   A. 直接无限计件薪酬制　　　　B. 直接有限计件薪酬制
   C. 超额计件薪酬制　　　　　　D. 多重计件薪酬制
6. 团队激励薪酬主要针对下列哪类人员进行的薪酬激励?　　(　　)
   A. 部分员工群体　B. 个人　　　C. 群体和个人　　D. 部门
7. 个人激励薪酬计划的主要特点不包括　　(　　)
   A. 刺激生产率的提高　　　　　B. 有助于企业控制成本
   C. 是对员工的业绩进行的薪酬激励　D. 具有事前的激励特征
8. 在群体激励薪酬计划中,企业在向员工支付了劳动工资后,再拿出一部分利润或超额利润分配给员工的制度是　　(　　)
   A. 收益分享计划　B. 成功分享计划　C. 利润分享计划　D. 团队奖励计划
9. 公司给予员工在将来某一时期内以特定价格购买一定数量公司股权的权利,员工到期可以行使这种权利也可以放弃这种权利,这属于　　(　　)
   A. 现股计划　　　B. 期权计划　　　C. 期股计划　　　D. 员工持股
10. 在激励薪酬设计中,如果某员工的基本工资为3000元/月,提薪幅度为5%,按业绩加薪的给付方式,该员工第三年基本工资为　　(　　)
    A. 1500元/月　　B. 1800元/月　　C. 3308元/月　　D. 4800元/月
11. 在激励薪酬设计中,如果某员工的基本工资为3000元/月,提薪幅度为5%,按一次性奖励的给付方式,该员工第三年基本工资为　　(　　)
    A. 1500元/月　　B. 3150元/月　　C. 3450元/月　　D. 4800元/月
12. 某企业员工小张每天的基本工资是150元,要求完成产量10件,本月20号小张共完成12件产品,那么当天他的工资为　　(　　)
    A. 160元　　　　B. 180元　　　　C. 200元　　　　D. 210元
13. 业绩薪酬中的业绩加薪具有累积效应,是基于　　(　　)
    A. 薪酬　　　　　B. 奖励薪酬　　　C. 基本薪酬　　　D. 直接薪酬
14. 公司通过奖励的形式直接赠予股票的是指　　(　　)
    A. 期权计划　　　B. 期股计划　　　C. 现股计划　　　D. 干股计划
15. 规模较小的群体激励是　　(　　)
    A. 利润分享计划　B. 成功分享计划　C. 团体激励计划　D. 增益分享计划
16. 倾向于对员工个人特征绩效和行为绩效的薪酬手段是　　(　　)
    A. 利润分享　　　B. 突出业绩奖金　C. 设计能力工资　D. 长期薪酬计划
17. 业绩奖金不仅可以现金方式支付,还可以下列哪种方式支付　　(　　)
    A. 股票期权　　　B. 股票增值权　　C. 福利　　　　　D. 基本薪酬
18. 所有或者某些特定群体的员工按照一个事先设计好的公式,来分享公

司所创造的某一比例的利润,可以现金的形式或延期支付的形式得到红利。这属于组织的群体激励薪酬计划中的 （ ）

A. 收益分享计划　B. 成功分享计划　C. 股票分享计划　D. 利润分享计划

19. 员工因部分或完全达到某一事先制定的工作绩效而获得奖励的薪酬称为 （ ）

A. 基本工资　　B. 内在薪酬　　C. 间接薪酬　　D. 绩效薪酬

20. 高层管理人员的绩效薪酬应主要反映 （ ）

A. 个人绩效　　B. 群体绩效　　C. 公司绩效　　D. 团队绩效

21. 在做业绩加薪幅度的决策时,要考虑组织的支付能力和 （ ）

A. 加薪的时机　B. 加薪总额　　C. 市场薪酬水平　D. 公平问题

22. 业绩奖金的系数法计算方法适用于 （ ）

A. 业务人员　　B. 管理人员　　C. 生产操作人员　D. 销售人员

23. 侧重于员工超额绩效和周边绩效的奖励指的是 （ ）

A. 业绩加薪　　B. 业绩奖金　　C. 特殊业绩薪酬　D. 激励薪酬

24. 个人激励计划成功实施的关键在于 （ ）

A. 标准产量与标准工时的确定　　B. 有效考核员工绩效
C. 建立科学的薪酬标准　　　　　D. 公正公平等衡量绩效结果

25. 不是虚拟股票持有员工所享受的权利是 （ ）

A. 配送股　　　　　　　　　　　B. 分红
C. 所有权　　　　　　　　　　　D. 股票市场价格兑现

26. 以下关于股票增值权的说法正确的是 （ ）

A. 不可以部分兑现　　　　　　　B. 只能用现金实施
C. 只能用股票加以实施　　　　　D. 可以全额兑现

27. 建立小时员工的总收入与员工所创造的产品价值之间的关系基础上的个人激励计划指的是 （ ）

A. 斯坎伦计划　　　　　　　　　B. 效率增进分享计划
C. 产量份额计划　　　　　　　　D. 收益分享计划

28. 绩效薪酬实施的条件不包括 （ ）

A. 确定奖励方式和水平　　　　　B. 内部配合条件
C. 横向配合条件　　　　　　　　D. 纵向配合条件

29. 下列哪项不是业绩薪酬的基本形式 （ ）

A. 业绩加薪　　B. 业绩红利　　C. 业绩奖金　　D. 特殊业绩薪酬

30. 从个人层面看,有效的绩效奖励计划必须在绩效和下列哪个因素之间建立紧密的联系 （ ）

A. 业绩　　　　B. 激励　　　　C. 奖励　　　　D. 岗位

31. 业绩加薪确定加薪的幅度时要考虑组织的支付能力因素和　（　）
   A. 公平问题　　B. 职位晋升　　C. 业绩衡量标准　D. 市场竞争
32. 业绩奖金作为一种非常普遍的业绩薪酬计划，也可称为　（　）
   A. 绩效加薪　　B. 业绩加薪　　C. 累积性薪酬　　D. 一次性奖励
33. 绩效薪酬的一种创新形式指的是　（　）
   A. 业绩奖金　　　　　　　　B. 特殊绩效认可计划
   C. 利润分享计划　　　　　　D. 激励薪酬
34. 特殊业绩薪酬克服了传统绩效薪酬的弊端，主要体现在　（　）
   A. 确保激励机制的完整性　　B. 提高企业的战略柔性
   C. 兼顾了对员工任务绩效和周边绩效的综合评价
   D. 体现以人为本的管理理念
35. 特殊业绩薪酬设计中要保证实施的　（　）
   A. 公平性　　B. 专业性　　C. 竞争性　　D. 主动性
36. 激励薪酬又称　（　）
   A. 可变薪酬　　B. 累计薪酬　　C. 福利　　D. 津贴
37. 激励薪酬侧重对员工哪种绩效进行激励　（　）
   A. 过去的绩效水平　　　　　B. 当前的绩效水平
   C. 预定的绩效目标　　　　　D. 完成的绩效目标
38. 员工报酬随着单位时间内的产出成比例增加的一种工资形式指的是哪种计件薪酬　（　）
   A. 差额计件薪酬制　　　　　B. 直接计件薪酬制
   C. 多重计件薪酬制　　　　　D. 间接计件薪酬制
39. 群体激励的传统分类中不包含　（　）
   A. 团队激励计划　B. 增益分享计划　C. 利润分享计划　D. 贝多计划
40. 当高绩效员工认为别人在分享自己的成果时，随时间的推移，他们可能出现自动减少自身投入的行为，这指的是群体激励计划中哪种局限性　（　）
   A. 偷懒行为　　B. 社会惰性　　C. 活塞效应　　D. 搭便车行为
41. 被称为"活动工资"的绩效薪酬指的是　（　）
   A. 激励薪酬　　B. 业绩薪酬　　C. 业绩奖金　　D. 特殊业绩薪酬
42. 在早期发展阶段，绩效薪酬只是简单地将绩效与员工的工作效率相结合，采用的是　（　）
   A. 收益分享计划　　　　　　B. 股权激励
   C. 个人激励薪酬形式　　　　D. 利润分享计划
43. 绩效薪酬本质上是对员工薪酬的　（　）
   A. 管理　　B. 调节　　C. 计划　　D. 控制

44. 在设计业绩加薪计划时,最通用的方式是 （ ）
A. 业绩矩阵形式 B. 绩效排序法 C. 岗位评价 D. 行为比较法

45. 具有在基本薪酬上累加性质的是 （ ）
A. 激励薪酬 B. 业绩加薪 C. 业绩奖金 D. 市场薪酬

46. 有研究认为,有效的业绩加薪应该保持在 （ ）
A. 4%~5% B. 5%~6% C. 6%~7% D. 7%~8%

47. 月奖、季度奖和年度奖都是下列哪种薪酬体系的典型形式 （ ）
A. 业绩奖金 B. 激励薪酬 C. 业绩加薪 D. 特殊业绩薪酬

48. 作为个人激励计划组成部分的狭义的计时工资具有 （ ）
A. 保障功能 B. 激励功能 C. 补充功能 D. 信号功能

49. 根据员工可以衡量的工作结果或预先设定的工作目标而给予奖励的一种替代性薪酬是 （ ）
A. 技能薪酬 B. 业绩薪酬 C. 激励薪酬 D. 一次性奖励

50. 标准计时计划的缺陷在于 （ ）
A. 不利于产量的增加 B. 不利于节省成本
C. 不利于团队合作 D. 不利于激励高效率的员工

(二) 多项选择题

1. 激励薪酬中的个人奖励计划的常用形式有 （ ）
A. 计件工资制 B. 标准计时制 C. 绩效工资制
D. 差额计件薪酬 E. 延续性绩效加薪

2. 基于个体进行的激励薪酬方案具有的特点是 （ ）
A. 以效率为基准 B. 具有事前的激励特征
C. 有利于激发员工参与组织管理 D. 有利于促进团队凝聚力
E. 是对员工客观的、可衡量的业绩进行的薪酬激励

3. 基于团队的激励薪酬方案的实质是 （ ）
A. 部门规模不大,员工努力与部门绩效联系明显
B. 源于团队工作 C. 产品或服务市场相对稳定
D. 易实现团队成员的信息交流与知识共享
E. 在团队工作形式普遍、个人绩效的衡量困难时采用

4. 绩效薪酬成功实施的横向配合条件是 （ ）
A. 与企业战略目标一致 B. 与基本薪酬形成互补
C. 与福利薪酬形成互补 D. 良好的绩效管理制度
E. 良好的人力资源开发制度

5. 在做业绩加薪幅度决策时,要考虑的因素包括 （ ）

A. 组织的支付能力　　　　　　B. 员工的生产力水平
C. 公平性　　D. 劳动力的市场价格　　E. 企业的发展后劲

6. 在建立个人激励计划时,我们需要考虑的决定激励计划的主要变量是
（　　）
A. 业绩　　B. 工资率　　C. 激励
D. 技能　　E. 产量和薪酬之间的关系

7. 绩效的特征主要包括（　　）
A. 是目标的完成程度,是客观存在　　B. 应当具有一定的可量度性
C. 是一定的主体作用于一定的客体所表现出来的效用
D. 应当体现投入与产出的对比关系　　E. 必须具有实际的效果

8. 绩效薪酬的类型主要包括（　　）
A. 市场薪酬　　B. 业绩薪酬　　C. 激励薪酬
D. 股票期权　　E. 年度奖金

9. 下列属于业绩薪酬的基本形式的是（　　）
A. 业绩加薪　　B. 业绩红利　　C. 业绩奖金
D. 特殊业绩薪酬　　E. 股票期权

10. 业绩薪酬设计应遵守的原则（　　）
A. 一致性原则　　B. 相关性原则　　C. 协调性原则
D. 层次性原则　　E. 时间性原则

11. 业绩奖金的特征包括（　　）
A. 灵活性　　B. 及时性　　C. 公平性
D. 竞争性　　E. 双向性

12. 下列属于特殊业绩薪酬的作用的有（　　）
A. 支持扁平组织结构　　B. 确保激励机制的完整性
C. 形成有效竞争机制　　D. 提高企业的战略柔性
E. 体现以人为本的管理理念

13. 特殊业绩薪酬的基本特征包括（　　）
A. 独立运作　　B. 多方合作　　C. 形式多样
D. 方式单一　　E. 定制化与个性化

14. 激励薪酬具有的优点（　　）
A. 促进员工合作　　B. 明确的目标导向　　C. 显著的激励性
D. 节约成本,提高生产率　　E. 有效反映经营管理中的问题

15. 个人激励计划的实施要点主要体现在（　　）
A. 理解、信任与沟通　　B. 员工参与　　C. 努力
D. 员工自主管理　　E. 智慧

16. 员工持股计划的适用条件主要包括 （　　）
   A. 雇主鉴于各种情况,愿意出售股份,由员工贷款收购
   B. 员工流动频繁的企业　　C. 总公司将下属子公司出售给员工
   D. 公司一些原有的出资者不愿意继续经营,自愿将股份出售
   E. 为防止恶意收购,公司将部分股权出售给员工
17. 三种常见的收益分享计划是 （　　）
   A. 贝多计划　　　　B. 斯坎伦计划　　　　C. 甘特计划
   D. 鲁克计划　　　　E. 效率增进分享计划
18. 利润分享计划的实现形式有 （　　）
   A. 现付与递延结合制　　B. 现金利润分享　　C. 延期利润分享
   D. 与利润挂钩的薪酬计划　　E. 股票期权
19. 员工持股计划主要类型有 （　　）
   A. 干股计划　　　　B. 现股计划　　　　C. 股期计划
   D. 期权计划　　　　E. 资本收益
20. 业绩奖金的计算方法主要有 （　　）
   A. 记分法　　　　　B. 评比法　　　　　C. 累积法
   D. 系数法　　　　　E. 点数法

（三）填空题

1. ＿＿＿＿＿＿＿是一种没有累加的绩效加薪方式,是对传统绩效加薪的一种改进。

2. 绩效薪酬由＿＿＿＿＿＿＿、激励薪酬、特别绩效薪酬三部分构成。

3. ＿＿＿＿＿＿＿是最为常用的一种加薪方式,它体现了对已发生的工作行为或已取得的绩效成果的认可和奖励,它的一个显著特征是直接加到基本工资中去的。

4. 绩效主要受＿＿＿＿＿＿＿、机会、激励和环境影响。

5. 激励薪酬可分为个人、＿＿＿＿＿＿＿和公司激励薪酬。

6. ＿＿＿＿＿＿＿一般针对员工过去的以及完成的绩效水平进行激励。

7. 业绩薪酬中的业绩加薪是基于基本薪酬的,具有＿＿＿＿＿＿＿。

8. 业绩薪酬一般只关注＿＿＿＿＿＿＿;激励薪酬则会关注隔个人、群体和公司。

9. 业绩奖金也称＿＿＿＿＿＿＿,不是在基本薪酬基础上的累积增加,而是一种一次性支付的业绩加薪。

10. 业绩薪酬设计应遵循的原则有一致性原则、相关性原则、＿＿＿＿＿＿＿、层次性原则、时间性原则。

11. 特殊业绩薪酬能提高企业的_____。

12. 采用业绩加薪的前提,一是薪酬的增加符合员工的生产率水平;二是在员工长期维持其生产力水平后才增加其_____。

13. 业绩加薪时,确定加薪的幅度要考虑两个因素:一是组织的_____;二是_____。

14. 设计与实施业绩奖金时要选择支付时机,这按企业_____而定。

15. 设计与实施业绩奖金时,要选择业绩奖金的支付形式,可以现金也可以_____形式。

16. 激励薪酬,又称_____,是根据员工可以衡量的工作结果或预先设定的工作目标而给予奖励的一种替代性薪酬体系。

17. 激励薪酬侧重对员工_____的激励。

18. 激励薪酬可分为个人激励薪酬、_____、全员激励薪酬。

19. _____是指员工报酬随着单位时间内的产出成比例增加的一种工资形式。

20. _____是指为绩效周期在一年以上的既定经营目标提供奖励的计划。

21. _____是指通过让员工持有本公司股票或期权而使其获得激励的一种长期绩效奖励计划。

22. 三种常见的收益分享计划为:_____、鲁克计划、效率增进分享计划。

23. 受益分享计划容易引起小组之间的_____。

24. 利润分享计划的实现形式有现金利润分享、_____、现付与递延结合制、与利润挂钩的薪酬计划。

25. 当高绩效员工认为别人在分享自己的成果时,随着时间推移,他们可能出现自动减少自身投入的行为。这种行为被称为_____。

26. _____是指员工通过努力所达成的对企业有价值的结果,以及他们在工作过程中所表现出来的符合企业的文化价和价值观,同时有利于企业战略目标实现的行为。

27. 业绩薪酬有三种形式_____、业绩奖金、特殊业绩薪酬。

28. 业绩加薪的弊端有导致_____不断上升、激励效果不明显等。

29. 个人激励薪酬又称_____,就是针对员工个人的工作绩效对员工个体提供奖励的一种薪酬计划。

30. 群体薪酬激励计划是指主要通过物质报酬等手段来激励员工创造_____,而不是激励他们的个人绩效。

（四）名词解释

1. 激励薪酬　2. 业绩加薪　3. 激励薪酬　4. 个人激励薪酬的概念　5. 员工持股计划　6. 绩效

（五）简答题

1. 简述业绩加薪有何弊端。
2. 业绩薪酬设计应遵循的原则是什么？
3. 特殊业绩薪酬的作用有哪些？
4. 员工持股计划的概念及类型。
5. 简述员工持股计划对企业发展的作用。
6. 利润分享计划的实现形式有哪些？

（六）论述题

1. 设计业绩加薪方案时要考虑哪些问题？
2. 试述设计与实施业绩奖金的基本环节。
3. 试述特殊业绩薪酬设计与实施的基本环节。
4. 试述员工持股计划的设计与实施。

【本章参考答案】

（一）单选题

1－5　AABAD　6－10　ABCBC　11－15　BBCCC　16－20　BCDDC　21－25　DBCAA　26－30　DCABC　31－35　ADBCA　36－40　ACBDC　41－45　ACDAB　46－50　BABCD（各题知识点在教材中的页码分别为：364、333、367、354、353、345、347、359、370、338、338、347、329、370、356、337、340、362、327、333、334、340、341、348、367、370、353、330、332、329、334、337、341、341、342、344、329、351、356、358、329、328、327、335、329、334、337、353、345、354）

（二）多选题

1. ABD　2. ABE　3. BDE　4. DE　5. AC　6. BE　7. ABCDE　8. BC　9. ACD　10. ABCDE　11. AB　12. BDE　13. ACE　14. BCDE　15. ABD　16. ACDE　17. BDE　18. ABCD　19. BCD　20. AD（各题知识点在教材中的页码分别为：348、347、355、330、334、347、326、329、329、332、337、341、341、345、350、370、364、362、370、339）

（三）填空题

1. 一次性奖金　2. 业绩薪酬　3. 绩效加薪　4. 技能　5. 群体　6. 业绩薪酬　7. 累加性　8. 员工个人　9. 一次性奖励　10. 协调性原则　11. 战略

柔性 12.固定基础薪酬 13.支付能力、公平问题 14.绩效周期 15.福利 16.可变薪酬 17.未来绩效 18.团队激励薪酬 19.直接计件薪酬制 20.长期激励计划 21.员工持股计划 22.斯坎伦计划 23.恶性竞争 24.延期利润分享 25.活塞效应 26.绩效 27.业绩加薪 28.成本 29.个人奖励计划 30.集体绩效。(各题知识点在教材中的页码分别为:337、329、333、327、345、329、334、326-375、337、332、341、333、334、339、340、344、345、345、351、367、369、364-366、363、362、358、326、332、337、346-347、355)

(四) 名词解释

1. 又称活动工资,是根据绩效评价结果支付的旨在激励员工绩效的组合薪酬形式,具有规范性.系统性和全面性特征。

2. 是在年度绩效评价结束时,组织根据员工的绩效评价结果以及事先确定下来的加薪规则,决定员工在第二年可以得到的基本薪酬。

3. 又称可变薪酬,是根据员工可以衡量的工作结果或预先设定的工作目标而给予奖励的一种替代性薪酬体系。

4. 又称个人奖励计划,就是针对员工个人的工作绩效对员工个体提供奖励的一种薪酬计划。

5. 是指通过让员工持有本公司股票或期权而使其获得激励的一种长期绩效奖励计划。

6. 是指员工通过努力所达成的对企业有价值的结果,以及他们在工作过程中所表现出来的符合企业的文化价和价值观,有利于企业战略目标实现的行为。

(五) 简答题

1. 参见本章考点8。
2. 参见本章考点13。
3. 参见本章考点15。
4. 参见本章考点29。
5. 参见本章考点39。
6. 参见本章考点37。

(六) 论述题

1. 参见本章考点18。
2. 参见本章考点19。
3. 参见本章考点20。
4. 参见本章考点45。

第十章 不同类型员工的薪酬设计

第一节 高级经营管理人员的薪酬设计与实施

一、自学要求和考核内容

1. 自学要求

通过本节的学习,要求考生能够了解高级经营管理人员及其特殊性;掌握高级经营管理人员薪酬影响因素,理解年薪制的概念、特点和确定原则,掌握针对企业高级管理人员的长期股权计划的类型和设计流程,掌握股票期权的基本要素和设计流程。

2. 考核内容

本节要求考生识记的内容主要包括:(1)企业高级经营管理人员的概念;(2)高级经营管理人员薪酬的类型;(3)年薪制的概念;(4)企业经营者的绩效评价体系;(5)股票期权计划的概念。

本节要求考生领会的内容主要包括:(1)高级经营管理人员的特殊性;(2)针对企业高级管理人员的长期股权计划的类型;(3)高级经营管理人员薪酬设计流程;(4)年薪制的特点;(5)年薪制的确定原则;(6)风险薪酬设计应考虑的因素;(7)年薪制的实施条件;(8)股票期权计划的特征;(9)股票期权计划的基本要素。

本节要求考生能将相关理论简单应用的内容包括:(1)高级经营管理人员薪酬影响因素;(2)股票期权的设计流程。

二、重要知识点

☆**考点1:企业高级经营管理人员的概念**

企业高级经营管理人员是指以经营管理公司为职业,将所经营公司的成功视为自己人生的成功,通过管理公司来实现自身价值的专职管理者。

☆☆**考点2:高级经营管理人员的特殊性**

企业高级管理人员薪酬是指企业高层经营管理人员获得的货币与非货币

化薪酬的总称。与普通员工相比,企业高级经营管理人员的薪酬一般存在以下特点:①与组织绩效和风险状况紧密相关。②受组织规模、市场薪酬等因素影响更大。③更注重长期激励。④薪酬差距明显大于其他管理层级。⑤福利和津贴计划具有特殊性。

☆☆☆**考点3:高级经营管理人员薪酬影响因素**

在确定高级管理人员薪酬结构及薪酬水平是需要考虑管理者个人、企业、社会环境三方面的影响因素,具体包括以下几个方面:

1. 管理者个人因素:

(1) 管理者的人力资本投入。一方面,高级管理人员必须通过后天长期的人力资本的投入才能具有良好的文化知识素质、思想素质以及出色的经营管理能力和技巧。另一方面,高级管理者在工作过程中付出劳动,承担着整个企业经营发展的责任,这也就是高级管理人员现行的人力资本投入。

(2) 管理者的业绩。对于企业来讲,高级管理人员的业绩就是指通过他的组织管理工作为企业带来的总体收益。包括企业资产存量、企业权益、市场价值、员工福利和对社会的贡献等各方面的产出。

(3) 管理者承担的风险。高级管理人员承担的风险主要是指企业经营风险,即由于高级管理人员可控的或不可控的因素影响导致企业经营失败的可能性。

2. 企业内部因素:

(1) 企业所处行业及规模。企业越是处于竞争激烈高风险行业,高管人员所承担的风险责任也就越大,其薪酬水平也应较其他行业高。规模越大相应的经营管理难度也越大,其对应的高级管理人员薪酬水平越高。

(2) 企业薪酬战略。企业的薪酬战略决定了企业的薪酬导向,高级管理人员的薪酬必然符合其战略要求。

(3) 企业盈利状况。高级管理人员的薪酬不应该超出企业支付能力许可范围。

3. 企业外部因素:

(1) 高级管理人员薪酬市场价格。企业高级管理人员薪酬的确定必须参考劳动力市场价格,以保持其薪酬的竞争力吸引到优秀的人才。

(2) 政府法律规范。薪酬给付的内容和数额大小要符合政府的法律法规。

☆☆**考点4:高级经营管理人员薪酬的类型及特点**。

企业高级经营管理人员的薪酬结构已经由职位性薪酬为主转向了以激励薪酬为主导的薪酬结构。具体结构包括基本薪酬和辅助薪酬,其中基本薪酬包括现金薪酬和长期薪酬,辅助薪酬包括各种福利和服务。

1．现金薪酬：

（1）基本薪酬。企业高级管理人员的基本收入，一般占到其薪酬总额的1/3～2/3。

（2）短期奖金。如年终奖金及红利等，大多以现金形式支付，是对管理人员某一时期中工作成效予以奖励。高级管理人员奖金是以组织的总体经营业绩为基础，可按照级别薪资的百分比给予。

红利是奖金的一种形式但又与奖金不同，红利的发放通常是根据每年的利润，拿出部分盈余发放给企业员工。

2．长期薪酬：

（1）股票期权。是公司给予企业高级管理人员的一种权利。公司给予企业高级管理人员在将来某一时期以一定价格购买一定数量股权的权利，企业高管到期可以行使或放弃这种权利。购股价格一般参照股价的当前价格确定。

（2）股票增值权。它的设计原理与股票期权近似。但差别在于企业高级管理人员在行使是权利人并不像认购期权形式下要购入股票，而是针对股票的升值部分要求兑现。

（3）限制性股票。是指持有这种股票的公司高级管理人员出售这种股票的权利受到限制亦即他们对于股票的拥有权是受到一定条件限制的。

实施限制性股票的前提：①薪酬委员会预期该战略目标实现后，公司的股票价格应当上涨到某一目标价位。②公司将限制性股票无偿赠予高管人员；③只有当股票市价达到或超过目标价格时，高管才可以出售限制性股票并从中受益。

（4）虚拟股票。这一激励机制是公司给予高级管理人员一定数量的虚拟股票对于这些虚拟股票，高级管理人员没有所有权但享有股票价格升值带来的收益以及享受分红的权利。

此外，针对高级管理人员常见的长期奖励还包括：账面价值股票、特定目标奖金、业绩股份以及股票赠予等。

3．福利：

（1）在职福利。实质上是公司给予企业高管一定的特权。主要有：在公司内部为其提供舒适的工作环境；在公司外部为其提供良好的服务；在生活上为其提供优雅的个人居室，对其生活方面遇到的问题尽量给予解决；享受各种待遇如带薪休假等。

（2）退休福利。其主要包括：建立高管人员社会保障制度，设计各种形式的"金色降落伞"；废除企业高管硬性画线退休制度；实施高额退休金计划；承诺高管人员退休后在企业董事会担任董事或企业高级顾问角色。

☆☆**考点5：高级经营管理人员薪酬设计流程**

合理的高级经营管理人员薪酬设计应考虑以下三方面内容：一是薪酬激励

主体的确定,即高管薪酬由谁确定和兑现。二是薪酬激励对象的确定,即哪些人属于高级管理人员范畴。三是薪酬激励内容的确定,即高管人员薪酬应包含哪些内容。

具体来说高级经营管理人员薪酬设计流程包含以下环节和步骤:

(1) 确定薪酬设计主体和参与者。

其主要包括:一是董事会,承担对执行薪酬顾问的建议给予最终批准;二是执行薪酬顾问,主要是为经营者提供薪酬方面的咨询和建议;三是薪酬委员会,使企业高级管理人员建立薪酬激励的观念,评估其薪酬水平,确认其薪酬组合,行使其薪酬计划,评估其工作表现,并评估董事的薪酬。

(2) 确定高级管理人员薪酬激励的对象。

高管人员亦称经营者经理人。专指担任董事长、董事、总经理等高层管理职务的自然人,具体是指执行日常管理的最高负责人及其主要助手,如总经理、副总经理、总会计师、董事会秘书等。

(3) 分析薪酬激励内容及其影响因素。高级管理人员的薪酬激励包括基本薪酬、短期奖金、长期激励和福利四个部分。

(4) 分析企业内外部环境。

(5) 选择并实施备选薪酬策略方案。

☆考点6:年薪制的概念

年薪制是以企业一个生产经营周期即年度为单位,确定高级经营管理人员的报酬,并视其经营成果发放风险收入的报酬制度。通常包括基本薪酬和风险薪酬两部分。

☆☆考点7:年薪制的特点

(1) 激励性。使经营者的才能、绩效和收入相一致,具有较强的激励性。

(2) 约束性。体现了责任、风险和利益的统一,使经营者有压力感、紧迫感和风险感。

(3) 共存性。把经营者和所有者的目标统一起来,达到个人利益与企业利益共存。

(4) 公平性与效率性。经营者应获得高于普通职工工资的薪金,体现了效率与公平的统一。

(5) 制度性与规范性。设计良好的年薪制可以起到有效激励和规范经营者行为的作用。

☆☆考点8:年薪制的确定原则

(1) 效率激励原则。年薪收入的确定必须与经营业绩挂钩,确立必要的激励机制。

(2) 科学评价原则。必须公正、科学地考核经营者的业绩。

(3)激励约束对称原则。在加强激励的同时,实施有效的监督控制。

(4)适度兼顾公平原则。经营者年薪收入应适度兼顾社会公平的原则。

☆**考点9：年薪制的构成方法**

年薪制是由多种薪酬要素构成,常见的方法有：

(1)二分法,将年薪划分为基本薪酬和风险薪酬。

(2)三分法,将年薪划分为基本收入、激励收入和经营者福利。

(3)四分法,将年薪划分为核心薪酬、延期支付薪酬、保障性薪酬和特殊福利。

☆**考点10：基本薪酬的设计**

基本薪酬＝本企业员工基本工资×调整系数

☆**考点11：风险薪酬的设计的计算方法**

方法一：风险薪酬＝基本薪酬×倍数×考核指标完成系数

方法二：风险薪酬＝超额利润×比例系数×考核指标完成系数

☆☆**考点12：风险薪酬设计应考虑的因素**

在风险薪酬设计的过程中需要考虑以下因素：

(1)要体现风险薪酬的激励作用。在年薪总额中风险薪酬的比例应高于基本薪酬。

(2)主要年度间经营绩效的变化。经营者薪酬应该反映企业不同年份的经营绩效变化。

(3)考虑经营绩效上升难度。绩优企业的业绩上升难度大于绩差企业。

☆☆**考点13：年薪制实施的条件**

(1)健全的现代企业制度。现代企业制度包括三项内容：①公司法人治理机制；②企业激励与绩效评估机制；③企业经营者选拔机制。

(2)明确的实施对象。企业年薪制的实施对象的实施范围大于经营者年薪制的实施对象。

(3)组织对经营者年薪制的接受与认可。

(4)良好的经济环境和市场条件。年薪制的核心是通过绩效年薪来实现对经营者的有效激励,它的前提是企业经营者能够控制企业经营的绩效。这都需要良好的经济和市场环境。

☆**考点14：企业经营者的绩效评价**

企业经营者的绩效是指经营者在一定时期内完成的工作数量、质量、效益及对企业长期发展的贡献。好的企业经营者绩效评价体系包括：评价主体、评价客体、评价指标和评价标准。

(1)评价主体:主要包括股东或股东大会和董事会

(2)评价客体:即年薪制的实施对象——经营者。经营者绩效主要体现在企业效益上。因此经营者绩效评价系统主要有两个对象:企业本身和企业经营者。

(3)评价指标:是指对评价对象的哪些方面进行评价。通常包括财务指标和市场指标。

(4)评价标准:是指判断评价对象业绩优劣的基准。通常经营者绩效评价标准包括:同行业比较法、标杆管理法和企业历史数据的序列分析法。

☆考点15:股票期权计划的概念

股票期权计划是授予高级管理人员在规定时期内以事先确定的价格购买一定数量的本公司普通股票的权利。

☆☆考点16:股票期权计划的特征

(1)股票期权是权利而非义务;

(2)股票期权的权利是公司无偿"赠送"给经理的;

(3)股票本身是有价格的。

☆☆考点17:股票期权计划的基本要素

(1)股票期权计划的受益人。受益人是股票期权计划所要激励的对象。

(2)股票期权计划的有效期。股票期权计划的受益人只能在所规定的期限内行使股票期权所赋予的权利,超过这一期限就不再享有此权利。通常对有效期附加一些具体的限制条件,限制之一是在有效期内规定一个"等待期",在该等待期内股票期权计划的受益人不能行使权利。限制之二是有效期的"分期",即把有效期分为若干时期,并规定必须分期行使股票期权所赋予的权利。

(3)股票期权的施权价。指在股票期权计划中规定的股票期权受益人购买股票的价格。

(4)股票期权的数量。股票期权计划中规定的股票期权受益人所能购买的全部股票数。

☆☆☆考点18:股票期权的设计流程

(1)确定认股权的股份来源。

公司把股权赠予或配予高级管理人员主要有三种方法:① 原股东把期权出让给雇员,适用于由单一大股东且股份为私人股份的企业;② 由公司增发新股赠予或配予高级管理人员,此法较为通行;③ 公司自二级市场上回购股票来支付认股期权、可转换证券等的需求。

(2)认定认股期权的施价权。

这里有两种情况:一是施价权大于或等于股票现行价。二是施价权可以低于公平市场价格的5%。

(3)设定股票期权授予额度与时机。

考核公司业绩的两个标准:一是绝对标准,即每股盈利增长或五年内股东回报上升多少。二是相对标准,即地位相当的同业股份币值平均上升多少。

（4）认定认股期权的有效期。

（5）股东大会批准,持股计划必要列示条款。

第二节　专业技术人员薪酬设计及管理

一、自学要求和考核内容

1. 自学要求

通过本节学习,要求考生能够了解专业技术人员的概念和特点,理解专业技术人员的薪酬结构模式;

2. 考核内容

本节要求考生识记的内容是:专业技术人员的概念。

本节要求考生领会的内容主要包括:（1）专业技术人员的特点;（2）专业技术人员的薪酬结构模式。

二、重要知识点

☆**考点 19：专业技术人员的概念**

专业技术人员通常是指利用既有的知识和经验来解决企业经营中所遇到的各种技术或管理问题,帮助企业实现经营目标的工作人员,是具有专门的技术知识和经验或者是专业技术资格证书的工程师、会计师、律师、科学家、经济学家等。

☆☆**考点 20：专业技术人员的特点**

（1）专业技术人员是关键的人力资本,市场价格高。

（2）工作专业化程度高或者创造性强,业绩不容易被衡量。

（3）对专业技术的认同往往高于对企业的认同。

（4）需要不断地追加人力资本投资。

（5）专业技术人员的需求层次相对较高。

☆☆**考点 21：专业技术人员的薪酬结构模式**

（1）单一化高薪酬模式。即给予专业技术人员较高的年薪或月薪,一般不给奖金;比较适合从事基础性、理论性研究的专业技术人员。

（2）较高薪酬＋奖金模式。该模式以职能资格为基础,给予较高的固定薪酬,奖金仍以职位等级和固定薪酬为依据,依照固定薪酬的一定比例发放。

（3）较高薪酬＋科技成果提成模式。除较高的固定薪酬外,还按研究开发成果为组织创造经济效益的一定比例提成。

(4) 科研项目承包模式。即将专业技术人员的薪酬列入其从事的科研项目经费中,按任务定薪酬,实行费用包干。

(5) 薪酬+股权激励模式。该模式薪酬水平一般,股权激励的力度较大。

第三节 企业营销人员薪酬设计及管理

一、自学要求和考核内容

1. 自学要求

通过本节学习,要求考生能够了解企业营销人员的概念和工作特性,理解营销人员薪酬方案设计应当遵循的原则,掌握营销人员薪酬方案设计的流程。

2. 考核内容

本节要求考生识记的内容是:企业营销人员的概念。

本节要求考生领会的内容主要包括:(1)营销人员的工作特性;(2)营销人员薪酬方案设计应当遵循的原则;(3)营销人员的薪酬方案类型。

本节要求考生能将相关理论简单应用的内容是:营销人员薪酬方案设计的流程。

二、重要知识点

☆考点22:企业营销人员的概念

企业的营销人员是指在企业中承担各种具体营销职能的工作人员,包括从高层的营销副总、营销总监、市场总监、销售总监到中层的市场部各职能经理、各区域的销售经理、办事处主任再到最基层的销售代表、营业员、理货员等。

☆☆考点23:企业营销人员的工作特性

(1) 工作时间和工作方式要求有很高的灵活性。

(2) 营销人员具有明确的工作业绩指标。

(3) 工作业绩具有较大的挑战性和高风险性。

(4) 营销人员的稳定性比较低。

(5) 进入壁垒(门槛)比较低。

☆☆考点25:营销人员薪酬方案设计应当遵循的原则

(1) 与战略匹配的原则。

(2) 促进销售人员角色转变的原则。

(3) 报酬形式以激励薪酬为主的原则。

(4) 差异化原则。

☆☆**考点 26：营销人员的薪酬方案类型。**

（1）单一薪资计划。

此计划中,营销人员报酬的主要形式是固定薪资,偶尔也可能获得红利、销售竞赛奖之类的奖励。这种报酬形式没有风险,激励型弱。

（2）单一佣金计划。

营销人员的薪酬中没有基本薪酬部分,全部薪酬收入都是由佣金构成的。佣金通常是以一定的百分比来提取的,所以在是实际中又被称作销售提成,提成的百分比即佣金的比率。根据单一佣金计划内容设计的不同可将其分为三种形式：① 直线佣金。销售人员的佣金与销售和服务的价格成固定比例。② 分段佣金。随着销售单位的增加,佣金比例增加。③ 复合档佣金。提前设置一个销售水平,若超过了这个水平,每一个销售单位的佣金比例加大。

其优点是：

第一,能够将销售人员的薪酬与工作绩效直接挂钩,企业可以通过设定较高的佣金比率刺激销售人员的积极性；

第二,薪酬管理的成本相当低,最符合最低成本战略。

第三,由于销售成本同销售额成比例,企业把所有的销售风险都推给了销售者,因此可以减少公司的销售投资,佣金基准量也容易理解和计算。

其缺点是：

第一,对于营销人员来说,收入缺乏稳定性,易受经济环境等其他外部因素的影响,起伏变化相当大；

第二,由于销售人员易受利益驱动,会过分强调销售额和利润等与佣金直接挂钩的指标,而忽视其他一些非常重要的销售活动。

（3）复合计划。

指销售人员每月有固定的基本薪酬,在此基础上再根据每个月的销售业绩领取销售佣金或者奖金的一种薪酬设计形式。常见的复合方式有以下四种：

① 基本薪酬+佣金计划。其中,薪水是销售人员的固定薪资,佣金是基于一种产品或服务价格的百分比而构成的激励薪酬。其中佣金部分将公司与销售人员的销售风险脱节,销售人员没有销售回款就没有佣金收入。

② 基本薪酬+奖金计划。其中,薪水是为了保证销售人员基本生活需求,奖金主要是为了激励销售人员的额销售绩效和其他组织期望的绩效。

③ 基本薪酬+佣金计划+奖金计划。该计划将佣金制与奖金制相结合。营业人员不论是否完成定额,都获得基本薪金。营销人员超额完成基本定额,超额完成的部分按比例提取佣金。营销人员超额完成整体销售定额,可以提取部门奖金总额。其基本模式为：

个人收入 = 基本薪金 + (当期销售额 − 销售定额) × 提成率 + 部门奖总额

×个体提奖系数

部门奖总额=(营销部门当期整体营销额-整体营销定额)×提奖率

个人提奖系数=个人当期营销额/营销部门当期整体营销额

生活费+佣金计划。即提前给销售人员提取一部分生活费

(4)针对营销新手的"瓜分制"的薪酬计划。

即企业将全体新进营销人员视作一个整体,确定其收入之和,每个员工的收入则按贡献大小占总贡献的比例计算。其公式为:

个人月薪=总工资×(个人月贡献/全体月贡献)

如果将底薪导入,则可以进一步将瓜分制和混合制结合,其公式为:

个人月薪=固定工资部分+(总工资-总固定工资)×(个人月贡献/全体月贡献)

(5)配套报酬计划:目标管理计划。

是针对激励营销人员完成销售收入以外的目标而引入销售组合报酬计划中的一项配套计划。

☆☆☆**考点27:营销人员薪酬方案设计的流程**。

(1)组建新的薪酬方案设计团队。

企业有必要组建一个由来自各个不同领域的人员所组成的设计小组。

(2)评估现有的薪酬计划。

在对现有的营销人员薪酬计划进行审查和评价时,设计小组实际上是要根据它实际所达成的结果来反思计划本身的内容。这里有三个要素要注意:第一,对经营战略的支持程度;第二,是否达到了支出目标;第三,是否提高了营销人员队伍的有效性。

(3)设计新的薪酬方案。

营销人员薪酬计划的设计要素包括:覆盖范围、目标现金薪酬、薪酬组合、绩效衡量指标以及奖励公式等。在设计新的营销人员薪酬方案时:首先,必须明确新计划的目的是什么。新的薪酬计划的最终目标是支持企业的经营战略,具体包括:服务客户;销售产品或服务;达成销售额和财务目标;激励和管理营销人员队伍的绩效等。其次,明确地对本企业的营销工作本身进行分析和界定。此外,还要充分考虑到非推销类的技能和责任。

(4)执行新的薪酬方案。

主要体现在三个方面:①计划的发布和沟通。②对一线的营销管理人员进行相关的培训。③对新的薪酬方案的实施情况进行监控。

(5)对新薪酬方案的评价。

通常可借助于五个指标来评价营销人员薪酬方案的有效性:①增长指标。②利润指标。③客户满意度和忠诚度。④营销人才指标。⑤薪酬投资的收益

指标。

第四节 生产一线员工的薪酬设计

一、自学要求和考核内容

1. 自学要求

通过本节学习,要求考生能够理解生产一线员工的薪酬设计中涉及相关概念及设计原则与方法。

2. 考核内容

本节要求考生识记的内容主要包括:海尔赛计划、卢文计划、艾默生计划、甘特作业奖金计划的内涵及计算方法。

本节要求考生领会的内容主要包括:(1)影响单位时间报酬率水平的因素;(2)计时制薪酬的适用范围;(3)一线员工奖金设计的原则。

二、重要知识点

☆☆**考点28:计件制薪酬概念及其计算公式**

(1)计件制薪酬是把一线员工生产的产品量与收入直接挂钩的薪酬形式,适用于生产任务明确、产品数量和质量易于测量与统计的工种。其计算公式为:$W = W_0 + RQ$(W 为员工所获的报酬;W_0 为保底工资;R 为计件单价;Q 为员工所完成的产品数量)。

(2)计价单价 = 单位时间岗位工种标准/该岗位单位时间的产量定额。

或:计价单价 = 单位时间工资标准/单位产品的工时定额。

(3)计件制薪酬的形式主要有:无限计件工资;有限计件工资;全额计件工资;超额累进计件工资;间接累进工资;提成工资。

☆☆**考点29:计时制薪酬概念及其计算公式**

计时制薪酬是根据员工工作时间的长短来确定员工薪酬的计酬制度,其计算公式为:$W = RT$(W 为员工所获得的报酬;R 为单位时间报酬率;T 为工作时间)。

☆☆**考点30:影响单位时间报酬率水平的因素**

(1)企业的实际情况。在制定单位时间报酬率时要充分考虑企业的经营状况和财务状况。

(2)管理者的管理理念。管理理念的差异也是影响报酬率水平高低的重要因素之一。

(3)同行业的薪酬水平。企业可以通过市场薪酬调查获取有关生产人员岗位薪酬状况的信息,然后以此为参考,确定生产一线员工的单位时间报酬率。

☆☆**考点31：计时制薪酬的适用范围**

（1）劳动成果无法直接、准确计量的工作,如机关工作、教育工作等。

（2）劳动成果难以直接反映工作强度或工作态度的部门和员工,如研究性或试验性生产人员。

（3）分工细、自动化程度高、劳动过程强度低、产品数量和质量与职工本人能力关联不大,而主要取决于集体协作的企业,如大型化工企业或流水线作业。

（4）产品质量要求很高,或者责任重大,并主要取决于劳动者个人技术水平或工作态度,但是对数量的要求则处于次要位置的工作,如科研人员和工艺美术行业人员的工作。

☆☆**考点32：计时制薪酬的核算方法**

根据核算周期的差别,计时制薪酬可以分为五种形式:小时制工资制、日工资制、周工资制、月工资制和年工资制。以月薪制下计时工资为例。

① 按月标准工资扣除缺勤天数应扣工作额计算(减法)：

某员工本月应得工资 = 该员工月工资标准 −（事假天数 × 日标准工资）−（病假天数 × 日标准工资 × 病假扣款率）。

② 按出勤天数直接计算(加法)：

某员工本月应得工资 = 该员工本月出勤天数 × 日标准工资 + 病假天数 × 日标准工资 ×（1 − 病假扣款率）。

③ 日标准工资的计算方法：

按 30 天算日工资率:日标准工资 = 月标准工资/30。

按 20.83 天算日工资率:日标准工资 = 月标准工资/20.83。

☆**考点33：计件制和计时制薪酬的优缺点**

1. 计件制薪酬的优点：

（1）能准确地反映出劳动者实际付出的劳动量,个人劳动投入与收入直接挂钩,激励作用明显。

（2）能反映劳动者之间的劳动差别,体现多劳多得,员工也比较能接受这种制度。

（3）能促使员工自觉地改进工作方法,提高技术水平和劳动生产率。

（4）企业易于计算单位产品的直接人工成本。

2. 计件制薪酬的缺点：

（1）员工会片面追求产量而忽视产品质量及原材料消耗。

（2）员工会因追求工资收入而过度紧张、劳累,有碍身体健康。

（3）可能会成为企业延长劳动时间和降低工资的手段。

（4）受市场波动影响较大,如果企业开工不足则员工收入会受到很大影响。

3. 计时制薪酬的优点：

(1) 计时制薪酬按劳动时间计量报酬，简便易行，能保证劳动者有基本的工资收入，同时对提高出勤率有显著作用。

(2) 有利于员工自觉提高业务水平。

(3) 按劳动时间计量报酬，简便易行。

4. 计时制薪酬的缺点：

(1) 不能准确地反映劳动者的实际劳动量及各个工人在相同的劳动时间内创造的劳动成果的差别。

(2) 不能及时反映劳动者实际作业能力和操作熟练程度。

(3) 不易计算产品的直接人工成本。

(4) 计时制薪酬容易造成一定程度上的平均主义，物质激励作用较弱。

☆☆**考点34：一线员工奖金设计的原则。**

(1) 公平性。主要体现在奖金与一线员工的劳动成果紧密结合、多超多奖、不超不奖。

(2) 差别性。指对不同性质的超额劳动采用不同的评价指标和奖励方式，奖励结果要准确反映一线员工所创造的超额劳动的价值。

(3) 实用性。指将奖励的重点放在与企业效益有关的生产工作上，以达到提高企业生产效益的目的。

(4) 可操作性。指奖励条件要明确、具体，且便于计量。

☆**考点35：海尔赛计划的内涵及计算方法**

海尔赛计划是一种以节省时间为计算基础的奖金计划，通常在正式绩效标准还未确定时使用。此计划可保持工人的最低工资，即各工人除应得工资外，如其工作效率超过标准，还可按其所节省的时间获得奖金，其计算公式为：

$$E = TR(\text{工作在标准以下})$$

$$E = TR + [(S-T)R]P(\text{工作在标准以上})$$

其中，E——工人所得工资，S——标准工作时间，T——实际工作时间，P——奖金率，R——每小时工资率。

【历年真题】（2013年10月）单项选择题：

在一线员工的奖金计算方法中，以节省时间为计算基础的奖金计划，通常在正式绩效标准还未确定时使用的奖金计划是（　　）

A. 海尔赛计划　　　　　　　　B. 艾默生计划

C. 卢文计划　　　　　　　　　D. 甘特作业奖金

【参考答案】　A

☆☆**考点36：卢文计划的内涵及计算方法**

卢文计划是以工作时间为基础，其奖金以节约的时间占定额标准时间的百分比成比例增加，方式上与海尔赛计划类似，不过奖金不随节约时间的增多而成正比例增长。其计算公式为：

$$E = TR（工作在标准以下）$$

$$E = TR + TR[(S-T)/S]（工作在标准以上）$$

其中，E——工人所得工资，S——标准工作时间，T——实际工作时间，R——每小时工资率。

卢文计划适用于缺乏明确工作标准的企业，该计划的缺点在于奖金不是随节约时间的增多而成正比例增长，不足以鼓励员工最大限度地进行生产。

☆**考点37：艾默生计划的内涵及计算方法**

艾默生计划的特点是按工人的工作效率分别给予不同的奖励，以鼓励工人更加努力地工作，也称为效率奖金制，其计算公式为：

$$E = TR（工作效率在66\%以下）$$

$$E = TR + P(TR)（工作效率在66\% \sim 100\%）$$

$$E = e(TR) + PTR（工作效率超过100\%）$$

其中，E——工人所得工资，T——实际工作时间，P——奖金率，e——工作效率，R——奖金率。

☆**考点38：甘特作业奖金计划的内涵及计算方法**

甘特作业奖金计划也是以标准时间为基础。其目的在于奖励工人于限期内完成工作，以充分利用机器设备降低成本，其计算公式为：

$$E = TR（工作在标准以下）$$

$$E = SR + PSR（工作在标准以上）$$

其中，E——工人所得工资，T——实际工作时间，P——奖金率，S——标准工作时间，R——奖金率。

三、同步练习题

（一）单项选择题

1. 不属于影响高级经营管理人员薪酬的个人因素　　　　　　　　（　　）

A. 管理者的人力资本投入　　　B. 管理者企业所处行业及规模

C. 管理者的业绩　　　　　　　D. 管理者承担的风险

2. 由于高级管理人员工作的特殊性，业绩并非即使显现。因此对于其业绩的报酬应采取的形式　　　　　　　　　　　　　　　　　　　　　（　　）

A. 中长期激励相结合　　　　　B. 长短期激励相结合

C. 中期激励　　　　　　　　D. 短期激励

3. 保持其薪酬的竞争力吸引到优秀的人才,企业高级管理人员薪酬的确定必须参考　　　　　　　　　　　　　　　　　　　　　　　(　)
   A. 劳动力市场价格　　　　　B. 最低工资标准
   C. 企业内部平均收入　　　　D. 企业商品

4. 企业高级经营管理人员的薪酬结构已经由职位性薪酬为主导转向了(　)
   A. 以工龄薪酬为主导的薪酬结构　　B. 以激励薪酬为主导的薪酬结构
   C. 以技能薪酬为主导的薪酬结构　　D. 以绩效薪酬为主导的薪酬结构

5. 权利人并不像认购期权形式下要购入股票,而是针对股票的升值部分要求兑现,这是企业高级管理人员在行使其长期薪酬中的哪一项　(　)
   A. 股票期权　　B. 股票增值权　　C. 限制性股票　　D. 虚拟股票

6. 高级管理人员没有股票的所有权,但享有股票价格升值带来的收益以及享受分红的权利。这是　　　　　　　　　　　　　　　　　(　)
   A. 股票期权　　B. 股票增值权　　C. 限制性股票　　D. 虚拟股票

7. 公司给予企业高级管理人员在将来某一时期以一定价格购买一定数量股权的权利,企业高管到期可以行使或放弃这种权利。购股价格一般参照股价的当前价格确定,这指的是　　　　　　　　　　　　　　　　(　)
   A. 股票期权　　B. 股票增值权　　C. 限制性股票　　D. 虚拟股票

8. 企业高级管理人员的奖金一般以下列哪个因素为基础　　　(　)
   A. 管理者的个人业绩　　　　B. 组织的总体经营业绩
   C. 管理者所在部门的业绩　　D. 企业员工的工作业绩

9. 实施限制性股票的前提中,公司给予高管人员限制性股票是　(　)
   A. 有偿赠予　　B. 低价销售　　C. 无偿赠予　　D. 替代薪资

10. 企业高管福利包括在职福利和　　　　　　　　　　　　　(　)
    A. 股票期权　　B. 退休福利　　C. 现金福利　　D. 风险福利

11. 在确定薪酬设计主体和参与者中,承担对执行薪酬顾问的建议给予最终批准的是　　　　　　　　　　　　　　　　　　　　　　(　)
    A. 董事会　　B. 执行薪酬顾问　　C. 薪酬委员会　　D. 工会

12. 在确定薪酬设计主体和参与者中,主要是为经营者提供薪酬方面的咨询和建议是　　　　　　　　　　　　　　　　　　　　　　(　)
    A. 董事会　　B. 执行薪酬顾问　　C. 薪酬委员会　　D. 工会

13. 在确定薪酬设计主体和参与者中,确认能够使高管人员致力于实现公司目标的最有效薪酬组合的是　　　　　　　　　　　　　　(　)
    A. 董事会　　B. 执行薪酬顾问　　C. 薪酬委员会　　D. 工会

14. 在分析薪酬激励内容及其影响因素时,高管的薪酬激励包括:基本薪

酬、长期激励薪酬、福利和 （ ）
  A. 绩效薪酬   B. 短期奖金   C. 加班薪酬   D. 风险薪酬

15. 在一个完善的高层管理者薪酬体系中我们不需要考虑 （ ）
  A. 兼顾保障和激励作用   B. 兼顾当前和长期激励
  C. 兼顾管理者和企业的利益   D. 兼顾社会的公平

16. 在高级经营管理人员薪酬设计过程中,分析企业内外部环境时,衡量高管绩效指标不包括 （ ）
  A. 个人绩效   B. 团队绩效   C. 组织绩效   D. 行业绩效

17. 经营者年薪是对薪酬要素进行组合的典型代表,通常包括基本薪酬和 （ ）
  A. 市场薪酬   B. 风险薪酬   C. 加班薪酬   D. 福利

18. 与其他报酬形式相比,下面哪项不是经营者年薪制在功能上具有的特点 （ ）
  A. 保障性   B. 约束性与共存性
  C. 制度性与规范性   D. 公平性与效率性

19. 下面哪项不是年薪制的确定原则 （ ）
  A. 效率激励原则   B. 科学评价原则
  C. 长期性原则   D. 适度兼顾公平原则

20. 年薪制是由多种薪酬要素构成,采用四分法可以将年薪划分为核心薪酬、延期支付薪酬、保障性薪酬和 （ ）
  A. 特殊福利   B. 基本薪酬   C. 风险薪酬   D. 激励收入

21. 下面哪项不是风险薪酬设计应考虑的因素 （ ）
  A. 要体现风险薪酬的激励作用   B. 反应主要年度间经营绩效的变化
  C. 考虑经营绩效上升难度   D. 法律最低工资标准

22. 下面哪项不是年薪制实施的条件? （ ）
  A. 健全的现代企业制度   B. 明确的实施对象
  C. 行业的前景   D. 组织对经营者年薪制的接受与认可
  E. 良好的经济环境和市场条件

23. 下面哪项不是健全的现代企业制度包括的内容 （ ）
  A. 公司法人治理机制   B. 企业绩效考核制度
  C. 企业激励与绩效评估机制   D. 企业经营者选拔机制

24. 基本薪酬是按月支付的固定现金收入,本企业高管基本工资为300000元,工资调整系数为0.95那么该企业的基本薪酬为 （ ）
  A. 250000元   B. 285000元   C. 315800元   D. 300000元

25. 根据二分法可将年薪划分为基本薪酬和风险薪酬。公司某高管的基本

薪酬为 200000 元,倍数为 2,考核指标完成系数为 0.8,那么该员工的风险薪酬为 (　　)

  A. 200000 元　　B. 300000 元　　C. 320000 元　　D. 400000 元

26. 根据二分法可将年薪划分为基本薪酬和风险薪酬。某公司的超额利润为 1000000 元,比例系数为 0.2,考核指标完成系数为 0.8,那么该员工的风险薪酬为 (　　)

  A. 160000 元　　B. 200000 元　　C. 800000 元　　D. 1000000 元

27. 一个好的企业经营者绩效评价体系包括:评价主体、评价客体、评价指标和 (　　)

  A. 评价标准　　B. 评价手段　　C. 评价流程　　D. 评价期限

28. 企业经营者绩效评价体系中评价主体包括股东或股东大会以及 (　　)

  A. 工会　　B. 人力资源部门　　C. 企业经营　　D. 董事会

29. 经营者绩效评价系统主要有两个对象,企业本身和 (　　)

  A. 企业财务部门　　B. 企业经营者　　C. 企业车间部门　　D. 企业销售部门

30. 评价指标是指对评价对象的哪些方面进行评价。通常包括财务指标和市场指标下列不属于财务指标的是 (　　)

  A. 净利润　　B. 每股收益　　C. 投资回报率　　D. 销售增长率

31. 评价指标是指对评价对象的哪些方面进行评价。通常包括财务指标和市场指标下列不属于市场指标的是 (　　)

  A. 市场占有率　　　　　　　　B. 销售增长率

  C. 经济附加值　　　　　　　　D. 顾客满意度及创新能力指标

32. 评价标准是指判断评价对象业绩优劣的基准。通常经营者绩效评价标准包括:同行业比较法、标杆管理法和 (　　)

  A. 企业历史数据的序列分析法　　B. 经济标准

  C. 效率标准　　　　　　　　　　D. 文化标准

33. 下列哪项不是股票期权计划具有的显著特征 (　　)

  A. 股票期权是权利而非义务　　B. 良好的流通性

  C. 股票期权的权利是公司无偿"赠送"给经理的

  D. 股票本身是有价格的

34. 下列哪项不是股票期权计划的基本要素 (　　)

  A. 股票期权计划的受益人　　B. 股票期权计划的有效期

  C. 股票期权的施权价　　　　D. 股票期权的赋予单位

35. 下列哪项是股票期权的设计流程的正确流程 (　　)

①确定认股权的股份来源②认定认股期权的有效期③认定认股期权的施价权④设定股票期权授予额度与时机⑤股东大会批准,持股计划必要列示条款

A. ①②③④⑤　　B. ①③④②⑤　　C. ②①④⑤③　　D. ⑤①③④②

36. 下列哪项不是公司把股权赠予或配予高级管理人员的方法　　（　　）

   A. 原股东把期权出让给雇员
   B. 由公司增发新股赠予或配予高级管理人员
   C. 高级管理人员自己去股票市场上购买
   D. 公司自二级市场上回购股票来支付认股期权、可转换证券等的需求

37. 考核公司业绩的两个标准：一是绝对标准，二是　　（　　）

   A. 经济标准　　B. 相对标准　　C. 效率标准　　D. 效果标准

38. 专业技术人员的薪酬结构模式有五种其中给予较高的年薪或月薪一般不给奖金，比较适合从事基础性、理论性研究的专业技术人员的模式是（　　）

   A. 单一化高薪酬模式　　　　　　B. 较高薪酬+奖金模式
   C. 较高薪酬+科技成果提成模式　　D. 科研项目承包模式

39. 专业技术人员的薪酬结构模式有五种，其中以职能资格为基础，给予较高的固定薪酬，奖金仍以职位等级和固定薪酬为依据，依照固定薪酬的一定比例发放的模式是　　（　　）

   A. 单一化高薪酬模式　　　　　　B. 较高薪酬+奖金模式
   C. 较高薪酬+科技成果提成模式　　D. 科研项目承包模式

40. 专业技术人员的薪酬结构模式有五种，其中薪酬+股权激励模式薪酬水平一般但股权激励的力度较大最适用于　　（　　）

   A. 从事基础性、理论性研究的专业技术人员
   B. 从事一线生产的技术人员　　C. 新产品的研发人员
   D. 高新技术产业和上市公司的技术人员

41. 专业技术人员的薪酬结构模式有五种，其中最适新产品研发人员的模式是　　（　　）

   A. 单一化高薪酬模式　　　　　　B. 较高薪酬+奖金模式
   C. 较高薪酬+科技成果提成模式　　D. 科研项目承包模式

42. 企业的营销人员根据不同的标准，按照从事的销售工作的内容，可分为高级营销人员、一般营销人员、推销人员和　　（　　）

   A. 兼职销售人员　B. 厂家营销人员　C. 商家营销人员　D. 经销商

43. 企业的营销人员根据不同的标准，按照营销人员在商品流通链中所处的位置，可分为厂家营销人员和　　（　　）

   A. 高级营销人员　B. 一般营销人员　C. 商家营销人员　D. 推销人员

44. 营销人员的薪酬方案类型中，单一佣金计划形式不包括　　（　　）

   A. 直线佣金　　B. 单一薪资计划　C. 分段佣金　　D. 复合档佣金

45. 针对营销新手的"瓜分制"的薪酬计划是企业将全体新进营销人员视

作一个整体,确定其收入之和,每个员工的收入则按贡献大小占总贡献的比例计算。某公司销售人员的月工资总额为20000,本月销售部门的全体月销售贡献为1000万,其中小王的月贡献为100万,那么小王的本月工资为 ( )

 A. 10000   B. 15000   C. 20000   D. 25000

46. 下列哪项是营销人员薪酬方案设计的流程的正确顺序 ( )

 ①评估现有的薪酬计划;②组建新的薪酬方案设计团队;③对新薪酬方案的评价;④设计新的薪酬方案;⑤执行新的薪酬方案

 A. ①②③④⑤ B. ①③④②⑤ C. ②①④⑤③ D. ⑤①③④②

47. 下列哪项不是评价营销人员薪酬方案的有效性的评价指标 ( )

 A. 增长指标和利润指标   B. 客户满意度和忠诚度指标
 C. 经济附加值指标   D. 薪酬投资的收益指标

48. 计时制薪酬的适用范围不包括 ( )

 A. 劳动成果无法直接、准确计量的工作

 B. 劳动成果难以直接反映工作强度或工作态度的部门和员工

 C. 分工细、劳动过程强度低、产品数量和质量与职工本人能力关联不大,而主要取决于集体协作的企业员工。

 D. 生产任务明确、产品数量和质量易于测量和统计的工种

49. 小王的日工资标准是120元,本月出勤天数为25天,由于生病请了5天的病假,公司的病假扣款率为0.6,请问小王本月工资为 ( )

 A. 3000元 B. 3200元 C. 3240元 D. 3600元

50. 海尔赛计划是一种以节省时间为计算基础的奖金计划,通常在正式绩效标准还未确定时间时使用。某产品的标准工作时间为8小时,小王完成该工作的实际时间为6小时,每小时的工资为10元,奖金率为50%,那么小王的工资为 ( )

 A. 60元 B. 70元 C. 80元 D. 90元

(二) 多项选择题

1. 高级经营管理人员的特殊性 ( )

 A. 与组织绩效和风险状况紧密相关

 B. 受组织规模、市场薪酬等因素影响更大

 C. 更注重长期激励   D. 薪酬差距明显大于其他管理层级

 E. 福利和津贴计划具有特殊性

2. 影响高级经营管理人员薪酬的个人因素 ( )

 A. 管理者的人力资本投入 B. 企业所处行业及规模
 C. 管理者承担的风险 D. 管理者的业绩 E. 企业的薪酬战略

3. 高级管理人员的业绩就是指通过他的组织管理工作为企业带来的总体收益,包括哪些方面的产出　　　　　　　　　　　　　　　(　　)
   A. 企业资产存量　　　B. 企业权益　　　　C. 市场价值
   D. 员工福利　　　　　E. 对社会的贡献
4. 影响高级经营管理人员薪酬的企业内部因素有　　　　(　　)
   A. 企业所处行业及规模　　B. 企业高级管理人员薪酬市场价格
   C. 企业薪酬战略　　D. 企业盈利状况　　E. 政府法律法规
5. 企业高级管理人员基本薪酬一般根据哪些内容来确定　(　　)
   A. 组织规模　　　B. 管理人员的需要　　C. 个人才能
   D. 所承担的责任和风险水平　　E. 管理者的实际贡献大小
6. 企业高级管理人员的长期薪酬包括有　　　　　　　　(　　)
   A. 股票期权　　　　B. 股票增值权　　C. 限制性股票
   D. 虚拟股票　　　　E. 股东分红
7. 高级管理人员薪酬设计主体和参与者主要包括　　　　(　　)
   A. 董事会　　　　　B. 执行薪酬顾问　　C. 薪酬委员会
   D. 工会　　　　　　E. 人力资源部
8. 高管的薪酬激励包括　　　　　　　　　　　　　　　(　　)
   A. 基本薪酬　　　　B. 短期奖金　　　C. 长期激励薪酬
   D. 福利　　　　　　E. 现金薪酬
9. 企业高级管理人员基本薪酬的决定因素是　　　　　　(　　)
   A. 企业规模　　　　　　　B. 企业平均工资水平
   C. 企业岗位的差别性　　D. 行业工资水平　　E. 地区工资
10. 高管的绩效衡量绩效的指标包括　　　　　　　　　(　　)
    A. 个人绩效　　　B. 团队绩效　　　C. 组织绩效
    D. 行业绩效　　　E. 公司战略
11. 经营者年薪是对薪酬要素进行组合的典型代表,通常包括(　　)
    A. 基本薪酬　　　B. 福利　　　　　C. 风险薪酬
    D. 股票期权　　　E. 奖金
12. 与其他报酬形式相比,经营者年薪制在功能上具有以下特点(　　)
    A. 激励性　　　　B. 约束性　　　　C. 共存性
    D. 公平性与效率性　　E. 制度性与规范性
13. 年薪制实施的条件有　　　　　　　　　　　　　　(　　)
    A. 健全的现代企业制度　　　　B. 明确的实施对象
    C. 组织对经营者年薪制的接受与认可　D. 良好的经济环境和市场条件
    E. 完善的组织结构

14. 经营者绩效评价指标是指对评价对象的以下方面进行评价 （   ）
   A. 财务指标   B. 顾客满意度指标
   C. 员工满意度指标   D. 市场指标   E. 创新能力指标
15. 经营者绩效评价标准是指判断评价对象业绩优劣的基准,通常经营者绩效评价标准包括 （   ）
   A. 同行业比较法   B. 交叉比较法   C. 标杆管理法
   D. 企业历史数据的序列分析法   E. 回归分析法
16. 股票期权计划具有以下几个显著特征 （   ）
   A. 股票期权是权利而非义务
   B. 股票期权的权利是公司无偿"赠送"给经理的
   C. 有较高的人力资源管理体系的要求   D. 股票本身是有价格的
   E. 股票期权计划必须在具有健全的现代制度的企业中推行
17. 专业技术人员的薪酬结构模式 （   ）
   A. 单一化高薪酬模式   B. 较高薪酬+奖金模式
   C. 较高薪酬+科技成果提成模式   D. 科研项目承包模式
   E. 薪酬+股权激励模式
18. 企业的营销人员按照从事的销售工作的内容 （   ）
   A. 高级营销人员   B. 一般营销人员   C. 推销人员
   D. 兼职销售人员   E. 厂家营销人员
19. 营销人员薪酬方案设计应当遵循的原则 （   ）
   A. 与战略匹配的原则   B. 差异化原则   C. 效率激励原则
   D. 报酬形式以激励薪酬为主的原则
   E. 促进销售人员角色转变的原则
20. 影响单位时间报酬率水平的因素 （   ）
   A. 企业的实际情况   B. 管理者的管理理念
   C. 同行业的薪酬水平   D. 工作的强度   E. 劳动技能

（三）填空题

1. 影响高级经营管理人员薪酬的个人因素中,管理者的人力资本投入包括长期投资形成的人力资本和_____。

2. 高级管理人员承担的风险主要是指_____。即由于高级管理人员可控的或不可控的因素影响导致企业经营失败的可能性。

3. 企业的_____决定了企业的薪酬导向,高级管理人员的薪酬必然符合其战略要求。

4. 针对高级管理人员的福利主要包括在职福利和_____。

5. 一个完善的高层管理者薪酬体系应兼顾_____、当前和长期激励以及管理者和企业的利益。

6. 经营者绩效主要体现在企业效益上。因此经营者绩效评价系统主要有两个对象：_____和企业经营者。

7. 经营者绩效评价指标是指对评价对象的哪些方面进行评价,通常包括_____和市场指标。

8. 高级管理人员的薪酬设计主体和参与者主要包括：董事会、执行薪酬顾问、_____。

9. 高管的薪酬激励包括：_____、短期奖金、长期激励薪酬和福利四个部分。

10. 经营者年薪是对薪酬要素进行组合的典型代表,通常包括基本薪酬和_____两部分。

11. 与其他报酬形式相比,经营者年薪制在功能上具有以下特点：激励性、约束性、共存性、_____、制度性与规范性。

12. 年薪制确定的原则主要有：效率激励原则、科学评价原则、_____、适度兼顾公平原则。

13. 在风险薪酬设计的过程中需要考虑以下因素：要体现风险薪酬的激励作用、主要年度间经营绩效的变化、_____。

14. 现代企业制度包括三项内容：_____；企业激励与绩效评估机制；企业经营者选拔机制。

15. 一个好的企业经营者绩效评价体系包括：评价主体、评价客体、_____和评价标准。

16. 企业经营者的绩效的评价指标中,市场指标主要包括：_____、销售增长率、顾客满意度及创新能力指标。

17. 企业经营者的绩效的评价标准是指判断评价对象业绩优劣的基准。通常经营者绩效评价标准包括：同行业比较法、_____和企业历史数据的序列分析法。

18. 股票期权计划具有以下几个显著特征：一是股票期权是权利而非义务；二是股票期权的权利是公司无偿"赠送"给经理的；三是_____。

19. 股票期权计划的基本要素包括：股票期权计划的受益人、股票期权计划的有效期、_____、股票期权的数量。

20、股票期权的设计流程是：确定认股权的股份来源、_____、设定股票期权授予额度与时机、认定认股期权的有效期、股东大会批准,持股计划必要列示条款。

21. 企业的营销人员根据不同的标准,按照从事的销售工作的内容,可分为高级营销人员、一般营销人员、_____和兼职销售人员。

22. 企业的营销人员根据不同的标准,按照营销人员在商品流通链中所处的位置,可分为厂家营销人员和_____。

23. 营销人员薪酬方案设计应当遵循的原则:与战略匹配的原则、促进销售人员角色转变的原则、报酬形式以激励薪酬为主的原则、_____。

24. 营销人员报酬的主要形式是固定薪资,偶尔也可能获得红利销售竞赛奖之类的奖励,这种报酬形式是_____。

25. 根据单一佣金计划内容设计的不同可将其分为三种形式:直线佣金、_____、复合档佣金。

26. 在对现有的营销人员薪酬计划进行审查和评价时,有三个要素要注意:对经营战略的支持程度、是否达到了支出目标、_____。

27. 通常可借助于五个指标来评价营销人员薪酬方案的有效性:增长指标;_____;客户满意度和忠诚度;营销人才指标;薪酬投资的收益指标。

28. 影响单位时间报酬率水平的因素包括:企业的实际情况、_____、_____、同行业的薪酬水平。

29. 一线员工奖金设计的原则包括:公平性、_____、实用性、可操作性。

30、营销人员新的薪酬计划的最终目标是支持企业的经营战略,具体包括:_____;销售产品或服务;达成销售额和财务目标;激励和管理营销人员队伍的绩效等。

(四)名词解释

1. 企业高级经营管理人员　2. 股票期权计划　3. 年薪制　4. 专业技术人员　5. 企业的营销人员　6. 计件制薪酬　7. 海尔赛计划

(五)简答题

1. 简述高级经营管理人员的特殊性。
2. 简述高级经营管理人员薪酬设计流程。
3. 简述年薪制实施的条件。
4. 简述股票期权计划的基本要素。
5. 简述专业技术人员的特点。
6. 简述营销人员薪酬方案设计应当遵循的原则。
7. 简述计时制薪酬的适用范围。

(六)论述题

1. 论述高级经营管理人员薪酬影响因素。
2. 论述营销人员薪酬方案设计的流程。

3. 试述股票期权的设计流程。

【本章参考答案】

(一) 单项选择题

1-5　BAABB　6-10　DABCB　11-15　ABCBD　16-20　DBBCA
21-25　DCBBC　26-30　AADBD　31-35　CABDB　36-40　BBABD
41-45　CACBC　46-50　CCDCB(各题所对应知识点在表材中的页码分别为：377、377、378、378、379、380、379、379、380、381、381、381、382、379、382、383、383、384、384、385、385、386、386、385、385、385、387、387、387、387、387、388、388、389、389、390、392、393、393、393、394、394、395、398、399、400、405、405、407)

(二) 多项选择题

1. ABCDE　2. ACD　3. ABCDE　4. ACD　5. ABCD　6. ABCD
7. ABC　8. ABCDE　9. ABDE　10. ABC　11. AC　12. ABCDE
13. ABCD　14. ABDE　15. ACD　16. ABD　17. ABCDE　18. ABCD
19. ABDE　20. ABC(各题所对应知识点在表材中的页码分别为：377、377、377、378、379、380、382、382、382、383、383、384、386、387、387、387、393、394、395、404)

(三) 填空题

1. 现行的人力资本　2. 企业经营风险　3. 薪酬战略　4. 退休福利　5. 保障和激励作用　6. 企业本身　7. 财务指标　8. 薪酬委员会　9. 基本薪酬　10. 风险薪酬　11. 公平性与效率性　12. 激励约束对称原则　13. 考虑经营绩效上升难度　14. 公司法人治理机制　15. 评价指标　16. 市场占有率　17. 标杆管理法　18. 股票本身是有价格的　19. 股票期权的施权价　20. 认定认股期权的施价权　21. 推销人员　22. 商家营销人员　23. 差异化原则　24. 单一薪资计划　25. 分段佣金　26. 是否提高了营销人员队伍的有效性　27. 利润指标　28. 管理者的管理理念　29. 差别性　30. 服务客户(各题所对应知识点在表材中的页码分别为：377、377、378、380、382、387、387、381、382、383、384、384、385、386、387、387、388、388、389、394、394、395、395、396、399、400、404、406、400)

(四) 名词解释

1. 是指以经营管理公司为职业，将所经营公司的成功视为自己人生的成功，通过管理公司来实现自身价值的专职管理者。

2. 是授予高级管理人员在规定时期内以事先确定的价格购买一定数量的本公司普通股票的权利。购股价格一般参照股权的当前市场价格确定。如果到时候公司股票价格上涨，经理人员可以行使期权，以确定的执行价格购买股票并售出获利；如果公司股票下跌，经理人员可以放弃这项权利。

3. 是以企业一个生产经营周期即年度为单位，确定高级经营管理人员的报酬，并视其经营成果发放风险收入的报酬制度。

4. 通常是指利用既有的知识和经验来解决企业经营中所遇到的各种技术或管理问题，帮助企业实现经营目标的工作人员。

5. 是指在企业中承担各种具体营销职能的工作人员，包括从高层的营销副总、营销总监、市场总监、销售总监到中层的市场部各职能经理、个区域的销售经理、办事处主任再到最基层的销售代表、营业员、理货员等。

6. 是把一线员工生产的产品量与收入直接挂钩的薪酬形式，适用于生产任务明确、产品数量和质量易于测量和统计的工种。

7. 是一种以节省时间为计算基础的奖金计划，通常在正式绩效标准还未确定时间时使用。此计划可保持工人的最低工资，即各工人除应得工资外，如其工作效率超过标准，还可按其所节省的时间获得奖金。

（五）简答题

1. 参见本章考点 2。

2. 参见本章考点 5。

3. 参见本章考点 13。

4. 参见本章考点 17。

5. 参见本章考点 20。

6. 参见本章考点 25。

7. 参见本章考点 31。

（六）论述题

1. 参见本章考点 3。

2. 参见本章考点 27。

3. 参见本章考点 18。

第十一章 员工福利设计与管理

第一节 员工福利概述

一、自学要求和考核内容

1. 自学要求

通过本节学习,要求考生能够了解员工福利的概念及构成;理解员工福利的特点及作用;掌握员工福利设计的原则及影响因素。

2. 考核内容

本节要求考生识记的内容主要包括:(1)广义的员工福利概念;(2)狭义的员工福利概念。

本节要求考生领会的内容主要包括:(1)员工福利的特点;(2)员工福利设计的影响因素。

本节要求考生能将相关理论简单应用的内容主要包括:(1)员工福利的作用;(2)员工福利设计的原则。

二、重要知识点

☆**考点1:广义的员工福利概念**

广义的员工福利指企事业单位、国家机关等单位向员工提供物质文化待遇,来达到提高和改善员工生活水平与生活条件、解决员工个人生活困难、提供生活便利、丰富精神和文化生活目的的一种社会事业。

☆**考点2:狭义的员工福利概念**

狭义的员工福利又称劳动福利,它是指企业为满足劳动者生活需要,在工资收入以外企业为员工个人及其家庭所提供的实物和服务等福利形式。

具体而言,对员工福利的界定包括:①员工福利是全面薪酬的重要组成。②员工福利大多表现为非现金收入。③员工福利一般是以间接形式支付给员工的。④员工福利不是按照工作时间、劳动强度等劳动因素给付的,而是一种近乎普惠式的报酬形式,与个人的贡献程度关联不大。⑤员工福利主要是以满足员工生活需要,解决生活困难,最终达到激励员工为目的。

☆**考点4：员工福利的构成**

（1）法定福利。政府通过立法形式,要求企业必须提供给员工福利和待遇称为法定福利。

（2）企业福利。企业提供给本企业员工的福利称为企业福利。企业福利可以分为两种形式：一种是企业兴办的各种集体福利；一种是企业为员工及其家庭所提供的实物和服务等福利待遇。

☆☆**考点5：员工福利的特点**

（1）补偿性。员工福利是对劳动者为企业提供的劳动的一种物质补偿,也是员工薪资收入的补充分配形式。一些劳动报酬不宜以货币的形式支付,可以以非货币的形式支付；不宜以个体的形式支付,可以以集体的形式支付。

（2）均等性。指履行了劳动义务的本企业员工,均有享受各种企业福利的平等权利。

（3）集体性。集体性消费除了可以满足员工的某些物质性需求外,还可以强化员工的团队意识和对企业的归属感。

（4）补充性。员工福利从某个角度讲是对于按劳分配的薪资制度的一个补充。

（5）多样性。企业员工福利的给付形式多种多样,包括现金、实物、带薪休假以及各种服务,而且可以采用多种组合方式。最常用的是实物给付形式,并且有延期支付的特点。

（6）人性化。指员工福利无论采取何种形式,都是贴近员工生活的,都是员工在生活与工作中最需补助的。

☆☆☆**考点6：员工福利的作用**

1. 员工福利对企业的作用：

（1）有利于吸引、保留和激励人才。有吸引力的员工福利计划既能帮助企业招聘到高素质的员工,又能保证已经被招聘来的高素质员工继续留在企业中工作。同时福利能够增强员工对企业的认同感、荣誉感,激励员工为企业多做贡献。此外,当企业希望吸引和雇用某些类型的员工,但又由于某些原因不能单方面提高这些人的薪酬时,福利就成为一种非常有利的报酬形式。

（2）有助于营造和谐的企业文化,强化员工的忠诚度。员工福利通过福利的形式为员工提供各种照顾,会让员工感觉到企业和员工之间的关系不仅仅是一种单纯的经济契约关系。从而在雇佣关系中增加一种类似家庭关系的感情成分,以提高员工的工作满意度,降低员工的不满情绪,提高向心力,体现企业文化中以人为本的原则。

（3）能够享受国家的优惠税收政策,提高企业成本支出的有效性。在很多市场经济国家,员工福利计划所受到的税收待遇往往要比货币薪酬所享受到的税收待遇优惠。

(4)对提高生产率和降低运营成本,有间接而巨大的积极作用。企业的员工福利比单纯的薪酬显得更加人性化,这使得员工对企业的认同感、归属感加强,而感情的加深会促使员工自觉提高生产率。

2. 员工福利对员工的作用:

(1)可以使员工家庭及退休后的生活质量获得保障。以福利的形式所获得收入往往无须缴纳收入所得税,因此员工直接从企业获得福利要比自己用拿到手里的薪酬收入再去购买福利的成本低很多。

(2)集体购买的优惠有规模经济效应。在许多商品和服务的购买方面,集体购买显然比个人购买更具有价格方面的优势。

(3)员工偏好福利的稳定性。与基本薪酬和浮动薪酬相比,福利的稳定性更强,这样,那些追求稳定性和安全感的员工对福利会比较感兴趣。

(4)平等或归属的需要。直接薪酬更为偏重员工的能力和业绩,而福利则可以满足员工在平等和归属感等方面的需要。

☆☆☆**考点7:员工福利设计的原则**

(1)合法性原则。福利计划要符合国家相关法律、法规和政策,同时还要使大多数员工知晓并认可。

(2)公平性原则。一是强调企业所有员工都应享有员工福利;二是所有员工享受的员工福利水平的差别不应过大。

(3)适度性原则。福利计划的设计要考虑企业对员工福利的经济承受力,脱离企业支付能力的福利方案没有可行性,甚至会对企业和员工产生巨大的负效应。

(4)激励性原则。福利计划必须对员工产生不同程度的激励作用,这是福利计划的最根本归宿。

(5)平衡性原则。福利计划的构成讲究各个方面的平衡性,既要考虑现金等物质薪酬,又要考虑非物质的福利,还要考虑员工的长期利益和短期利益。

(6)透明性原则。企业的福利计划应该采取透明化的原则,这样一是为了让员工全面了解本单位的福利体系以使其利用政策最大限度地获益;二是为了在更大范围内听取员工意见,以便帮助改进企业的员工福利计划;同时还有利于企业间、提供者之间的相互学习,在比较与竞争中优化设计。

(7)动态性原则。员工福利计划必须在规划之初赋予其适应现实、内外部经济、社会和人员环境变化的能力,尤其是要适应劳动力结构和员工生活方式的变化。

(8)特色性原则。设计一套良好的、适当的福利计划总需要反映企业特点和员工的实际情况,只有这样才能更好地实现企业的福利目标、人力资源管理目标,乃至企业的战略目标。

☆☆**考点8:员工福利设计的影响因素**

1．外部因素:

(1)国家的法律和政策。企业在制订福利计划时,必须遵守国家有关法律和相关政策。

(2)行业的竞争性。同行业的类似组织提供了某种福利,迫于竞争压力,组织不得不为员工提供类似的福利待遇,否则就会影响员工的工作积极性。

(3)劳动力市场的供求状况。劳动力市场供大于求时,员工可以接受较低的福利待遇。反之,组织除了提供优厚的薪酬以外,还必须提供富有吸引力的员工福利来吸引和留住员工。

(4)工资的控制。由于所得税等原因,组织为了控制成本,可以提供良好的福利作为补偿。

2．内部因素:

(1)企业自身的支付能力。支付能力是企业所能承担的劳务费用的限度,企业的经营状况越好,支付能力越强,员工的福利待遇也就可能越好。

(2)工作本身的差别。员工由于其本身所从事的工作不同,所以在承担责任、工作环境、劳动强度、工作负责程度等各方面也会存在差别。因此员工所能享受的福利待遇也会有所不同。

(3)员工福利的偏好差异。对于福利的偏好是因人而异的,因此福利设计应充分考虑企业不同员工的福利需求偏好。

(4)企业文化的不同。不同的企业有不同的企业文化,不同企业文化的企业其福利制度也会有所不同。

(5)企业发展阶段的不同。一般来说,在企业成长初期,致力于开创事业,应尽量降低固定的员工福利,而应以直接的办法鼓励员工投入创业。

第二节　员工福利的种类

一、自学要求和考核内容

1. 自学要求

通过本节学习,要求考生能够了解法定社会保险的构成及相关概念的界定;理解养老保险的特点及类型、失业保险的特点和医疗保险的基本模式;了解企业补充养老金计划的种类;掌握失业保险对象的资格确定、失业保险金的给付和员工福利计划的内容。

2. 考核内容

本节要求考生识记的内容主要包括:(1)法定社会保险项目的构成;(2)养老保险的概念;(3)失业保险的概念;(4)医疗社会保险的概念;(5)医疗费用的支付方式;(6)工伤保险的概念;(7)生育保险的概念;(8)住房公积金制度;(9)弹性福利计划的概念。

本节要求考生领会的内容主要包括:(1)养老保险的特点;(2)养老保险制度的类型;(3)失业保险的特点;(4)医疗保险的基本模式;(5)工伤保险的基本原则;(6)企业补充养老金计划的种类。

本节要求考生能将相关理论简单应用的内容主要包括:(1)失业保险对象的资格确定;(2)失业保险金的给付比例;(3)员工福利计划的内容。

二、重要知识点

☆**考点9:法定社会保险项目的构成**

我国规定有五种法定社会保险项目,即养老保险、失业保险、医疗保险、工伤保险和生育保险。

☆**考点10:养老保险的概念**

养老保险是国家和社会根据一定的法律和法规,为解决劳动者在达到国家规定的解除劳动义务的劳动年龄,或因年老丧失劳动能力退出劳动岗位以后的基本生活而建立的一种社会保险制度。

☆☆**考点11:养老保险的特点**

(1)强制性。由国家立法,强制实行,企业单位和个人都必须参加,符合享受养老保险条件的人,可以向社会保险部门领取养老金。

(2)互济性。养老保险费用来源一般由国家和单位及个人三方,或单位和个人双方共同担负,并实现广泛的社会互济。

(3)储备性。参加者按规定缴纳费用作为基金,存储待用。

(4)社会性。养老保险具有社会性,享受人多且时间较长,费用支出庞大。因此,必须设置专门机构,实行现代化、专业化、社会化的统一规划和管理。

【历年真题】 (2013年10月)多选30、养老保险的主要特点有( )
A. 强制性　　B. 互济性　　C. 储备性　　D. 社会性　　E. 风险性
【参考答案】 ABCD

☆☆**考点12:养老保险制度的类型**

从资金的筹措管理和发放考虑,目前,世界上实行养老保险制度的国家可以分为三种类型:投保自助型养老保险、强制储蓄型养老保险、国家统筹型养老保险。

我国根据国情创造性提出"社会统筹与个人账户相结合"的基本养老保险

制度模式。

(1) 投保自助型养老保险。这是一种强调社会共同担负、社会共享的保险模式,目前为大多数国家所采用。其内容是:每位社会成员都有义务在达到享受养老保险年龄前向社会保险机构缴纳一定的养老保险费。同时,企业也必须按照企业工资总额的一定比例定期缴纳保险费。在此基础上,每一位社会成员在退出劳动领域或因年老丧失劳动能力时都将有资格享受养老保险。(2) 强制储蓄型养老保险。也称公积金模式,它强调社会成员的保险费用由企业和员工自己承担,并建立一个员工个人账户,国家不会对此个人账户进行投保资助,但会给予一定的政策性优惠,将来员工的养老费用就全部出自这个账户。(3) 国家统筹型养老保险制度。它是一种强调国家应当担负全体社会成员养老的社会保险模式。劳动者不需要缴纳任何保险费用,就可以在退出劳动领域或因年老而丧失劳动能力时无条件享受养老费用。这些费用全部由国家财政无条件负担。

【历年真题】 (2013年10月)填空题:

从资金的筹措管理和发放考虑,目前,世界上实行养老保险制度的国家可以分为三种类型:投保自助型养老保险、_____和国家统筹型养老保险。

【参考答案】 强制储蓄型养老保险

☆考点13:我国的养老保险制度

我国的养老保险制度由三个部分组成:

(1) 基本养老保险(亦称国家基本养老保险)。

(2) 企业补充养老保险(也叫企业年金)。

(3) 职工个人储蓄性养老保险。

☆考点14:失业保险的概念

失业保险是指国家通过立法强制实行的,有社会集中监理事业保险基金,对因失业而暂时中断生活来源的劳动者提供物质帮助的一种社会保险制度。

☆☆考点15:失业保险的特点

(1) 普遍性。其覆盖范围包括劳动力队伍中的大部分成员。

(2) 强制性。它是通过国家制定法律、法规来强制实施的,在失业保险制度覆盖范围内的单位及其职工必须参加失业保险并履行缴费义务。

(3) 互济性。失业保险基金来源于社会筹集,有单位、个人和国家三方共同负担。筹集的保险费在统筹区内统一调度使用以发挥互济功能。

☆☆☆考点16:失业保险对象的资格确定

(1) 失业者必须处于劳动年龄阶段,我国规定16岁是最低劳动年龄。未成年和到了法定退休年龄的人被排除在外。

(2) 失业者必须是非自愿失业的,即必须是非本人原因而引起的失业。

(3)失业者必须满足一定的合格期条件。一般有以下几个要求:一是缴纳保险费期限条件;二是就业年限条件;三是居住期限条件;四是投保年限与缴纳保险费用叠加的复合条件。

(4)失业者必须具有劳动能力和就业愿望。

确定就业愿望的方法有:一是失业后必须及时登记要求重新就业;二是失业期间要与失业保险机构定期联系并汇报个人情况;三是接受职业训练和合理的工作安置。

☆☆**考点17:失业保险金的给付比例**

(1)工资比例制。失业救济金是以被保险人在失业前一定时期内的平均工资收入或某一时间上的工资收入为基数,依据工龄、受保年限、工资水平和缴费年限,确定百分比后计发。

(2)均一制。对符合条件的失业者不考虑原工资水平而规定统一的、以绝对金额形式发放的失业保险津贴。

(3)混合制。失业救济金采取比例制和均一制相结合的方式计发。

(4)一次给付制。对失业者一次性支付既定数额的失业保障津贴或解雇金,数额根据工资水平和工龄长短而定。

☆**考点18:医疗社会保险的概念**

医疗社会保险指由国家立法,通过强制性社会原则和方法筹集医疗保险资金,保证人们平等地获得适当的医疗服务的一种制度。医疗社会保险具有普遍性、复杂性、短期性和经常性的特点。

☆☆**考点19:医疗保险的基本模式**

(1)国家医疗保险模式。政府直接举办医疗保险,通过税收形式筹集医疗保险基金,采取预算拨款给国立医疗机构的形式,向居民直接提供免费医疗服务。其代表国是英国。

(2)社会医疗保险模式。由国家通过立法形式强制实施的一种医疗保障形式。保险基金来源于雇主和雇员,按单位工资总额和个人收入的一定比例筹措,政府酌情给予补贴。代表国家有德国、日本、韩国。

(3)商业性医疗保险。由商业保险机构提供的居民自愿购买的医疗保险,具有自由、灵活形式多样,适应社会多层次需求的特点。代表国家是美国。

(4)储蓄医疗保险制度。根据法律规定,强制性地筹集储蓄医疗基金。其主要特点是以家庭为单位的纵向筹资。代表国家是新加坡。

【历年真题】(2013年10月)单项选择题:

国际上实际储蓄医疗保险制度的代表国家是( )

A. 德国   B. 美国   C. 英国   D. 新加坡

【参考答案】 D

☆**考点20：医疗费用的支付方式**

（1）后付制。即按服务项目付费，是指医疗保险机构根据约定的医疗机构或医生，定期向保险机构上报医疗服务记录，按每个服务项目向服务提供者支付费用。

（2）预付制。也称前瞻性付费，包括总额预算包干、按人头付费和按病种付费等。

☆**考点21：工伤保险的概念**

工伤保险是指国家和社会为在生产、工作中遭受事故伤害和患职业性疾病的劳动者及其亲属提供医疗救治、生活保障、经济补偿、医疗和职业康复等物质帮助的一种社会保障制度。

☆☆**考点22：工伤保险的基本原则**

（1）无过失补偿原则。一是无论职业伤害责任主要属于雇主或者第三者或员工个人，受伤害者均应得到一定的经济补偿；二是雇主不承担直接补偿责任，而是由工伤社会保险机构统一组织工伤补偿。

（2）风险分担、互助共济原则。这是社会保险制度中的基本原则。

（3）个人不缴费原则。工伤保险由单位缴纳，职工个人不缴纳任何费用。

☆**考点23：生育保险的概念**

生育保险是国家通过立法，对怀孕、分娩的女职工给予生活保障和物质帮助的一项社会保险制度。其宗旨在于通过向职业妇女提供生育津贴、医疗服务和产假，帮助她们回复劳动能力，重返工作岗位。

☆**考点24：住房公积金制度的概念**

住房公积金制度是指由职工所在的国家机关、国有企业、城镇集体企业、外商投资企业、城镇私营企业以及其他城镇企业、事业单位及职工个人缴纳并长期储蓄一定的住房公积金，用以日后支付职工家庭购买或自建自住住房、私房翻修等住房费用的制度。

☆☆**考点25：企业补充保险计划的种类**

（1）企业补充养老金计划。企业在国家法定的养老保险之外自行建立的补充养老保险计划，其主要手段是提供税收方面的优惠。主要有三种形式：①团体养老金计划：指企业向养老基金管理部门缴纳一定的养老金。②延期利润分享计划：指企业在每个员工的储蓄账户上贷记一笔数额一定的应得利润。③储蓄计划：指员工从其工资中提取一定比例的储蓄金作为以后的养老金。

（2）集体人寿保险计划。人寿保险是市场经济体制国家的企业所提供的一种常见的福利。企业会支付全部的基本保险费用，而附加的人寿保险则要员工自己承担。

（3）健康医疗保险计划。企业向保险公司支付一定费用作为保险费，当员工或其家属发生生病或遭受损失时,保险公司可部分或全部赔偿其损失。

(4) 对未成年的员工进行特殊照顾。对未成年员工的学习给予培训补贴或津贴。

(5) 对特殊工种劳动者的保护与福利。在特别环境下从事体力劳动的员工享受特殊营养补贴和津贴。

☆☆☆考点26：员工福利计划的内容

(1) 员工个人发展计划。指与员工个人发展有关的一些福利项目。

(2) 员工援助计划。企业针对诸如酗酒、吸毒、赌博或心理压力问题等向员工提供咨询或治疗的正式计划。基本模式有：①内部模式,由企业自行雇佣全部援助人员。②外部模式,企业与第三方签订合同,可以由第三方的上班地点、本企业的上班地点或者两者的结合来实施。③合作模式,许多企业集中他们的资源共同制订一个员工援助计划。④加盟模式,第三方已经与企业签订了合同,但第三方将合同转包给一个地方性的专业机构。而不是利用自己的员工来执行合同。

(3) 咨询服务,企业向员工提供广泛的咨询服务,包括财务咨询、家庭咨询等。

(4) 教育援助计划。是针对那些想接受继续教育或完成教育的员工实施的一种福利计划。主要有内部援助和外部援助两种。内部援助计划主要指企业内部培训,外部援助计划主要是学费的报销等。

(5) 儿童看护服务。提供儿童看护服务福利的企业员工的缺勤现象将大大减少,生产率有一定提高。

(6) 老人护理服务。主要包括:弹性工作时间、长期保健保险项目及企业资助的老年人照顾中心等。

(7) 饮食服务。企业内部这些饮食通常是非营利性质的,有些企业甚至以低于成本价格提供饮食服务。

(8) 健康服务。是员工福利计划中被使用最多的福利项目,也是最受重视的福利项目之一。

【历年真题】 (2013年10月) 单项选择题:
在员工福利计划中,被使用最多的是(　　)
A. 健康服务　　B. 员工援助计划　C. 教育援助计划　D. 咨询服务
【参考答案】 A

☆考点27：弹性福利计划的概念

又称"自助餐福利计划",其基本思想是让员工对自己的福利组合计划进行选择,它体现了弹性化、动态化,而且强调员工的参与。这种选择受两个方面因素的制约:一是企业必须制定总成本约束线;二是每一种福利组合都必须包括一些非选择项目。

第三节 员工福利规划和管理

一、自学要求和考核内容

1. 自学要求

通过本节的学习,要求考生能够了解员工福利管理的概念,理解员工福利规划和管理主要内容和意义以及福利规划与管理的创新设计,理解并掌握福利规划和管理中存在的问题以及员工福利规划与管理的发展趋势。

2. 考核内容

本节要求考生识记的内容是:员工福利管理的概念。

本节要求考生领会的内容主要包括:(1)员工福利规划和管理的主要内容;(2)员工福利规划和管理的意义;(3)福利规划与管理的创新设计。

本节要求考生能将相关理论简单应用的内容主要包括:(1)福利规划和管理中存在的问题;(2)员工福利规划与管理的发展趋势。

二、重要知识点

☆**考点 28:员工福利管理的概念**

员工福利管理是指为了保证员工福利按照预定的轨道发展实现预期的效果而采用各种管理措施和手段对员工福利的发展过程和路径进行控制或调整的活动。

☆**考点 29:员工福利规划和管理的主要内容**

(1)划分福利对象。大多数企业至少有两种以上福利组合,一种适用于经理人员,一种适用于其他普通员工。

(2)处理福利申请。员工根据公司的福利制度和政策向公司提供享受福利的申请,而企业此时需要对这些福利申请进行审查,看其申请是否合理。

(3)福利沟通。良好的福利沟通包括以下步骤:一是编写福利手册;二是定期向员工公布有关福利的信息;三是在小规模员工群体中做福利报告;四是建立福利问题咨询办公室或咨询热线;五是建立网络化的福利管理系统。

(4)福利监控。实施福利监控的原因:一是有关福利的法律经常发生变化;二是员工的需要和偏好也会发生变化;三是对其他企业的福利实践的了解是企业在劳动力市场上竞争的重要手段;四是外部组织提供的福利的成本所发生的变化。

☆☆**考点30：员工福利规划和管理的意义**

（1）减轻员工赋税的负担。企业可以从员工赋税的减少来着手规划员工福利，也就是薪资福利化，此举不但有加薪的效果，而且可以充分切入员工所需。

（2）提升企业招募的优势。企业妥善做好福利规划，不仅可以避免外部恶性挖人，而且可以将人事预算作最有效率的运用。

（3）加强核心员工的留任意愿。监理一套符合企业特性的福利规划不仅可以适度提高员工的士气还可以留住核心员工与公司共同打拼。

（4）避免年资负债。具有竞争性的员工福利规划可以解决企业加薪两难的困境。

☆☆**考点31：福利规划和管理中存在的问题**

（1）企业和员工对福利认识上的分歧。实践中到底企业应当提供何种福利，员工应当享受何种福利，双方认识很模糊。

（2）福利成本居高不下。一方面存在福利总成本过高的问题，另一方面还存在企业的福利成本增长过快的问题。

（3）福利的低回报性。许多企业在福利方面付出了很多的代价，但是却没有得到相应的回报。一方面，员工将享受福利看成自己的一种既定权利或正当利益，对企业提供的福利越来越不满足；另一方面，企业看到自己的经济负担越来越重，管理方面的麻烦越来越多，却没有什么明显收益。

（4）福利制度缺乏灵活性和针对性。传统的福利制度缺乏灵活性和针对性，很难满足多样化和个性化的福利需求。

☆**考点32：福利规划与管理的创新设计**

（1）"一揽子"薪酬福利计划。许多企业不再将薪酬与福利管理分成互不关联的两项管理工作，而是成为一个有机组成部分，做到相辅相成与互相配合，共同围绕企业目标运转。

（2）灵活的福利提供方式。灵活的福利提供方式也称"自助餐式"的福利管理方式，员工可以在多个福利项目中根据自己的需要进行选择。

（3）降低福利成本、提高效率。很多企业开始进行改革和尝试，提高福利服务效率，减少不必要的浪费。

☆☆☆**考点33：员工福利规划与管理的发展趋势**

（1）由"职务福利"到"激励最大化"。企业为了促进福利激励最大化，出现了福利政策新导向：一是员工福利与企业绩效挂钩；二是福利与个人工作表现及其贡献挂钩。

（2）由"硬福利"到"软福利"。除了国家规定的"五险一金"外，企业自己制定的个性化的非现金福利被称为"软福利"。其最大特点在于以协调员工的生活、身心与工作的关系来取代传统的现金或实物福利。

（3）由"提供保障"到"助推能力"。培训的福利化增加了员工受培训的机会，帮助员工更好地学习和工作，不断自我完善，有利于其职业生涯的顺利发展。使得企业福利的主要目标从原先的提供保障转化为助推员工的能力上来。

（4）由"自给自足"到"商业团购"。商业团体保险主要形式是在工作场所为员工提供团体优惠价格、保费月交、员工和企业可以分担保费的自愿性保险计划，并以手续简便、费率低廉而成为企业补充福利保障的一种良好方式。

（5）由"普惠制"到"差别对待"。现代企业将福利作为对待核心人才和优秀员工的一种奖励发放，要求员工通过努力工作来争取福利，以充分发挥福利的激励效果。

（6）由"自我管理"到"福利外包"。许多企业将自己的福利计划外包给专业的公司来做，由他们负责企业福利制度的设计以及员工福利的购买和发放。

三、同步练习题

（一）单项选择题

1. 下列对员工福利的界定中，不正确的是　　　　　　　　　　（　　）
   A. 大多表现为非现金收入　　　　B. 一般是以间接形式支付给员工
   C. 员工福利是按照工作时间、劳动强度等劳动因素给付的
   D. 主要是以满足员工生活需要，解决生活困难，最终达到激励员工为目的
2. 企业福利可以分为两种形式，一种是企业为员工及其家庭所提供的实物和服务等福利待遇，一种是　　　　　　　　　　　　　　　　　（　　）
   A. 企业兴办的各种集体福利　　　B. 风险薪酬
   C. 中期激励　　　　　　　　　　D. 短期激励
3. 下列哪一项不是员工福利的特点　　　　　　　　　　　　　（　　）
   A. 补偿性和均等性　　　　　　　B. 竞争性和差异性
   C. 集体性和补充性　　　　　　　D. 多样性和人性化
4. 下列关于员工福利对企业的作用的说法错误的是　　　　　　（　　）
   A. 有利于吸引、保留和激励人才
   B. 有助于营造和谐的企业文化，强化员工的忠诚度
   C. 增加了企业的支出成本，降低企业成本支出的有效性
   D. 对提高生产率和降低运营成本，有间接而巨大的积极作用
5. 下列关于员工福利对员工的作用的说法不正确的是　　　　　（　　）
   A. 可以使员工家庭及退休后的生活质量获得保障
   B. 集体购买的优惠有规模经济效应　C. 员工偏好福利的稳定性

D. 有助于营造和谐的企业文化,强化员工的忠诚度

6. 福利计划要符合国家相关法律、法规和政策,同时还要使大多数员工知晓并认可这是在设计员工福利计划的过程中应遵循的哪一项原则 (　　)
   A. 公平性原则　　B. 适度性原则　　C. 激励性原则　　D. 合法性原则

7. 福利计划的设计要考虑企业对员工福利的经济承受力,脱离企业支付能力的福利方案没有可行性,甚至会对企业和员工产生巨大的负效应这是(　　)
   A. 适度性原则　　B. 平衡性原则　　C. 透明性原则　　D. 激励性原则

8. 下列哪项不是福利计划设计应遵循的原则 (　　)
   A. 合法性、公平性原则　　　　B. 适度性、激励性原则
   C. 平衡性、透明性原则　　　　D. 竞争性、差异性原则

9. 企业的福利计划应该采取透明化的原则,这样做一是为了让员工全面了解本单位的福利体系,以使其利用政策最大限度地获益,二是 (　　)
   A. 为了和其他企业比较　　　　B. 为了向政府公开计划
   C. 为了在更大范围内听取员工意见　D. 为了让董事会了解福利计划

10. 员工福利计划必须在规划之初赋予其适应现实、内外部经济、社会和人员环境变化的能力,尤其是要适应劳动力结构和员工生活方式的变化。这是福利设计中的 (　　)
    A. 透明性原则　　B. 动态性原则　　C. 平衡性原则　　D. 激励性原则

11. 下列哪项不是影响员工福利设计的外部因素 (　　)
    A. 企业的支付能力　　　　　　B. 行业的竞争性
    C. 国家的法律和政策　　　　　D. 劳动力市场的供求状况

12. 下列哪项不是影响员工福利设计的内部因素 (　　)
    A. 企业自身的支付能力　　　　B. 工作本身的差别
    C. 员工福利的偏好差异　　　　D. 工资的控制

13. 我国规定有五种法定社会保险项目,即养老保险、失业保险、医疗保险、工伤保险和 (　　)
    A. 商业保险　　B. 财产保险　　C. 生育保险　　D. 责任保险

14. 国家和社会根据一定的法律和法规,为解决劳动者在达到国家规定的解除劳动义务的劳动年龄,或因年老丧失劳动能力退出劳动岗位以后的基本生活而建立的一种社会保险制度是 (　　)
    A. 养老保险　　B. 失业保险　　C. 医疗保险　　D. 工伤保险

15. 养老保险的特点有强制性、储备性、社会性和 (　　)
    A. 收益性　　B. 责任性　　C. 公益性　　D. 互济性

16. 养老保险费用来源一般由国家、单位和个人三方或单位和个人双方共同担负,体现了养老保险的 (　　)

A. 强制性　　　　B. 互济性　　　　C. 储备性　　　D. 社会性

17. 下列哪项不属于养老保险制度类型　　　　　　　　　　　(　　)
   A. 投保自助型养老保险　　　　B. 自筹型养老保险制度
   C. 强制储蓄型养老保险　　　　D. 国家统筹型养老保险制度

18. 我国根据国情创造性提出的基本养老保险制度模式是　　　(　　)
   A. 投保自助型养老保险　　　　B. 社会统筹与个人账户相结合
   C. 强制储蓄型养老保险　　　　D. 自筹型养老保险制度

19. 每位社会成员都有义务在达到享受养老保险年龄前向社会保险机构缴纳一定的养老保险费。同时,企业也必须按照企业工资总额的一定比例定期缴纳保险费,这是　　　　　　　　　　　　　　　　　　　　　(　　)
   A. 投保自助型养老保险　　　　B. 自筹型养老保险制度
   C. 强制储蓄型养老保险　　　　D. 国家统筹型养老保险制度

20. 社会成员的保险费用由企业和员工自己承担,并建立一个员工个人账户,国家不会对此个人账户进行投保资助,但会给予一定的政策性优惠,将来员工的养老费用就全部出自这个账户。这是　　　　　　　　　　　(　　)
   A. 投保自助型养老保险　　　　B. 自筹型养老保险制度
   C. 强制储蓄型养老保险　　　　D. 国家统筹型养老保险制度

21. 国家应当担负全体社会成员养老的社会保险模式。劳动者不需要缴纳任何保险费用,就可以在退出劳动领域或因年老而丧失劳动能力时无条件享受养老费用。这是　　　　　　　　　　　　　　　　　　　　(　　)
   A. 投保自助型养老保险　　　　B. 自筹型养老保险制度
   C. 强制储蓄型养老保险　　　　D. 国家统筹型养老保险制度

22. 下列哪项不是我国的养老保险制度的组成部分　　　　　　(　　)
   A. 基本养老保险制度　　　　　B. 企业补充养老保险
   C. 个人储蓄性养老保险　　　　D. 国家统筹型养老保险制度

23. 按国家统一政策规定强制实施的为保障广大退休人员基本生活需要的一种养老保险制度,这指的是　　　　　　　　　　　　　　(　　)
   A. 基本养老保险制度　　　　　B. 企业补充养老保险
   C. 个人储蓄性养老保险　　　　D. 公益性组织补充保险制度

24. 企业补充养老保险是　　　　　　　　　　　　　　　　　(　　)
   A. 国家统一政策规定强制实施的为保障广大退休人员基本生活需要的一种养老保险制度
   B. 企业根据自身的经济实力,在国家规定的实施政策和实施条件下为本企业职工所建立的一种辅助性的养老保险
   C. 一种由职工自愿参加,自愿选择经办机构的一种补充保险形式

D. 订立保险合同运营,以营利为目的的保险形式,由专门的保险企业经营的保险形式

25. 由职工自愿参加,自愿选择经办机构的一种补充保险形式是 （　　）
A. 基本养老保险制度　　　　B. 企业补充养老保险
C. 个人储蓄性养老保险　　　D. 国家统筹型养老保险制度

26. 国家通过立法强制实行的,有社会集中监理事业保险基金,对因失业而暂时中断生活来源的劳动者提供物质帮助的一种社会保险制度是指 （　　）
A. 养老保险　　B. 失业保险　　C. 医疗保险　　D. 工伤保险

27. 下列哪项不是失业保险的特点 （　　）
A. 普遍性　　B. 强制性　　C. 互济性　　D. 社会性

28. 失业保险范围包括劳动队伍中的大部分成员。因此在确定适用范围时,只要符合条件都有享受失业保险待遇的权利。体现了失业保险的 （　　）
A. 普遍性　　B. 强制性　　C. 互济性　　D. 社会性

29. 下列关于失业保险对象的资格确定的说法错误的是 （　　）
A. 失业者必须处于劳动年龄阶段　　B. 失业者必须满足一定的合格期条件
C. 失业者可以是由于本人原因而自愿失业的
D. 失业者必须具有劳动能力和就业愿望

30. 失业保险对象的资格确定时,确定就业愿望的方法错误的是 （　　）
A. 失业后必须及时登记要求重新就业
B. 失业期间要与失业保险机构定期联系并汇报个人情况
C. 接受职业训练和合理的工作安置
D. 失业期间不一定要与失业保险机构定期联系并汇报个人情况

31. 下列哪项不是失业保险金的给付比例的确定方法 （　　）
A. 工资比例制　　B. 均一制　　C. 任意制　　D. 混合制

32. 对符合条件的失业者不考虑原工资水平而规定统一的、以绝对金额形式发放的失业保险津贴,这是失业保险金的给付比例中的 （　　）
A. 工资比例制　　B. 均一制　　C. 混合制　　D. 一次给付制

33. 失业救济金是以被保险人在失业前一定时期内的平均工资收入或某一时间上的工资收入为基数,依据工龄、受保年限、工资水平和缴费年限确定百分比后计发。这是失业保险金的给付比例中的 （　　）
A. 工资比例制　　B. 均一制　　C. 混合制　　D. 一次给付制

34. 对失业者一次性支付既定数额的失业保障津贴或解雇金,这是失业保险金的给付比例中的 （　　）
A. 工资比例制　　B. 均一制　　C. 混合制　　D. 一次给付制

35. 由国家立法、通过强制性社会原则和方法筹集医疗保险资金,保证人们

平等地获得适当的医疗服务的一种制度。这指的是 （ ）

A. 养老保险　　B. 失业保险　　C. 医疗保险　　D. 工伤保险

36. 下列哪项不是医疗保险的基本模式 （ ）

A. 国家医疗保险模式　　　　B. 社会医疗保险模式

C. 商业性医疗保险　　　　　D. 社会公益组织资助型保险制度

37. 政府直接举办医疗保险,通过税收形式筹集医疗保险基金,采取预算拨款给国立医疗机构的形式,向居民直接提供免费医疗服务。这指的是 （ ）

A. 国家医疗保险模式　　　　B. 社会医疗保险模式

C. 商业性医疗保险　　　　　D. 储蓄医疗保险制度

38. 由国家通过立法形式强制实施的一种医疗保障形式。保险基金来源于雇主和雇员,按单位工资总额和个人收入的一定比例筹措,政府酌情给予补贴。这指的是 （ ）

A. 国家医疗保险模式　　　　B. 社会医疗保险模式

C. 商业性医疗保险　　　　　D. 储蓄医疗保险制度

39. 下列关于医疗费用的支付方式说法不正确的是 （ ）

A. 总额预算包干是由医疗社会保险机构根据与医院协商确定的年度预算总额进行支付

B. 按人头付费主要由医疗社会保险机构根据医院或医生服务的受保人数,定期向其支付一笔固定的费用

C. 预付制是医疗保险机构根据约定的医疗机构或医生,定期向保险机构上报医疗服务记录,按每个服务项目向服务提供者自己付费用。

D. 按病种分类付费是按诊断的住院病人的病种精心定额预付

40. 在预付制的医疗支付模式中,由医疗社会保险机构根据与医院协商确定的年度预算总额进行支付的是 （ ）

A. 总额预算包干　B. 按人头付费　C. 按病种分类　D. 定额付费

41. 在预付制的医疗支付模式中由社会保险机构按医生或其他卫生人员提供服务向其发工资,而不考虑医生看病的次数和服务人数的多少。这是（ ）

A. 总额预算包干　B. 按人头付费　C. 按病种分类　D. 工资制

42. 国家和社会为在生产、工作中遭受事故伤害和患职业性疾病的劳动者及其亲属提供医疗救治、生活保障、经济补偿、医疗和职业康复等物质帮助的一种社会保障制度。这指的是 （ ）

A. 养老保险　　B. 失业保险　　C. 医疗保险　　D. 工伤保险

43. 下列哪项不是企业补充保险计划的种类 （ ）

A. 企业补充养老金计划　　　B. 集体人寿保险计划

C. 健康医疗保险计划　　　　D. 员工生育保险的缴纳

44. 下列关于企业补充养老金计划的基本形式说法错误的是　　（　　）

A. 团体养老金计划是企业向养老基金管理部门缴纳一定的养老金

B. 延期利润分享计划是企业在每个员工的储蓄账户上贷记一笔数额一定的应得利润

C. 储蓄计划是员工从其住房公积金中提取一定比例的储蓄金作为以后的养老金

D. 企业还会付给员工相当于储蓄金金额一半或同样数额的补贴,在其退休或死亡后,这笔钱会发给员工或其亲属

45. 关于员工福利计划的说法不正确的是　　（　　）

A. 员工个人发展计划是与员工发展有关的一些福利项目

B. 员工援助计划有企业对员工的职业生涯规划、培训规划、晋升计划等

C. 咨询服务是企业向员工提供的咨询服务,包括财务咨询、家庭咨询等

D. 教育援助计划主要是针对那些想接受继续教育或完成教育的员工实施的一种福利计划

46. 关于弹性福利计划的说法不正确的是　　（　　）

A. 弹性福利计划的基本思想是让员工对自己的福利组合计划进行选择

B. 弹性福利计划体现了弹性化、动态化,而且强调员工的参与

C. 弹性福利计划的实施企业必须制定总成本约束线

D. 弹性福利计划中的福利组合全部都是可选择项目

47. 关于员工福利规划和管理主要内容的说法不正确的是　　（　　）

A. 企业应该有统一的福利组合可以适用于所有员工

B. 员工根据公司的福利制度和政策向公司提供享受福利的申请,而企业此时需要对这些福利申请进行审查,看其申请是否合理。

C. 良好的沟通有助于员工对企业福利制度的理解,有助于企业福利的实施和效果的达成

D. 外部组织提供的福利的成本所发生的变化因此需要福利监控

48. 关于员工福利规划和管理的意义说法不正确的是　　（　　）

A. 企业薪资福利化使员工的所得税增加

B. 好的福利规划和管理可以提升企业招募的优势。

C. 好的福利规划和管理可以加强核心员工的留任意愿

D. 避免年资负债,有竞争性的员工福利规划能解决企业加薪两难的困境

49. 下列哪项不是现在福利规划和管理中存在的问题　　（　　）

A. 企业和员工对福利认识有分歧　　B. 企业支付福利的成本不断下降

C. 福利的低回报性　　D. 传统福利制度缺灵活性和针对性

50. 下列哪种情况不属于员工福利规划与管理的发展趋势　　（　　）

A. 由"职务福利"到"激励最大化"　　B. 由"硬福利"到"软福利"
C. 由"提供保障"到"助推能力"　　D. 由"商业团购"到"自给自足"

(二) 多项选择题

1. 对员工福利的界定正确的有　　　　　　　　　　　　　　　(　　)
A. 员工福利是全面薪酬的重要组成　　B. 员工福利大多表现为现金收入
C. 员工福利一般是以间接形式支付给员工的
D. 员工福利不是按照工作时间、劳动强度等劳动因素给付的
E. 员工福利主要以满足其生活需要,解决生活困难,达到激励员工为目的

2. 对于企业员工而言,福利包括　　　　　　　　　　　　　(　　)
A. 法定福利　　　　　　B. 企业福利　　　　　　C. 风险薪酬
D. 股票期权　　　　　　E. 年终分红

3. 员工福利的特点包括　　　　　　　　　　　　　　　　　(　　)
A. 补偿性和均等性　　　B. 竞争性和差异性　　　C. 集体性和补充性
D. 多样性　　　　　　　E. 人性化

4. 员工福利对企业的作用　　　　　　　　　　　　　　　　(　　)
A. 有利于吸引、保留和激励人才
B. 对提高生产率和降低运营成本,有间接而巨大的积极作用
C. 有助于营造和谐的企业文化,强化员工的忠诚度
D. 能够享受国家的优惠税收政策,提高企业成本支出的有效性
E. 集体购买的优惠有规模经济效应

5. 员工福利对员工的作用　　　　　　　　　　　　　　　　(　　)
A. 可以使员工家庭及退休后的生活质量获得保障
B. 集体购买的优惠有规模经济效应
C. 员工偏好福利的稳定性　　D. 平等或归属的需要
E. 有助于营造和谐的企业文化,强化员工的忠诚度

6. 在设计员工福利计划的过程中应遵循以下的原则　　　　　(　　)
A. 合法性、公平性原则　　B. 适度性原则　　　　　C. 激励性原则
D. 平衡性、透明性原则　　E. 动态性、特色性原则

7. 影响员工福利设计的外部因素包括　　　　　　　　　　　(　　)
A. 国家的法律和政策　　　B. 行业的竞争性　　　　C. 工资的控制
D. 劳动力市场的供求状况　E. 企业文化的不同

8. 影响员工福利设计的内部因素包括　　　　　　　　　　　(　　)
A. 企业自身的支付能力　　B. 工作本身的差别
C. 员工福利的偏好差异　　D. 企业文化的不同

E. 企业发展阶段的不同
9. 养老保险的特点包括 （   ）
A. 强制性　　　　　　　　B. 互济性　　　　　　C. 储备性
D. 社会性　　　　　　　　E. 公平性
10. 我国规定有五种法定社会保险项目包括 （   ）
A. 养老保险　　　　　　　B. 失业保险　　　　　C. 医疗保险
D. 工伤保险　　　　　　　E. 生育保险
11. 养老保险制度的类型包括 （   ）
A. 投保自助型养老保险　　B. 强制储蓄型养老保险
C. 国家统筹型养老保险制度　D. 公益组织资助型养老保险制度
E. 职工个人储蓄性养老保险
12. 我国的养老保险制度的构成包括 （   ）
A. 基本养老保险　　　　　B. 企业补充养老保险
C. 职工个人储蓄性养老保险　D. 国家统筹型养老保险制度
E. 公益组织资助型养老保险制度
13. 失业保险对象的资格确定中失业者必须满足一定的合格期条件,包括
（   ）
A. 缴纳保险费期限条件　　B. 就业年龄条件　　　C. 居住期限条件
D. 投保年限与缴纳保险费用叠加的复合条件　　　E. 失业年限条件
14. 确定就业愿望的方法有 （   ）
A. 失业后必须及时登记要求重新就业　　B. 失业者身体健康
C. 失业期间要与失业保险机构定期联系并汇报个人情况
D. 接受职业训练和合理的工作安置　　　E. 失业不超过一年
15. 医疗保险的基本模式有 （   ）
A. 国家医疗保险模式　　　B. 社会医疗保险模式　C. 商业性医疗保险
D. 储蓄医疗保险制度　　　E. 公益组织资助医疗保险
16. 工伤保险的基本原则有 （   ）
A. 无过失补偿原则　　　　B. 有过失不补偿原则　C. 个人不缴费原则
D. 风险分担、互助共济原则　E. 企业个人共同缴费原则
17. 企业补充保险计划种类,通常包括 （   ）
A. 企业补充养老金计划　　B. 集体人寿保险计划
C. 健康医疗保险计划　　　D. 对未成年的员工进行特殊照顾
E. 对特殊工种劳动者的保护与福利
18. 员工福利计划的内容主要包括 （   ）
A. 员工个人发展计划　　　B. 员工援助计划　　　C. 教育援助计划

D. 咨询、健康、饮食服务　　E. 儿童看护和老人护理服务

19. 员工福利规划和管理主要内容包括　　　　　　　　　　　　（　　）
A. 划分福利对象　　　　B. 处理福利申请　　　C. 进行福利沟通
D. 实施福利监控　　　　E. 福利实施评估

20. 员工福利规划和管理的意义有　　　　　　　　　　　　　　（　　）
A. 加重员工赋税负担　　B. 提升企业招募优势　　C. 避免年资负债
D. 加强核心员工留任意愿　E. 实现福利设计多元化

（三）填空题

1. 对于企业员工而言，福利包括两个层次：一部分是政府通过立法形式，要求企业必须提供给员工福利和待遇称为法定福利；另一部分是企业提供给本企业员工的福利，称为_____。

2. 企业福利可以分为两种形式：一种是企业兴办的各种_____；一种是企业为员工及其家庭所提供的实物和服务等福利待遇。

3. 员工福利的特点有_____、均等性、集体性、补充性、多样性、人性化。

4. 在设计员工福利计划的过程中应遵循以下的原则：合法性原则、公平性原则、适度性原则、_____、平衡性原则、透明性原则、动态性原则、特色性原则。

5. 福利计划的构成讲究各个方面的平衡性，既要考虑现金等物质薪酬又要考虑_____，还要考虑员工的长期利益和短期利益。

6. 影响员工福利设计的外部因素有：国家的法律和政策、行业的竞争性、劳动力市场的供求状况、_____。

7. 影响员工福利设计的内部因素有：_____、工作本身的差别、员工福利的偏好差异、企业文化的不同、企业发展阶段的不同。

8. 养老保险的特点有：强制性、_____、储备性、社会性。

9. 我国规定有五种法定社会保险项目，即养老保险、_____、医疗保险、工伤保险和生育保险。

10. 养老保险费用来源一般由国家、单位和_____三方或单位和个人双方共同担负，并实现广泛的社会互济。

11. 从资金的筹措管理和发放考虑，目前，世界上实行养老保险制度的国家可以分为三种类型：_____、强制储蓄型养老保险、国家统筹型养老保险。

12. 我国根据国情创造性提出"_____"的基本养老保险制度模式。

13. _____的内容是:强调社会成员的保险费用由企业和员工自己承担,并建立一个员工个人账户,国家不会对此个人账户进行投保资助,但会给予一定的政策性优惠,将来员工的养老费用就全部出自这个账户。

14. _____,劳动者不需要缴纳任何保险费用,就可以在退出劳动领域或因年老而丧失劳动能力时无条件享受养老费用。这些费用全部由国家财政无条件负担。

15. 我国的养老保险制度由三个部分组成:第一部分是基本养老保险制度;第二部分是企业补充养老保险;第三部分是_____。

16. 失业保险的特点有:普遍性、_____、互济性。

17. 失业者必须处于劳动年龄阶段,我国规定_____是最低劳动年龄。未成年和到了法定退休年龄的人被排除在外。

18. 失业保险对象的资格确定有:失业者必须处于劳动年龄阶段;失业者必须是非自愿失业的;失业者必须满足一定的合格期条件;_____。

19. 失业保险的给付比例中,_____是失业救济金以被保险人在失业前一定时期内的平均工资收入或某一时间上的工资收入为基数,依据工龄、受保年限、工资水平和缴费年限确定百分比后计发。

20. 失业保险金的给付比例有:工资比例制、_____、混合制、一次给付制。

21. 医疗社会保险具有普遍性、复杂性、_____和经常性的特点。

22. 医疗保险的基本模式有:国家医疗保险模式、_____、商业性医疗保险、储蓄医疗保险制度。

23. 预付制医疗费用的支付方式包括:_____、按人头付费、按病种付费、定额付费和工资制。

24. 工伤保险的基本原则:_____、风险分担互助共济原则、个人不缴费原则。

25. 企业补充保险计划种类有:_____、集体人寿保险计划、健康医疗保险计划、对未成年的员工进行特殊照顾、对特殊工种劳动者的保护与福利。

26. 企业补充养老金计划主要有三种形式:团体养老金计划、_____、储蓄计划。

27. 员工福利计划的内容包括:员工个人发展计划、_____、咨询服务、教育援助计划、儿童看护服务、老人护理服务、饮食服务、健康服务。

28. 员工福利规划和管理主要内容划分福利对象、处理福利申请、福利沟通、_____。

29. 员工福利规划和管理的意义减轻员工赋税的负担、提升企业招募的优势、加强核心员工的留任意愿、_____。

30. 福利规划和管理中存在的问题：企业和员工对福利认识上的分歧、_____、福利的低回报性、福利制度缺乏灵活性和针对性。

（四）名词解释

1. 广义的员工福利　2. 养老保险　3. 失业保险　4. 医疗社会保险
5. 工伤保险　6. 住房公积金制度　7. 员工福利管理　8. 弹性福利计划

（五）简答题

1. 简述员工福利的特点。

2. 简述员工福利设计的影响因素。

3. 简述养老保险的特点。

4. 简述养老保险制度的类型。

5. 简述医疗保险的基本模式。

6. 简述企业补充保险计划种类。

7. 简述员工福利规划和管理主要内容。

8. 简述福利规划和管理中的意义。

（六）论述题

1. 论述员工福利的作用。

2. 论述员工福利设计的原则。

3. 论述员工福利计划的内容。

4. 论述员工福利规划和管理中存在的问题。

5. 论述员工福利规划与管理的发展趋势。

6. 试述失业保险对象的资格确定。

7. 试述失业保险金的给付比例。

【本章参考答案】

（一）单项选择题

1－5　CABCD　6－10　DADCB　11－15　ADCAD　16－20　BBBAC
21－25　DDABC　26－30　BDACD　31－35　CBADC　36－40　DABCA
41－45　DDDCB　46－50　DAABD（各题知识点在教材中的页码分别为：413、414、415、416、418、419、419、419－421、420、421、422、423、423、424、424、424、425、425、425、425、426、426、426、426、427、427、427、427、428、428、428、428、428、428、429、428、428、429、429、429、430、432、432、434－435、436、437、

438、439、443）

(二) 多项选择题

1. ACDE 2. AB 3. ACDE 4. ACDE 5. ABCD 6. ABCDE
7. ABCD 8. ABCD 9. ABCD 10. ABCDE 11. ABC 12. ABC
13. ABCD 14. ACD 15. ABCD 16. ACD 17. AD 18. ABCDE
19. ABCD 20. BCD（各题知识点在教材中的页码分别为：414、414、415、416、418、419、422、423、424、423、425、426、427、428、428、430、432、434、437、438）

(三) 填空题

1. 企业福利 2. 集体福利 3. 补偿性 4. 激励性原则 5. 非物质的福利 6. 工资的控制 7. 企业自身的支付能力 8. 互济性 9. 失业保险 10. 个人 11. 投保自助型养老保险 12. 社会统筹与个人账户相结合 13. 强制储蓄型养老保险 14. 国家统筹型养老保险制度 15. 个人储蓄性养老保险 16. 强制性 17. 16 岁 18. 失业者必须具有劳动能力和就业愿望 19. 工资比例制 20. 均一制 21. 短期性 22. 社会医疗保险模式 23. 总额预算包干 24. 无过失补偿原则 25. 企业补充养老金计划 26. 延期利润分享计划 27. 员工援助计划 28. 福利监控 29. 避免年资负债 30. 福利成本居高不下（各题知识点在教材中的页码分别为：414、414、415、419、420、422、423、424、424、424、425、425、425、425、426、427、427、428、428、428、428、429、429、430、432、432、434、437、438、440）

(四) 名词解释

1. 指企事业单位、国家机关等单位向员工提供物质文化待遇，来达到提高和改善员工生活水平和生活条件、解决员工个人生活困难、提供生活便利、丰富精神和文化生活目的的一种社会事业。

2. 是国家和社会根据一定的法律和法规，为解决劳动者在达到国家规定的解除劳动义务的劳动年龄，或因年老丧失劳动能力退出劳动岗位以后的基本生活而建立的一种社会保险制度。

3. 是指国家通过立法强制实行的，有社会集中监理事业保险基金，对因失业而暂时中断生活来源的劳动者提供物质帮助的一种社会保险制度。

4. 指由国家立法、通过强制性社会原则和方法筹集医疗保险资金，保证人们平等地获得适当的医疗服务的一种制度。医疗社会保险具有普遍性、复杂性、短期性和经常性的特点。

5. 是指国家和社会为在生产、工作中遭受事故伤害和患职业性疾病的劳动者及其亲属提供医疗救治、生活保障、经济补偿、医疗和职业康复等物质帮助的一种社会保障制度。

6. 是指由职工所在的国家机关、国有企业、城镇集体企业、外商投资企业、城镇私营企业以及其他城镇企业、失业单位及职工个人缴纳并长期储蓄一定的住房公积金,用以日后支付职工家庭购买或自建自住住房、私房翻修等住房费用的制度。

7. 是指为了保证员工福利按照预定的轨道发展实现预期的效果而采用各种管理措施和手段对员工福利的发展过程和路径进行控制或调整的活动。广义的员工福利管理是对员工福利从产生到发展整个过程进行全方位的管理。狭义的员工福利管理则是指为了完成一个既定的中长期的发展目标而采取的各种措施和手段。

8. 又称"自助餐福利计划"其基本思想是让员工对自己的福利组合计划进行选择,它体现了弹性化、动态化,而且强调员工的参与。这种选择受两个方面的制约:一是企业必须制定总成本约束线;二是每一种福利组合都必须包括一些非选择项目。这种福利计划有三种类型:全部自选、部分自选、小范围自选。

(五) 简答题

1. 参见本章考点 5。
2. 参见本章考点 8。
3. 参见本章考点 11。
4. 参见本章考点 12。
5. 参见本章考点 19。
6. 参见本章考点 25。
7. 参见本章考点 29。
8. 参见本章考点 30。

(六) 论述题

1. 参见本章考点 6。
2. 参见本章考点 7。
3. 参见本章考点 26。
4. 参见本章考点 31。
5. 参见本章考点 32。
6. 参见本章考点 16。
7. 参见本章考点 17。

第十二章 薪酬体系的运行管理

第一节 薪酬预算管理

一、自学要求和考核内容

1. 自学要求

通过本节学习,要求了解薪酬预算的概念和方法;理解薪酬预算的目标和原则;掌握薪酬预算的步骤与方法。

2. 考核内容

本节要求考生识记的内容主要包括:(1)薪酬预算的概念;(2)薪酬预算的方法。

本节要求考生领会的内容主要包括:(1)薪酬预算的目标;(2)薪酬预算的原则。

本节要求考生能将相关理论简单应用的内容主要包括:(1)影响薪酬预算的因素;(2)薪酬预算的步骤。

二、重要知识点

☆**考点1:薪酬预算的概念**

所谓薪酬预算,是指管理这在薪酬管理过程中进行的一系列成本开支方面的权衡和取舍。

☆☆**考点2:薪酬预算的目标**

(1)使人工成本增长与企业效益增长相匹配。

(2)将员工流动率控制在合理范围。

(3)引导员工的行为符合组织的期望。

☆☆☆**考点3:影响薪酬预算的因素**

1. 宏观环境:

(1)经济发展水平与劳动生产率。经济发展水平和劳动生产率的高低是企业薪酬水平的决定性因素,也决定了企业预算的基础水平。

（2）劳动力市场的供求和竞争状况。企业应根据劳动力市场的供求和竞争情况来确定自己员工的薪酬水平。企业工资水平应与劳动力市场供需平衡时确定的"市场出清工资率"相当。

（3）当地物价的变动。企业设计薪酬制度时，应该把薪酬与一定的宏观物价指数挂钩，以保证员工实际薪酬水平的基本稳定。

（4）政府的宏观调控。企业调节其他经济行为和社会行为的宏观政策对企业薪酬水平产生了影响。

2. 微观环境：

（1）企业内部环境。企业制定薪酬预算的内部环境主要取决于企业既有的薪酬决策和它在招募、挽留员工方面所花的费用。另一个对企业薪酬预算内部环境产生较大影响的因素是技术的进步。

（2）生活成本的变动。企业普遍采取的做法是选取消费物价指数作为参照物，以产品和服务价格的变化来反映出实际生活水平的变动情况。

（3）企业现有薪酬状况。①上年度的加薪幅度。年度加薪比率 =（年末平均薪酬 – 年初平均薪酬）/ 年初平均薪酬 × 100%。②企业的支付能力。③企业现有的薪酬政策。企业的薪酬政策主要分为两大类：即现有的薪酬水平政策和薪酬结构政策。

☆☆**考点4：薪酬预算的原则**

（1）双低原则。一是企业工资总额增长幅度低于企业经济效益增长幅度；二是员工实际工资增长幅度低于本企业劳动生产率的增长幅度。

（2）增长原则。对贡献大的员工加薪幅度要大，对贡献小的员工不增薪或减薪。

（3）恰当原则。即确定人力成本的支出与销售额、销售利润的比例关系。

☆☆☆**考点5：薪酬预算的步骤**

1. 确定公司战略目标和经营计划。①要确定公司未来的战略目标是快速扩张、适当收缩、稳步增长还是转换领域。②确定公司未来的经营目标。③确定公司的组织结构、岗位设置。

2. 分析企业支付能力。

（1）薪酬费用率：薪酬费用率 = 薪酬总额/销售额。

（2）劳动分配率：劳动分配率 = 薪酬总额/附加价值；薪酬费用率 = 目标附加价值率 × 目标劳动分配率。

（3）薪酬利润率：在同行业中薪酬利润率越高表明单位薪酬取得的经济效益越好人工成本的相对水平越低，公司薪酬提升的空间越大。

3. 确定企业薪酬策略。

薪酬策略一方面是薪酬水平策略，即领先型、跟随型、滞后型；另一方面是薪酬激励策略,即重点激励哪些人群,采用什么样的激励方式;第三是薪酬结构策略,即薪酬应当由哪些部分构成,各占多大比例,薪酬分多少层级。

4. 诊断薪酬问题。

可以从薪资均衡指标、递进系数、重叠度、幅宽等数据和指标入手。

5. 分析人员流动情况。

包括总人数的预测、有多少员工被提拔到上一层级、新增加多少员工、有多少员工离职等。

6. 确定薪酬调整总额以及整体调整幅度。

①需要确定薪酬总额调整依据,即是依据利润、增加值还是销售收入来提取薪酬总额。②要确定劳动分配率、薪酬费用率和薪酬利润率的目标值。③依据经营目标、历史工资水平测算出预期薪酬总额。④据此计算出薪酬调整总额,并按照薪酬激励策略和原来各部门在薪酬总额中所占的比重、各部门的业绩,确定各部门的薪酬调整总额。

7. 将薪酬调整总额分配到员工。

绩效调薪的确定涉及两个因素:一是员工的绩效水平的高低;二是该员工在其工资范围中所处的位置。

8. 根据市场薪酬水平确定员工薪酬水平。

在经过第6、7两个步骤之后,就需要根据市场薪酬水平和薪酬策略确定员工的薪酬水平。

9. 反复测算最终确定。

反复测算,不断调整,使测算数据趋于一致,作为最终的薪酬预算。

【历年真题】 (2013年10月)多项选择题:

企业可选择的薪酬水平策略有(　　)

A. 领先型薪酬策略　　B. 滞后型薪酬策略　　C. 竞争型薪酬策略

D. 跟随型薪酬策略　　E. 混合型薪酬策略

【参考答案】　ABC

【历年真题】 (2013年10月)论述题:

试述薪酬预算的步骤。

【参考答案】　参考本章考点5。

☆考点6:**薪酬预算的方法**

1. 薪酬总额预算:

(1) 薪酬总额的范围。广义上,凡是与员工劳动力再生产有关的支出都是员工薪酬;狭义上,员工薪酬主要是劳动力价格,即市场决定的劳动力再生产条件,包括员工的直接薪酬和福利待遇。

(2) 薪酬总额的提报。①自下而上法。(注:原教材观点有错误,两者顺序搞混)优点是:简单易行,灵活高效,因接近实际故员工容易满意;缺点是不容易控制薪酬成本。②自上而下法。优点是:容易控制整体的薪酬成本;缺点是:预算缺乏灵活性,因主观因素多降低了预算的准确性,不利于调动员工的积极性。

(3) 薪酬总额的测算。①根据薪酬费用比推算薪酬总额。薪酬费用比率=薪酬费用总额/销售额=(薪酬费用总额/员工人数)/(销售总额/员工人数)。②根据劳动分配率推断适当的薪酬费用比。劳动分配率=薪酬费用总额/附加价值。

2. 薪酬的刚性预算:

(1) 固定薪酬。此预算主要包括基础薪酬、职务薪酬、技能薪酬、年功薪酬、间接薪酬。

(2) 业绩薪酬。此预算考虑两方面:一是业绩薪酬的计提方式;二是业绩薪酬的计算方式。

(3) 其他项目。作为成本薪酬,可以列入薪酬刚性预算的内容还包括加班薪酬以及某些福利津贴等。

3. 薪酬的弹性预算:

(1) 目标引导。首先要确定企业的经营管理目标,然后考虑效益分享的具体执行办法,把它分解落实到不同的企业员工头上。

(2) 责任划分。在薪酬预算时,应该把效益分享与风险承担联系起来考虑,使两者对称。

(3) 分解落实。必须在时间序列中对效益薪酬发放方式进行分解落实,其关键在于处理好效益薪酬发放中及时性与准确性的关系,做出动态薪酬预算执行方案。

第二节　薪酬控制

一、自学要求和考核内容

1. 自学要求

通过本节学习,要求了解薪酬控制的概念;理解薪酬控制的指标、原则和对象,掌握薪酬控制的难点和控制方法。

2. 考核内容

本节要求考生识记的内容是:薪酬控制的概念。

本节要求考生领会的内容主要包括:(1)薪酬控制的指标;(2)薪酬控制的原则;(3)薪酬控制的对象;(4)薪酬控制的难点。

本节要求考生能将相关理论简单应用的内容是:薪酬控制的方法。

二、重要知识点

☆考点7：**薪酬控制的概念**

所谓薪酬控制，是指为确保既定薪酬方案顺利落实而采取的种种相关措施。企业通过薪酬预算已经对自己的薪酬方面的具体标准和衡量指标有了比较清晰的认识，而薪酬控制的功能就在于确保这些预定标准的顺利实现。

☆☆考点8：**薪酬控制的指标**

（1）平均劳动力成本。平均劳动力成本＝一定时期内薪酬总额/员工人数。

（2）劳动力成本利润率。劳动力成本利润率＝一定时期内企业利润总额/劳动力成本总额。

（3）全员劳动生产率。全员劳动生产率＝一定时期内企业附加值/员工人数。

（4）劳动力成本结构指标。工资比重＝工资/劳动力成本×100%。

（5）薪酬费用比率。薪酬费用比率＝劳动力成本总额/销售收入总额×100%。

（6）劳动分配率。劳动分配率＝劳动力成本总额/附加价×100%。

☆☆考点9：**薪酬控制的原则**

（1）外部竞争力原则。外部竞争力强调本企业的薪酬水平与其他企业薪酬水平的比较优势。该优势的作用：一方面对外部的人力资源具有吸引力，可以保证企业的人才供给；另一方面有利于树立企业形象稳定员工队伍和减少市场雇佣风险。

（2）效率性原则。效率性原则强度企业在外部人力资源市场上的人力资源配置效率。

（3）公平性原则。公平不等于平等，它要求企业按照员工的贡献大小进行分配，适当拉开分配差距，体现薪酬差别。

（4）经济性原则。薪酬是企业使用人力资源所必须付出的成本，经济性是最基本的原则。

☆☆考点10：**薪酬控制的对象**

薪酬控制很大程度上指的是对于劳动力成本的控制，大多数企业也存在着正式的薪酬控制体系。劳动力成本＝雇用量×（平均薪酬水平＋平均福利成本），因此从以下方面关注薪酬控制：①通过控制雇用量来控制薪酬。②通过平均薪酬水平、薪酬体系构成的调整以及有目的地设计企业的福利计划以达到控制薪酬的目的。③最后利用一些薪酬技术对薪酬进行潜在的控制。

☆☆☆考点11：**薪酬控制的方法**

1. 通过雇用量进行薪酬控制：

（1）控制员工人数。企业与核心员工之间的关系是长期取向的,而且彼此之间有很强的承诺;与非核心成员之间的关系是短期取向居多,只局限于特定的时间段内。

（2）控制工时数。控制变动员工的工作时数在企业里出现得更为频繁些。

2. 通过薪酬水平和薪酬结构来进行薪酬控制:

（1）基本薪酬。基本薪酬对于薪酬预算与控制的最主要影响体现在加薪方面,而原有薪酬水平之上的加薪一般是基于以下几方面的原因:原有薪酬水平低于理应得到的水平;根据市场状况进行的调整;更好地实现内部公平性。

（2）可变薪酬。可变薪酬相对于基本薪酬所占的比例越大,那么劳动力成本的变化余地也就越大,而管理者可以采取的控制预算开支的余地也越大。

（3）福利支出及其他。将企业的福利分为两类:与基本薪酬相联系的福利以及与基本薪酬没有联系的福利。

3. 通过薪酬技术进行潜在的薪酬控制:

（1）最高薪酬水平和最低薪酬水平。企业可以通过薪酬技术来控制薪酬,即通过最高或最低薪酬水平来控制员工的薪酬。

（2）薪酬比较率。这一数字告诉管理者特定的薪酬等级的薪酬水平中值,以及该等级内部职位或员工薪酬的大致分布状况。其计算公式为:薪酬比较比率＝实际支付的平均薪酬/某一薪酬等级的中值。

☆☆**考点 12:薪酬控制的难点**

（1）控制力量的多样性。企业的控制力有三种:企业现有的正式控制体系;来源于小团体或特定个人的社会控制;员工的自我控制。

（2）人的因素影响。企业的控制体系在不同时候、处在不同的环境下、面对不同的对象会发挥不同的作用。

（3）结果衡量的困难性。出于有效控制的目的,企业往往会针对其希望得到的结果制定出衡量指标。

第三节　薪酬调整

一、自学要求和考核内容

1. 自学要求

通过本节学习,要求考试了解薪酬调整的概念及必要性,理解薪酬调整的原则,掌握薪酬调整的方式。

2. 考核内容

本节要求考生识记的内容主要包括:(1)薪酬调整的概念与种类;(2)薪酬

水平调整的概念;(3)薪酬沟通的类型。

本节要求考生领会的内容主要包括:(1)薪酬调整的必要性;(2)薪酬调整的原则;(3)薪酬水平调整的依据;(4)薪酬调整的方式;(5)薪酬水平调整的方式;(6)薪酬结构纵向调整的方法。

本节要求考生能将相关理论简单应用的内容包括:(1)薪酬水平调整的具体方法;(2)薪酬横向调整的方法。

二、重要知识点

☆考点13:薪酬调整的概念与种类

所谓薪酬调整,是指企业在建立系统的体现内部公平和对外具备竞争力的薪酬管理系统后,根据企业发展战略和产品市场以及人员市场变化的需要,和企业内部问题解决的需要,在不损坏薪酬管理体系的系统性基础上,所进行的权重比例的调整。

薪酬调整主要有两种:

(1)根据市场薪酬水平的变化趋势、组织的发展状况、经营管理模式的调整以及战略重心的转移对现行薪酬体系进行调整。

(2)根据职位变动、个人绩效、个人能力等对员工个人的薪酬水平进行调整。

☆☆考点14:薪酬调整的必要性

(1)企业效益变化。企业效益发生变化,薪酬结构制度等就必须做相应地调整。

(2)生活费用变化。为保证员工基本生活需要,实现薪酬的基本功能,薪酬制度应随生活费用的变化而变化。

(3)竞争策略变化。企业需要针对同类行业的市场薪酬数据调整薪酬政策。

(4)人才供需变化。企业需要根据劳动力市场上的供需状况相应调整薪酬水平。

(5)员工需求变化。员工随着时间的推移对薪酬调整产生相应的需求,企业要据此调整薪酬水平。

☆☆考点15:薪酬调整的原则

(1)经济性原则。薪酬调整必须有稳定的资金来源和充分的经济基础。

(2)合法性原则。薪酬调整必须符合国家的有关政策与法规,加强自我约束。

(3)独立性原则。薪酬调整中不同的薪酬形式有其特定的作用对象和作用方式,不能混淆或替代。

（4）科学性原则。薪酬调整必须科学、合理。

☆ **考点16：薪酬水平调整的概念**

薪酬水平调整是指在薪酬结构、薪酬构成等不变的情况下，将薪酬水平调整的过程。

☆☆ **考点17：薪酬水平调整的依据**

（1）根据员工绩效调整薪酬水平。依据员工对组织的贡献或功劳给予相应的薪酬增加，以奖励员工做出的优良的工作绩效。

（2）根据生活指数的变化产生的薪酬水平调整。生活指数型薪酬水平调整是指为了补偿因通货膨胀而导致的员工实际收入的减少和损失而普遍调高薪酬水平的做法。

（3）根据年资（工龄）的薪酬水平调整。指随着员工工龄的增加，逐年等额调升员工工资。它的激励原理是把员工的资历和经验当作是一种能力和效率，依据间接量度的工龄予以奖励。其常见的形式有：一是等额递增发；二是工龄与绩效相结合的办法。

（4）根据企业效益进行薪酬水平调整。这是指依据组织经济效益的变化状况，全体员工都从中分享利益或共担风险的薪酬水平调整方法。调整对象范围是全体员工，否则有失公平。

【历年真题】（2013年10月）简答题：
简述薪酬水平调整的主要依据。
【参考答案】 参见考点17。

☆☆ **考点18：薪酬水平调整的方式**

（1）薪酬整体调整。这是指公司根据国家政策和物价水平等宏观因素的变化、行业及地区竞争状况、企业发展战略变化、公司整体效益情况以及员工工龄和司龄变化，而对公司所有岗位人员进行的调整。

（2）薪酬部分调整。这是指定期或不定期根据公司发展战略、公司效益、部门及个人业绩、人力资源市场价格变化、年终绩效考核情况，而对某一类岗位任职员工进行的调整。

（3）薪酬个人调整。这是由于个人岗位变动、绩效考核或者为公司做出突出贡献，而给予岗位工资等级的调整。

☆☆☆ **考点19：薪酬水平调整的具体方法**

（1）等比调整法。这是指所有员工以原有薪酬为基数，按同样的百分比调整。其优点是可以保持组织薪酬结构的相对极差；缺点是不同薪酬等级的员工薪酬绝对量变化率差异较大，在加薪时易使低薪员工产生不公平的逆反心理，在减薪时又会使得高层员工产生怨言。

（2）等额调整法。这是指所有员工都按照同样数额调整薪酬。其优点是在薪酬极差较大的组织中有利于缩小过大的极差;缺点是平均主义色彩浓厚。

(3)不规则调整法。根据员工的岗位重要性、相对价值大小、员工资历等不同状况,确定不同的调整比例。其优点是针对性强、激励性较强;缺点是操作复杂,主管因素影响较大。

(4)经验曲线调整法。经验曲线效应强的职位,其年资薪酬增长率应高于经验曲线效应较弱的职位,而且在经验曲线上升期间,年资薪酬增长率应提高,当经验曲线下降或消失时,应适当降低年资薪酬增长率。

(5)综合调整法。指综合考虑通货膨胀、员工资历、员工绩效等因素,对薪酬水平进行调整。

【历年真题】(2013年10月)单项选择题:

综合考虑通货膨胀、员工资历、员工绩效等因素,对薪酬水平进行调整的方法称为(　　)

A. 等比调整法　　B. 综合调整法　　C. 不规则调整法　D. 等额调整法

【参考答案】 B

☆☆**考点20:薪酬结构纵向调整的方法**

薪酬结构的纵向调整主要针对工作标准和薪酬等级两方面:一是对某一职级人员进行调整;二是对整个薪酬关系进行调整。

纵向薪酬等级结构的调整必须考虑两点:一是适应企业管理的需要,理顺各岗位和职务薪酬之间的关系;二是考虑外部市场工资率的变化,即在考虑外部竞争力影响的前提下,设计企业内部的薪酬等级结构。薪酬结构纵向调整的方法包括:

(1)增加薪酬等级。目的是为了将岗位之间的差别细化,从而更加明确按岗位付薪的原则。

(2)减少薪酬等级。目前倾向于将薪酬等级线延长;将薪酬类别减少;在各个类别中,包含更多的薪酬等级和薪酬标准;各类别之间薪酬标准交叉。

薪酬等级减少的优点是:第一,使企业在员工薪酬管理上具有更大的灵活性;第二,适用于一些非专业化的、无明显专业区域的工作岗位和组织的需要;第三,有利于增强员工的创造性和使其全面发展。

(3)调整不同等级的人员规模和薪酬比例。调整不同薪酬等级中的人员规模和比例,实质是通过岗位和职位等级人员的变动进行薪资调整。

☆☆**考点21:薪酬结构横向调整的方法**

横向薪酬结构调整的重点是考虑是否增加新的薪酬要素,在薪酬构成的不同部分中,不同的薪酬要素起着不同的作用,其中,基本薪酬和福利薪酬主要承担适应劳动力市场的外部竞争力的功能;浮动薪酬则主要通过薪酬内部的一致性达到降低成本与刺激业绩的目的。

薪酬要素结构的调整有两种方式:一是在薪酬水平不变的情况下,重新配置固定薪酬与浮动薪酬之间的比例;二是利用薪酬水平变动的机会,增加某一部分薪酬的比例。当前薪酬结构的调整中主要做法有:

(1)加大员工薪酬中奖金和激励薪酬的比例,拉大业绩优秀员工与其他员工之间的报酬差距。

(2)采用风险薪酬方式,员工的基础薪酬部分处于变动中,使员工的稳定收入比重缩小,不稳定收入比重增加。

(3)将以工作量为基础的付薪机制转变为以技能和绩效为主的付薪机制,报酬向高技能、高绩效员工倾斜。

第四节 薪酬沟通

一、自学要求和考核内容

1. 自学要求

通过本节学习,要求考生了解薪酬沟通的内涵,理解薪酬沟通必要性和意义,理解并掌握薪酬沟通的特征和类型,重点掌握薪酬沟通的步骤及要点。

2. 考核内容

本节要求考生识记的内容主要包括:(1)薪酬沟通的内涵;(2)薪酬沟通的类型。

本节要求考生领会的内容主要包括:(1)薪酬沟通的意义;(2)薪酬沟通的特征。

本节要求考生能将相关理论简单应用的内容包括:(1)薪酬沟通的步骤;(2)薪酬沟通应把握的要点。

二、重要知识点

☆考点22:薪酬沟通的内涵

所谓薪酬沟通是指为了实现企业的战略目标,管理者与员工在互动过程中通过某种途径或方式将薪酬信息、思想、情感相互传达交流,并获取理解的过程。

【历年真题】 (2013年10月)名词解释40、薪酬沟通

☆☆考点23:薪酬沟通的意义

(1)薪酬沟通能够为员工创造良好的工作"软"环境,使员工生活和工作在一种人际关系和谐、心情舒畅的工作氛围中,激发员工的工作热情,吸收并保留住人才。

（2）薪酬沟通可以把企业的价值理念、企业的目标有效地传递给员工,把企业目标分解成员工个人长期目标,使企业和员工融为一体,引导员工行为与企业发展目标一致,从而调动员工的积极性与工作热情,使企业效益得到提高。

（3）薪酬沟通具有预防性。在企业与员工或外界沟通中,可以发现企业中存在的矛盾,便于及时调整,消除员工的不满情绪,解决企业内部存在的矛盾,促进企业平稳快速发展。

（4）薪酬沟通是一种激励中隐含约束的机制。

☆☆**考点24：薪酬沟通的特征**

（1）激励性。主要体现在员工的参与度上。企业在设计、决策及实施薪酬体系中,与员工进行有效的沟通,收集、征求员工意见和建议,让员工全面参与,从而形成人性化的薪酬制度。

（2）互动性。薪酬沟通是双向沟通而非单向沟通,是有反馈的信息沟通。企业管理者要把有关薪酬信息传递给员工,同时员工对薪酬管理的意见传递给管理者。

（3）公开性。薪酬沟通是公开、诚实和直截了当的,它使企业薪酬不再是暗箱操作而是公开透明化的。

（4）动态性。薪酬沟通是一个动态过程,必须以企业战略为导向,并随着企业战略的变化和组织的变革,不断调整沟通的内容、目的、策略,使之成为维系企业和员工之间心理契约的纽带。

☆**考点25：薪酬沟通的类型**

1. 按沟通形式可将薪酬沟通分为书面沟通和面谈沟通：

（1）书面沟通,是将薪酬设计的理念导向,如薪酬体系的价值导向、设计原则、框架等以书面形式公布,或以内部通知的方式告知全体员工。

（2）面谈交流,各级管理者在书面通知基础上,通过与下属员工个别谈话的方式进行薪酬交流。交流内容包括与员工密切相关的薪酬调整以及职业发展等。

2. 按沟通的时机可将薪酬沟通分为首次沟通和持续沟通：

（1）首次沟通,企业在实施第一个薪酬方案时需要进行大量的沟通。往往采用"致全体员工一封信"的形式,这会取得良好的效果。

（2）持续沟通,充分的沟通不仅仅在薪酬体系实施之初需要,而且在整个实施过程中都需要。

☆☆☆**考点26：薪酬沟通的步骤**

1. 建立薪酬沟通机制。

建立专门的薪酬沟通机制,如成立"薪酬沟通办公室",改变以往企业的薪酬管理、薪酬沟通由财务部门或人力资源管理部门负责,由此造成薪酬管理、薪酬沟通或因缺乏专业知识不能给予员工正确引导,或因事务繁多而无暇顾及的局面。

2. 确定薪酬沟通的目标。企业薪酬沟通的目标概括为四个方面:
(1) 确保员工完全理解有关新的薪酬体系的方方面面;
(2) 改变员工对于自身薪酬决定方式的既有看法;
(3) 鼓励员工在新的薪酬体系之下更加努力地工作;
(4) 帮助员工找到自己在工作中的不足与长处,激励其在新的薪酬体系下作出更大的努力。

3. 收集薪酬沟通的相关信息。
薪酬沟通需要收集的信息包括:
(1) 员工对公司现有薪酬体系的了解程度;
(2) 员工对公司薪酬状况的看法;
(3) 企业管理中所采取的措施与传达给员工的信息的一致性程度;
(4) 管理人员对公司薪酬和福利进行有效沟通的技能的掌握程度;
(5) 员工对公司薪酬改革的看法和态度;
(6) 员工对公司薪酬公开或保密的有关态度。
薪酬沟通收集信息的方式有:问卷调查法、目标群体调查法、个人访谈法等。

4. 制定薪酬沟通策略。
企业采取的策略主要有:
(1) 市场策略。与向客户推销商品相似。
(2) 技术策略。不太重视薪酬政策本身的质量和优缺点,而着眼于向目标员工和管理者提供尽可能多的技术细节。

5. 选择薪酬沟通媒介。
(1) 印刷媒介。可以在有限时间内根据需要将特定信息向大量员工进行传播。
(2) 视听媒介。可以向身处不同地点的员工传达信息,可以大大节约管理者的时间,但其成本较高。
(3) 人际媒介。是薪酬沟通最有效的方式之一,而一对一的面谈则更有助于薪酬管理者发现问题。
(4) 电子媒介。在信息社会里,电子媒介成为很多企业进行沟通的最重要手段之一。

6. 创建制度化沟通通道。
是指企业以规章制度的形式确定下来的沟通渠道。

7. 薪酬沟通面谈。

管理者既要正确评价、解释并予以必要的绩效指导,还要了解员工真实的想法和思想。

8. 沟通效果评估。

这是对薪酬沟通结果的评价。可以采用问卷调查法、目标群体法或面谈法。

【历年真题】 (2013年10月)单项选择题:

在任何薪酬沟通方案中,最重要的步骤是( )

A. 建立薪酬沟通机制　　　　B. 确定薪酬沟通的目标
C. 制定薪酬沟通策略　　　　D. 正式沟通面谈

【参考答案】 A

☆☆☆**考点27:薪酬沟通应把握的要点**

(1) 主管在与下属沟通时,要保持平和的心态,不要有优越感。

(2) 用心倾听,多问少讲。通过交流去了解别人的观点、感受,真正把握员工的需求,并有针对性地为其解释或制订薪酬改进计划。

(3) 关注细节,用心沟通。具体做法:①保持目光接触。②微笑并点头。③选择适当的面谈场所。④避免一些不良习惯或小节。

三、同步练习题

(一) 单项选择题

1. 影响薪酬预算的宏观环境不包括　　　　　　　　　　　　　　( )
   A. 经济发展水平与劳动生产率　　B. 劳动力市场的供求和竞争状况
   C. 当地物价的变动　　　　　　　D. 生活成本的变动

2. 影响薪酬预算的微观环境不包括　　　　　　　　　　　　　　( )
   A. 企业内部环境　　　　　　　　B. 生活成本的变动
   C. 企业现有薪酬状况　　　　　　D. 当地物价的变动

3. 在影响企业薪酬水平的各个因素中对企业薪酬水平起决定性作用,也决定了企业预算的基础水平的因素是　　　　　　　　　　　　　　　( )
   A. 经济发展水平与劳动生产率　　B. 劳动力市场的供求和竞争状况
   C. 当地物价的变动　　　　　　　D. 政府的宏观调控

4. 通常情况下,企业员工人数的增加和流动的加剧都会使得企业的平均薪酬水平　　　　　　　　　　　　　　　　　　　　　　　　　　　( )
   A. 上升　　　B. 保持不变　　　C. 下降　　　D. 无法预测

5. 通常情况下,企业总体技能水平的提高会使得企业的平均薪酬水平　　　　　　　　　　　　　　　　　　　　　　　　　　　　　　( )

A. 上升　　　B. 保持不变　　　C. 下降　　　D. 无法预测

6. 制定企业未来的薪酬预算一般要以现有的薪酬状况作为参考,下面哪一项不属于企业现有薪酬状况的分析　　　　　　　　　　　　　　（　　）
   A. 年度的加薪幅度　　　　　B. 企业内部环境
   C. 企业现有的薪酬政策　　　D. 企业的支付能力

7. 下面哪一项不属于薪酬预算应遵循的原则　　　　　　　　　　（　　）
   A. 双低原则　　B. 增长原则　　C. 公平原则　　D. 恰当原则

8. 下列关于薪酬预算制定的原则中,不正确的说法是　　　　　　（　　）
   A. 企业工资总额增长幅度高于企业经济效益增长幅度
   B. 员工实际工资增长幅度低于本企业劳动生产率的增长幅度
   C. 对贡献大的员工加薪幅度要大,对贡献小的员工不增薪或减薪
   D. 双低原则指的是薪酬的增长机制和人力成本的控制

9. 企业进行薪酬预算的第一步骤是　　　　　　　　　　　　　　（　　）
   A. 确定公司战略目标和经营计划　　B. 确定企业薪酬策略
   C. 确定薪酬调整总额及调整幅度　　D. 诊断薪酬问题

10. 下列哪一项不是衡量公司支付能力的指标　　　　　　　　　　（　　）
    A. 市场占有率　　B. 薪酬费用率　　C. 劳动分配率　　D. 薪酬利润率

11. 下列关于公司战略目标和经营计划的说法错误的是　　　　　　（　　）
    A. 公司未来的战略目标有快速扩张、适当收缩、稳步增长还是转换领域度
    B. 确定公司未来的经营目标有收入、利润、增加值、产值等
    C. 公司的组织结构的变动对员工人数没有影响
    D. 公司的组织结构的变动会带来员工岗位工资部分的变动

12. 用以表明企业每支付一单位的薪酬将会创造多少的利润的指标是
    　　　　　　　　　　　　　　　　　　　　　　　　　　　　（　　）
    A. 市场占有率　　B. 薪酬费用率　　C. 劳动分配率　　D. 薪酬利润率

13. 下列关于分析企业支付能力的说法错误的是　　　　　　　　　（　　）
    A. 薪酬总额/销售额表示薪酬费用率
    B. 薪酬总额/附加价值表示劳动分配率
    C. 在同行业中,薪酬利润率越高表明单位薪酬取得的经济效益越差,人工成本相对较高。
    D. 通过薪酬费用率可知如果公司的销售额较大,那么薪酬总额也应相对地增加

14. 某公司根据过去数年的经营业绩,得出本企业的合理薪酬费用比率为12%,公司现有员工100名,每人月平均薪酬为4000元,则年销售额为（　　）
    A. 4000万元　　B. 4800万元　　C. 4900万元　　D. 5000万元

15. 下列哪一项不是企业薪酬策略的内容 ( )
    A. 薪酬支付策略 B. 薪酬水平策略 C. 薪酬激励策略 D. 薪酬结构策略
16. 用来确定公司的薪酬策略是领先型、跟随型、滞后型的薪酬策略是
 ( )
    A. 薪酬支付策略 B. 薪酬水平策略 C. 薪酬激励策略 D. 薪酬结构策略
17. 下列哪一项不是分析人员流动情况的内容 ( )
    A. 总人数的预测   B. 有多少员工被提拔到上一层
    C. 新增加多少员工   D. 有多少员工需要进行技能培训
18. 确定薪酬调整总额以及整体调整幅度的正确顺序为 ( )
    ①需要确定薪酬总额调整依据
    ②据此计算出薪酬调整总额,并按照薪酬激励策略和原来各部门在薪酬总额中所占的比重、各部门的业绩,确定各部门的薪酬调整总额
    ③确定劳动分配率、薪酬费用率和薪酬利润率的目标值
    ④依据经营目标、历史工资水平测算出预期薪酬总额
    A. ①③④②   B. ①②③④   C. ②①③④   D. ③①④②
19. 绩效调薪的确定涉及两个因素,即员工的绩效水平的高低和 ( )
    A. 该员工的往年绩效   B. 该员工在其工资范围中所处的位置
    C. 公司整体经营状况   D. 市场行情
20. 狭义上,员工薪酬主要是劳动力价格,即市场决定的劳动力再生产条件,包括员工的直接薪酬和 ( )
    A. 现金薪酬   B. 基本薪酬   C. 福利待遇   D. 风险薪酬
21. 关于薪酬总额的提报的说法错误的是 ( )
    A. 自下而上法容易控制整体的薪酬成本
    B. 自下而上法预算缺乏灵活性因主观因素多降低了预算的准确性,不利于调动工的积极性
    C. 自上而下法简单易行灵活高效因接近实际从而员工容易满意
    D. 自上而下法比较容易控制薪酬成本
22. 企业从战略出发,根据战略布局确定人力资源的地位和任务,在此基础上测算整个企业所需的人工费用,把它们分解到各个部门的薪酬总额提报方式是 ( )
    A. 自上而下法   B. 自下而上法   C. 任务分解法   D. 战略导向法
23. 某企业的全年员工工资支出为1000万元,全年的产品销售所得附加价值为5000万元,那么该公司的劳动分配率为 ( )
    A. 20%   B. 25%   C. 30%   D. 35%
24. 某企业的全年销售总额为9000万元,薪酬费用比率为14%,那么该公

司的薪酬费用总额是多少 ( )
   A. 1000万元   B. 1250万元   C. 1260万元   D. 2000万元

25. 薪酬的刚性预算的组成包括固定薪酬和 ( )
   A. 基础薪酬   B. 职务薪酬   C. 业绩薪酬   D. 技能薪酬

26. 下列哪项不属于固定薪酬的范畴 ( )
   A. 职务薪酬   B. 业绩薪酬   C. 年功薪酬   D. 间接薪酬

27. 要能够比较准确的预测和估计业绩薪酬,我们需要考虑两个方面,一是业绩薪酬的计提方式,二是 ( )
   A. 业绩薪酬的计算方式   B. 业绩薪酬的行业水平
   C. 业绩薪酬的组成   D. 员工的业绩

28. 在薪酬的弹性预算中,我们进行责任划分就是要把效益分享和( )
   A. 行业状况联系起来   B. 员工绩效水平联系起来
   C. 企业经营状况联系起来   D. 风险承担联系起来

29. 下列不是薪酬控制的指标的是 ( )
   A. 平均劳动力成本   B. 劳动力数量
   C. 全员劳动生产率   D. 劳动力成本结构指标

30. 在薪酬控制的原则中,最基本的原则是 ( )
   A. 外部竞争力原则   B. 效率性原则
   C. 公平性原则   D. 经济性原则

31. 下列关于薪酬控制的原则说法不正确的是 ( )
   A. 企业薪酬的比较优势对外部的人力资源具有吸引力,可以保证企业的人才供给
   B. 效率性原则强度企业在外部人力资源市场上的人力资源配置效率
   C. 公平性原则就是讲究平等,它要求企业尽可能地减少员工收入差距
   D. 薪酬的比较优势有利于树立企业形象稳定员工队伍和减少市场雇佣风险

32. 下列哪项不是薪酬控制的对象 ( )
   A. 企业的雇用量   B. 平均薪酬水平和福利水平
   C. 薪酬体系的构成   D. 员工的绩效

33. 薪酬控制方法中通过雇用量控制薪酬的方法有控制员工人数和 ( )
   A. 控制基本薪酬   B. 控制工时数
   C. 控制可变薪酬   D. 控制最高薪酬水平和最低薪酬水平

34. 下列哪项不是薪酬控制的难点 ( )
   A. 控制力量的多样性   B. 人的因素影响
   C. 结果衡量的困难性   D. 国家的宏观政策的约束

35. 通过薪酬技术进行潜在的薪酬控制,不包含 （ ）
   A. 最高薪酬水平的限定　　　　B. 薪酬比较率
   C. 可变薪酬　　　　　　　　　D. 最低薪酬水平的制定

36. 下列关于薪酬调整的说法错误的是 （ ）
   A. 薪酬调整是企业在建立系统的体现内部公平和对外具备竞争力的薪酬管理系统后的基础之上进行的
   B. 薪酬调整是根据市场薪酬水平的变化趋势、组织的发展状况、经营管理模式的调整及战略重心的转移对现行薪酬体系进行调整
   C. 薪酬调整是根据职位变动、个人绩效、个人能力等对员工个人的薪酬水平进行调整
   D. 薪酬调整需要在损坏原有的薪酬管理体系的系统性基础上进行

37. 下列哪项不是薪酬调整的原则 （ ）
   A. 经济性原则　B. 合法性原则　C. 公平性原则　D. 科学性原则

38. 下列哪项不是薪酬调整的方式 （ ）
   A. 薪酬水平调整　　　　　　　B. 薪酬结构调整
   C. 薪酬差距调整　　　　　　　D. 薪酬发放方式调整

39. 下列哪项不是薪酬水平调整的依据 （ ）
   A. 根据员工绩效调整薪酬水平　B. 根据年资(工龄)的薪酬水平调整
   C. 根据生活指数的变化产生的薪酬水平调整
   D. 根据行业水平变化的薪酬水平调整

40. 企业定期或不定期根据公司发展战略、公司效益、部门及个人业绩、人力资源市场价格变化、年终绩效考核情况,而对某一类岗位任职员工进行的调整,这是 （ ）
   A. 薪酬整体调整　B. 薪酬部分调整　C. 薪酬个人调整　D. 薪酬结构调整

41. 下列关于薪酬水平调整的具体方法的说法错误的是 （ ）
   A. 等比调整法可以保持组织薪酬结构的相对极差
   B. 等额调整法在薪酬极差较大的组织中有利于缩小过大的极差
   C. 不规则调整法操作复杂,主管因素影响较大
   D. 经验曲线调整法中在经验曲线上升期间年资薪酬增长率应提高,当经验曲线下降或消失时,应当保持年资薪酬增长率

42. 下列不属于薪酬结构纵向调整的方法的是 （ ）
   A. 增加薪酬等级　　　　　　　B. 减少薪酬等级
   C. 调整不同等级的人员规模和薪酬比例
   D. 利用薪酬水平变动的机会,增加某一部分薪酬的比例

43. 当前薪酬结构的调整中主要做法不包括 （ ）

A. 加大员工薪酬中奖金和激励薪酬的比例,拉大业绩优秀员工与其他员工之间的报酬差距

B. 采用风险薪酬方式,使员工的稳定收入比重缩小,不稳定收入比重增加

C. 将以工作量为基础的付薪机制转变为以技能和绩效为主的付薪机制

D. 调整不同等级的人员规模和薪酬比例

44. 在薪酬构成的不同部分中,主要承担适当劳动力市场的外部竞争力的功能的部分是 ( )

A. 浮动薪酬　　　　　　　B. 基本薪酬和福利薪酬

C. 风险薪酬　　　　　　　D. 加班薪酬

45. 下列关于纵向薪酬等级结构的调整的说法错误的是 ( )

A. 增加薪酬等级目的是为了将岗位之间的差别细化从而更加明确按岗位付薪的原则

B. 纵向调整主要针对工作标准和薪酬等级两方面

C. 纵向薪酬等级结构无须考虑外部市场工资率的变化

D. 纵向调整是对整个薪酬关系进行调整

46. 下列关于薪酬沟通的说法错误的是 ( )

A. 薪酬沟通是将薪酬信息、思想、情感相互传达交流,并获取理解的过程

B. 薪酬沟通中员工需要做的是就是理解并执行上级管理者的薪酬计划

C. 薪酬沟通能够为员工创造良好的工作"软"环境

D. 薪酬沟通具有预防性

47. 下列哪项不是薪酬沟通的特征 ( )

A. 激励性　　B. 互动性　　C. 公开性　　D. 单向性

48. 按沟通形式可将薪酬沟通分为书面沟通和 ( )

A. 面谈沟通　　B. 首次沟通　　C. 正式沟通　　D. 持续沟通

49. 成立"薪酬沟通办公室"体现的是薪酬沟通的哪一个步骤 ( )

A. 建立薪酬沟通机制　　　　B. 选择薪酬沟通媒介

C. 薪酬沟通面谈　　　　　　D. 创建制度化沟通通道

50. 下列关于薪酬沟通的步骤的说法错误的是 ( )

A. 有效的薪酬沟通需要建立专门的薪酬沟通机制,如"薪酬沟通办公室"

B. 企业薪酬沟通的目标有改变员工对于自身薪酬决定方式的既有的看法

C. 薪酬沟通需要收集的信息不包括员工对公司现有薪酬体系的了解程度

D. 薪酬沟通收集信息的方式有:问卷调查法、目标群体调查法、个人访谈法等

(二) 多项选择题

1. 薪酬预算的目标包括 ( )

A. 使人工成本增长与企业效益增长相匹配
B. 市场薪酬等因素影响更大　　　C. 引导员工的行为符合组织的期望
D. 使企业在市场上保持竞争力　　E. 及时掌握企业的薪酬战略

2. 影响薪酬预算的宏观环境因素包括　　　　　　　　　　　　（　　）
A. 经济发展水平与劳动生产率　　B. 劳动力市场的供求和竞争状况
C. 当地物价的变动　　D. 政府的宏观调控　　E. 生活成本的变动

3. 影响薪酬预算的微观环境因素包括　　　　　　　　　　　　（　　）
A. 企业内部环境　　B. 生活成本的变动　　C. 企业现有薪酬状况
C. 劳动力市场的供求和竞争状况　　E. 当地物价的变动

4. 企业在制定薪酬结构政策时,需要考虑的问题包括　　　　　　（　　）
A. 企业究竟有多少薪酬等级　　　B. 员工在什么情况下会获得加薪
C. 企业高管薪酬市场价格是多少　D. 企业盈利能力是否比较强
E. 各薪酬等级的重叠范围是否足够大

5. 薪酬预算的原则有　　　　　　　　　　　　　　　　　　　（　　）
A. 双低原则　　　B. 增长原则　　　C. 恰当原则
D. 竞争原则　　　E. 效率原则

6. 分析企业支付能力指标有　　　　　　　　　　　　　　　　（　　）
A. 薪酬费用率　　B. 劳动分配率　　C. 薪酬利润率
D. 资产负债率　　E. 薪酬增长率

7. 确定公司战略目标和经营计划时公司的战略目标选择有　　　（　　）
A. 快速扩张　　　B. 适当收缩　　　C. 稳步增长
D. 转换领域　　　E. 成本优势

8. 在制定薪酬预算过程中,可以用来确定企业薪酬策略的选择有（　　）
A. 薪酬水平策略　　B. 薪酬激励策略　　C. 薪酬发放策略
D. 薪酬结构策略　　E. 薪酬增长策略

9. 薪酬的刚性预算中,固定薪酬的内容包括有　　　　　　　　（　　）
A. 基础薪酬　　　B. 职务薪酬　　　C. 技能薪酬
D. 年功薪酬　　　E. 间接薪酬

10. 薪酬控制的指标主要有　　　　　　　　　　　　　　　　（　　）
A. 平均劳动力成本　　B. 劳动力成本利润　　C. 全员劳动生产率
D. 劳动力成本结构指标　　　　　　E. 薪酬费用比率

11. 薪酬控制的原则包括　　　　　　　　　　　　　　　　　（　　）
A. 外部竞争力原则　　B. 效率性原则　　C. 公平性原则
D. 经济性原则　　　　E. 双低原则

12. 薪酬控制的方法通常包括　　　　　　　　　　　　　　　（　　）

A. 通过雇用量进行薪酬控制　　B. 通过薪酬技术进行潜在的薪酬控制
C. 通过薪酬水平和薪酬结构来进行薪酬控制
D. 通过薪酬预算进行薪酬控制　　E. 通过薪酬加薪幅度进行薪酬控制

13. 薪酬控制的难点　　　　　　　　　　　　　　　　　　(　　)
A. 控制力量的多样性　　　　　B. 控制要求效率和公平的平衡
C. 结果衡量的困难性　　D. 人的因素影响　　E. 薪酬种类的多元性

14. 薪酬调整的必要性有　　　　　　　　　　　　　　　　(　　)
A. 企业效益变化　　B. 生活费用变化　　C. 竞争策略变化
D. 人才供需变化　　E. 员工需求变化

15. 薪酬调整的原则包括　　　　　　　　　　　　　　　　(　　)
A. 经济性原则　　B. 合法性原则　　C. 独立性原则
D. 科学性原则　　E. 公平性原则

16. 薪酬水平调整的依据主要有　　　　　　　　　　　　　(　　)
A. 按员工绩效调整薪酬水平　　B. 按生活指数变化调整薪酬水平
C. 按年资（工龄）的薪酬水平调整　　D. 按企业效益进行薪酬水平调整
E. 根据社会生产力水平进行薪酬水平调整

17. 薪酬水平调整的具体方法,通常包括　　　　　　　　　(　　)
A. 等比调整法　　B. 等额调整法　　C. 不规则调整法
D. 经验曲线调整法　　E. 综合调整法

18. 薪酬结构纵向调整的方法包括　　　　　　　　　　　　(　　)
A. 增加薪酬等级　　B. 调整不同等级的人员规模和薪酬比例
C. 加大员工薪酬中奖金和激励薪酬的比例　　D. 减少薪酬等级
E. 采用风险薪酬方式

19. 薪酬沟通的意义有　　　　　　　　　　　　　　　　　(　　)
A. 薪酬沟通能够为员工创造良好的工作"软"环境
B. 薪酬沟通可以把企业的价值理念、企业的目标有效地传递给员工
C. 薪酬沟通具有预防性　　D. 薪酬沟通可以降低薪酬发放的错误率
E. 薪酬沟通是一种激励中隐含约束的机制

20. 薪酬沟通的特征主要包括　　　　　　　　　　　　　　(　　)
A. 激励性　　B. 互动性　　C. 公开性
D. 动态性　　E. 多样性

（三）填空题：

1. 影响薪酬预算的宏观环境因素有：经济发展水平与劳动生产率、劳动力市场的供求和竞争状况、_____、政府的宏观调控。

2. 影响薪酬预算的微观环境因素有：＿＿＿＿＿＿＿＿、生活成本的变动、企业现有薪酬状况。

3. 企业的薪酬政策主要分为两大类：现有的＿＿＿＿＿＿＿＿和薪酬结构政策。

4. 薪酬预算的原则有：＿＿＿＿＿＿、增长原则、恰当原则。

5. 薪酬预算的双低原则一是指企业工资总额增长幅度低于企业经济效益增长幅度，二是指员工实际工资增长幅度低于＿＿＿＿＿＿＿＿的增长幅度。

6. 确定公司战略目标和经营计划时，可选的战略目标有：快速扩张、＿＿＿＿＿＿、稳步增长和转换领域。

7. 薪酬预算的步骤为：确定公司战略目标和经营计划、分析企业支付能力、确定企业薪酬策略、诊断薪酬问题、＿＿＿＿＿＿＿＿＿＿、确定薪酬调整总额以及整体调整幅度、将薪酬调整总额分配到员工、根据市场薪酬水平确定员工薪酬水平、反复测算最终确定。

8. 用来分析企业支付能力的指标有：薪酬费用率、＿＿＿＿＿＿＿＿、薪酬利润率。

9. 在同行业中薪酬利润率越高表明单位薪酬取得的经济效益越好人工成本的相对水平＿＿＿＿＿＿＿＿，公司薪酬提升的空间越大。

10. 企业薪酬策略包括：薪酬水平策略、＿＿＿＿＿＿、薪酬结构策略。

11. 薪酬水平策略可分为：领先型、＿＿＿＿＿＿、滞后型。

12. 诊断薪酬问题可以从＿＿＿＿＿＿＿＿＿、递进系数、重叠度、幅度等数据和指标入手。

13. 分析人员流动情况包括总人数的预测、有多少员工被提拔到上一层、＿＿＿＿＿＿＿＿＿、有多少员工离职等。

14. 绩效调薪的确定涉及两个因素：一是员工的＿＿＿＿＿＿＿＿＿＿；二是该员工在其工资范围中所处的位置。

15. 薪酬的刚性预算中固定薪酬包括：基础薪酬、职务薪酬、＿＿＿＿＿＿、年功薪酬、间接薪酬。

16. 业绩薪酬考虑两方面：一是＿＿＿＿＿＿＿＿；二是业绩薪酬的计算方式。

17. 薪酬控制的原则有：＿＿＿＿＿＿＿＿、效率性原则、公平性原则、经济性原则。

18. 薪酬控制的方法有：通过＿＿＿＿＿＿＿＿＿＿、通过薪酬水平和薪酬结构来进行薪酬控制、通过薪酬技术进行潜在的薪酬控制。

19. 通过雇用量进行薪酬控制的方法有：控制员工人数、＿＿＿＿＿＿。

20. 通过薪酬水平和薪酬结构来进行薪酬控制的方法有：基本薪酬、

_____、福利支出及其他。

21．薪酬控制的难点有：控制力量的多样性、人的因素影响、_____
_____。

22．企业的控制力有三种：企业现有的正式控制体系、来源于小团体或特定个人的社会控制、_____。

23．薪酬调整的必要性有：企业效益变化、生活费用变化、竞争策略变化、_____、员工需求变化。

24．薪酬调整的原则有：经济性原则、合法性原则、独立性原则、_____
_____。

25．薪酬水平调整的依据有：根据_____、根据生活指数的变化产生的薪酬水平调整、根据年资的薪酬水平调整、根据企业效益进行薪酬水平调整。

26．薪酬水平调整的方式有：等比调整法、等额调整法、_____
_____、经验曲线调整法、综合调整法。

27．薪酬沟通的特征有：激励性、互动性、公开性、_____。

28．按沟通形式可将薪酬沟通分为_____和面谈沟通。

29．按沟通的时机可将薪酬沟通分为首次沟通和_____。

30．制定薪酬沟通策略时企业采取的策略主要有：_____、技术策略。

（四）名词解释

1．薪酬预算 2．薪酬控制 3．薪酬调整 4．薪酬水平调整 5．薪酬沟通

（五）简答题

1．简述薪酬预算的目标。

2．简述薪酬预算的原则。

3．简述薪酬控制的原则。

4．简述薪酬控制的难点。

5．简述薪酬水平调整的依据。

6．简述薪酬结构纵向调整的方法。

7．论述薪酬沟通的意义。

（六）论述题

1．论述影响薪酬预算的因素。

2．论述薪酬预算的步骤。

3．论述薪酬控制的方法。

4. 论述薪酬水平调整的具体方法。
5. 试述薪酬结构横向调整的方法。
6. 试述薪酬沟通的步骤。
7. 试述薪酬沟通应把握的要点。

【本章参考答案】

(一) 单项选择题

1-5 DDACA 6-10 BCAAA 11-15 CDCAA 16-20 BEABC
21-25 DAACC 26-30 BADBD 31-35 CDBDC 36-40 BEDDB
41-45 CDDBC 46-50 BDDAC(各题知识点在教材中的页码分别为：452、453、452、453、453、454、455、455、456、456、456、457、457、459、457、457、457、458、458、459、459、459、456、457、460、460、460、460、462、463、462、463、464、467、466、468、470、471、471、471、472、473、474、474、474、476、478、478、479、480)

(二) 多项选择题

1. ABC 2. ABCD 3. ABE 4. ABE 5. ABCD 6. ABC 7. ABCD
8. ABD 9. ABCDE 10. ABDE 11. ABCD 12. ABC 13. ACD
14. ABCD 15. ABCD 16. ABCD 17. ABCDE 18. ABD 19. ABCE
20. ABCD(各题知识点在教材中的页码分别为：452、452、453、455、455、456、456、457、460、462、463、464、467、469、470、471、472、473、477、478)

(三) 填空题

1. 当地物价的变动 2. 企业内部环境 3. 薪酬水平政策 4. 双低原则 5. 本企业劳动生产率 6. 适当收缩 7. 分析人员流动情况 8. 劳动分配率 9. 越低 10. 薪酬激励策略 11. 跟随型 12. 薪资均衡指标 13. 新增加多少员工 14. 绩效水平的高低 15. 技能薪酬 16. 业绩薪酬的计提方式 17. 外部竞争力原则 18. 雇用量进行薪酬控制 19. 控制工时数 20. 可变薪酬 21. 结果衡量的困难性 22. 员工的自我控制 23. 人才供需变化 24. 科学性原则 25. 员工绩效调整薪酬水平 26. 不规则调整法 27. 动态性 28. 书面沟通 29. 持续沟通 30. 市场策略(各题知识点在教材中的页码分别为：452、453、455、455、455、456、457、456、457、457、457、457、458、460、460、463、464、464、464、467、467、469、470、471、472、477、478、478、482)

(四) 名词解释

1. 所谓薪酬预算，实际上是指管理这在薪酬管理过程中进行的一系列成本开支方面的权衡和取舍。

2. 所谓薪酬控制,是指为确保既定薪酬方案顺利落实而采取的种种相关措施。企业通过薪酬预算已经对自己的薪酬方面的具体标准和衡量指标有了比较清晰的认识,而薪酬控制的功能就在于确保这些预定标准的顺利实现。

3. 所谓薪酬调整,是指企业在建立系统的体现内部公平和对外具备竞争力的薪酬管理系统后,根据企业发展战略和产品市场以及人员市场变化的需要,和企业内部问题解决的需要,在不损坏薪酬管理体系的系统性基础上,所进行的权重比例的调整。

4. 指在薪酬结构、薪酬构成等不变的情况下,将薪酬水平调整的过程。

5. 所谓薪酬沟通是指为了实现企业的战略目标,管理者与员工在互动过程中通过某种途径或方式将薪酬信息、思想、情感相互传达交流,并获取理解的过程。也就是企业在薪酬战略体系的设计、决策中就各种薪酬信息与员工进行全面的沟通,让员工充分参与,并对薪酬体系执行情况予以反馈,再进一步完善体系;同时,员工的情感、思想与企业对员工的期望形成交流互动,相互理解达成公司,共同努力推动企业战略目标的实现。

(五) 简答题

1. 参考本章考点 2。
2. 参考本章考点 4。
3. 参考本章考点 9。
4. 参考本章考点 12。
5. 参考本章考点 17。
6. 参考本章考点 19。
7. 参考本章考点 23。

(六) 论述题

1. 参见本章考点 3。
2. 参见本章考点 5。
3. 参见本章考点 11。
4. 参见本章考点 19。
5. 参见本章考点 21。
6. 参见本章考点 26。
7. 参见本章考点 27。

第三篇

模拟试卷

模拟试卷一

一、单项选择题(每小题1分,共25分)(在下列每小题的四个备选答案中选出一个正确答案,并将其字母标号填入题干的括号中)

1. 美国劳工统计局认为薪酬仅仅包括 （　）
   A. 货币性薪酬　　　　　　　　B. 内在报酬
   C. 间接薪酬　　　　　　　　　D. 有形服务和福利
2. 影响薪酬设计的个人因素中和业绩相关的是 （　）
   A. 工作年限　B. 工作表现　C. 身体状况　D. 专业职称
3. 在企业流程再造的努力中,50%~70%的计划都未能达到预期目的,其中一个重要原因就是再造后的流程与下列哪个因素之间缺乏一致性 （　）
   A. 企业的薪酬政策　　　　　　B. 企业的薪酬战略
   C. 企业的薪酬体系　　　　　　D. 企业的经营绩效
4. 下列哪种薪酬战略相对更重视员工的业绩水平 （　）
   A. 市场领先型薪酬战略　　　　B. 稳定薪酬战略
   C. 快速发展薪酬战略　　　　　D. 收缩薪酬战略
5. 要确保"合适的"人员参加并留在组织中,薪酬战略必须充分发挥其奖励效应和 （　）
   A. 成本效应　B. 过程效应　C. 分选效应　D. 激励效应
6. 边际生产力工资理论是由谁提出的 （　）
   A. 马歇尔　　B. 克拉克　　C. 亚当·斯密　D. 瓦尔拉
7. 岗位评价的方法主要有四种,下列哪一项不是岗位评价法 （　）
   A. 岗位排序法　B. 要素合并法　C. 岗位分类法　D. 要素比较法
8. 当我们进行岗位评价时,可以使用岗位排序法,岗位排序法分为两类,即 （　）
   A. 交替排序法和配对比较法　　B. 逐一排列法和关键岗位排列法
   C. 相对排序法和绝对排列法　　D. 级别排序法和业绩排序法
9. 企业薪酬水平的确定,需要我们根据企业的支付能力、企业经营战略等来确定企业薪酬水平处于75P、还是50P、25P处。这里的75P是指 （　）

A. 平均薪酬的 75% 点处　　　　B. 薪酬幅度的 75% 点处
C. 薪酬等级的 75% 点处　　　　D. 薪酬水平的 75% 点处

10. 薪酬调查分析报告的内容不包括　　　　　　　　　　　（　　）
A. 调查实施情况分析　　　　　B. 薪酬政策分析
C. 薪酬趋势分析　　　　　　　D. 薪酬满意度分析

11. 下列哪种调查方式所得到的市场薪酬信息,其缺点是数据的针对性不强　　　　　　　　　　　　　　　　　　　　　　　　　　（　　）
A. 企业之间相互调查　　　　　B. 问卷调查
C. 采集社会公开信息　　　　　D. 访谈调查

12. 对岗位评价的合理性和有效性进行再次评估的一个有力手段是（　　）
A. 岗位分析　　B. 薪酬调查　　C. 薪酬管理　　D. 绩效评价

13. 关于薪酬的级差和薪酬结构,表述错误的是　　　　　　（　　）
A. 高级别岗位之间的薪酬级差应大一些
B. 垂直型薪酬等级类型中薪酬级差要大一些
C. 宽带式薪酬等级类型中每等级的薪酬等级幅度要大一些
D. 高薪酬等级的薪酬薪酬等级幅度要大于低薪酬等级的薪酬等级幅度

14. 静态薪酬指的是　　　　　　　　　　　　　　　　　　（　　）
A. 基本工资　　B. 绩效工资　　C. 奖金　　　　D. 福利薪酬

15. 下列说法正确的是　　　　　　　　　　　　　　　　　（　　）
A. 薪酬重叠越大,薪酬级差也越大　　B. 垂直式薪酬结构的薪酬重叠较大
C. 两个薪酬等级对职位的要求越接近,薪酬重叠越大
D. 薪酬重叠过小时,可能导致部分晋升员工的薪酬水平下降

16. 一般而言,随着薪酬等级的上升,下列哪个因素有增大的趋势（　　）
A. 薪酬级差的大小　　　　　　B. 薪酬档次的数量
C. 薪酬重叠的大小　　　　　　D. 薪酬幅度的大小

17. 适用于结构性较高、专业性较强的工作岗位的薪酬体系是（　　）
A. 一职一薪　　B. 技能薪酬　　C. 一职多薪　　D. 提成薪酬

18. 同职可不同薪、不同职可同薪,指的是　　　　　　　　（　　）
A. 一职一薪制　　B. 一职数薪制　　C. 复合职薪制　　D. 薪点职薪制

19. 目前,能力薪酬体系通常与下列哪种薪酬形式相结合　（　　）
A. 宽带薪酬　　B. 绩效薪酬　　C. 激励薪酬　　D. 业绩薪酬

20. 某岗位的小时工资标准为 15 元/小时,生产一个产品的工时定额为 0.05 小时/个,由于技术改进,某工人在 1 小时内共生产出 25 件产品,按差额计件薪酬的方式计薪,高于工作定额的产出部分,其工资率增长 10%,则该工人的计件工资为　　　　　　　　　　　　　　　　　　　　　　　　（　　）

A. 18.75元　　B. 12元　　C. 20元　　D. 19.13元

21. 一般而言,在同一绩效期间,贡献相同而级别不同的员工,增加的业绩薪酬(　　)
   A. 绝对值保持相同数额,加薪幅度会有差异
   B. 加薪幅度保持相同数额,绝对值会有差异
   C. 绝对值、加薪幅度保持相同　　D. 绝对值、加薪幅度都要有差异

22. 企业高级经营管理人员工资的构成不包括(　　)
   A. 销售提成　　B. 基本工资　　C. 奖金和红利　　D. 福利与津贴

23. 生产工人奖金计算方式中,以标准时间来计算奖金的是(　　)
   A. 卢文计划　　　　　　B. 甘特作业奖金计划
   C. 艾默生计划　　　　　D. 海尔赛计划

24. 大多数国家计算失业保险金的基本比例为平均收入的(　　)
   A. 40%～70%　　B. 50%　　C. 80%　　D. 60%～80%

25. 关于福利项目设计的原则,说法错误的是(　　)
   A. 企业选择的福利项目应当对员工的行为有一定影响
   B. 严格控制福利开支,提高福利服务效率,减少浪费
   C. 根据员工的需要和企业的特点提供多样化的福利项目
   D. 福利项目应强调公平性,不要和员工的业绩表现相关联

二、多项选择题(每小题1分,共5分)

在下面每小题的五个备选答案中有二至五个正确答案,请将正确答案全部选出,并将其字母标号填入题干的括号内。

26. 薪酬管理的目标,就是要在能够吸引优秀人才、不断激励员工的基础上,通过薪酬机制(　　)
   A. 实现薪酬的外部公平性　　B. 实现薪酬的内部一致性
   C. 薪酬管理过程的公平性　　D. 保证企业产品的竞争力
   E. 绩效报酬的公平性

27. 下列有利于工会在集体谈判中更靠近自己的坚持点的因素是(　　)
   A. 宏观经济状况良好　　B. 劳动力市场供大于求　　C. 经济处于停滞期
   D. 企业的货币工资支付能力下降　　E. 劳动力市场供不应求

28. 按照薪酬调查的内容来划分,薪酬调查可以分为(　　)
   A. 薪酬市场调查　　　　B. 商业性薪酬调查
   C. 政府薪酬调查　　　　D. 专业性薪酬调查
   E. 薪酬满意度调查

29. 职位薪酬体系的特点包括(　　)

A. 根据业绩支付工资　　　　　B. 客观性较强
C. 支付薪酬很少考虑人的因素　D. 实现了真正意义上的"同岗同薪"
E. 确定基本薪酬重点考虑职位本身价值

30. 对福利进行监控要注意　　　　　　　　　　　　（　　　）
A. 关注相关的法律法规的变化　B. 确保企业所有员工的福利项目一致
C. 关注由外部组织提供的福利的成本所发生的变化
D. 关注员工的需要和偏好及其发生的变化
E. 要密切关注其他企业的福利实践情况,增强企业的竞争力

三、填空题(每小题1分,共5分)

31. 按劳分配理论告诉我们:建立＿＿＿＿＿＿机制,工资水平及其增长以及工资构成等由劳动力市场主体双方谈判决定。

32. 薪酬调查是薪酬设计的重要组成部分,重点解决的是薪酬的＿＿＿＿＿＿＿和对内公平性的问题。

33. 薪酬区间重叠的设计原理是:在下一个薪酬等级上技能较强、绩效较高的员工对企业的＿＿＿＿＿＿比在上一个薪酬等级上新晋员工的贡献更大。

34. ＿＿＿＿＿＿＿在组织领导者的总报酬中所占的比重越来越大,其主要目的是使管理人员更加重视企业的长期发展而不是短期利润。

35. 薪酬沟通是一种激励中隐含＿＿＿＿＿＿＿的机制。

四、名词解释题(每小题3分,共15分)

36. 创新型战略　37. 薪酬调查　38. 薪酬区间渗透度　39. 计件薪酬
40. 薪酬水平调整

五、简答题(每小题6分,共30分)

41. 企业组织结构的类型是如何影响薪酬结构设计的?
42. 薪酬满意度调查具有哪些功能?
43. 与组织结构相匹配的薪酬结构类型有哪几种?
44. 风险薪酬设计时应考虑的哪些因素?
45. 实际操作中可以通过哪些方法进行薪酬控制?

六、论述题(每小题10分,共20分)

46. 在薪酬管理中如何运用双因素理论激励员工?
47. 设计业绩加薪方案时要考虑哪些问题?

模拟试卷一 参考答案

一、单项选择题

1. A P1
2. B P14
3. C P7
4. C P49
5. C P38
6. B P85
7. B P144
8. A P145
9. D P195
10. D P196
11. C P189
12. B P160
13. B P233、261
14. A P218
15. C P237
16. D P233
17. B P301
18. C P292
19. A P319
20. D P353
21. A P334
22. A P378－379
23. B P409
24. A P428
25. D P419－422

二、多项选择题

26. ABCE P15
27. AE P89
28. AE P162
29. CDE P286
30. ACDE P438

三、填空题

31. 工资谈判 P92
32. 对外竞争力 P159
33. 价值贡献 P258
34. 长期薪酬 P379
35. 约束 P477

四、名词解释题

36. 创新型战略是以产品的创新以及产品生命周期的缩短为导向的一种竞争战略,有利于激发创新行为的薪酬设计。P48

37. 薪酬调查就是应用各种合法手段采集、分析竞争对手所支付的薪酬水平,并在此基础上,结合企业自身的战略目标和经营绩效,确定企业薪酬水平的市场定位。P158

38. 薪酬区间渗透度是指员工在某一薪酬区间的实际基本薪酬与区间最低值之差和该区间最高值与最低值之差的百分比。P235

39. 计件薪酬是根据员工单位时间的产量为标准计发的报酬。P350

40. 薪酬水平调整是指在薪酬结构、薪酬构成等不变的情况下,将薪酬水平调整的过程。P470

五、简答题

41. 不同的组织结构类型有不同的目标取向,需要不同的薪酬制度与之相匹配。(1)职能制企业更倾向于推行基于职务和技能的等级薪酬制度;(2)事业部制组织往往先在各个事业部之间建立以经营绩效为基础的分配制度,各个事业部再建立效益薪酬制度或等级薪酬制度;(3)矩阵制组织更适合于采用团队薪酬制度;(4)模拟分散组织中由于每一个部门的可分配收入是随着内部交易收入和部门经营成本的变化而变化的,整个企业的薪酬制度就演变为一种动态薪酬制度和自主薪酬制度。P46

42.(1)了解员工对于薪酬的期望;(2)诊断企业潜在的问题;(3)找出本阶段出现的主要问题及其原因;(4)评估组织变化和企业政策对员工影响;(5)促进公司于员工之间的沟通和交流;(6)增强企业凝聚力。P167

43. 与组织结构相匹配的薪酬结构有三种基本类型:(1)平等式薪酬结构;(2)等级式薪酬结构;(3)网络式薪酬结构。P245

44. 在风险薪酬设计的过程中需要考虑以下因素:(1)要体现风险薪酬的激励作用。在年薪总额中风险薪酬的比例应概予基本薪酬;(2)主要年度间经营绩效的变化。经营者薪酬应该反映企业不同年份的经营绩效变化;(3)考虑经营绩效上升难度。绩优企业的业绩上升难度大于绩差企业。P385

45.(1)通过雇用量进行薪酬控制;(2)通过薪酬水平和薪酬结构来进行薪酬控制;(3)通过薪酬技术进行潜在的薪酬控制。P464

六、论述题

46.(1)在实际工作中,借鉴赫茨伯格的理论来调动员工的积极性,不仅要充分注意保健因素,使员工不至于产生不满情绪;更要注意利用激励因素去激发员工的工作热情,使其努力工作。(2)双因素理论还可以指导我们的奖金发放。当前,我国正使用奖金作为一种激励因素,但是必须指出,在使用这种激励因素时,必须与企业的效益或部门及个人的工作成绩挂起钩来。否则,久而久之,奖金就会变成保健因素,再多也起不了激励作用。(3)双因素理论的科学价值,不仅对搞好奖励工作具有一定的指导意义,而且对如何做好人的思想政治工作提供了有益的启示。在管理中,就应特别注意处理好物质鼓励与精神鼓励的关系,充分发挥精神鼓励的作用。P101

47.(1)采用业绩加薪的两个前提:一是薪酬的增加符合员工的生产率水平;二是在员工长期维持其生产力水平后才增加其固定基础薪酬。(2)确定加薪的幅度。考虑两个因素:一是组织的支付能力;二是公平问题。(3)控制加薪总额。(4)确立加薪基础。两种形式:一是以员工自己的基本薪酬为基础;二是以市场薪酬水平变化为基础。(5)明确加薪时间。(6)应用业绩矩阵。参见考点,稍作展开论述。P333－335

模拟试卷二

一、单项选择题(每小题1分,共25分)(在下列每小题的四个备选答案中出一个正确答案,并将其字母标号填入题干的括号中)

1. 报酬并非仅仅是一种金钱或者能够折算成金钱的实物概念,它还包括
(　　)
   A. 有形的服务　　B. 工资　　C. 心理上的收益　　D. 奖励
2. 养老保险属于 (　　)
   A. 内部回报　　B. 间接薪酬　　C. 基本薪酬　　D. 激励工资
3. 下列不属于企业长期目标的业绩指标是 (　　)
   A. 投资收益　　B. 市场份额　　C. 成本节约　　D. 净资产收益
4. 以顾客为核心的差异化薪酬战略 (　　)
   A. 鼓励员工大胆创新　　　　B. 按客户对员工服务的评价支付奖金
   C. 强调少用人、多办事　　　D. 鼓励降低成本、提高生产率
5. 在一个不稳定的政治环境下,企业难以保证自身的长期生存和发展,因此,在薪酬管理机制上倾向于 (　　)
   A. 集权管理　　　　　　　　B. 分权管理
   C. 民主管理　　　　　　　　D. 集权、分权交替管理
6. 集体谈判的"未不确定性范围"位于 (　　)
   A. 工会的上限和雇主的下限之间　B. 工会的上限和雇主的坚持点之间
   C. 雇主的坚持点和工会坚持点之间　D. 工会的坚持点和雇主的下限之间
7. 岗位评价是在岗位分析的基础上,采用一定的方法,对企业中各种岗位的什么进行评定 (　　)
   A. 相对价值　　B. 责任程度　　C. 义务范围　　D. 工作量
8. 下列指标中属于岗位评价指标体系中测定指标的是 (　　)
   A. 劳动技能　　B. 劳动心理　　C. 劳动环境　　D. 劳动责任
9. 要使企业能够用适当的价格购买到合适的人力资源,企业应进行 (　　)
   A. 绩效考核　　B. 劳动定额　　C. 薪酬调查　　D. 岗位评价
10. 处于新兴行业的企业更适合采取的薪酬调查方式是 (　　)

A. 企业之间相互调查　　　　　B. 问卷调查
C. 委托调查　　　　　　　　　D. 收集社会公开信息

11. 对岗位评价的合理性和有效性进行再次评估的一个有力手段是（　　）
A. 岗位分析　　B. 薪酬调查　　C. 薪酬管理　　D. 绩效评价

12. 一般来说,执行领先型薪酬策略的企业,其薪酬水平常常高于市场平均薪酬水平的（　　）
A. 15%　　　　B. 50%　　　　C. 25%　　　　D. 75%

13. 适当拉开员工之间的薪酬等级差距体现了薪酬结构设计的（　　）
A. 对外具有竞争力的原则　　　B. 对内具有公正性的原则
C. 激励性原则　　　　　　　　D. 经济性原则

14. 实行下列哪种薪酬制度,可以使员工的基本工资得到保障（　　）
A. 标准工时制　　　　　　　　B. 佣金制
C. 最低工资制　　　　　　　　D. 直接计件工资制

15. 以下不属于职位薪酬体系的是（　　）
A. 一职一薪制　　B. 复合职薪制　　C. 一职多薪制　　D. 职位薪点制

16. 任职者具有时间规划、领导和群体性问题的解决等能力的是属于哪种类型的技能（　　）
A. 宽度技能　　B. 广度技能　　C. 垂直技能　　D. 深度技能

17. 在实际操作中,更强调内部薪酬一致性的能力薪酬水平的确定方法是
（　　）
A. 基准职位转换法　　　　　　B. 等价职位对应法
C. 市场定价法　　　　　　　　D. 与绩效相关法

18. 西方国家的法律规定,任何一名员工持股计划的参与者个人所拥有的股票期权不得超过该计划所涉及的证券总数的（　　）
A. 50%　　　　B. 40%　　　　C. 20%　　　　D. 25%

19. 下列哪种业绩加薪的方案确保了员工薪酬水平的动态变化与员工基本薪酬、业绩水平、市场薪酬水平三个变量直接相关（　　）
A. 基于员工基本薪酬的业绩加薪　　B. 基于市场变化的业绩加薪
C. 基于企业效益的业绩加薪　　　　D. 基于员工绩效的业绩加薪

20. 相对于其他薪酬模式,下列哪种薪酬结构模式对专业技术人员的创新激励作用最大,适合新产品研发人员（　　）
A. 单一高工资　　　　　　　　B. 较高工资加部门平均奖
C. 较高工资加工龄奖励　　　　D. 较高工资加科技成果转化提成

21. 员工因公负伤所获得的医疗和职业康复补助属于（　　）
A. 非工作日福利　　B. 保险福利　　C. 员工服务福利　　D. 额外津贴

22. 按照我们国家相关法律规定,企业应按照工资总额的一定比例向社会保险经办机构缴纳生育保险费,建立生育保险基金,生育保险费的提取比例最高不得超过工资总额的 （　　）
   A. 1%　　　　B. 4%　　　　C. 8%　　　　D. 5%

23. 下列只由企业缴纳费用的是 （　　）
   A. 养老保险　　B. 工伤保险　　C. 失业保险　　D. 医疗保险

24. 当一个国家的劳动法管辖效力不高时,许多企业为了降低自己的劳动力成本,一般都会采用 （　　）
   A. 增加员工工作时数的做法　　　B. 减员的做法
   C. 增加员工数量的做法　　　　　D. 减少员工工作时数的做法

25. 要做到薪酬平均水平在逐年增长的同时人力成本率是下降的,那么在进行薪酬预算时必须坚持 （　　）
   A. 增长原则　　B. 恰当原则　　C. 公平原则　　D. 双低原则

二、多项选择题(每小题1分,共5分)

在下面每小题的五个备选答案中有二至五个正确答案,请将正确答案全部选出,并将其字母标号填入题干的括号内。

26. 在进行薪酬体系设计前必须完成的工作是 （　　）
   A. 岗位分析　　　B. 个人业绩考评　　C. 确定薪酬策略
   D. 薪酬市场调查　E. 岗位评价

27. 薪酬激励理论包括 （　　）
   A. 期望理论　　　B. 分享工资理论　　C. 需要层次论
   D. 双因素理论　　E. 效率工资理论

28. 基于技能的薪酬体系 （　　）
   A. 有利于建立高弹性的工作团队　　B. 有利于促进交叉培训
   C. 在员工配置方面为企业提供了灵活性　　D. 在实务中应用最广泛
   E. 以职位薪酬因子评价的结果为依据

29. 政府有关部门发布的年度企业工资指导线包括 （　　）
   A. 工资增长预警线　B. 控制下线　　C. 控制上线
   D. 工资增长基准线　E. 平均线

30. 下列属于法定休假福利的是 （　　）
   A. 公休假日　　　B. 事假　　　　C. 法定休假日
   D. 带薪年休假　　E. 停薪留职的时间

三、填空题(每小题1分,共5分)

31. 在收缩期,企业要考虑的一个重要因素是反敌意收购,设计有利于接管防御的薪酬策略,如_____、锡降落伞。

32. 岗位评价可以通过劳动责任、劳动技能、劳动强度、劳动心理和劳动环境这五个因素进行评价。这五个因素能较全面、科学地反映岗位的劳动消耗和不同岗位之间的_____。

33. 通过对_____和薪酬区间渗透度的考察,我们可以分析出某一特定员工的长期薪酬变化趋势。

34. 个人激励计划一般通过将绩效与_____的绩效标准相比较,来确定其奖励额度,它更具有个人目标的导向功能。

35. 薪酬控制很大程度上指的是对于_____的控制,大多数企业也存在着正式的薪酬控制体系。

四、名词解释题(每小题3分,共15分)

36. 战略性薪酬管理 37. 薪酬满意度 38. 宽带薪酬结构 39. 鲁克计划 40. 薪酬利润率

五、简答题(每小题6分,共30分)

41. 战略性薪酬管理对企业人力资源管理角色转变有何要求?
42. 简述薪酬调查的步骤。
43. 薪酬结构设计包括哪些基本步骤?
44. 影响单位时间报酬率水平的因素有哪些?
45. 薪酬结构的调整有哪些主要做法?

六、论述题(每小题10分,共20分)

46. 如何理解岗位评价指标体系的五个要素?
47. 试论述高级经营管理人员薪酬设计流程。

模拟试卷二 参考答案

一、单项选择题

1. C P2   2. B P10   3. C P9   4. B P48
5. A P41   6. A P88   7. A P135 8. C P140

9．C P161　　10．C P188　　11．B P160　　12．C P219
13．C P251　　14．C P256　　15．D P291　　16．C P294
17．B P321　　18．D P272　　19．B P335　　20．D P393
21．B P430　　22．A P431　　23．B P430　　24．A P465
25．D P455

二、多项选择题

26．ACDE P25　　27．ACD P96　　28．ABC P297　　29．AD P163
30．ACD P434

三、填空题

31．金降落伞 P50　　32．劳动差别 P140　　33．薪酬比较比率 P236
34．事前制定 P347　　35．劳动力成本 P463

四、名词解释题

36．战略性薪酬管理是指以企业的发展战略为依据,根据企业某一阶段的内部、外部总体情况,正确选择薪酬策略、系统设计并实施动态管理,使之促进企业战略目标实现的管理活动。P53

37．薪酬满意度即员工获得企业经济性报酬和非经济性报酬的实际感受与期望值比较的程度。P166

38．宽带薪酬结构是指对多个薪酬等级以及薪酬变动范围进行重新组合,从而变成只有相对较少的薪酬等级以及相应较宽的薪酬变动范围。P261

39．鲁克计划,或称产量份额计划,是建立在小时员工的总收入与员工所创造的产品价值之间的关系基础上的个人激励计划。P365

40．薪酬利润率是指企业每支付一单位的薪酬将会创造多少利润。P457

五、简答题

41．在实行战略性薪酬管理体系的企业中,人力资源管理部门以及薪酬管理人员的角色也要发生相应的转变,应当达到四个方面的要求:(1)保持与组织的战略目标紧密联系;(2)减少事务性活动;(3)实现日常薪酬管理活动的自动化;(4)积极承担新角色。P55

42．(1)确定调查目的;(2)确定调查范围和对象;(3)选择调查方式;(4)薪酬调查数据的统计分析;(5)提交薪酬调查分析报告。P184

43．(1)薪酬政策线的制定,主要作用是确定企业薪酬的总体趋势;(2)薪酬等级的确定,包括等级数量、最高与最低等级之间的薪酬差等;(3)薪酬等级

范围的确定,包括区间中值和区间重叠度的确定;(4)薪酬结构的调整,纵向和横向的调整。P254

44.(1)企业的实际情况:在制定单位时间报酬率时要充分考虑企业的经营状况和财务状况。(2)管理者的管理理念:管理理念的差异也是影响报酬率水平高低的重要因素之一。(3)同行业的薪酬水平:企业可以通过市场薪酬调查获取有关生产人员岗位薪酬状况的信息然后以此为参考,确定生产一线员工的单位时间报酬率。P404

45.(1)加大员工薪酬中奖金和尽力薪酬的比例,拉大业绩优秀员工与其他员工之间的报酬差距。(2)采用风险薪酬方式,员工的基础薪酬部分处于变动中,使员工的稳定收入比重缩小,不稳定收入比重增加。(3)将以工作量为基础的付薪机制转变为以技能和绩效为主的付薪机制,报酬向高技能、高绩效员工倾斜。P474

六、论述题

46.岗位评价可以通过劳动责任、劳动技能、劳动强度、劳动心理和劳动环境这五个因素进行评价。(1)劳动责任:劳动责任就是生产岗位在劳动中对经济(产率、质量)、生产(设备、消耗)、安全和管理方面承担的责任,主要反映了岗位劳动者智力的付出和心理状态。(2)劳动技能:劳动技能是指岗位在生产过程中对劳动者素质方面的要求,主要反映岗位对劳动者职能要求的程度。(3)劳动强度:劳动强度是劳动的繁重、紧张或密集程度,决定于劳动者劳动能量消耗量的大小。(4)劳动心理:劳动心理是指劳动者在社会中所处地位和人与人之间的关系对劳动者在心理上的影响程度。(5)劳动环境:劳动环境指的是劳动者在所处的劳动场所的外部环境条件,主要是指对劳动者身心健康产生影响的各种有害因素。P141

47.合理的高级经营管理人员薪酬设计应考虑以下三方面内容:一是薪酬激励主体的确定,即高管薪酬有谁确定和兑现。二是薪酬激励对象的确定,即哪些人属于高级管理人员范畴。三是薪酬激励内容的确定,即高管人员薪酬应包含哪些内容。

具体来说高级经营管理人员薪酬设计流程包含以下环节和步骤:(1)确定薪酬设计主体和参与者。其主要包括:一是董事会,承担对执行薪酬顾问的建议给予最终批准;二是执行薪酬顾问,主要是为经营者提供薪酬方面的咨询和建议;三是薪酬委员会。(2)确定高级管理人员薪酬激励的对象。高管人员亦称经营者经理人。专指担任董事长、董事、总经理等高层管理职务的自然人,具体是指执行日常管理的最高负责人及其主要助手,如总经理、副总经理、总会计师、董事会秘书等。(3)分析薪酬激励内容及其影响因素。(4)分析企业内外部环境。(5)选择并实施备选薪酬策略方案。P381

模拟试卷三

一、单项选择题(每小题1分,共25分)(在下列每小题的四个备选答案中出一个正确答案,并将其字母标号填入题干的括号中)

1. 薪酬是员工为所在单位提供下列哪类因素而获得到的各种形式的回报
( )
   A. 资本   B. 智力   C. 劳动   D. 体力
2. 法律法规属于影响薪酬的 ( )
   A. 个人因素   B. 职位因素   C. 企业因素   D. 社会因素
3. 采取成本领先薪酬战略的企业,薪酬体系会偏重 ( )
   A. 激励产品创新和技术变革
   B. 研究竞争对手的成本,提高浮动工资的比重
   C. 以顾客满意度为标准的岗位技能评价和激励体系
   D. 关注目前的业务流程对企业未来在市场上的技术领先性
4. 形成成本推动型通货膨胀的重要因素是 ( )
   A. 薪酬结构的差异性   B. 薪酬水平的高低
   C. 薪酬管理的集权、分权   D. 薪酬战略模式的优劣
5. 在实行了战略性薪酬管理体系的组织中,常规管理活动、服务与沟通活动、战略规划活动三者之间所花费的时间比重大约分别是 ( )
   A. 70%、20%、10%   B. 20%、10%、70%
   C. 20%、50%、30%   D. 20%、30%、50%
6. "多劳多得"体现了 ( )
   A. 合理合法原则   B. 对内公平原则
   C. 对外公平原则   D. 等量劳动领取等量报酬的原则
7. 在我们运用要素比较法对岗位进行评价时,选取的标杆岗位一般数量为
( )
   A. 10个以上   B. 20个以上   C. 6~8个   D. 4~6个
8. 工作岗位评价的因素可分为如下哪几类 ( )
   A. 主要因素、一般因素、次要因素、极次要因素

B. 体力、工时、劳动姿势、紧张程度　　C. 质量、产量、安全、消耗、技术
D. 劳动责任、劳动强度、劳动技能、劳动心理、劳动环境

9. 企业要建立合理的薪酬制度,开展此项工作的前提是　　　　　　（　）
   A. 岗位分析　　　　　　　　　　B. 了解劳动力需求关系
   C. 薪酬调查　　　　　　　　　　D. 了解企业的财力状况

10. 具有"快、准、全"特点的薪酬调查方式是　　　　　　　　　（　）
    A. 企业之间相互调查　　　　　　B. 委托外部咨询机构调查
    C. 采集社会公开信息　　　　　　D. 问卷调查

11. 软件开发、生物医药类企业由于对资本投资的要求高,会限制新企业的进入,所以一般其会　　　　　　　　　　　　　　　　　　　　　　（　）
    A. 提供低薪酬　　　　　　　　　B. 提供高低适度的薪酬
    C. 提供高薪酬　　　　　　　　　D. 薪酬高低无法确定

12. 设计比较复杂,薪酬管理难度较大的薪酬水平的定位策略是　　（　）
    A. 领先型薪酬策略　　　　　　　B. 跟随型薪酬策略
    C. 滞后型薪酬策略　　　　　　　D. 混合型薪酬策略

13. 在下列哪个阶段,企业薪酬水平定位一般采取市场跟随型策略（　）
    A. 创业阶段　　B. 高速增长阶段　　C. 成熟平稳阶段　　D. 衰退阶段

14. 以员工的工作业绩为基础支付工资的薪酬结构称为　　　　　（　）
    A. 工作导向的薪酬结构　　　　　B. 市场导向的薪酬结构
    C. 技能导向的薪酬结构　　　　　D. 绩效导向的薪酬结构

15. 下列哪个指标最能分析职位等级之间的相似性　　　　　　　（　）
    A. 薪酬级差　　B. 薪酬幅度　　C. 薪酬重叠　　D. 薪酬水平

16. 股票购买计划属于　　　　　　　　　　　　　　　　　　　（　）
    A. 绩效薪酬　　B. 员工持股计划　　C. 股票期权　　D. 成就薪酬

17. 工资指导线中,主要适用于经济效益有较快增长的企业的是　（　）
    A. 标准线　　　　　　　　　　　B. 工资增长基准线
    C. 下线　　　　　　　　　　　　D. 工资增长预警线

18. 员工持股计划的参与人员不包括　　　　　　　　　　　　　（　）
    A. 公司监事会成员　　　　　　　B. 高层管理人员
    C. 正式签约的法律顾问　　　　　D. 生产工人

19. 能有效解决薪酬水平已经处于薪酬范围顶端的那些员工的激励问题的是　　　　　　　　　　　　　　　　　　　　　　　　　　　　（　）
    A. 绩效加薪　　B. 激励薪酬　　C. 业绩奖金　　D. 特殊业绩薪酬

20. 伴随平衡记分卡在企业的应用,群体激励计划出现的新的激励形式是
    　　　　　　　　　　　　　　　　　　　　　　　　　　　（　）

A. 斯坎伦计划　　B. 拉克计划　　　C. 股票期权　　D. 成功分享计划

21. 关于期权,下列说法正确的是　　　　　　　　　　　　　　（　　）
   A. 股票期权是权利也是义务　　B. 股票是由公司无偿赠送的
   C. 通常情况下针对的是全体员工
   D. 实现了经营者与投资者利益的高度一致

22. 国家规定的福利条例,企业必须坚决严格执行,这体现了企业福利设计的　　　　　　　　　　　　　　　　　　　　　　　　　　　（　　）
   A. 合法性原则　　B. 适度性原则　　C. 强制性原则　　D. 激励性原则

23. 企业针对员工的不良习惯和心理压力提供咨询或治疗的福利项目是指　　　　　　　　　　　　　　　　　　　　　　　　　　　　（　　）
   A. 教育援助计划　B. 员工援助计划　C. 员工发展计划　D. 健康服务计划

24. 薪酬的利润率是企业每支付一单位的薪酬将会创造多少利润,薪酬的利润率越高,说明企业的经营效益　　　　　　　　　　　　　（　　）
   A. 越差　　　　B. 越好　　　　C. 没有变化　　　D. 两者没有关系

25. 下列对薪酬预算、薪酬控制能产生较大影响的是　　　　　　　（　　）
   A. 健康保险　　B. 短期福利项目　C. 工伤补偿计划　D. 补充养老保险

二、**多项选择题**(每小题1分,共5分)

在下面每小题的五个备选答案中有二至五个正确答案,请将正确答案全部选出,并将其字母标号填入题干的括号内。

26. 薪酬内部一致性是指对同一企业内部哪些员工之间薪酬的比较　　　　　　　　　　　　　　　　　　　　　　　　　　　　　（　　）
   A. 不同职位的员工　　　　　　B. 不同工龄的员工
   C. 不同团队的员工　　D. 不同部门的员工　　E. 不同技能类别的员工

27. 关于工作岗位评价,以下说法正确的是　　　　　　　　　　　（　　）
   A. 工作岗位评价的对象是客观存在的"事"和"物"而不是现有的人
   B. 工作岗位评价是对同类不同层级岗位的相对价值进行衡量的过程
   C. 工作岗位评价是对不同类同层级岗位的相对价值进行衡量的过程
   D. 岗位评价结果不能公开
   E. 岗位评价的实质是将工作岗位的劳动价值与工资报酬有机结合起来

28. 影响薪酬水平的企业特征因素包括　　　　　　　　　　　　　（　　）
   A. 政府颁布的法律法规　　　　B. 企业的规模
   C. 薪酬政策　　　　D. 企业业务性质　　　　E. 人才价值观

29. 个人激励计划制定的程序是　　　　　　　　　　　　　　　　（　　）
   A. 建立产出标准　　B. 确定分配原则　　　C. 建立薪酬标准

D. 计划执行与监控　　　　　E. 选择计划的执行者
30. 福利所具有的特征有　　　　　　　　　　　　　　　（　　　）
A. 福利支付以劳动为基础　　　B. 集体性
C. 企业自定性　　　D. 补偿性　　　E. 人性化

三、填空题（每小题1分，共5分）

31. 持有最大产值价值观的企业强调雇员的劳动生产率，更容易采取旨在激励劳动投入的_____。

32. 岗位评价可以通过各种方法确定某一岗位的相对价值，并最终确定该岗位的_____。

33. 领先型薪酬策略适合于实行_____的公司，高成长性、垄断性企业和高利润企业一般采取这种策略。

34. 特殊业绩薪酬侧重于员工_____和周边绩效的奖励，所以又可称为特殊绩效认可计划。

35. 薪酬预算的双低原则：一是企业工资总额增长幅度低于企业经济效益增长幅度；二是_____。

四、名词解释题（每小题3分，共15分）

36. 效率工资　37. 薪酬幅度　38. 劳动分红　39. 股票期权计划
40. 薪酬控制

五、简答题（每小题6分，共30分）

41. 简述企业薪酬对员工的功能。
42. 简要阐述效率工资理论的主要内容。
43. 薪酬调查报告主要有哪些用途？
44. 实施职位薪酬体系的前提是什么？
45. 如何理解员工福利设计的原则？

六、论述题（每小题10分，共20分）

46. 如何提高员工的薪酬满意度？
47. 试分析员工福利规划和管理的主要内容。

模拟试卷三 参考答案

一、单项选择题

1. C P1　　　　2. D P12　　　　3. B P47　　　　4. B P41
5. C P56　　　 6. D P91　　　　7. A P148　　　 8. D P140
9. C P157　　　10. B P189　　　11. B P209　　　12. D P222
13. B P224　　 14. D P241　　　15. D P207　　　16. B P281
17. D P163　　 18. C P369　　　19. C P338　　　20. D P357
21. D P387　　 22. A P419　　　23. B P434　　　24. B P457
25. D P466

二、多项选择题

26. ADE P15　　27. ABE P135　　28. BCDE P209　　29. ACD P348
30. BDE P415

三、填空题

31. 计件工资制 P45　　32. 薪酬等级 P136　　33. 差异化竞争战略 P219
34. 超额绩效 P341
35. 员工实际工资增长幅度低于本企业劳动生产率的增长幅度 P455

四、名词解释题

36. 效率工资指的是企业支付给员工比市场保留工资高得多的工资,促使员工努力工作的一种激励与薪酬制度。P79

37. 薪酬幅度是指组织的全体成员的年平均薪酬水平增长的数值。P211

38. 劳动分红是指企业在每年年终时从所获得的利润中按比例提取分红基金,按员工的劳动贡献以红利形式分配给员工个人的劳动收入。P281

39. 股票期权计划是授予高级管理人员在规定时期内以事先确定的价格购买一定数量的本公司普通股票的权利。P387

40. 所谓薪酬控制,是指为确保既定薪酬方案顺利落实而采取的种种相关措施。P461

五、简答题

41. (1)经济保障功能;(2)激励功能;(3)社会信号功能。P4

42.（1）效率工资有利于减少劳动力的流动。企业通过支付高工资减少了离职的频率,从而减少了雇用和培训新工人的时间和费用。（2）效率工资有利于企业吸引优秀人才。劳动力的平均素质取决于它向雇员所支付的工资。（3）效率工资有利于提高工人的努力程度。企业可以通过高工资降低工人的道德风险,提高工人的努力程度,进而提高工作效率。P79

43. 薪酬调查报告的使用一般有如下几个方面的用途:（1）薪酬战略的制定;（2）薪酬结构的调整;（3）计算薪酬总额标准;（4）制定薪酬政策;（5）年度工资调整。P200

44.（1）企业的职位工作内容明确、规范和标准。（2）企业的职位内容处于基本稳定状态。（3）企业已经建立了按照个人能力安排职位的岗位配置机制。（4）企业存在着相对较多的职级。（5）企业具有足够高的薪酬水平。P287

45.（1）合法性原则;（2）公平性原则;（3）适度性原则;（4）激励性原则;（5）平衡性原则;（6）透明性原则;（7）动态性原则;（8）特色性原则。P419

六、论述题

36. 提高员工薪酬满意度最终要解决的就是公平问题。主要有以下方法:（1）提高管理者的认识。管理者要对员工薪酬满意度加以重视,通过薪酬满意度调查了解员工的实际需要,为企业制定人力资源管理政策提供依据。（2）进行岗位评价,了解岗位相对价值。利用岗位评价,评估出各岗位的相对价值,并根据岗位相对价值和对企业的贡献度,划分出职位等级,确定各岗位之间的相对工资率和工资等级。（3）建立有效的沟通机制。员工薪酬满意度是员工的主观感受,要解决这一问题,可以通过加强管理者和员工沟通交流的方式,增强员工与管理者之间的相互信任。（4）通过薪酬市场调查,确定企业合理的薪酬水平。薪酬市场调查是解决薪酬外部不公平的有效手段。（5）设计合理的薪酬体系。企业提高薪酬满意度必须设计合理的薪酬体系和相应的配套制度。P179

47.（1）划分福利对象。大多数企业至少有两种以上福利组合,一种适用于经理人员,一种适用于其他普通员工。（2）处理福利申请。员工根据公司的福利制度和政策向公司提供享受福利的申请,而企业此时需要对这些福利申请进行审查,看其申请是否合理。（3）福利沟通。良好的福利沟通包括以下步骤:一是编写福利手册;二是定期向员工公布福利信息;三是在小规模员工群体中做福利报告;四是建立福利问题咨询办公室;五是建立网络化的福利管理制度。（4）福利监控。实施福利监控的原因:一是有关福利的法律经常发生变化;二是员工的需要和偏好也会发生变化;三是对其他企业的福利实践的了解是企业在劳动力市场上竞争的重要手段;四是外部组织提供的福利的成本所发生的变化。P437

模拟试卷四

一、**单项选择题**(每小题1分,共25分)(在下列每小题的四个备选答案中出一个正确答案,并将其字母标号填入题干的括号中)

1. 薪酬内部一致性是指同一企业内部哪类员工之间薪酬的比较　(　　)
   A. 不同职位　　B. 不同工龄　　C. 不同团队　　D. 不同部门
2. 工资支付的形式是　　　　　　　　　　　　　　　　　　　(　　)
   A. 实物　　　　B. 有价证券　　C. 法定货币　　D. 以上都不是
3. 下列哪种薪酬战略宜在经济萧条时期,或企业处在创业、转型、衰退等特殊时期采用　　　　　　　　　　　　　　　　　　　　　　　　(　　)
   A. 领先型薪酬战略　　　　　　B. 收缩薪酬战略
   C. 差异化薪酬战略　　　　　　D. 稳定薪酬战略
4. 劳动的需求量随实际工资率的下降而　　　　　　　　　　　(　　)
   A. 下降　　　　B. 增加　　　　C. 不变　　　　D. 无关
5. 在岗位评价的要素计点法中,假定计划的总点值是500,而"解决问题"要素的权重为20%,该要素准备划分为5个等级,则第二等的点值应为(　　)
   A. 40　　　　　B. 80　　　　　C. 100　　　　　D. 200
6. 边际生产力工资理论认为　　　　　　　　　　　　　　　　(　　)
   A. 工资由员工的能力决定　　　B. 工资由员工的工作绩效决定
   C. 工资由市场的供求关系决定
   D. 工资是由投入的最后一个劳动单位所产生的边际产量决定
7. 先将企业中岗位价值最高与最低的岗位选择出来,再选出价值次高、次低的岗位,如此继续,直至选完。这种岗位评价的方法是　　　　　(　　)
   A. 岗位分类法　B. 配对比较法　C. 交替排序法　D. 成队比较法
8. 适合于规模较小、结构简单企业的岗位评价方法是　　　　　(　　)
   A. 要素比较法　B. 要素计点法　C. 岗位分类法　D. 岗位排序法
9. 美国劳工统计局每年都要举行三类薪酬方面的调查,这属于　(　　)
   A. 公司自主进行的薪酬调查　　B. 商业机构进行的薪酬调查
   C. 行业主管部门的薪酬调查　　D. 专业机构进行的薪酬调查

10. 在薪酬调查中,如果被调查企业没有给出准确的薪酬水平数据,只能了解到该企业的平均薪酬情况时,可以采用的数据分析方法是 （　　）
   A. 数据排列　　B. 频率分析　　C. 差异检验　　D. 回归分析
11. 企业的人工成本过高,一般薪酬平均率 （　　）
   A. 数值越接近1　B. 等于1　　C. 大于1　　D. 小于1
12. 采用下列哪一种薪酬策略的薪酬成本和竞争对手是最接近的 （　　）
   A. 领先型薪酬策略　　　　B. 跟随型薪酬策略
   C. 滞后型薪酬策略　　　　D. 混合型薪酬策略
13. 按照《企业最低工资规定》,最低工资的组成是 （　　）
   A. 基本工资　　　　　　　B. 基本工资+奖金
   C. 标准工资+奖金+津贴　　D. 标准工资+奖金+津贴+加班工资
14. 有利于激励员工提高技术、能力的薪酬结构是 （　　）
   A. 以绩效为导向　　　　　B. 以行为为导向
   C. 以工作为导向　　　　　D. 以技能为导向
15. 下列哪种薪酬结构比较适用于责、权、利明确的企业 （　　）
   A. 以绩效为导向　　　　　B. 以市场为导向
   C. 以工作为导向　　　　　D. 以技能为导向
16. 适用于管理层和员工都愿意进行合作,并且职位结构允许员工可以不受传统职位描述的约束而自由发展的组织的薪酬体系类型是 （　　）
   A. 职位薪酬体系　　　　　B. 绩效薪酬体系
   C. 技能薪酬体系　　　　　D. 能力薪酬体系
17. 在我国企业中过去长期存在着大批优秀的工程师最后以"当官"作为自己事业成功的重要标志,而不是技术水平的持续领先,结果企业出现在技术和管理方面的双重损失,避免这种现象的关键在于企业薪酬体系的设计要以 （　　）
   A. 职位等级为导向　　　　B. 行政级别为导向
   C. 技能为导向　　　　　　D. 绩效为导向
18. 是最古老、最广泛的激励形式,员工的报酬随着单位时间内的产出成比例增加的一种工资形式是 （　　）
   A. 能力工资　　　　　　　B. 年功序列工资
   C. 直接计件薪酬　　　　　D. 佣金制
19. 在特殊业绩薪酬设计中属于地位标志性奖励的是 （　　）
   A. 住房奖励　　　　　　　B. 汽车奖励
   C. 某种认可的证书　　　　D. 环境优越的工作间

20. 在西方国家中实行高额税收优惠的利润分享计划是 (   )
   A. 现金利润   B. 现付和递延结合制
   C. 延期利润   D. 与利润挂钩的薪酬计划
21. 股票期权计划的有效期一般不超过 (   )
   A. 3年   B. 5年   C. 10年   D. 12年
22. 一般而言,下列哪些人员适宜采用"低底薪、高奖金"的薪酬设计 (   )
   A. 外派人员   B. 销售人员
   C. 行政管理人员   D. 专业技术人员
23. 下列不属于福利沟通行为的是 (   )
   A. 编写福利手册   B. 在员工中做福利报告
   C. 定期向员工公布福利信息 D. 及时咨询外部组织提供的福利价格
24. 当劳动力市场某种人才的供给小于需求时,企业为了获得该种人才,确定的工资水平与"市场出清工资率"的关系应该是 (   )
   A. 高于"市场出清工资率"   B. 低于"市场出清工资率"
   C. 与"市场出清工资率"相当 D. 不相关
25. 企业的薪酬沟通应该由谁负责 (   )
   A. 人力资源部   B. 财务部   C. 工会   D. 薪酬沟通办公室

二、多项选择题(每小题1分,共5分)

在下面每小题的五个备选答案中有二至五个正确答案,请将正确答案全部选出,并将其字母标号填入题干的括号内。

26. 弗鲁姆认为,人的动机取决于 (   )
   A. 效价   B. 期望   C. 价值观
   D. 自我概念   E. 技能
27. 岗位分析时采用关键事件分析法时,应注意 (   )
   A. 关键事件应具有岗位代表性   B. 关键事件的数量不能强求
   C. 关键事件的表述要言简赅、清晰、准确
   D. 关键事件分析法需要技术专家型的岗位分析人员
   E. 对关键事件的调查次数不宜太少
28. 确定薪酬水平需要考虑的因素有 (   )
   A. 企业规模   B. 企业经营战略因素
   C. 员工心理承受力   D. 劳动力市场因素
   E. 企业员工的配置
29. 下列属于长期激励薪酬计划的是 (   )
   A. 奖金   B. 股票期权   C. 期股

D. 员工持股计划　　　E. 团队奖金

30. 薪酬总额的提报方式主要有　　　　　　　　　　　　　　　　（　　）
  A. 从下而上法　　　B. 从上而下法　　　C. 由内到外法
  D. 零基预算法　　　E. 化整归零法

三、填空题（每小题1分，共5分）

31. 薪酬政策是组织在进行_____时所应遵循的基本规则和原则。

32. 管理岗位描述问卷分析法是一种以_____为中心的岗位分析方法，它将工作科学合理分解为多个基本领域并提供了一种可以量化评价的分数顺序或顺序轮廓。

33. 企业在确定薪酬总额的主要依据是本企业的支付能力、_____以及现行的市场行情。

34. 业绩薪酬一般情况下关注员工个人的绩效；激励薪酬除了针对个人外，也可以通过将奖金支付与_____绩效相挂钩来体现更为充分的可变性和灵活性。

35. 造成福利的低回报性的一个重要原因是企业的福利规划缺少一些限制性的条款，此外，_____也是一个不容忽视的问题。

四、名词解释题（每小题3分，共15分）

36. 基本薪酬　37. 工作描述　38. 薪酬水平外部竞争性　39. 深度技能
40. "瓜分制"

五、简答题（每小题6分，共30分）

41. 从企业的角度看，影响薪酬的因素有哪些？

42. 当一个人发觉在分配上受到了不公平的待遇时，他会采取哪些方法消除心理上的不平衡？

43. 什么是薪酬水平外部竞争性？薪酬水平外部竞争性有何重要意义？

44. 简述实施能力薪酬体系面临的问题和难点。

45. 试分析我国的养老保险制度的组成部分。

六、论述题（每小题10分，共20分）

46. 试分析领先型薪酬策略适用范围及优缺点。

47. 试分析薪酬预算的具体步骤。

模拟试卷四 参考答案

一、单项选择题

1. A P15   2. C P2   3. B P60   4. B P41
5. A P153   6. D P84   7. C P144   8. C P148
9. A P158   10. B P193 11. C P211 12. B P220
13. C P256 14. D P240 15. C P239 16. C P284
17. C P297 18. C P351 19. D P342 20. C P360
21. C P388 22. B P394 23. D P438 24. A P452
25. D P479

二、多项选择题

26. AB P106   27. ABCDE P123   28. ABDE P210
29. BCD P369   30. AB P459

三、填空题

31. 薪酬决策 P35   32. 工作 P124   33. 员工基本生活需要 P201
34. 团队、组织的整体 P329   35. 员工的道德风险 P441

四、名词解释题

36. 基本薪酬：是指一个组织根据员工所承担或完成的工作本身或者员工所具备的完成工作的技能或能力而向员工支付的相对稳定的经济性报酬。P7-8

37. 工作描述是指对工作本身的内涵和外延加以规范的描述性文件，是对有关工作职责、工作活动、工作条件等工作特性方面的信息所进行的书面描述。P124

38. 所谓薪酬水平外部竞争性，是指企业某一职位的薪酬水平同劳动力市场上类似职位的薪酬水平相比较时的相对位置高低，以及由此产生的企业在劳动力市场上人才竞争能力的强弱。P213

39. 深度技能即通过在一个范围内较为明确的具有一定专业性的技术或专业领域中不断积累而形成的专业知识、技能和经验。P294

40. "瓜分制"即企业将全体新进营销人员视作一个整体，确定其收入之和，每个员工的收入则按贡献大小占总贡献的比例计算。P398

五、简答题

41. (1)企业的负担能力;(2)企业的经营状况;(3)企业的发展阶段;(4)实行的薪酬政策;(5)企业文化。P12

42. (1)员工通过增加或者减少投入谋求公平。(2)员工可以通过改变其产出以恢复公平感。(3)员工可以对其投入与产出进行心理曲解,与实际改变投入和产出不同,员工可以通过在意识上对其进行曲解从而达到心理平衡。(4)员工可以通过离职或者要求调到其他部门工作,以求恢复心理平衡。(5)员工可以另换一个报酬与贡献比值较低者作为自己的比较对象,以减弱不公平感。(6)员工可以对他人的投入与产出进行心理曲解。P82

43. 所谓薪酬水平外部竞争性,是指企业某一职位的薪酬水平同劳动力市场上类似职位的薪酬水平相比较时的相对位置高低,以及由此产生的企业在劳动力市场上人才竞争能力的强弱。其重要意义表现为:(1)吸引、保留以及激励优秀员工,提升企业的竞争力;(2)控制劳动力成本,提高经济效益;(3)塑造企业形象。P213

44. (1)能力与绩效相关性问题;(2)如何寻找基于能力的外部市场薪酬参照系;(3)如何克服能力薪酬人工成本居高不下的难题;(4)如何避免基于能力的论资排辈问题;(5)与职位和绩效有机结合的问题。P320

45. 我国的养老保险制度由三个部分组成:(1)基本养老保险亦称国家基本养老保险。(2)企业补充养老保险也叫企业年金。(3)职工个人储蓄性养老保险。P425

六、论述题

46. 领先型薪酬策略适合于实行差异化竞争战略的公司,高成长企业、垄断性企业和高利润企业一般采取这种策略。其优点有:(1)有利于吸引并保留高素质员工,激励员工高效工作,从高成本支出中获得相应的收益。(2)提高员工忠诚度,降低员工流失率,保持企业人员的稳定性,减少企业在员工甄选方面支出的费用。(3)由于优秀员工的加入增强了内部竞争,有助于激励员工努力提高工作绩效,降低企业的监督管理费用。(4)企业不必根据市场水平频繁地进行薪酬调查或是经常性为员工加薪加酬,而是设立较高水平的薪酬,节省薪酬管理成本。(5)能够减少因薪酬问题而引起的薪酬纠纷,提高公司的形象和知名度。
    领先型薪酬策略也有缺陷,高薪意味着高额劳动力成本,这会给企业带来较大的成本压力,若没有使人才得到合理配置,高薪会成为沉重的负担。P219

47. (1)确定公司战略目标和经营计划。①要确定公司未来的战略目标是快速扩张、适当收缩、稳步增长还是转换领域。②确定公司未来的经营目标。③确定公司的组织结构、岗位设置。(2)分析企业支付能力。①薪酬费用率：薪酬费用率＝薪酬总额/销售额。②劳动分配率：劳动分配率＝薪酬总额/附加价值；薪酬费用率＝目标附加价值率×目标劳动分配率。③薪酬利润率：在同行业中薪酬利润率越高表明单位薪酬取得的经济效益越好人工成本的相对水平越低,公司薪酬提升的空间越大。(3)确定企业薪酬策略。薪酬策略一方面是薪酬水平策略,即领先型、跟随型、滞后型；另一方面是薪酬激励策略,即重点激励哪些人群,采用什么样的激励方式；第三是薪酬结构策略,即薪酬应当由哪些部分构成各占多大比例,薪酬分多少层级。(4)诊断薪酬问题。可以从薪资均衡指标、递进系数、重叠度、幅度等数据和指标入手。(5)分析人员流动情况。包括总人数的预测、有多少员工被提拔到上一层、新增加多少员工、有多少员工离职等。(6)确定薪酬调整总额以及整体调整幅度。①需要确定薪酬总额调整依据,即是依据利润、增加值还是销售收入来提取薪酬总额；②要确定劳动分配率、薪酬费用率和薪酬利润率的目标值。③依据经营目标、历史工资水平测算出预期薪酬总额。④据此计算出薪酬调整总额,并按照薪酬激励策略和原来各部门在薪酬总额中所占的比重、各部门的业绩,确定各部门的薪酬调整总额。(7)将薪酬调整总额分配到员工。绩效调薪的确定涉及两个因素：一是员工的绩效水平的高低；二是该员工在其工资范围中所处的位置。(8)根据市场薪酬水平确定员工薪酬水平。(9)反复测算最终确定。P456

模拟试卷五

一、单项选择题(每小题1分,共25分)(在下列每小题的四个备选答案中出一个正确答案,并将其字母标号填入题干的括号中)

1. 反映岗位或技能的价值,但忽视了员工之间的个体差异薪酬的结构是 (　　)
   A. 基本薪酬　　　B. 绩效工资　　　C. 可变薪酬　　　D. 员工保险福利

2. 根据员工的实际贡献付薪,并适当拉开薪酬差距体现了企业薪酬管理的 (　　)
   A. 外部的公平性　　　　　　　B. 内部的公平性
   C. 薪酬管理过程的公平性　　　D. 绩效报酬的公平性

3. 采用下列哪种类型的薪酬策略的薪酬水平和竞争对手最接近 (　　)
   A. 跟随　　　B. 领先　　　C. 滞后　　　D. 混合

4. 处于开创阶段的企业一般采用的薪酬策略是 (　　)
   A. 高基本工资,高奖金,低福利　　　B. 高基本工资,低奖金,高福利
   C. 低基本工资,高奖金,低福利　　　D. 低基本工资,高奖金,高福利

5. 下列能够让企业员工产生直接满足的因素是 (　　)
   A. 惩罚和监督　　　　　　B. 良好的工作环境
   C. 学习与成长机会　　　　D. 较高的薪酬水平

6. 在需求层次理论中,对管理人员职位级别的认同属于 (　　)
   A. 安全需要　　　　　　　　B. 社会需要
   C. 自尊与受人尊重的需要　　D. 自我实现的需要

7. 属于定量评价,并根据各职位的总体价值与标杆岗位进行比较的方法是 (　　)
   A. 岗位排序法　　B. 岗位分类法　　C. 要素比较法　　D. 要素计点法

8. 薪酬满意度调查的步骤包括:①处理调查结果;②分析调查信息;③实施调查及收集调查资料;④确定调查任务;⑤对措施的实施进行跟踪调查;⑥制订调查方案。⑦确定如何进行薪酬满意度调查。排序正确的是 (　　)
   A. ④③⑥①②⑤⑦　　　　　B. ⑥④⑦③①②⑤

C. ⑦④⑥③①②⑤   D. ⑥③④①②⑦⑤

9. 实施薪酬调查时,应将调查所提供的岗位描述与企业相应的岗位进行比较,只有当二者的重叠度达到如下多少百分比以上时,才能根据所调查岗位的结果来确定企业相应岗位的薪酬水平   (   )
   A. 70%   B. 90%   C. 50%   D. 60%

10. 在薪酬定位时坚持"只有当重要的岗位由完全胜任的人才能来担任"的原则,表明其采用的是   (   )
    A. 基于职位的薪酬定位   B. 基于技能的薪酬定位
    C. 基于绩效的薪酬定位   D. 基于能力的薪酬定位

11. 薪酬战略应以奖励市场开拓和新技术开发及管理技巧为主的薪酬水平定位策略应在企业发展的哪个阶段采用   (   )
    A. 创业阶段   B. 高速增长阶段
    C. 成熟平稳阶段   D. 衰退阶段

12. 如果员工的绩效考核为优秀,任职时间按又比较长,对应的比较比率却远低于100%,则   (   )
    A. 员工应该涨工资,且涨幅较大   B. 员工应该涨工资,且涨幅较小
    C. 员工工资应该维持现状   D. 员工应该小幅地降低工资

13. 按照《企业最低工资规定》,最低工资的组成是   (   )
    A. 基本工资   B. 基本工资 + 奖金
    C. 标准工资 + 奖金 + 津贴   D. 标准工资 + 奖金 + 津贴 + 加班工资

14. 某职位的薪酬结构是工龄工资占11%,职务工资占87%,能力工资占2%,这种薪酬结构属于   (   )
    A. 以绩效为导向薪酬结构   B. 以工作为导向薪酬结构
    C. 以能力为导向薪酬结构   D. 组合薪酬结构

15. 更有利于组织内部公平性实现的薪酬体系是   (   )
    A. 职位薪酬体系   B. 绩效薪酬体系
    C. 技能薪酬体系   D. 能力薪酬体系

16. 下列不属于技能薪酬计划设计小组的是   (   )
    A. 技能薪酬计划设计指导委员会 B. 技能薪酬计划设计小组
    C. 主题专家   D. 技能评价机构

17. 根据绩效评价结果支付的旨在激励员工绩效的薪酬形式是   (   )
    A. 业绩加薪   B. 业绩奖金   C. 激励薪酬   D. 绩效薪酬

18. 以单位时间的产量为标准来确定工资率的工作是   (   )
    A. 循环周期较长的工作   B. 循环周期较短的工作
    C. 不可量化的工作   D. 可量化的工作

19. 以下关于专业技术人员主要薪酬模式的说法,错误的有 （ ）
   A. 单一的高工资模式   B. 较高的工资加奖金
   C. 科技薪酬   D. 较高的工资加科技成果转化提成制

20. 下列关于弹性福利制度不正确说法的是 （ ）
   A. 要求企业必须制定总成本的束线
   B. 可以更好地满足不同员工群体的需求
   C. 每一种福利组合都必须包括一些非选择项目
   D. 员工可以自由选择不同的福利项目及项目组合

21. 以下各项中,不属于强制性社会保险福利的是 （ ）
   A. 失业保险   B. 基本养老保险   C. 工伤保险   D. 补充医疗保险

22. 基于薪酬的最基本功能是满足员工基本生活保障方面的需求,因此薪酬预算时应考虑 （ ）
   A. 技术进步因素   B. 消费物价指数
   C. 企业的支付能力   D. 员工的基本生活需求

23. 依据员工对组织的贡献或功劳而调整员工的薪酬水平,属于 （ ）
   A. 生活指数型薪酬调整   B. 奖励型薪酬调整
   C. 年资型薪酬调整   D. 企业效益型薪酬调整

24. 为了进行薪酬预算而考虑有关员工流动的问题时,进行如下哪种分析是至为重要的 （ ）
   A. 成本—收益分析   B. 物价分析
   C. 人才流动分析   D. 人工成本分析

25. 我们最常用的岗位评价方法是要素计点法,通常,实施的第一步就是 （ ）
   A. 分析岗位要素   B. 确定要评价的岗位系列
   C. 收集岗位信息   D. 选择薪酬要素

二、**多项选择题**(每小题1分,共5分)

在下面每小题的五个备选答案中有二至五个正确答案,请将正确答案全部选出,并将其字母标号填入题干的括号内。

26. 下列说法正确的是 （ ）
   A. 以投资促进发展的战略适合正常发展至成熟阶段的企业
   B. 合并或迅速发展阶段的企业倾向以绩效为导向的薪酬结构
   C. 处于衰退阶段的企业着重成本控制,薪酬水平低于市场水平
   D. 采用保持利润与保护市场战略的企业的薪酬水平会明显高于市场水平
   E. 正常发展至成熟阶段的企业注重薪酬体系的完善,突出内部一致性,保

持一定竞争力。

27. 企业进行薪酬调查要了解的信息主要包括　　　　　　(　　)
   A. 组织与工作信息　　　　　　B. 奖金福利信息
   C. 全面薪酬体系的信息　　　　D. 薪酬战略信息
   E. 薪酬体系信息

28. 下列属于组合工资结构的是　　　　　　　　　　　(　　)
   A. 岗位技能工资　　　　　　　B. 技术等级工资
   C. 薪点工资　　　　　　　　　D. 岗位绩效工资
   E. 能力资格工资

29. 实行经营者年薪制应具备一定得条件,这些条件包括　(　　)
   A. 明确的实施对象　　　　　　B. 良好的经济环境和市场条件
   C. 健全的现代企业制度　　　　D. 完善的薪酬制度
   E. 组织对经营者年薪制的接受和认可

30. 在进行企业薪酬预算时,主要需考虑的企业现有薪酬状况的哪几个方面　　　　　　　　　　　　　　　　　　　　　　　(　　)
   A. 上年度的加薪幅度　　　　　B. 员工生活成本的变动
   C. 企业技术进步指数　　　　　D. 企业的支付能力
   E. 企业现有的薪酬

三、填空题(每小题1分,共5分)

31. 集体洽谈模式通常是由企业代表和员工代表就企业内部工资分配形式、_____等事项进行平等协商,双方在协商一致的基础上签订工资协议。

32. 穆勒之后,西尼尔等人指出：_____是突破生存资料和工资基金限制的主要力量。

33. 在薪酬调查选择调查岗位时,一般选取工作明确、稳定、重要的_____。

34. 基于_____包括技能薪酬体系和能力薪酬体系。

35. 弹性福利计划又称"自助餐福利计划",其基本思想是让员工对自己的福利组合计划进行选择。这种选择受两个方面的制约：一是_____；二是每一种福利组合都必须包括一些非选择项目。

四、名词解释题(每小题3分,共15分)

36. 薪酬管理　37. 岗位评价　38. 薪酬水平定位　39. 业绩加薪
40. 企业年金

五、简答题(每小题6分,共30分)

41. 简述薪酬管理与员工招募与甄选的关系。
42. 工作描述的内容包括哪些?
43. 薪酬定位的模式有哪几种?
44. 群体激励计划的有何局限性?
45. 如何理解工伤保险的无过失补偿原则?

六、论述题(每小题10分,共20分)

46. 试论述薪酬管理体系的设计步骤。
47. 如何理解宽带薪酬结构的优势与局限性?

模拟试卷五 参考答案

一、单项选择题

1. A P8	2. D P15	3. A P36	4. C P60
5. C P100	6. C P97	7. C P148	8. C P168
9. A P197	10. A P215	11. C P225	12. A P235
13. C P256	14. B P238	15. A P285	16. D P304
17. C P329	18. D P347	19. C P393	20. D P436
21. B P423	22. B P454	23. B P471	24. B P453
25. B P150			

二、多项选择题

26. BCE P58-60   27. ABCDE P181   28. ACD P244
29. ABCE P386   30. ADE P454

三、填空题

31. 员工收入水平 P23   32. 劳动生产率 P79   33. 典型性岗位 P186
34. 任职者的薪酬体系 P293   35. 企业必须制定总成本约束线 P436

四、名词解释题

36. 薪酬管理,是指企业针对所有员工提供的服务来确定他们应当得到的报酬总额、报酬结构以及报酬形式所做出决策并不断进行调整的管理过

程。P15

37. 岗位评价是指在岗位分析的基础上,采用一定的方法对企业中各种岗位的相对价值做出评定,并以此作为薪酬分配的重要依据,用于解决薪酬公平性问题的一项人力资源管理技术。P135

38. 薪酬水平定位是指在薪酬体系设计过程中,确认企业的薪酬水平在劳动力市场中相对位置的决策过程,它直接决定了薪酬水平在劳动力市场上竞争能力的强弱程度。P219

39. 业绩加薪是在年度绩效评价结束时,组织根据员工的绩效评价结果以及事先确定下来的加薪规则,决定员工在第二年可以得到的基本薪酬。P333

40. 企业年金是指由企业根据自身的经济实力,在国家规定的实施政策和实施条件下为本企业职工所建立的一种辅助性的养老保险。P426

五、简答题

41. ①企业的薪酬设计会对企业的招募和甄选工作的速度、所获得的员工的数量以及能力素质产生影响。②企业所要招募的员工的类型,又会直接影响到企业的薪酬水平和薪酬结构。P20-21

42. (1)工作标志与工作概要;(2)工作职责;(3)工作权限;(4)工作范围;(5)工作关系;(6)业绩标准;(7)工作环境。P124

43. (1)基于职位的薪酬定位;(2)基于技能的薪酬定位;(3)基于绩效的薪酬定位。P215

44. 计划设计不当或实施不力可能导致员工出现四种减少工作投入的行为:(1)偷懒行为;(2)搭便车行为;(3)社会惰性;(4)活塞效应。P358

45. 一是无论职业伤害责任主要属于雇主或者第三者或员工个人,受伤害者均应得到一定的经济补偿;二是雇主不承担直接补偿责任,而是由工伤社会保险机构统一组织工伤补偿。P430

六、论述题

46. 一套好的薪酬体系应该对内具有激励性,对外具有竞争性。设计一套科学合理的薪酬体系,一般有八个核心步骤,分别是:(1)确定薪酬战略。企业的发展战略决定了其薪酬战略。发展战略不同,其薪酬政策、薪酬水平、薪酬结构和薪酬制度也会有所不同。(2)进行岗位分析。岗位分析为岗位评价及其薪酬水平的制定提供了客观的依据。(3)实施岗位评价。岗位评价是保证薪酬体系内部公平性的重要手段之一。它不仅有助于比较企业内部各个岗位之间的相对价值,还为薪酬市场调查建立了统一的岗位评价标准。(4)开展薪酬调查。薪酬调查的目的主要是为了解决企业薪酬外部均衡性的问题,外部均衡是指企业员工的薪酬水平应与企业所在地、同行业的薪酬水平保持基本一致,二者之间不能偏差太大。(5)进行薪酬定位。是薪酬体系设计的关键环节,明确了企业薪酬水平在市场上的相对位置,直接决定了企业薪酬水平竞争能力的强弱程度。(6)确定薪酬结构。薪酬结构是指员工薪酬的构成项目及各自所占的比例。(7)明确薪酬水平。薪酬水平是指从某个角度按某种标志考察的某一领域内员工薪酬的高低程度,它决定了企业薪酬的外部竞争力。(8)实施薪酬体系。在实施之前,企业需要和员工进行沟通,必要时还要辅以培训,同时还要考虑薪酬体系是否符合企业的经济实力、价值取向等。P24-28

47.(1)优势:①支持扁平型组织结构;②能引导员工重视个人技能的增长和能力的提高;③有利于职位轮换,培育员工跨职能能力的开发与成长;④能密切配合劳动力市场上的供求变化;⑤有利于管理人员以及人力资源管理专业人员的角色转变;⑥有利于推动良好的工作绩效。(2)局限:①使得晋升成为比较困难的事情;②并不适用所有的组织;③制度实施的入门门槛过高。结合考点,稍作展开论述。P264

模拟试卷六

一、单项选择题(每小题1分,共25分)(在下列每小题的四个备选答案中出一个正确答案,并将其字母标号填入题干的括号中)

1. 下列属于外在薪酬的是 （　　）
   A. 工作挑战性　B. 参与感　C. 自我实现　D. 福利设施
2. 某企业通过通报表扬、授予荣誉称号等形式奖励有突出贡献的员工,这是如下哪一种薪酬体系 （　　）
   A. 经济薪酬　B. 货币薪酬　C. 内在薪酬　D. 外在薪酬
3. 薪酬的模式设计是以人为基础还是以岗位为基础,是下列哪个薪酬战略要素所讨论的问题 （　　）
   A. 薪酬管理与政策　　　B. 薪酬文化与政策
   C. 薪酬结构与政策　　　D. 薪酬基础与政策
4. 财务部的小丁抱怨虽然职位一样,部门同事的底薪却比自己高30%。这种情况属于未能保证薪酬的 （　　）
   A. 外部公平　B. 内部公平　C. 个人公平　D. 结构公平
5. 在庇古的短期工资决定模型中,当发生下列哪种情况时,不能达成集体谈判的协议 （　　）
   A. 工会上限高于雇主坚持点　B. 工会的坚持点高于雇主的坚持点
   C. 雇主的坚持点高于工会的坚持点　D. 工会的坚持点高于雇主的下限
6. 在我国的《劳动法》中规定,我国实行最低工资保障制度,同时也明确规定了 （　　）
   A. 制定最低工资的办法　　　B. 最低工资标准
   C. 最低工资的支付方法　　　D. 最低工资范围
7. 岗位分类法和要素比较法在岗位分析中是经常用到的方法,它们两者共同的特点是 （　　）
   A. 把岗位细分为要素　　　B. 都要确立标准
   C. 分析结果相同　　　　　D. 没有共同点
8. 选择关键评价要素,确定权重,并赋予分值,然后对每个岗位进行评价的

岗位评价方法是 ( )
　　A. 岗位排序法　　B. 岗位分类法　　C. 要素比较法　　D. 要素计点法
　9. 成本最高的薪酬调查方法是 ( )
　　A. 委托专业公司调查　　　　　B. 政府部门薪酬调查
　　C. 企业薪酬调查　　　　　　　D. 电话调查法
　10. 高质量的薪酬调查必须确保调查结果的可比性,下列哪个因素的可比性在薪酬调查中不易把握 ( )
　　A. 地域　　　B. 岗位　　　C. 行业　　　D. 职责
　11. 薪酬理念上是鼓励员工的创新能力,就应该 ( )
　　A. 倡导按资历加薪　　　　　B. 倡导利润分享
　　C. 倡导为卓越加薪　　　　　D. 倡导按绩效加薪
　12. 为不同的员工群体制定不同的薪酬策略,这是指下列哪种薪酬策略 ( )
　　A. 跟随型　　B. 领先型　　C. 滞后型　　D. 混合型
　13. 以下说法正确的是 ( )
　　A. 浮动薪酬和固定薪酬成正比关系
　　B. 一种典型的宽带薪酬结构只有不超过4个等级的薪酬级别。
　　C. 高薪酬等级的薪酬幅度要小于低薪酬等级的薪酬浮动幅度
　　D. 岗位等级越高,岗位之间劳动差别越小,薪酬级差也越小
　14. 最低工资标准 ( )
　　A. 在某一特定地区的所有企业都是同一的
　　B. 在某一特定企业的所有工种都是同一的
　　C. 是法律规定的劳动者工资水平的下限
　　D. 因企业和工种的不同而异
　15. 薪酬等级的区间中值级差越大,同一薪酬区间的变动比率越小,则薪酬区间的重叠区域就 ( )
　　A. 大一些　　B. 小一些　　C. 一样大　　D. 无可比
　16. 职位薪酬体系在确定基本薪酬时重点考虑的是 ( )
　　A. 职位本身的价值　　　　　B. 职位上人的价值
　　C. 职位上人的贡献　　　　　D. 职位上职责的大小
　17. 能力薪酬体系中的"能力"指的是一种 ( )
　　A. 技术　　B. 心理能力　　C. 胜任特征　　D. 工作技巧
　18. 一个好的绩效薪酬计划需要良好的实施条件,其中属于绩效薪酬的纵向配合条件的是 ( )
　　A. 要有良好的人力资源开发制度　　B. 要有良好的绩效管理制度

C. 与企业战略目标相一致　　　　D. 与基本薪酬、福利薪酬相辅相成

19. 针对生产工人的个人激励薪酬计划中,以单位时间的产量为标准来确定工资率,同时工资率为常量的产量水平函数的是　　（　　）
A. 直接计件工资制　　　　B. 差别计件工资制
C. 甘特计划　　　　　　　D. 哈尔西计划

20. 一般而言,大多数公司针对营销人员采用的薪酬方案类型是　（　　）
A. 单一薪资计划　B. 配套报酬计划　C. 单一佣金计划　D. 复合计划

21. 下列只由企业缴纳费用的是　　　　　　　　　　　　　　（　　）
A. 养老保险　　B. 失业保险　　C. 工伤保险　　D. 医疗保险

22. 在推行福利制度时,必须考虑到社会保险、社会救济、社会优抚的匹配,这是福利设计的　　　　　　　　　　　　　　　　　　　（　　）
A. 合理性原则　　B. 必要性原则　　C. 计划性原则　　D. 平衡性原则

23. 为了保持组织结构的稳定性、给员工提供心理上的安全保障,在薪酬预算时要考虑　　　　　　　　　　　　　　　　　　　　　（　　）
A. 消费物价指数　　　　　B. 生活成本的变动
C. 上年度的加薪幅度　　　D. 企业支付能力

24. 下列哪个因素的不合理会导致薪酬的内部不均衡　　　　　（　　）
A. 薪酬差距　　B. 薪酬水平　　C. 薪酬结构　　D. 薪酬幅度

25. 劳动分配率是指　　　　　　　　　　　　　　　　　　　（　　）
A. 人工费用/员工总数　　　B. 薪酬水平/单位员工销售收入
C. 薪酬总额/附加价值　　　D. 人工费用率/目标净产值

二、**多项选择题**(每小题1分,共5分)

在下面每小题的五个备选答案中有二至五个正确答案,请将正确答案全部选出,并将其字母标号填入题干的括号内。

26. 工会提高工资的方法一般有　　　　　　　　　　　　　　（　　）
A. 提高标准工资率　　　　B. 改善对劳动的需求
C. 限制劳动力供给　　　　D. 组织部分工人参与谈判
E. 消除买方垄断

27. 对薪酬调查数据进行离散分析经常采用的方法有　　　　　（　　）
A. 四分位分析　　　B. 简单平均数分析　　　C. 百分位分析
D. 回归分析　　　　E. 标准差分析

28. 宽带薪酬模式要求企业必须具有相应地　　　　　　　　　（　　）
A. 注重生产　　　　B. 推行制度文化　　　C. 扁平化组织结构
D. 基于团队的企业文化　　E. 健全的人力资源管理体系

29. 专业技术人员的工资模式包括 （   ）
   A. 单一的高工资模式　　　　　B. 适中的基本工资加较高的提成
   C. 较高的基本工资加奖金　　　D. 较低的基本工资加较高的提成
   E. 较高的工资加科技成果转化提成制

30. 企业薪酬控制的指标体系包括 （   ）
   A. 平均劳动力成本　　　　　　B. 劳动力成本利润率
   C. 薪酬费用比率　　D. 薪酬的比较比率　　E. 劳动分配率

三、填空题（每小题1分，共5分）

31. 大多数情况下，企业是根据员工所承担的工作本身的_____、难度或者对企业的价值来确定员工的基本薪酬的。

32. 奖金作为一种激励因素，在使用时必须与企业的效益或部门及个人的工作成绩挂起钩来。否则，奖金就会变成_____，再多也起不了激励作用。

33. 政府部门的薪酬调查是出于宏观经济管理的考虑，由国家有关部门进行调查，在此基础上制定工资宏观调控政策和_____、城镇居民最低工资额等。

34. 职位薪酬与组织结构、职位设置、_____密切相连，实质上是一种等级薪酬。

35. 企业高级经营管理人员的薪酬结构已经由职位性薪酬为主转向了以_____为主导的薪酬结构。

四、名词解释题（每小题3分，共15分）

36. 战略性薪酬　37. 要素比较法　38. 薪酬变动比率　39. 激励薪酬
40. 员工援助计划

五、简答题（每小题6分，共30分）

41. 薪酬战略的有何特征？
42. 简述岗位评价的特点。
43. 企业薪酬水平的内部衡量主要采用哪些指标？
44. 简述计件薪酬的适用范围。
45. 薪酬预算的目标是什么？

六、论述题（每小题10分，共20分）

46. 试述企业在成熟稳定期的薪酬战略。

47. 试分析实行技能薪酬体系的意义。

模拟试卷六　参考答案

一、单项选择题

1. D P4　　　　2. C P23　　　　3. B P36　　　　4. B P16
5. B P88　　　　6. A P75　　　　7. B P148　　　8. D P150
9. A P163　　　10. B P182　　　11. C P217　　　12. D P221
13. B P262　　　14. C P256　　　15. B P238　　　16. A P286
17. C P311　　　18. C P330　　　19. A P348　　　20. D P397
21. C P430　　　22. D P420　　　23. C P454　　　24. A P474
25. C P456

二、多项选择题

26. ABCE P89　　27. ACE P195　　28. CDE P269-270　　29. ACE P393　　30. ABCE P462

三、填空题

31. 重要性 P8　　32. 保健因素 P101　　33. 工资指导线 P162
34. 岗位特征 P288　　35. 激励薪酬 P387

四、名词解释题

36. 战略性薪酬决策是指在事后期望与强制的约束下,集中确保薪酬计划的设计、实施和调控直接与组织的绩效目标相关的决策。P34

37. 要素比较法是一种量化的岗位评价方法,是在确定标杆岗位和付酬要素的基础上,运用标杆岗位和付酬要素制成的要素比较尺度表,将待评岗位付酬要素与标杆岗位进行比较,从而确定待评岗位的付酬标准。P148

38. 薪酬变动比率的概念 是指同一薪酬等级内部最高值与最低值之差比上最低值,也称区间变动比率。P233

39. 激励薪酬,又称可变薪酬,是根据员工可以衡量的工作结果或预先设定的工作目标而给予奖励的一种替代性薪酬体系。P244

40. 员工援助计划,是指企业针对诸如酗酒、吸毒、赌博或心理压力问题等向员工提供咨询或治疗的正式计划。P434

五、简答题

41．（1）薪酬战略是与组织总体发展相匹配的薪酬决策；（2）薪酬战略是一种具有总体性、长期性的薪酬决策与薪酬管理；（3）薪酬战略对组织绩效与组织变革具有关键性作用。P34

42．（1）岗位评价的对象是客观存在的"事"和"物"而不是"人"；（2）岗位评价是对组织各岗位的相对价值进行衡量的过程；（3）岗位评价是对同类不同层级岗位的相对价值衡量评比的过程。P135

43．企业薪酬水平的内部衡量是指本企业内部按时间序列根据数据指示来判断自身薪酬发展水平，采用薪酬平均率、增薪幅度和平均增薪率三个指标来衡量一个企业的薪酬水平的现状和发展趋势。P211

44．（1）产品的数量和质量直接与员工的技能、劳动数量及努力程度联系的工作。（2）能够单独计算产品数量，单独检验产品质量和单独反映员工劳动成果的工作。（3）生产过程持续、稳定，生产大批量产品的工作。（4）管理完善、操作规范的工作。P351

45．（1）使人工成本增长与企业效益增长相匹配；（2）将员工流动率控制在合理范围；（3）引导员工的行为符合组织的期望。P451

六、论述题

46．企业在成熟稳定期：薪酬竞争性一般，薪酬刚性大，薪酬构成中基本工资高、绩效奖金较高、福利高、长期薪酬高。（1）更加重视薪酬的内部公平性。由于本阶段企业内部管理更加规范，建立以职位为基础的薪酬体系更为容易，并且员工对薪酬的内部公平性也显得更为关注，这一时期的企业必须特别重视薪酬的内部公平性。（2）不再特别强调薪酬的外部竞争性。该阶段的薪酬本身已经具有较强的外部竞争性，并且企业的品牌和影响力也有助于巩固企业对人力资源的竞争能力。更为重要的是，该阶段企业对优秀人才的获取开始从外部劳动力市场转向企业的内部劳动力市场。（3）薪酬构成。产品的市场占有率和资本收益率较为稳定，现金存量多，这时企业支付给员工的基本工资很高，福利也最多，绩效奖金则相对较少，还特别重视体现团队贡献的团队薪酬。P59

47．（1）适应了组织形式变化和团队管理的需要；（2）弥补了岗位薪酬的缺陷；（3）促进了员工知识资本的积累，提高了员工的自我价值；（4）强化了员工的技能，促进员工技能向深度和广度发展；（5）解决了报酬与晋升激励之间的矛盾；（6）提高了企业的技术创新能力。结合考点，稍作展开论述。P296

附录一：2013年10月江苏省高等教育自学考试卷

06091　薪酬管理

一、单项选择题（每小题1分，共25分）

在下列每小题的四个备选答案中选出一个正确答案，并将其字母标号填入题干的括号内。

1. 在薪酬结构中，具有高刚性和高差异性的是　　　　　　　　　　（　　）
   A. 基本薪酬　　B. 可变薪酬　　C. 附加薪酬　　D. 员工福利
2. 根据国外的经验，薪酬增长与劳动生产率之间比较适宜的比例是
   　　　　　　　　　　　　　　　　　　　　　　　　　　　　　（　　）
   A. 1∶0.2～0.4　B. 1∶0.5～0.7　C. 1∶1　　D. 2∶1
3. 在薪酬管理体系设计的模式中，企业领导者凭借自己的行政权威和管理经验，依据市场行情，规定企业员工在一定时期内的薪酬，从而界定该企业的薪酬体系的设计模式称为　　　　　　　　　　　　　　　　　　（　　）
   A. 领导决定模式　B. 专家咨询模式　C. 集体洽谈模式　D. 个别洽谈模式
4. 在企业的经营价值观中，倾向于采用劳动力市场中的低位薪酬水平，忽视对雇员学习性的投入，忽视雇员心理报酬的满足的是　　　　　　（　　）
   A. 生活质量价值观　　　　　　　B. 最大产量价值观
   C. 最大利润价值观　　　　　　　D. 最大产值价值观
5. 以产品的创新以及产品生命周期的缩短为导向的企业竞争战略类型是
   　　　　　　　　　　　　　　　　　　　　　　　　　　　　　（　　）
   A. 低成本战略　B. 差异化战略　C. 专一化战略　D. 创新型战略
6. 探究工资水平与生产效率之间关系的薪酬理论是　　　　　　　（　　）
   A. 效率工资理论　B. 按劳分配理论　C. 工资基金理论　D. 分享工资理论
7. 薪酬激励理论的双因素理论中属于激励因素的是　　　　　　　（　　）
   A. 工作条件　B. 工作中的成就感　C. 组织政策　D. 人际关系
8. 通过让任职者或相关人员填写问卷收集岗位分析所需信息的岗位分析

方法是 （　　）

　　A. 观察法　　　B. 访谈法　　　C. 问卷调查法　　D. 工作日志法

9. 事先建立工作等级标准,并给出明确定义,然后将各岗位工作与这一设定的标准进行比较,从而将待评岗位确定到各种等级中去的岗位评价方法是 （　　）

　　A. 岗位分类法　B. 岗位排序法　C. 要素比较法　D. 要素计点法

10. 提高员工的薪酬满意度,最终要解决的问题是 （　　）

　　A. 效率　　　　B. 公平　　　　C. 公平与效率　D. 竞争力

11. 在薪酬数据的统计分析方法中,最简单也最直观的分析方法是（　　）

　　A. 回归分析　　B. 频率分析　　C. 离散程度分析　D. 频度分析

12. 薪酬平均率是企业提供的实际平均薪酬与薪酬幅度中间数的比值。当薪酬平均率的数值越接近1时,说明 （　　）

　　A. 实际平均薪酬越接近于薪酬幅度的中间值,薪酬水平越理想

　　B. 大部分职位的薪酬水平在薪酬幅度的中间值以下

　　C. 企业支付的薪酬总额过高,企业的人工成本过高

　　D. 用人单位所支付的薪酬总额符合平均趋势

13. 影响薪酬水平定位的因素很多,从企业的内部环境来说,最直接的因素有 （　　）

　　A. 人力资源规划　B. 企业战略规划　C. 薪酬政策　D. 薪酬战略

14. 在企业生命周期中的企业再造阶段,企业的薪酬水平定位策略是
（　　）

　　A. 个人—团体激励、高保障　　　B. 低保障、高激励

　　C. 高激励、高福利　　　　　　　D. 奖励成本控制、保障为主

15. 以知识为基础的薪酬结构属于 （　　）

　　A. 绩效导向的薪酬结构　　　　　B. 技能导向的薪酬结构

　　C. 市场导向的薪酬结构　　　　　D. 工作导向的薪酬结构

16. 薪酬等级结构和薪酬等级标准多以市场变动为依据,同时比较关注跨组织之间的人员和能力的结合。具备这种特征的薪酬结构类型是 （　　）

　　A. 平等式薪酬结构　　　　　　　B. 等级式薪酬结构

　　C. 垂直式薪酬结构　　　　　　　D. 网络式薪酬结构

17. 在薪酬结构设计的方法中,企业根据经营状况自行设定基准职位的薪酬标准,然后再根据工作评价结果设计薪酬结构的方法是 （　　）

　　A. 直接定价法　　　　　　　　　B. 当前工资调整法

　　C. 设定工资调整法　　　　　　　D. 基准职位定价法

18. 在技能的类型中,通过在一个范围较为明确的具有一定专业性的技术

或专业领域中不断积累而形成的专业知识、技能和经验称为 （　　）
 A. 垂直技能　　　B. 深度技能　　　C. 宽度技能　　　D. 广度技能

19. 在群体激励薪酬中最简单的也是最接近个人奖励计划的是 （　　）
 A. 班组奖励计划　B. 收益分享计划　C. 利润分享计划　D. 股票期权计划

20. 在长期现金计划的类型中，为了完成一个长期的项目而设立的目标奖励计划称为 （　　）
 A. 事件相关计划　B. 项目现金计划　C. 绩效重叠计划　D. 现股计划

21. 在生产一线员工的奖金计算方法中，以节省时间为计算基础，通常在正式绩效标准还未确定时使用的奖金计划是 （　　）
 A. 海尔赛计划　B. 艾默生计划　C. 卢文计划　D. 甘特作业奖金计划

22. 国家医疗保险模式的代表性国家是 （　　）
 A. 德国　　　　B. 美国　　　　C. 英国　　　　D. 新加坡

23. 在员工福利计划中，被使用最多的福利项目是 （　　）
 A. 健康服务　　B. 员工援助计划　C. 教育援助计划　D. 咨询服务

24. 综合考虑通货膨胀、员工资历、员工绩效等因素，对薪酬水平进行调整的方法称为 （　　）
 A. 等比调整法　B. 综合调整法　C. 不规则调整法　D. 等额调整法

25. 在任何薪酬沟通方案中，最重要的步骤是 （　　）
 A. 建立薪酬沟通机制　　　　B. 确定薪酬沟通的目标
 C. 制定薪酬沟通策略　　　　D. 正式沟通面谈

二、多项选择题（每小题1分，共5分）

在下列每小题的五个备选答案中有二至五个正确答案，请将正确答案全部选出，并将其字母标号填入题干的括号内。

26. 在影响薪酬的因素中，属于企业因素的有 （　　）
 A. 企业的负担能力　　　　B. 劳动力市场的供求状况
 C. 企业文化　　　　　　　D. 企业的发展阶段
 E. 企业的薪酬政策

27. 在集体谈判工资理论中，工会提高工资的方法主要有 （　　）
 A. 限制劳动供给　B. 提高标准工资率　C. 改善对劳动的需求
 D. 消除买方垄断　E. 消除卖方垄断

28. 薪酬调查的原则有 （　　）
 A. 被调查者认可的原则　B. 保密性原则　C. 准确性原则
 D. 更新原则　　　　　　E. 连续性原则

29. 企业可选择的薪酬水平定位策略主要有 （　　）

A. 领先型薪酬策略　　B. 滞后型薪酬策略　　C. 竞争型薪酬策略
D. 跟随型薪酬策略　　E. 混合型薪酬策略

30. 养老保险的特点主要有　　　　　　　　　　　　　（　　）
A. 强制性　　　　B. 互济性　　　　C. 储备性
D. 社会性　　　　E. 风险性

三、填空题（每小题1分，共5分）

31. 薪酬对于员工的重要性主要体现在经济保障功能、_____功能和社会信号功能三个方面。

32. 薪酬战略的内容包括两个方面，薪酬战略要素和薪酬政策。最核心的薪酬战略要素有五个方面：薪酬基础、薪酬水平、薪酬结构、薪酬文化及_____。

33. 薪酬水平按照不同的层次可以分为宏观薪酬水平、微观薪酬水平和_____。

34. 职位薪酬体系的三种形式是：一职一薪制、一职数薪制和_____。

35. 从资金的筹措管理和发放考虑，目前，世界上实行养老保险制度的国家可以分为三种类型，即投保自助型养老保险、强制储蓄型养老保险和_____养老保险。

四、名词解释题（每小题3分，共15分）

36. 岗位分析　37. 薪酬满意度　38. 薪酬区间渗透度　39. 业绩薪酬
40. 薪酬沟通

五、简答题（每小题6分，共30分）

41. 简述薪酬管理的内容。
42. 简述战略性薪酬管理对企业人力资源管理角色转变的要求。
43. 简述实施职位薪酬体系的前提条件。
44. 简述业绩薪酬设计应遵循的原则。
45. 简述薪酬水平调整的主要依据。

六、论述题（每小题10分，共20分）

46. 试述薪酬结构设计的目的与原则。
47. 试述薪酬预算的步骤。

附录二：江苏省高等教育自学考试大纲

06091　薪酬管理

南京大学编

Ⅰ、课程性质与课程目标

一、课程性质和特点

本课程是高等教育自学考试人力资源管理专业所开设的专业课之一。它是一门理论联系实际、应用性较强的课程。由于薪酬管理是人力资源管理中的重要和核心环节，所以本课程内容也有较强的普遍适用性。本课程应用于组织企业、用工单位的薪酬管理制度的设计与制定、薪酬管理制度的调整与管理变革以及绩效评估、薪酬控制与支付等薪酬管理活动环节中。本课程从基础理论入手，分析薪酬管理的基本理论、薪酬管理制度设计以及薪酬管理应用实践。学生可以较为全面、系统、完整地了解薪酬管理的理论和实务。

二、课程目标

本课程旨在要求考生系统而全面地了解有关薪酬战略、薪酬管理的理论，掌握岗位分析与评价、薪酬调查、薪酬水平与薪酬定位、薪酬结构设计、基本薪酬体系设计和基于绩效的薪酬体系设计、员工福利设计与管理以及薪酬体系的运行管理等相关内容，并能将其应用于企业薪酬管理的实践。

本课程的目标：

1. 理解薪酬管理在企业经营中的重要性。
2. 了解和掌握薪酬管理的基本概念、基本原理和基本方法。
3. 学会运用薪酬管理的原理和方法分析解决人力资源管理中的实际问题。

三、与本专业其他课程的关系

《薪酬管理》是自学考试人力资源管理专业本科学生必修的比较重要的专业课程,该课程体现着人力资源管理专业培养专业性实际工作者的要求。本课程是从人力资源开发与管理中分离出来的侧重于实践的课程。劳动经济学、人力资源开发与管理、工作分析、人员素质测评理论与方法是薪酬管理的先修课,它们之间构成纵向关系。

Ⅱ、考核目标

本大纲在考核目标中,按照识记、领会、简单应用和综合应用四个层次规定其应达到的能力层次要求。四个能力层次是递进关系,各能力层次的含义是:

识记:要求考生能够识别和记忆本课程中有关薪酬管理的相关名词、概念、知识的含义,并能够根据考核的不同要求,进行正确的表述、选择,这是较低层次的要求。

领会:在识记的基础上,能全面把握薪酬管理课程中的基本概念、基本原理、基本方法,能掌握有关概念、原理、方法的区别与联系,并能根据考核的不同要求对员工关系管理,做出正确的解释和说明,这是中等层次的要求。

简单应用:在理解的基础上,能运用薪酬管理课程中基本概念、基本原理、基本方法中的一个知识点分析和解决实际问题,是较高层次的要求。

综合应用:在理解的基础上,能运用薪酬管理课程中基本概念、基本原理、基本方法中的多个知识点分析和解决有关的理论问题与实际问题,是最高层次的要求。

Ⅲ、课程内容与考核要求

第一章 薪酬与薪酬管理概述

一、学习目的与要求

通过本章学习,掌握薪酬和薪酬管理的概念;理解并掌握薪酬管理的形式、功能和影响因素;理解薪酬管理的目标、原则和内容;理解并掌握薪酬管理的地位和作用,理解和掌握薪酬管理与其他人力资源管理职能之间的关系,掌握薪酬管理体系的设计模式和步骤。通过本章学习,为进一步深入了解和掌握本课的后续内容奠定理论基础。

二、课程内容(考试内容)

1.1 薪酬概述(重要)

1.1.1 薪酬概念的内涵

1.1.2 薪酬的形式

1.1.3 薪酬的功能与结构

1.1.4 薪酬的影响因素

1.2 薪酬管理概述(重要)

1.2.1 薪酬管理的概念、目标和原则

1.2.2 薪酬管理的内容

1.2.3 薪酬管理的地位与作用

1.2.4 薪酬管理与其他人力资源管理职能之间的关系

1.2.5 薪酬管理体系设计

三、考核知识点与考核要求

(一)薪酬概述

识记:①薪酬的内涵;②报酬、工资和薪金的概念;③基本薪酬和可变薪酬的概念。

领会:①薪酬的形式;②薪酬对员工的功能;③薪酬对企业的功能;④影响薪酬的企业因素;⑤影响薪酬的社会因素;⑥影响薪酬的个人因素。

(二)薪酬管理概述

识记:薪酬管理的概念。

领会:①薪酬管理的目标;②薪酬管理的原则;③薪酬管理的内容;④薪酬管理的地位与作用;⑤薪酬管理体系的设计模式。

综合应用:①薪酬管理与其他人力资源管理职能之间的关系;②薪酬管理体系的设计步骤。

四、本章关键问题

本章中的关键问题有:(1)薪酬与薪酬管理的概念;(2)薪酬对员工和企业的功能;(3)影响薪酬的因素;(4)薪酬管理的目标、原则、内容以及薪酬管理的地位与作用;(5)薪酬管理与其他人力资源管理职能之间的关系;(6)薪酬管理体系的设计模式和设计步骤。

第二章 薪酬战略

一、学习目的与要求

通过本章学习,要求考生能够了解薪酬战略和战略性薪酬决策的概念以及薪酬战略的构成要素,理解并掌握薪酬战略的特征和作用;了解成本领先战略、差异化战略、专一化战略、稳定发展战略、快速发展战略以及收缩战略的概念,理解并掌握影响薪酬战略设计的基本因素;了解战略性薪酬管理的概念,理解战略性薪酬管理提出的背景、战略性薪酬管理对企业人力资源管理角色转变的要求以及在薪酬战略与员工配置战略的整合过程中需注意的问题,重点掌握战略性薪酬管理的作用和企业不同发展阶段的薪酬战略。

二、课程内容(考试内容)

1.1 薪酬战略及其作用(重要)

2.1.1 薪酬战略的定义

2.1.2 薪酬战略的特征

2.1.3 薪酬战略的内容

2.1.4 薪酬战略的作用

2.2 薪酬战略模式的选择(次重要)

2.2.1 影响薪酬战略设计的基本因素

2.2.2 薪酬战略模式的选择

2.3 战略性薪酬管理(重要)

2.3.1 战略性薪酬管理概述

2.3.2 战略性薪酬管理对企业人力资源管理角色转变的要求

2.3.3 企业不同发展阶段与薪酬战略

2.3.4 企业战略类型与薪酬战略

三、考核知识点与考核要求

(一)薪酬战略及其作用

识记:①薪酬战略的概念;②战略性薪酬决策的概念;③薪酬战略的构成要素。

领会:①薪酬战略的特征;②薪酬战略的作用。

(二)薪酬战略模式的选择

识记:①成本领先战略的概念;②差异化战略的概念;③专一化战略的概

念;④稳定发展战略的概念;⑤快速发展战略的概念;⑥收缩战略的概念。

综合应用:影响薪酬战略设计的基本因素。

(三)战略性薪酬管理

识记:战略性薪酬管理的概念。

领会:①战略性薪酬管理提出的背景;②战略性薪酬管理对企业人力资源管理角色转变的要求;③在薪酬战略与员工配置战略的整合过程中需注意的问题。

简单应用:战略性薪酬管理的作用。

综合应用:企业不同发展阶段的薪酬战略。

四、本章关键问题

本章中的关键问题有:(1)薪酬战略与战略性薪酬的相关概念;(2)薪酬战略的特征和作用;(3)影响薪酬战略设计的基本要素;(4)战略性薪酬管理的作用;(5)企业不同发展阶段的薪酬战略。

第三章 薪酬理论

一、学习目的与要求

通过本章学习,要求考生能够了解薪酬设计的主要理论和薪酬激励的主要理论,理解这些理论所包含的基本内容,重点掌握效率工资理论和双因素理论的具体应用。

二、课程内容(考试内容)

3.1 薪酬设计理论(一般)

3.1.1 工资生存理论

3.1.2 工资基金理论

3.1.3 效率工资理论

3.1.4 公平理论

3.1.5 边际生产力工资理论

3.1.6 集体谈判工资理论

3.1.7 按劳分配理论

3.1.8 分享工资理论

3.2 薪酬激励理论(一般)

3.2.1 需要层次理论

3.2.2　双因素理论

3.2.3　人性假设理论

3.2.4　期望理论

3.2.5　激励过程综合理论

三、考核知识点与考核要求

（一）薪酬设计理论

识记：①生存工资理论的形成、发展、基本内容；②最低工资制度的产生和发展；③工资基金理论的形成和发展；④边际生产力工资理论的主要概念。

领会：①工资基金理论的基本内容；②效率工资理论的主要内容；③消除心理不平衡的主要方法；④集体谈判工资理论的主要内容；⑤按劳分配的特征；⑥按劳分配原则确立的条件；⑦按劳分配理论的主要内容；⑧分享工资理论的主要内容。

简单应用：效率工资理论的运用。

（二）薪酬激励理论

识记：①马斯洛需求层次理论五个层次；②激励因素和保健因素；③期望理论的基本内容；④激励过程综合理论的三种理论。

领会：①需要层次理论的主要内容；②需要层次理论的基本观点；③双因素理论的根据；④"经济人"假设的基本要点；⑤社会人假设的基本要点；⑥"社会人"假设的基本要点；⑦"复杂人"假设的基本要点。

简单应用：①双因素理论的具体应用。

四、本章关键问题

本章中的关键问题有：（1）工资基金理论、效率工资理论、集体谈判工资理论、按劳分配理论、分享工资理论的主要内容；（2）按劳分配的特征和按劳分配原则确立的条件；（3）消除心理不平衡的主要方法；（4）效率工资理论和双因素理论的具体应用。

第四章　岗位分析与评价

一、学习目的与要求

通过本章学习，要求考生能够认识到岗位分析与评价在薪酬管理中的地位和作用。具体要求考生能够掌握与岗位分析有关的概念，理解岗位分析的流程，理解工作描述和工作规范的内容，工作说明书的作用和工作说明书的编制准则,重点掌握岗位分析的主要方法和工作说明书编制的步骤;了解岗位评价以及各种岗位评价方法的概念,理解岗位评价的特点、原则、作用和岗位评价指标确定的原则,重点掌握岗位评价的步骤、岗位分类法的评价过程、要素比较法的评价过程、要素计点法的优缺点以及要素计点法的设计步骤。

二、课程内容(考试内容)

4.1 岗位分析(次重要)

4.1.1 岗位分析及流程

4.1.2 岗位分析方法

4.1.3 岗位分析结果及应用

4.2 岗位评价(次重要)

4.2.1 岗位评价的定义、目的和特点

4.2.2 岗位评价的原则与作用

4.2.3 岗位评价指标

4.2.4 岗位评价的步骤

4.2.5 岗位评价的方法

三、考核知识点与考核要求

(一) 岗位分析

识记:①岗位分析的概念;②工作描述的概念;③工作规范的概念;④工作规范的形成方法;⑤工作说明书的概念。

领会:①岗位分析的流程;②工作描述的内容;③工作规范的内容;④工作说明书的作用;⑤工作说明书的编制准则。

简单应用:①岗位分析的主要方法;②工作说明书编制的步骤。

(二) 岗位评价

识记:①岗位评价的概念;②岗位评价的指标体系的五个要素;③岗位排序法的概念;④岗位分类法的概念;⑤要素比较法的概念;⑥要素计点法的概念及组成要素;⑦海氏评价系统的评价要素。

领会:①岗位评价的特点;②岗位评价的原则;③岗位评价的作用;④岗位评价指标确定的原则。

简单应用:①岗位评价的步骤;②岗位分类法的评价过程;③要素比较法的评价过程。④要素计点法的优缺点。

综合应用:要素计点法的设计步骤。

四、本章关键问题

本章中的关键问题有:(1)岗位分析与岗位评价的相关概念;(2)工作描述和工作规范的内容;(3)工作说明书的作用、编制准则和编制步骤;(4)岗位分析的主要方法;(5)岗位评价的特点、原则和作用;(6)岗位评价的方法和步骤。

第五章 薪酬调查

一、学习目的与要求

通过本章学习,要求考生能够掌握薪酬调查的含义、目的和意义,了解薪酬调查的种类,薪酬满意和薪酬满意度的概念,理解影响薪酬满意度的因素、薪酬满意度调查的功能、薪酬满意度调查的要点以及薪酬调查的原则。重点掌握薪酬满意度调查的主要步骤、提高薪酬满意度的方法以及薪酬满意度调查的内容;重点掌握薪酬调查的步骤,能够撰写薪酬调查报告和使用薪酬调查报告。

二、课程内容(考试内容)

5.1 薪酬调查概述(重要)

5.1.1 薪酬调查的定义

5.1.2 薪酬调查的目的和意义

5.2 薪酬调查的种类和内容(重要)

5.2.1 薪酬调查的种类

5.2.2 薪酬满意度调查

5.2.3 薪酬调查的内容与原则

5.3 薪酬调查的步骤(重要)

5.3.1 确定调查目的

5.3.2 确定调查范围和对象

5.3.3 选择调查方式

5.3.4 薪酬调查数据的统计分析

5.3.5 提交薪酬调查分析报告

5.3.6 薪酬调查应注意的事项

5.4 薪酬调查报告(次重要)

5.4.1 薪酬调查报告概述

5.4.2 薪酬调查报告的使用及应注意的问题

三、考核知识点与考核要求

（一）薪酬调查概述

识记：①薪酬调查的概念；②薪酬调查的主体、客体和对象。

领会：薪酬调查的目的和意义。

（二）薪酬调查的种类和内容

识记：①薪酬调查的种类；②薪酬满意和薪酬满意度的概念。

领会：①影响薪酬满意度的因素；②薪酬满意度调查的功能；③薪酬调查的要点；③薪酬调查的原则。

简单应用：①薪酬满意度调查的主要步骤；②提高薪酬满意度的方法；③薪酬调查的内容。

（三）薪酬调查的步骤

领会：①确定薪酬调查的范围；②薪酬调查的方式；③薪酬调查应注意的事项。

综合应用：薪酬调查的步骤。

（四）薪酬调查报告

识记：薪酬调查报告的概念。

领会：①薪酬调查报告的内容；②薪酬调查报告的使用（用途）。

四、本章关键问题

本章中的关键问题有：(1)薪酬调查的概念、目的和意义；(2)薪酬满意和薪酬满意度的概念；(3)薪酬满意度调查的功能、要点、内容和主要步骤；(4)薪酬调查的步骤；(5)提高薪酬满意度的方法；(6)薪酬调查报告的内容和薪酬调查报告的使用。

第六章　薪酬水平与薪酬定位

一、学习目的与要求

通过本章学习，要求考生能够了解薪酬水平的概念与内涵，理解薪酬水平的影响因素以及薪酬水平的衡量方法；了解薪酬水平外部竞争性的含义，理解薪酬水平外部竞争性的重要意义；了解薪酬水平定位的概念；理解薪酬定位的基本过程和各种定位策略。

二、课程内容(考试内容)

6.1　薪酬水平概述(重要)

6.1.1　薪酬水平的概念与内涵

6.1.2　薪酬水平的影响因素

6.1.3　薪酬水平的衡量

6.2　薪酬水平的外部竞争性(重要)

6.2.1　薪酬水平外部竞争性的含义

6.2.2　薪酬水平外部竞争性的重要意义

6.3　薪酬水平定位策略(重要)

6.3.1　薪酬水平定位的概念及定位模式

6.3.2　薪酬水平定位及制约因素

6.3.3　薪酬定位的基本过程

6.3.4　提高薪酬水平外部竞争性的定位策略

6.3.5　企业生命周期各阶段薪酬水平定位策略

三、考核知识点与考核要求

(一)薪酬水平概述

识记:①薪酬水平的概念;②薪酬水平的分类及测量方法;③薪酬水平的衡量;④薪酬水平的衡量方法。

领会:影响薪酬水平的因素。

(二)薪酬水平的外部竞争性

识记:薪酬水平的外部竞争性的概念。

领会:薪酬水平外部竞争性的重要意义。

(三)薪酬水平定位策略

识记:①薪酬水平定位的概念;②薪酬战略的概念;③领先型薪酬策略、跟随型薪酬策略、滞后性薪酬策略和混合型薪酬策略的概念。

领会:①薪酬定位的模式;②薪酬水平定位的制约因素;③薪酬定位的基本过程。

简单应用:提高薪酬水平外部竞争性的定位策略。

综合应用:企业生命周期各阶段薪酬水平定位策略。

四、本章关键问题

本章中的关键问题有:(1)影响薪酬水平因素;(2)薪酬水平的外部竞争性的概念和重要意义;(3)薪酬水平定位的相关概念、薪酬定位的模式、制约因素和基本过程;(4)提高薪酬水平外部竞争性的定位策略和企业生命周期各阶段薪酬水平定位策略。

第七章 薪酬结构设计

一、学习目的与要求

通过本章学习,要求考生能够了解薪酬结构的内涵、构成和类型,理解薪酬结构设计的影响因素和薪酬结构的作用;理解薪酬结构设计的目的与原则,掌握薪酬结构设计的方法和薪酬结构设计的基本步骤;了解宽带薪酬结构的概念和类型,理解宽带薪酬结构的特征,掌握宽带薪酬结构的优势与局限性、宽带薪酬结构设计的步骤和宽带薪酬结构的实施条件。

二、课程内容(考试内容)

7.1 薪酬结构概述(重要)

7.1.1 薪酬结构的内涵

7.1.2 薪酬结构的构成

7.1.3 薪酬结构的类型

7.1.4 薪酬结构设计的影响因素

7.1.5 薪酬结构的作用

7.2 薪酬结构设计(重要)

7.2.1 薪酬结构设计的目的与原则

7.2.2 薪酬结构设计的准备工作和前提

7.2.3 薪酬结构设计的方法

7.2.4 薪酬结构设计的步骤

7.3 宽带薪酬结构(重要)

7.3.1 宽带薪酬结构的概念和类型

7.3.2 宽带薪酬结构的特征

7.3.3 宽带薪酬结构的优势与局限性

7.3.4 宽带薪酬的适用性分析

7.3.5 宽带薪酬结构设计的步骤

7.3.6　宽带薪酬结构的实施条件

三、考核知识点与考核要求

（一）薪酬结构概述

识记：①薪酬结构的概念；②薪酬结构的构成要素；③薪酬等级的概念；④薪酬等级宽度的概念；⑤薪酬变动比率的概念；⑥薪酬区间中值的概念；⑦薪酬区间渗透度的概念；⑧相邻薪酬等级交叉重叠的概念；⑨薪酬等级差的概念；⑩工作导向的薪酬结构、技能导向的薪酬结构、绩效导向的薪酬结构和市场导向的薪酬结构的概念。

领会：①工作导向的薪酬结构的优点与缺点；②与组织结构相匹配的薪酬结构类型；③理想的薪酬结构应达到的目的。

简单应用：①薪酬区间渗透度的计算；②薪酬结构设计的影响因素；④薪酬结构的作用。

（二）薪酬结构设计

识记：①薪酬结构设计的目的；②岗位性质的分类。

领会：①薪酬结构设计的原则；②薪酬结构设计准备工作。

简单应用：薪酬结构设计的方法。

综合应用：薪酬结构设计的基本步骤。

（三）宽带薪酬结构

识记：①宽带型薪酬和宽带薪酬结构的概念；②宽带薪酬结构的类型。

领会：①宽带薪酬结构的特征；②宽带薪酬制度的实施条件。

简单应用：①宽带薪酬结构的优势与局限性；②宽带薪酬的适用性；③宽带薪酬结构设计的步骤。

四、本章关键问题

本章中的关键问题有：(1)薪酬结构的相关概念、薪酬结构设计的影响因素和薪酬结构的作用；(2)薪酬结构设计的目的、原则、方法与步骤；(3)宽带型薪酬和宽带薪酬结构的概念、特征；(4)宽带薪酬结构的优势与局限性以及宽带薪酬结构的实施条件和设计步骤。

第八章　基本薪酬体系设计

一、学习目的与要求

通过本章学习，要求了解基本薪酬、绩效薪酬、成就薪酬、综合薪酬的概念和综合薪酬的类型;理解常用的货币性薪酬工具和薪酬体系的类型;了解职位薪酬体系的概念和特点,掌握职位薪酬体系的优缺点;理解实施职位薪酬体系的前提,掌握职位薪酬体系的设计步骤与流程,了解职位薪酬体系的三种形式;了解技能、深度技能、广度技能、垂直技能以及技能薪酬体系的概念。理解技能薪酬体系的特点、意义和实施条件;掌握技能薪酬体系的优势与劣势、技能薪酬体系的设计流程以及技能薪酬体系实施中应注意的问题;了解能力和能力薪酬体系的概念以及麦克利兰的能力冰山模型的五大要素;理解基于能力的薪酬体系产生的原因以及能力评价的方法,重点掌握能力薪酬体系的优缺点、实施能力薪酬体系面临的问题和难点以及能力薪酬体系设计的步骤。

二、课程内容(考试内容)

8.1 薪酬体系概述(次重要)

8.1.1 薪酬分配的基础

8.1.2 薪酬内容的构成

8.1.3 薪酬体系的类型

8.2 基于职位的薪酬体系设计(重要)

8.2.1 职位薪酬体系的概念及特点

8.2.2 职位薪酬体系的优缺点

8.2.3 实施职位薪酬体系的前提

8.2.4 职位薪酬体系的设计步骤与流程

8.2.5 职位薪酬体系的三种形式

8.3 基于技能的薪酬体系设计(重要)

8.3.1 技能薪酬体系的内涵、特点和意义

8.3.2 技能薪酬体系的优势与劣势

8.3.3 技能薪酬体系的实施条件

8.3.4 技能薪酬体系设计的关键决策和设计流程

8.3.5 技能薪酬体系实施中应注意的问题

8.4 基于能力的薪酬体系设计(重要)

8.4.1 能力与能力薪酬体系的基本概念

8.4.2 基于能力的薪酬体系产生的原因

8.4.3 能力薪酬体系的优缺点

8.4.4 能力薪酬体系设计的步骤

8.4.5 实施能力薪酬体系面临的问题和难点

三、考核知识点与考核要求

（一）薪酬体系概述

识记：①劳动的不同形态；②基本薪酬、绩效薪酬、成就薪酬、综合薪酬的概念；③综合薪酬的类型。

领会：①常用的货币性薪酬工具；②薪酬体系的类型。

（二）基于职位的薪酬体系设计

识记：①职位薪酬体系的概念及特点。

领会：①实施职位薪酬体系的前提；②职位薪酬体系的设计步骤；③职位薪酬体系的三种形式。

简单应用：①职位薪酬体系的优缺点；②职位薪酬体系的设计流程。

（三）基于技能的薪酬体系设计

识记：①技能的概念；②深度技能和广度技能、垂直技能的概念；③技能薪酬体系的概念。

领会：①技能的三种类型；②技能薪酬体系的特点；③实行技能薪酬体系的意义；④技能薪酬体系的实施条件；⑤技能薪酬体系设计的关键决策。

简单应用：①技能薪酬体系的优势与劣势；②技能薪酬体系的设计流程。

综合应用：技能薪酬体系实施中应注意的问题。

（四）基于能力的薪酬体系设计

识记：①能力的概念；②麦克利兰的能力冰山模型的五大要素；③能力薪酬体系的概念。

领会：①基于能力的薪酬体系产生的原因；②能力评价的方法。

简单应用：①能力薪酬体系的优缺点；②实施能力薪酬体系面临的问题和难点。

综合应用：能力薪酬体系设计的步骤。

四、本章关键问题

本章中的关键问题有：(1)职位薪酬体系的概念、特点及优缺点；职位薪酬体系的设计步骤和流程；(2)技能薪酬体系特点、优势与劣势、技能薪酬体系的设计流程以及技能薪酬体系实施中应注意的问题；(3)能力薪酬体系的优缺点、实施能力薪酬体系面临的问题和难点以及能力薪酬体系设计的步骤。

第九章 基于绩效的薪酬体系设计

一、学习目的与要求

通过本章学习,要求了解绩效与绩效薪酬的概念,理解绩效的特点;理解业绩薪酬与激励薪酬的区别、绩效薪酬的实施的条件和绩效薪酬制度的缺陷;了解业绩加薪的概念,理解业绩薪酬设计应遵循的原则;掌握业绩加薪方案、业绩奖金方案和特殊业绩薪酬的设计与实施方法,理解业绩薪酬体系的实施要点。

二、课程内容(考试内容)

9.1 绩效薪酬概述(重要)

9.1.1 绩效的概念与特征

9.1.2 绩效薪酬的概念与本质

9.1.3 绩效薪酬的基本框架

9.1.4 绩效薪酬的类型

9.1.5 绩效薪酬的作用及实施条件

9.1.6 绩效薪酬制度的缺陷

9.2 业绩薪酬体系(重要)

9.2.1 业绩薪酬设计应遵循的原则

9.2.2 业绩加薪方案的设计与实施

9.2.3 业绩奖金方案的设计与实施

9.2.4 特殊业绩薪酬的设计与实施

9.2.5 业绩薪酬体系的实施要点

9.3 激励薪酬体系(重要)

9.3.1 激励薪酬概述

9.3.2 个体激励薪酬计划

9.3.3 群体激励薪酬计划

9.3.4 长期激励薪酬计划

三、考核知识点与考核要求

(一)绩效薪酬概述

识记:①绩效的概念;②绩效薪酬的概念与本质;③绩效薪酬的类型。

领会:①绩效的特征;②业绩薪酬与激励薪酬的区别;③绩效薪酬的实施的

条件;④绩效薪酬制度的缺陷。

（二）业绩薪酬体系

识记:①业绩加薪的概念;②业绩加薪的弊端;③业绩奖金的概念及特征;④业绩奖金的计算方法;⑤特殊业绩薪酬的概念。

领会:①业绩薪酬设计应遵循的原则;②业绩奖金的作用;③特殊业绩薪酬的作用;④特殊业绩薪酬的基本特征;⑤业绩薪酬体系的实施要点。

简单应用:①设计业绩加薪方案时要考虑的问题;②设计与实施业绩奖金的基本环节;③特殊业绩薪酬设计与实施的基本环节。

（三）激励薪酬体系

识记:①激励薪酬的概念及类型;②个人激励薪酬的概念;③个人激励薪酬计划的激励维度与类型划分;④计件薪酬的概念;⑤直接计件薪酬、差额计件薪酬和多重计件薪酬的概念;⑥计时薪酬的概念;⑦标准计时薪酬的概念以及贝多计划、甘特计划;⑧群体薪酬激励计划的概念;⑨群体激励薪酬的基本类别与设计标准;⑩长期激励计划概念、员工持股计划的概念及类型。

领会:①激励薪酬的优缺点;②个人激励薪酬计划特征;③计件薪酬的特征;④计件薪酬的适用范围;⑤计时薪酬的激励特征;⑥群体激励计划的基本形式;⑦群体激励计划的局限性;⑧利润分享计划的实现形式;⑨收益分享计划的概念及特点;⑩员工持股计划对企业发展的作用。

简单应用:①个人激励薪酬计划的设计与实施;②班组奖励计划的设计与实施;③利润分享计划的优缺点及适用范围;④收益分享计划的设计与实施;⑤员工持股计划的适用情况。

综合应用:员工持股计划的设计与实施。

四、本章关键问题

本章中的关键问题有:(1)绩效的概念及绩特征;(2)绩效薪酬的实施条件和绩效薪酬制度的缺陷;(3)业绩薪酬设计应遵循的原则;(4)业绩加薪方案、业绩奖金方案和特殊业绩薪酬的设计与实施;(5)个体激励薪酬计划、群体激励薪酬计划和长期激励薪酬计划的设计与实施。

第十章 不同类型员工的薪酬设计

一、学习目的与要求

通过本章学习,要求了解高级经营管理人员及其特殊性;掌握高级经营管理人员薪酬影响因素,理解年薪制的概念、特点和确定原则,掌握针对企业高级管理人员的长期股权计划的类型和设计流程,掌握股票期权的基本要素和设计流程;了解专业技术人员的概念和特点,理解专业技术人员的薪酬结构模式;了解企业营销人员的概念和工作特性,理解营销人员薪酬方案设计应当遵循的原则,掌握营销人员薪酬方案设计的流程,理解生产一线员工的薪酬设计中涉及相关概念及设计原则与方法。

二、课程内容(考试内容)

10.1 高级经营管理人员的薪酬设计与实施(一般)

10.1.1 高级经营管理人员及其特殊性

10.1.2 高级经营管理人员薪酬影响因素分析

10.1.3 高级经营管理人员薪酬的类型及特点

10.1.4 高级经营管理人员薪酬设计流程

10.1.5 年薪制的设计与实施

10.1.6 股票期权计划设计

10.2 专业技术人员薪酬设计及管理(一般)

10.2.1 专业技术人员及其特点

10.2.2 专业技术人员的薪酬设计

10.3 企业营销人员薪酬设计及管理(一般)

10.3.1 营销人员的特点

10.3.2 营销人员薪酬设计

10.4 生产一线员工的薪酬设计(一般)

10.4.1 生产一线员工的起薪设计

10.4.2 生产一线员工的奖金设计

三、考核知识点与考核要求

(一)高级经营管理人员的薪酬设计与实施

识记:①企业高级经营管理人员的概念;②高级经营管理人员薪酬的类型;③年薪制的概念;④企业经营者的绩效评价体系;⑤股票期权计划的概念。

领会:①高级经营管理人员的特殊性;②针对企业高级管理人员的长期股权计划的类型;③高级经营管理人员薪酬设计流程;④年薪制的特点;⑤年薪制的确定原则;⑥风险薪酬设计应考虑的因素;⑦年薪制的实施条件;⑧股票期权的特征;⑨股票期权计划的基本要素。

简单应用:①高级经营管理人员薪酬影响因素;②股票期权的设计流程。

（二）专业技术人员薪酬设计及管理

识记：专业技术人员的概念。

领会：①专业技术人员的特点；②专业技术人员的薪酬结构模式。

（三）企业营销人员薪酬设计及管理

识记：企业营销人员的概念。

领会：①营销人员的工作特性；②营销人员薪酬方案设计应当遵循的原则；③营销人员的薪酬方案类型。

简单应用：营销人员薪酬方案设计的流程。

（四）生产一线员工的薪酬设计

识记：海尔赛计划、卢文计划、艾默生计划、甘特作业奖金计划的内涵及计算方法。

领会：①影响单位时间报酬率水平的因素；②计时制薪酬的适用范围；③一线员工奖金设计的原则。

四、本章关键问题

本章中的关键问题有：(1)高级经营管理人员薪酬设计流程；(2)年薪制的设计与实施、股票期权计划设计；(3)营销人员薪酬方案设计应当遵循的原则和设计流程；(4)计时制薪酬的适用范围和一线员工奖金设计的原则。

第十一章 员工福利设计与管理

一、学习目的与要求

通过本章学习，要求了解员工福利的概念及构成；理解员工福利的特点及作用；掌握员工福利设计的原则及影响因素；了解法定社会保险的构成及相关概念的界定；理解养老保险的特点及类型、失业保险的特点和医疗保险的基本模式；了解企业补充养老金计划的种类；掌握失业保险对象的资格确定、失业保险金的给付和员工福利计划的内容；了解员工福利管理的概念，理解员工福利规划和管理主要内容和意义以及福利规划与管理的创新设计，理解并掌握福利规划和管理中存在的问题以及员工福利规划与管理的发展趋势。

二、课程内容(考试内容)

11.1 员工福利概述(重要)

11.1.1 员工福利的内涵

11.1.2 员工福利的构成

11.1.3 员工福利的特点

11.1.4 员工福利的作用

11.1.5 员工福利设计的原则

11.1.6 员工福利设计的影响因素

11.2 员工福利的种类(重要)

11.2.1 法定社会保险

11.2.2 企业补充社会保险

11.2.3 法定休假

11.2.4 员工福利计划

11.2.5 弹性福利计划

11.3 员工福利规划和管理(次重要)

11.3.1 员工福利规划与管理的含义

11.3.2 员工福利规划与管理的意义

11.3.3 员工福利规划和管理中存在的问题

11.3.4 员工福利规划与管理的创新和发展趋势

三、考核知识点与考核要求

(一) 员工福利概述

识记:①广义的员工福利概念;②狭义的员工福利概念。

领会:①员工福利的特点;②员工福利设计的影响因素。

简单应用:①员工福利的作用;②员工福利设计的原则。

(二) 员工福利的种类

识记:①法定社会保险项目的构成;②养老保险的概念;③失业保险的概念;④医疗社会保险的概念;⑤医疗费用的支付方式;⑥工伤保险的概念;⑦生育保险的概念;⑧住房公积金制度;⑨弹性福利计划的概念。

领会:①养老保险的特点;②养老保险制度的类型;③失业保险的特点;④医疗保险的基本模式;⑤工伤保险的基本原则;⑥企业补充养老金计划的种类。

简单应用:①失业保险对象的资格确定;②失业保险金的给付比例;③员工福利计划的内容。

(三) 员工福利规划和管理

识记:员工福利管理的概念。

领会:①员工福利规划和管理的主要内容;②员工福利规划和管理的意义;

③福利规划与管理的创新设计。

简单应用:①福利规划和管理中存在的问题;②员工福利规划与管理的发展趋势。

四、本章关键问题

本章中的关键问题有:(1)员工福利概念、特点和作用;(2)员工福利设计的影响因素和设计原则;(3)五种法定社会保险的概念、特点和原则;(4)员工福利计划的内容、意义;(5)福利规划和管理中存在的问题及发展趋势。

第十二章 薪酬体系的运行管理

一、学习目的与要求

通过本章学习,要求了解薪酬预算的概念和方法;理解薪酬预算的目标和原则;掌握薪酬预算的步骤与方法;了解薪酬控制的概念;理解薪酬控制的指标、原则和对象,掌握薪酬控制的难点和控制方法,了解薪酬调整的概念及必要性,理解薪酬调整的原则,掌握薪酬调整的方式;了解薪酬沟通的内涵,理解薪酬沟通必要性和意义,理解并掌握薪酬沟通的特征和类型,重点掌握薪酬沟通的步骤及要点。

二、课程内容(考试内容)

12.1　薪酬预算管理(重要)

12.1.1　薪酬预算管理的含义和作用

12.1.2　薪酬预算的目标

12.1.3　影响薪酬预算的因素

12.1.4　薪酬预算的原则

12.1.5　薪酬预算的步骤

12.1.6　薪酬预算的方法

12.2　薪酬控制(重要)

12.2.1　薪酬控制的含义和作用

12.2.2　薪酬控制的指标和原则

12.2.3　薪酬控制的对象与方法

12.2.4　薪酬控制的难点

12.3　薪酬调整(重要)

12.3.1　薪酬调整及其必要性

12.3.2 薪酬调整的原则

12.3.3 薪酬调整的方式

12.4 薪酬沟通(重要)

12.4.1 薪酬沟通的内涵

12.4.2 薪酬沟通的必要性和意义

12.4.3 薪酬沟通的特征和类型

12.4.4 薪酬沟通的步骤

12.4.5 薪酬沟通应把握的要点

三、考核知识点与考核要求

(一) 薪酬预算管理

识记:①薪酬预算的概念;②薪酬预算的方法。

领会:①薪酬预算的目标;②薪酬预算的原则。

简单应用:①影响薪酬预算的因素;②薪酬预算的步骤。

(二) 薪酬控制

识记:薪酬控制的概念。

领会:①薪酬控制的指标;②薪酬控制的原则;③薪酬控制的对象;④薪酬控制的难点。

简单应用:薪酬控制的方法。

(三) 薪酬调整

识记:①薪酬调整的概念与种类;②薪酬水平调整的概念;③薪酬沟通的类型。

领会:①薪酬调整的必要性;②薪酬调整的原则;③薪酬水平调整的依据;④薪酬调整的方式;⑤薪酬水平调整的方式;⑥薪酬结构纵向调整的方法。

简单应用:①薪酬水平调整的具体方法;②薪酬横向调整的方法。

(四) 薪酬沟通

识记:①薪酬沟通的内涵;②薪酬沟通的类型。

领会:①薪酬沟通的意义;②薪酬沟通的特征。

简单应用:①薪酬沟通的步骤;②薪酬沟通应把握的要点。

四、本章关键问题

本章中的关键问题有:(1)薪酬预算的概念、目标、原则和步骤;(2)影响薪酬预算的因素;(3)薪酬控制的概念、原则、对象、方法和难点;(4)薪酬调整及其必要性、薪酬调整的原则和薪酬调整的方式;(5)薪酬沟通的必要性和意义、薪酬沟通的特征、类型和步骤;(6)薪酬沟通应把握的要点。

Ⅳ、关于大纲的说明与考核实施要求

一、自学考试大纲的目的和作用

课程自学考试大纲是根据专业自学考试计划的要求,结合自学考试的特点而确定。其目的是对个人自学、社会助学和课程考试命题进行指导和规定。

课程自学考试大纲明确了课程学习的内容以及深广度,规定了课程自学考试的范围和标准。因此,它是编写自学考试教材和辅导书的依据,是社会助学组织进行自学辅导的依据,是自学者学习教材、掌握课程内容知识范围和程度的依据,也是进行自学考试命题的依据。

二、课程自学考试大纲与教材的关系

课程自学考试大纲是进行学习和考核的依据,《员工关系管理》教材是学习掌握课程知识的基本内容与范围,教材的内容是大纲所规定的课程知识和内容的扩展与发挥。

本大纲与教材所体现的课程内容完全一致;大纲里面的课程内容和考核知识点,在教材里都可以找到。

三、关于自学教材

本课程使用教材为:《薪酬管理》,任正臣主编,江苏科学技术出版社,2013年版。

四、关于自学要求和自学方法的指导

1. 在学习本课程前,应仔细阅读课程大纲的第一部分,了解课程的性质、地位和任务,熟知课程的基本要以及本课程与有关课程的联系,使以后的学习能紧紧围绕课程的基本要求。

2. 在阅读某一章教材内容前,考生应先认真阅读大纲中关于该章的考核知识点、自学要求和考核要求,注意对各知识点的能力层次要求,以便在阅读教材时做到心中有数,有的放矢。

3. 阅读教材时,考生应根据大纲要求,要逐段细读,逐句推敲,集中精力,吃透每个知识点,对基本概念必须深刻理解,基本原理必须牢固掌握,在阅读中遇到个别细节问题不清楚,在不影响继续学习的前提下,可暂时搁置。

4.学完教材的每一章内容后,考生应认真完成教材中每一章后的思考题,这一过程可帮助应考者理解、消化和巩固所学知识,增强分析问题、解决问题的能力。

五、对社会助学的要求

1.应熟知考试大纲对课程所提出的总的要求和各章的知识点。

2.应掌握各知识点要求达到的层次,并深刻理解各知识点的考核要求。

3.社会助学机构在对应考者进行辅导时,应以指定的教材为基础、以考试大纲为依据,不要随意增删内容,以免与考试大纲脱节。

4.社会助学机构在进行课程辅导时,应对应考者进行学习方法的指导,提倡应考者"认真阅读教材,刻苦钻研教材,主动提出问题,依靠自己学懂"的学习方法。

5.社会助学机构在进行课程辅导时,要注意基础、突出重点,要帮助应考者对课程内容建立一个整体的概念,对应考者提出的问题,应以启发引导为主。

6.注意对应考者能力的培养,特别是自学能力的培养,要引导应考者逐步学会独立学习,在自学过程中善于提出问题、分析问题、做出判断和解决问题。

7.要使应考者了解试题难易与能力层次高低两者不完全是一回事,在各个能力层次中都存在着不同难度的试题。

六、对考核内容的说明

1.本课程要求考生学习和掌握的知识点内容都作为考核的内容。课程中各章的内容均由若干知识点组成,在自学考试中成为考核知识点。因此,课程自学考试大纲中所规定的考试内容是以分解为考核知识点的方式给出的。由于各知识点在课程中的地位、作用以及知识自身的特点不同,自学考试将对各知识点分别按四个认知(或叫能力)层次确定其考核要求。

2.按照重要性程度不同,考核内容分为重点内容、次重点内容、一般内容,在本课程试卷中对不同考核内容要求的分数比例大致为:重点内容占60%,次重点内容占30%,一般内容占10%。

八、关于考试命题的若干规定

1.本课程采用闭卷考试的方法,考试时间的长度为150分钟。对本课程考试过程中除携带必要的答题用的签字笔和橡皮外,严禁携带其他与考试无关的工具。

2.本大纲各章所规定的基本要求、知识点及知识点下的知识细目,都属于考核的内容。考试命题既要覆盖到章,又要避免面面俱到。要注意突出课程的重点、章节重点,加大重点内容的覆盖度。

3. 命题不应有超出大纲中考核知识点范围的题,考核目标不得高于大纲中所规定的相应的最高能力层次要求。命题应着重考核自学者对基本概念、基本知识和基本理论是否了解或掌握,对基本方法是否会用或熟练。不应出与基本要求不符的偏题或怪题。

4. 本课程在试卷中对不同能力层次要求的分数比例大致为:识记占20%,领会占30%,简单应用占30%,综合应用占20%。

5. 要合理安排试题的难易程度,试题的难度可分为:易、较易、较难和难四个等级。每份试卷中不同难度试题的分数比例一般为:2∶3∶3∶2。

必须注意试题的难易程度与能力层次有一定的联系,但二者不是等同的概念。在各个能力层次中对于不同的考生都存在着不同的难度。在大纲中要特别强调这个问题,应告诫考生切勿混淆。

6. 本课程考试命题的主要题型一般有单项选择题、多项选择题、填空题、名词解释题、简答题、论述题等题型。

在命题工作中必须按照本课程大纲中所规定的题型命制,考试试卷使用的题型可以略少,但不能超出本课程对题型规定。